Capítulos de expansão paulista

•

Sérgio Buarque de Holanda

Capítulos de expansão paulista

Organização

Laura de Mello e Souza
André Sekkel Cerqueira

Notas

André Sekkel Cerqueira

•

1ª reimpressão

Companhia das Letras

Copyright © 2014 by Espólio de Sérgio Buarque de Holanda

Grafia atualizada segundo o Acordo Ortográfico da
Língua Portuguesa de 1990, que entrou em vigor no Brasil em 2009.

Capa
Victor Burton

Imagem de capa
Björn Landström
Todos os esforços foram feitos para determinar
a origem dessa imagem, porém isso não foi possível.
Teremos prazer em creditar a fonte, caso se manifeste.

Imagem da caixa
Maximiliam Wied-Neuwied, gravura aquarelada,
1820/21. Acervo Fundação Biblioteca Nacional — Brasil

Pesquisa Iconográfica
André Sekkel Cerqueira

Preparação
Alexandre Boide

Índice remissivo
Luciano Marchiori

Revisão
Huendel Viana
Thaís Totino Richter

Dados Internacionais de Catalogação na Publicação (CIP)
(Câmara Brasileira do Livro, SP, Brasil)

Holanda, Sérgio Buarque de, 1902-1982.
Monções e Capítulos de expansão paulista : Sérgio
Buarque de Holanda ; organização Laura de Mello e Souza,
André Sekkel Cerqueira ; notas André Sekkel Cerqueira — 4ª
ed. São Paulo : Companhia das Letras, 2014.

Bibliografia
ISBN 978-85-359-2505-0

1. Brasil – História – Até 1821   2. Brasil – História –
Monções 3. São Paulo (SP) – História I. Souza, Laura de Mello
e. II. Cerqueira, André Sekkel. III Título.

14-09624   CDD-981.012
                                                    -981.61

Índices para catálogo sistemático:
1. Brasil : História, até 1821   981.012
2. Monções : Brasil : História   981.012
3. São Paulo : Estado : História   981.61

2022

Todos os direitos desta edição reservados à
EDITORA SCHWARCZ S.A.
Rua Bandeira Paulista, 702, cj. 32
04532-002 – São Paulo – SP
Telefone: (11) 3707-3500
www.companhiadasletras.com.br
www.blogdacompanhiadasletras.com.br
facebook.com/companhiadasletras
instagram.com/companhiadasletras
twitter.com/cialetras

Sumário

•

Prefácio: Sinfonia inacabada – Laura de Mello e Souza
7

O EXTREMO OESTE

Introdução – José Sebastião Witter
21

Caminhos do Extremo Oeste
33

A conquista do Extremo Oeste
104

CAPÍTULOS REESCRITOS DE *MONÇÕES*

Caminhos do sertão
199

O transporte fluvial
247

As estradas móveis
293

Notas
367

Créditos das imagens
397

Sobre o autor
399

Índice remissivo
403

Prefácio
Sinfonia inacabada

•

À memória de José Sebastião Witter, discípulo e amigo de Sérgio Buarque de Holanda, que não pôde ver concluída esta edição, para a qual contribuiu com a generosidade que sempre o caracterizou.

SÉRGIO BUARQUE DE HOLANDA (1902-82) OCUPA LUGAR especial na cultura brasileira por vários motivos, e disso é prova eloquente a constância com que sua obra tem sido estudada nos últimos anos. Foi jornalista, crítico literário, animador cultural – tendo participado, ainda bem jovem, das jornadas modernistas –, idealizador de coleções e coordenador da mais importante história do Brasil publicada no século XX, a coleção História Geral da Civilização Brasileira. Esteve à frente de duas das mais significativas instituições culturais do país, o Museu Paulista e o Instituto de Estudos Brasileiros, que aliás é criação sua. Ao decidir-se pela carreira acadêmica, tornou-se catedrático de história do Brasil e importante formador de quadros na universidade brasileira. Mais para o fim da vida, esteve entre os fundadores do PT, ao lado de outros intelectuais de destaque na cena nacional.

Seu papel na consolidação da historiografia universitária brasileira é incontestável, e muito forte a marca que deixou na Universidade de São Paulo. É autor de um dos grandes ensaios já escritos em língua portuguesa, *Raízes do Brasil* (1936), reflexão norteada pela síntese e pelo destaque das linhas gerais que dão sentido à nossa história. Mas é também o historiador erudito e minucioso de *Visão do Paraíso* (1959) e de *Do Império à República* (1972), volume que escreveu sozinho para a História Geral da Civilização Brasileira.

Contudo, exceto no que diz respeito a essas três obras, a maior parte de sua produção constitui-se de artigos, capítulos, prefácios, fragmentos reescritos incessantemente, muitos dos quais, após sua morte, foram encontrados em versões distintas e, não raro, inacabadas.* Curioso que nunca tenha se empenhado, como Francisco Adolfo de Varnhagen (1816-78), na escrita de uma obra de síntese da história do Brasil. Se idealizou e coordenou uma, abriu-a à colaboração de colegas e discípulos; contribuiu com capítulos que contam entre os mais alentados e significativos da obra, mas concebeu-a como feita de partes diversas, e por autores distintos.

No prefácio escrito para a reedição de *Monções*, livro que acompanha a publicação destes *Capítulos de expansão paulista*, tratei com mais vagar dos motivos que podem ter levado Sérgio Buarque de Holanda a passar a vida inteira a reescrever o que talvez fosse um só livro, a tentar fugir dele para, a cada momento, retornar ao seu mote. Quero, agora, chamar a atenção para essa tendência do autor em evitar, ou temer, a obra acabada e de conjunto, deixando-se enredar por uma espécie de vertigem do fragmento e do retalho.

Fragmento e retalho talvez elucidem a prática do historia-

---

* *Caminhos e fronteiras* (1957), um de seus livros mais bonitos, constitui-se, na verdade, de uma reunião de escritos, como explicitado pelo autor na "Introdução". Cf. Sérgio Buarque de Holanda, *Caminhos e fronteiras*, 3. ed. São Paulo: Companhia das Letras, 1994. pp. 10, 15-6.

dor, mas não bastam como substantivos capazes de transmitir, no caso, a essência do que neles está contido, porque remetem a escritos de feitura mais modesta, destinados a aproveitar restos e fazer render sobras. Os pedaços inacabados que se encontraram após a morte de Sérgio Buarque de Holanda são, na maior parte das vezes, magníficos, e se têm vida própria e podem ser lidos em separado parecem compostos por seu autor como partes de uma obra do tipo sinfônico, movimentos articulados em torno de um plano geral.

É tentador, neste sentido, comparar Sérgio Buarque de Holanda a outro expoente da historiografia brasileira: João Capistrano de Abreu (1853-1927). Eruditíssimo e decisivo na elucidação espetacular de um dos grandes enigmas da historiografia colonial – a identidade de João Antonio Andreoni, o autor de *Cultura e opulência do Brasil por suas drogas e minas* (1711) –, Capistrano deixou dois livros importantes: *Caminhos antigos e povoamento do Brasil* (1899) e *Capítulos de história colonial* (1907). Apesar de o primeiro apresentar feição mais monográfica e o segundo constituir uma tentativa de síntese, como observou Fernando Novais,[*] ambos têm, a meu ver, caráter fragmentário. Se *Caminhos antigos e povoamento do Brasil* pode induzir o leitor a vê-lo como livro dotado de maior unidade, os *Capítulos* indicam, já no título, a natureza peculiar dos escritos: partes de uma história do Brasil, confessa o autor, que desapontou muita gente ao publicar, após anos de labuta e de promessas, pedaços da história pátria, e não a síntese pela qual tanto se esperava.

É possível que o próprio Capistrano tenha ficado meio desapontado com seus *Capítulos*. Como bem observou Stuart Schwartz, ele sonhava escrever uma história do Brasil, considerada necessária porque, seguindo o pensamento do século XIX e o que ainda vigorava no seu tempo, Capistrano via nos

---

[*] Fernando A. Novais, "Preface" a *Chapters of Brazil's Colonial History – 1500-1800*. Nova York; Oxford: Oxford University Press, 1997.

estudos históricos um modo de criar a nação. * Não comungava com a perspectiva dominante, "os quadros de ferro de Varnhagen que, introduzidos por [Joaquim Manuel de] Macedo no Colégio Pedro II, ainda hoje são a base de nosso ensino". Queria visitar novos temas, em abordagens distintas: "As bandeiras, as minas, as estradas, a criação de gado pode dizer-se que ainda são desconhecidas, como, aliás, quase todo o século XVII, tirando-se as guerras espanholas e holandesas". * *

Ou talvez Capistrano tenha deliberadamente evitado uma obra de maior coesão interna e de formato mais tradicional para melhor dar asas às novidades que o iam assaltando, a partir da leitura sistemática e exaustiva das fontes primárias: "Estou passando seis horas por dia na Biblioteca, mergulhado em *mss.* [manuscritos], espanando as poeiras do Conselho Ultramarino", escreveria ao barão do Rio Branco. E confessava-se resolvido a enfrentar a redação de uma história do Brasil: não a sonhada tempos antes, ainda no Ceará, mas "uma História modesta, a grandes traços e largas malhas, até 1807". * * *

O resultado foi *Capítulos de história colonial*, um livro de história do Brasil diferente de todos os que o haviam precedido, pois deixava de lado os aspectos administrativos e diplomáticos para lançar mão da "geografia, da etnografia, da história econômica e social e assim criar uma imagem mais plena do passado brasileiro", demarcando território novo que as gerações subsequentes de historiadores continuariam a desbravar. * * * *

---

* Stuart B. Schwartz, "A House Built on Sand: Capistrano de Abreu and the History of Brazil", introdução a *Chapters of Brazil's Colonial History*, op. cit., pp. xvii-xxxi. Para as considerações seguintes, valho-me bastante desse luminoso prefácio.

* * Carta de Capistrano de Abreu ao barão do Rio Branco, Rio de Janeiro, 17 de abril de 1890, in *Correspondência de Capistrano de Abreu*. Organização e prefácio de José Honório Rodrigues. Rio de Janeiro: Instituto Nacional do Livro, 1954. v. II, p. 130.

* * * Idem, ibidem.

* * * * Stuart B. Schwartz, op. cit., p. xxx.

Sérgio Buarque de Holanda foi dos mais ilustres dentre os desbravadores do território aberto por Capistrano de Abreu. *Monções* e *Caminhos e fronteiras* esmiuçaram pelo menos duas das temáticas por ele apontadas como importantes na carta ao barão do Rio Branco: as bandeiras e as estradas. O enfoque é bem diverso: nada que lembre os "grandes traços" e as "largas malhas", mas, ao contrário, o ponto apertado, afeito à minúcia, ao detalhe; a lente de aumento que vasculha a vida material e o cotidiano nos aspectos mais triviais. Da mesma forma que Capistrano nos *Capítulos*, Sérgio foi capaz como poucos de pensar o Brasil por meio de suas linhas de força, fazendo-o em *Raízes do Brasil*; mostrou-se ainda, como o historiador cearense, um pesquisador incansável das fontes primárias e um gigante da erudição histórica. Paradoxalmente, talvez concordasse com um dos bordões preferidos de Capistrano: "Trabalhar é fácil, pensar é difícil".* Máxima aliás mais comum entre os que pensam bem, e por isso mesmo contentam-se mais dificilmente com os próprios escritos, como era o caso de Sérgio.**

O conjunto de textos aqui publicados com o nome de *Capítulos de expansão paulista* é composto dos inéditos de Sérgio Buarque de Holanda encontrados quando de sua morte, em 1982. Discorrem todos sobre a temática da expansão paulista, e pode ser que correspondam ao esforço de reescrever *Monções*, sonho que o historiador perseguiu ao longo dos anos subsequentes à publicação desse livro, em 1945. O sonho não se tornou realidade, e jamais se saberá por quais motivos, a constatação mais óbvia e fácil sendo a do perfeccionismo exacerbado do autor.*** Procurados por Maria Amélia Buar-

---

* Cit. in Schwartz, op. cit., p. xxxi.

** Este aspecto foi por mim explorado em "Estrela da vida inteira", prefácio escrito para a nova edição de *Monções*, que acompanha a destes *Capítulos de expansão paulista*.

*** Peço desculpas ao leitor por remeter mais uma vez ao prefácio que escrevi para *Monções*, no qual me detenho sobre esses aspectos.

que de Holanda, viúva e colaboradora de Sérgio, Antonio Candido e José Sebastião Witter decidiram, com ela, publicar o conjunto de textos em dois livros distintos. Os que de modo mais evidente constituíam a reescritura de capítulos de *Monções* foram publicados como apêndices à versão original do livro.* Os que discrepavam do traçado de *Monções*, ou eram mais difíceis de identificar, ganharam volume novo, sob o título de *O Extremo Oeste*, atribuído por José Sebastião Witter quando elaborou seu prefácio ao conjunto de escritos.**

Às voltas com o prefácio à nova edição de *Monções*, e tendo orientado um trabalho sobre as relações existentes entre esse livro, *Caminhos e fronteiras* e *O Extremo Oeste*, decidi, com os editores e com André Sekkel Cerqueira, o autor do trabalho,*** pelo restabelecimento da edição original de *Monções*, sem os apêndices acrescentados postumamente. Quanto ao conjunto inédito sobre a temática das lides sertanejas dos paulistas, pareceu-me que deviam constituir um volume à parte, já que Sérgio Buarque de Holanda não os julgara prontos para a publicação.**** A escolha do título *Capítulos de*

---

* Sérgio Buarque de Holanda, *Monções*. 3. ed. ampl. São Paulo: Brasiliense, 1989.

** Sérgio Buarque de Holanda, *O Extremo Oeste*. Introdução de José Sebastião Witter. São Paulo: Brasiliense, 1986. André Sekkel Cerqueira encontrou uma cópia do prefácio de Witter nos arquivos do Centro de Apoio à Pesquisa Histórica Sérgio Buarque de Holanda (CAPH, FFLCH-USP). Ali fica sugerido que o livro teve inicialmente outro nome, *Caminhos do Oeste*, título aliás sob o qual o escrito se encontra catalogado no CAPH. Conforme nos comunicou verbalmente em dezembro de 2012, Witter foi quem escolheu o título para a publicação de 1986, *O Extremo Oeste*. Até o presente momento, não foi possível saber se *Caminhos do Oeste* corresponde a um título anteriormente aventado por Witter e Maria Amélia Buarque de Holanda ou se o próprio Sérgio assim designava o conjunto de textos que ia escrevendo e não considerava concluídos.

*** Trata-se de uma pesquisa de iniciação científica, apoiada pela Fundação de Amparo à Pesquisa do Estado de São Paulo (Fapesp) e desenvolvida no âmbito da graduação do departamento de história da Universidade de São Paulo, onde Sérgio Buarque de Holanda foi titular da cátedra de História da Civilização Brasileira entre 1957 e 1969.

**** A única exceção, nesse sentido, é constituída pelo capítulo "Caminhos do sertão", reescrito e de conteúdo quase que totalmente diverso do original, e publicado em *Revista de História*, v. 28, n. 57, jan./mar. 1964, pp. 59-111.

expansão paulista deveu-se à ideia de uniformizar os escritos póstumos de Sérgio: tanto nos de crítica literária quanto nos de história, organizados respectivamente por Antonio Candido e por Fernando Novais, optara-se pela ideia dos *capítulos*, sob possível inspiração do livro clássico de Capistrano de Abreu.*

E eis Capistrano de novo. Apesar das analogias aqui traçadas entre ele e Sérgio Buarque de Holanda, e dos *capítulos* que ambos produziram, só há, salvo engano, duas referências a esse presumido mestre ao longo de *Monções* e do conjunto doravante denominado *Capítulos de expansão paulista*: uma nota no capítulo "O transporte fluvial", que remete a um dos escritos que integram *Ensaios e estudos*,** e uma breve menção a uma nota de Capistrano à *História geral do Brasil* de Varnhagen, já quase no final de "A conquista do Extremo Oeste".*** Ambas as referências se valem da erudição de Capistrano, da sua capacidade de elucidar minúcias, sugerin-

---

* Sérgio Buarque de Holanda, *Capítulos de literatura colonial.* Organização e introdução de Antonio Candido. São Paulo: Brasiliense, 1991. Sérgio Buarque de Holanda, *Capítulos de história do Império.* Organização de Fernando Novais. São Paulo: Companhia das Letras, 2010.

** *Monções* (São Paulo: Companhia das Letras, 2014), p. 178, nota 8: onde se cita o "Roteiro por onde se deve guiar quem sahir por terra da Colônia do Sacramento". Trata-se de documento publicado em apêndice (como "Nota C") a um prólogo de Capistrano à *Historia topographica e bellica da Colonia do Sacramento* e que, em *Ensaios e estudos*, recebe o nome de "Sobre a Colônia do Sacramento" (*Ensaios e estudos: Crítica e história*, 3ª série. Rio de Janeiro: Edição da Sociedade Capistrano de Abreu; Livraria Briguiet, 1938. pp. 55-105; o apêndice se encontra às pp. 103-5).

*** "A conquista do Extremo Oeste", p. 143 deste volume: Sérgio trata, na passagem, dos "Apontamentos" escritos por um certo Diogo Nunes a d. João III, onde ficava dito ter andado pelo Peru, pelas cabeceiras do rio Amazonas e pelo país dos omáguas e onde discorria sobre as possibilidades de se chegar ao Brasil por meio da navegação do rio Amazonas, e a São Vicente através da terra firme. Varnhagen, segundo Sérgio, foi o primeiro a publicar o documento e identificou o autor como sendo Diogo Nuñez de Quesada. Capistrano, em nota à *História geral* de Varnhagen, discordou, sugerindo que o autor era um mameluco de Tomé de Sousa. Considerando as duas razões "sugestivas", Sérgio discorda de ambas, apresentando uma terceira possibilidade: o autor seria Domingos Nunes, conforme pesquisas suas, utilizadas mais detidamente em *Visão do Paraíso*.

do que, para Sérgio, a afinidade que vislumbrava entre seu trabalho e o do historiador cearense residia no tratamento cuidadoso das fontes e não na concepção mais ampla dos temas ou na abordagem. Apesar disso, parece evidente a marca dos *Capítulos de história colonial* sobre as opções temáticas presentes em *Monções*, nos escritos dispersos agora reunidos como *Capítulos* e, ainda, em *Caminhos e fronteiras* (1957).

Possivelmente Sérgio Buarque de Holanda não concordasse com o que aqui fica dito, talvez não tivesse consciência do quanto os *Capítulos de história colonial* de Capistrano de Abreu contaram na sua formação. Talvez preferisse ser aproximado a Afonso Taunay, o prolífico autor de uma *História geral das bandeiras paulistas* em onze volumes. A crítica historiográfica, munida das vantagens que o afastamento temporal propicia, pode-se permitir certas liberdades, arriscar hipóteses. Muito mais inacabados que os de Capistrano, estes *Capítulos* emprestam o título dos daquele mestre por várias razões, todas elas boas. Por trás de ambos – os de *história colonial* e os de *expansão paulista* – encontram-se dois dos maiores vultos da historiografia brasileira, insuperáveis na erudição, na criatividade, na ousadia, no desbravamento de caminhos novos. Caminhos que Capistrano e Sérgio preferiram interiores, voltados para o devassamento do continente brasílico, para os homens comuns, seu cotidiano difícil, os estratagemas urdidos para superá-los, decisivos no rumo imprimido à colonização.

Há, portanto, vários elementos comuns às realizações dos dois autores, havendo também a quase certa influência do mais velho sobre o mais novo. Há, num e noutro, um perfeccionismo que beira a paralisação e ajuda a explicar o grande número de inéditos deixados pelo segundo. Na escrita, Capistrano era seco e direto, Sérgio era caudaloso e barroco, mas um e outro parecem ter por vezes se perdido num labirinto de fragmentos. Ou de *Capítulos*, conforme a designação dada por Capistrano, em vida, aos escritos que o afastaram da grande síntese sobre a história do Brasil, jamais levada a cabo. Teriam os fragmentos deixados por Sérgio Buarque de Holanda o afastado também de um grande livro de síntese sobre nossa história? Não parece: os tempos eram outros, não se acreditava mais que os estudos históricos fossem capazes de criar a nação, e de certa forma fora o esforço sintético de um ensaio que abrira a Sérgio as portas da reflexão sobre o Brasil, em 1936. No conjunto da sua obra, a vertigem dos fragmentos que se sucediam, constantemente reescritos, expressaria antes o apreço pela erudição e pela força reveladora dos detalhes, além, obviamente, da busca permanente pela forma mais pura.

Em que pesem as ressalvas, a menção que aqui existe ao título do clássico de Capistrano não é aleatória, mas bem justificada. Dando o nome de *Capítulos de expansão paulista* a este conjunto de inéditos, espera-se ter contribuído, sem trair o espírito que os concebeu, para refazer o fio condutor que os une, apesar de terem sido compostos em momentos tão diferentes.

Laura de Mello e Souza
Professora titular aposentada do
departamento de história da USP
Professora titular da cátedra de história do
Brasil na Universidade de Paris IV – Sorbonne
São Paulo, março de 2014

CAPÍTULOS DE
EXPANSÃO PAULISTA

•

O EXTREMO OESTE

Introdução

José Sebastião Witter

•

Nada me impediu, contudo, de ocupar-me durante essas décadas, com intermitências mais ou menos dilatadas, de coligir nova documentação sobre navegações fluviais setecentistas e oitocentistas e seus reflexos na vida brasileira. Será matéria para outro livro e provavelmente com título diverso.

Sérgio Buarque de Holanda, nota à segunda edição de *Monções* [São Paulo: Companhia das Letras, 2014. pp. 9-10. (grifo meu)

BATIZADO COMO *O Extremo Oeste*, AQUI ESTÁ o esboço do outro livro anunciado pelo historiador, em 1976. Sobre ele é necessária uma explicação, que fiquei incumbido de dar pela família de Sérgio Buarque de Holanda, preservadora de mais esta preciosidade. Graças à sua sensibilidade e visão, a obra deixa de ser acessível a poucos para atingir a muitos. E esta incumbência só me trouxe alegria. Através dela me reencontro com o mestre, aprendo mais um pouco de história do Brasil. No entanto, como justificar esta edição com imperfeições, como o final inacabado?

Transpostos os limites, não somente tendia a desaparecer a maior mobilidade que deve assegurar esse tipo de locomoção, mas se converte muitas vezes em embaraço o que antes fora serventia. E não parece excessivo pensar ainda que os limites naturais das áreas onde os cavalares deixam de dar todo o seu rendimento tendem frequentemente a coincidir com os das zonas onde o ímpeto... (Sérgio Buarque de Holanda, p. 196 desta edição)

Assim o deixou Sérgio, para retomá-lo depois de concluí--lo, mas seus múltiplos interesses o conduziram a novas pesquisas que deram outros livros. *

Esta obra, incompleta e inconclusa, contudo, permite acompanhar seu trabalho de pesquisa, interpretação e análise, flagrando no momento da feitura sua tarefa de escrever e reescrever, depois rever o já feito, traduzindo de forma clara o pensamento, como escritor exigente e preciso.

Em entrevista a Richard Graham, historiador norte-americano, assim falava Sérgio Buarque de Holanda dessa tarefa:

O que consegui fazer, bem ou mal, não me veio como dádiva milagrosa. Veio como uma conquista gradual sobre uma fraqueza minha, não sei se adquirida ou congênita: falava e escrevia como se fosse só para mim mesmo, sem consciência da pessoa a quem me dirigia ou do eventual leitor. Disto vinham as frequentes obscuridades com as quais ainda hoje tropeço quando examino alguma coisa que escrevi há algum tempo, obscuridades de que não tomava conhecimento antes, a despeito da advertência de meus amigos. Só lentamente cheguei a ter ideia da necessidade de moldar minha linguagem e dar-lhe forma, cuidadosa-

22

CAPÍTULOS
DE EXPANSÃO
PAULISTA
.

---

* A coleção História Geral da Civilização Brasileira é um desses livros. Ele coordenou a coleção até o sétimo volume. Um deles, o de número 5 do segundo tomo – *Do Império à República* –, é todo ele de sua autoria. É uma edição da Difusão Europeia do Livro, e as primeiras edições datam do período entre 1968 e 1972.

mente. Tentei fazê-la precisa e expressiva mais do que bonita. *Procurei a palavra correta, não a floreada – a frondosa – mas a exata e incisiva* [grifo meu].* Algumas vezes, isto exigiu uma pesquisa longa e cuidadosa, e eu tinha de estar vigilante e atento. Atento para eliminar a decoração, a redundância. Você deve ser conciso, se não por outra razão, somente porque, de outro modo, o leitor pode cansar-se de você. Alguns escritores, bem--dotados, podem dispensar esse exercício e ainda escrever bem, mas são exceções. Por escrever bem não quero dizer, necessariamente, de maneira gramaticalmente correta. Obras podem ser impecáveis em sua sintaxe, mas difíceis de ler e entender; e vice-versa. Creio que foi Lucien Febvre quem disse que "o perfeito historiador deve ser um grande escritor"! Nenhum historiador pode afirmar ter sido bem-sucedido, mas nenhum historiador pode fugir de tentar.**

Sérgio Buarque de Holanda "não fugiu de tentar" e, também, foi bem-sucedido.

Em outro trecho da mesma entrevista a Richard Graham, Sérgio afirmou:

Escrevi artigos para uma revista bilíngue, tentando explicar o Brasil aos alemães. É quando você está longe que começa a ver sua própria terra integralmente. Você tem uma perspectiva diferente. *E o Brasil não é fácil de entender, é difícil.* [grifo meu]

Também tentar melhor entender o Brasil, através de suas pesquisas, e desvendar um pouco da tarefa desse historiador

---

* Lembro-me de uma observação feita por Sérgio em 1976, quando pedi sua ajuda num prefácio que eu escrevia. Respondeu-me: "[...] não gostei daquele soleníssimo 'grande palco da intelectualidade brasileira'. E naturalmente das beiradas desse prato a 'principiante atriz' e 'solicita a atenção da plateia'". Dizia e fazia.

** Entrevista a Richard Graham, publicada na *Hispanic American Historical Review*, v. 62, n. 1, 1982, Duke University Press, pp. 3-17, depois traduzida e publicada na *Revista Ciência e Cultura*, São Paulo, SBPC, v. 34, n. 9, set. 1982.

inconfundível, transferindo a experiência para o leitor, foi o "jeito" que encontrei para identificar a obra e explicar por que ela chega ao público com algumas imperfeições, que o autor teria certamente sanado. Se serei bem-sucedido, não sei. Em certo momento, Sérgio afirmou sobre este livro:

> Repito que meu trabalho em preparo tem a ver com as chamadas monções "de povoado", que assim se chamaram as frotas de comércio entre Porto Feliz e Cuiabá, e com as viagens por terra entre São Paulo, Rio de Janeiro e Bahia, respectivamente, e o extremo ocidente do Brasil. Para obra mais completa, seria conveniente o estudo de toda a vasta estrada fluvial que, com breves intervalos, abraçava quase todo o Brasil, desde o Tietê até a Amazônia. ("Nota à segunda edição" de *Monções*, p. 12)

Acompanhar os homens, através dessa vasta "estrada fluvial" ou pelos "caminhos de terra", foi o que Sérgio se propôs, e no destaque do cotidiano foi revelando a "conquista do Oeste" pelos "portugueses de San Pablo", através de sua mobilidade e de sua capacidade de adaptação ao "sertão" inóspito. É o que revelam trechos como este:

> A mobilidade maior dos de São Paulo é provocada largamente pela insuficiência dos recursos disponíveis para a sustentação do ideal comum de estabilidade. Apartados das grandes linhas naturais de comunicação com o Reino e sem condições para desenvolver de imediato um tipo de economia extrovertida, que torne compensadora a introdução de africanos, devem contentar-se com as possibilidades mais modestas que proporciona o nativo, o "negro" da terra, como sem malícia costumam dizer, e é para ir buscá-lo que correm o sertão. (p. 35)

A farta documentação encontrada em arquivos públicos, principalmente de São Paulo e Cuiabá, facilitou ao autor de *Raízes do Brasil* uma análise mais precisa da penetração dos "homens de Piratininga" em direção ao "Extremo Oeste", o que lhe permitiu afirmar:

> Foi antes de tudo a vontade de corrigir os efeitos da carência de mão de obra para a faina rural o que fomentou muitos episódios próprios da sociedade do planalto. Há no entanto os que, ainda hoje, só querem achar o germe e a lei íntima desses episódios no coração aventureiro do sertanista. Ou então no empenho que o moveria, de ver dilatados os senhorios da Coroa de Portugal neste continente. (p. 35)

Em torno dessas ideias surgiria não só uma vasta iconografia, mas uma mitologia sobre a qual Sérgio comentou:

> A verdade, escondida por essa espécie de mitologia, é que eles foram constantemente impelidos, mesmo nas grandes entradas, por exigências de um triste viver cotidiano e caseiro: teimosamente pelejaram contra a pobreza, e para repará-la não hesitaram em deslocar-se sobre espaços cada vez maiores, desafiando as insidias de um mundo ignorado e talvez inimigo. (p. 35)

Nada, portanto, de heróis-desbravadores, de soldados do rei, antes homens somente, em luta por sobreviver.

A busca do sertão desconhecido pelos "homens de Piratininga" foi analisada por Sérgio Buarque de Holanda em outros escritos. Muitas das ideias contidas neste *O Extremo Oeste* já aparecem em seu artigo "Expansão paulista do século XVI e princípios do século XVII",[*] resultado de uma conferência. É evidente que aqui tudo está ampliado e mais pormenorizadamente discutido, pois Sérgio, na sua inquietude

---

[*] Sérgio Buarque de Holanda, "Expansão paulista do século XVI e princípios do século XVII", separata do Seminário de Estudos das Fontes Primárias para a História de São Paulo no Século XVI. *Publicações do Instituto de Administração da Faculdade de Ciências Econômicas e Administrativas da USP*, São Paulo, n. 29, jun. 1948.

intelectual, buscou novas fontes documentais e sobre elas deixou a imaginação criar um mundo mais próximo da realidade de então.

Neste livro aparece o que diz Maria Odila Leite da Silva Dias sobre a criatividade do historiador:

> [...] e em função do cuidado do historiador em reconstituir ao vivo a capacidade dos colonos de se enraizarem e de se adaptarem às novas paisagens é que já desponta em *Monções*, com toda a vitalidade, o estilo imaginativo e criador de Sérgio Buarque de Holanda, que se demora em recriar as condições específicas, as minúcias do cotidiano do sertão paulista. *

Sérgio Buarque de Holanda se ocupou bastante da questão das "monções de povoado", tanto assim que editou uma de suas obras mais importantes com o nome de *Monções*. A primeira edição foi de 1945, a segunda saiu somente em 1976. Ao escrever a nota para a segunda edição, afirmou: "Publicado primeiramente no ano de 1945 e em tiragem reduzida, que por isso mesmo se esgotou com certa rapidez, reimprime-se hoje este livro, sem qualquer retoque substancial no texto antigo". Aliás, *Monções* e *Caminhos e fronteiras* constituem os livros representativos da sua primeira fase de pesquisa sistemática. São obras onde o historiador busca o encontro do homem de Piratininga com o sertão incógnito. Nessa busca quer chegar à revelação do cotidiano. Nessa revelação, através de minúcias, revela toda a beleza da conquista, vista na psiquê do branco viageiro. É Sérgio quem chama a atenção para a conduta do paulista: "Sua vocação está no caminho, que convida ao movimento, não na grande lavoura, que cria indivíduos sedentários" (p. 34).

Ao lado da constatação da vocação caminheira dos "por-

---

* Maria Odila Leite da Silva Dias (org.), *Sérgio Buarque de Holanda*. São Paulo: Ática, 1985. p. 27. Coleção Grandes Cientistas Sociais: História.

tugueses de San Pablo", que não "duvidavam de correr a pé caminhos tão compridos, tão ásperos, tão faltos de todo o necessário", não faltava a capacidade maior de adaptar-se às condições locais. "Por isso mesmo não se enrijava logo em padrões inflexíveis. Retrocedia, onde preciso, a formas de vida mais arcaicas, espécie de tributo requerido para o melhor conhecimento e a posse da terra." Essa flexibilidade, essa capacidade de adaptação ao meio, detectada por Sérgio, lhe permitiu criar uma imagem como esta, ao referir-se aos homens de Piratininga, nos quais sentia uma consistência própria: "Com a consistência do couro, não a do ferro e do bronze, cedendo, dobrando-se, amoldando-se às asperezas de um mundo rude" (p. 39).

Nesse amoldar-se não faltou aos homens de São Paulo a luta contra o meio ambiente e contra os índios. Dentre eles os paiaguás e os guaicurus. Monsenhor Pizarro comparou os guaicurus aos tártaros. Estatura elevada, traços distintivos de uma raça senhoril, eram eles diferenciados entre os povos sul-americanos. E também na mentalidade, pois se mantinham com o trabalho alheio e "tomavam a outros aquelas coisas que eles próprios não se rebaixavam a fazer" (p. 85). Sérgio relata a observação de Castelnau ao salientar que uma tradição mitológica mostrava que a cada povo deu o Criador um atributo próprio:

> o branco recebeu o dom do comércio, outros tiveram a aptidão para a lavoura; o guaicuru, porém, esquecido na partilha, só podia seguir o conselho de uma ave de rapina, o caracará. O qual caracará, retorquindo às suas queixas, disse-lhe que o quinhão dele era o melhor, pois como o deixaram de lado restava-lhe tomar o que a outros foi dado. O guaicuru seguiu tão bem o conselho que começou por matar a pedradas o próprio conselheiro. E desde aí a agressão e a rapina ficaram sendo, por assim dizer, as suas virtudes nativas. (p. 86)

Se por um lado existe em Sérgio a perspicácia, a sutileza e a agudeza de percepção sempre reveladora, por outro está o rigor do estilista, que busca e rebusca até encontrar a melhor forma de apresentar, com propriedade, aquilo que encontrou nos documentos.

O rigoroso estilista, o quase perfeccionista Sérgio Buarque de Holanda certamente faria mais algumas revisões antes de entregar este novo livro para publicação. Assim era ele, revisava a revisão, procurava a melhor palavra, não a mais bonita, mas a mais incisiva. Lendo e relendo os originais que deixou sem completa revisão, encontrei uma infinidade de correções iniciais em que o professor aqui também dá lições de como escrever. Acompanhar, através de alguns exemplos, esse cuidadoso revisar acho que é outra forma de viver a obra de Sérgio. É ele se "corrigindo" e procurando, cada vez mais, encontrar a palavra adequada para cada frase.

Vamos acompanhá-lo?

1) "Era difícil a vigilância para *quem conhecesse as manhas* dos índios, *pois escondiam-se* atrás de alguma *moita* depois de besuntarem-se de barro" (*antes da revisão*)

"Era difícil a vigilância para *quem não soubesse das manhas* dos índios, *que se escondiam* atrás de alguma *touceira*, depois de besuntarem-se de barro" (*depois da revisão*)

2) "[...] a nuvem de flechas que simultaneamente expediam com lançaços de remo e as pauladas, bastariam para prostrar o *mareante* desprevenido" (*antes da revisão*)

"[...] a nuvem de flechas que simultaneamente expediam com lançaços de remo e as pauladas bastariam para *logo* prostrar o *viajante*" (*depois da revisão*)

3) "*Mais tarde, sobretudo* durante a guerra da *Tríplice Aliança*, esses índios, em boa inteligência com os brasileiros, assaltaram repetidas vezes soldados e *povoados paraguaios*, de onde voltavam carregando armas e tecidos" (*antes da revisão*)
"*Sobretudo*, durante a Guerra do Paraguai esses índios, em boa inteligência com os brasileiros, assaltaram repetidas vezes soldados e *povoados inimigos*, e voltavam carregando armas e tecidos *que mais tarde exibiam como troféus*" (*depois da revisão*)

4) "A agonia desse povo que *nunca se acostumara* com as artes da paz" (*antes da revisão*)
"A agonia desse povo que *não tinha sido feito* para as artes da paz" (*depois da revisão*)

São exemplos que poderiam ser multiplicados.

Nesse fac-símile [ver imagem 1 no caderno de fotos deste volume] fica a impressão de que Sérgio, ao rever os textos, lembrava-se de questões não colocadas e as retomava, deixando recomendações para si mesmo quando retornasse ao próprio trabalho.

Já afirmei que Sérgio Buarque de Holanda, certamente, faria muitas alterações no próprio livro antes de publicá-lo. Também eliminaria certas imprecisões e evitaria algumas repetições de assuntos. Era meu desejo não alterar nada, contudo foi necessária a intromissão na obra do mestre para evitar algumas repetições de palavras, que ele jamais faria, e também em alguns pontos onde o argumento provava que o documento usado não fora corretamente transcrito. O próprio mestre, com sua precisão de pesquisador, permitiu a retomada da fonte e a correção precisa. Num primeiro caso, à p. 193,

Sérgio datilografou a mesma data (entre 1580 e 1580), mas retomando a fonte indicada por ele encontrei o período correto (entre 1580 e 1588). O livro utilizado, *Südamerika im Spiegel seiner Städte*, faz parte de sua preciosa biblioteca, agora preservada na Unicamp.

O outro exemplo de uma transcrição incorreta de Sérgio está à pp. 49-50, quando ele tece considerações em torno do testamento de um tal

> Timóteo Leme do Prado, também de Parnaíba, que deixou em 1737, "hum cavallo castanho claro [...] os quatro pés calçados". Mas consta igualmente que o mesmo Timóteo deixou ainda "hum cavallo *castanho claro* [...] [grifo meu] os quatro pés calçados", e nesse caso é escusada qualquer hesitação, pois não há como calçar com *ferraduras três patas de um animal* [grifo meu], deixando-lhe descalça a quarta, nem seria possível equilibrar-se ele nessas condições.

Pois bem, isto aparece no original porque o mestre não o reviu com o cuidado que faria se o tivesse retomado para a edição de seu livro. Mas é evidente que ele argumentava sobre o documento consultado e claro estava na sua cabeça que se tratava de dois animais diferentes, um com quatro patas calçadas e outro com três, como tinha lido durante as pesquisas. Tanto é assim que, retomando a sua precisa indicação sobre a fonte (Arquivo do Estado de São Paulo: T.C. 1737-1738: Inventários não Publicados, caixa 38), lá se encontra o seguinte: "Por um cavallo *castanho escuro* [grifo meu] de des annos mais ou menos com huma estrela na Testa que tem *tres pes calçados* [grifo meu] que foi [...]".

Com esse exemplo quero, também, voltar à questão das imperfeições que possam os leitores encontrar nesta obra. Ela não teve a última olhada do autor, e assim traz os defeitos próprios de quem respeita e não ousa invadir o pensamento de outrem, em especial do mestre, mas quero trazer à luz mais uma obra de arte do historiador Sérgio Buarque de Holanda.

Sobre o autor são necessárias algumas palavras. Não aquelas que montem uma pequena biografia, pois sobre Sérgio Buarque de Holanda, se tentasse, teria que escrever um livro, tão longa e estimulante é a sua história. Apenas é necessário o registro de alguns traços de sua vida como homem e intelectual.

Como historiador, aí estão as suas obras reconhecidas, com inúmeras edições e com traduções para diversos idiomas. Como professor, que ele não se julgava, basta repetir as palavras de Miúcha, sua filha, em depoimento à *Folha de S. Paulo*:

E todos gostávamos de ler. Acho que era por causa do exemplo de papai, eterno estudioso, que passava os dias com o nariz enterrado nos livros. Sua biblioteca já era grande e variada, naquele tempo. E ele a mantinha sempre aberta. Íamos lendo e, se não entendíamos alguma coisa, ele explicava com a paciência do *melhor professor*. [grifo meu]

É preciso dizer mais? Talvez, somente acrescentar que essa paciência ele manteve com seus alunos...

Sobre outras facetas de sua personalidade, o que ressaltar? O seu lado boêmio? A sua alegria de anfitrião, nas salas inesquecíveis da rua Buri? Muito difícil fazer qualquer recorte...

Na impossibilidade de uma síntese, dou a palavra a Luís Martins:

A casa grande e hospitaleira – "raízes do Brasil" – o portão sempre aberto, a escadinha do jardim que dá uma porção de voltas – "caminhos e fronteiras" – a rede no terraço, enfim o salão cheio de livros, o anfitrião de chinelos, o cafezinho logo oferecido: "visão do Paraíso".

– Dr. Sérgio Buarque de Holanda, é verdade que, na opinião

de Manuel Bandeira, o senhor é um mestre "verdadeiramente sem par em sua geração"?

– Nada disso. Eu sou apenas o pai do Chico. *

São Paulo, abril de 1986

* Luís Martins, "O homem cordial", *O Estado de S. Paulo*, 25 abr. 1969.

Caminhos do Extremo Oeste[*]

•

NOS PRIMEIROS TEMPOS DA COLONIZAÇÃO DO BRASIL, as áreas povoadas, tomadas ao índio e ao mato, não passam, em geral, de estabelecimentos dispersos sobre o vasto litoral e ainda mal plantados na terra. Destinados sobretudo ao aportamento de navios, voltam-se de preferência para o outro lado do oceano. Nessas paragens cuida o português de suscitar ambientes adequados à sua conveniência mercantil, assim como a sua experiência africana e asiática. O processo acelera-se principalmente com a introdução da lavoura açucareira, que há de

[*] As notas apresentadas neste livro foram elaboradas a partir da iniciação científica de André Sekkel Cerqueira, que comparou durante dois anos os livros *Monções*, *Caminhos e fronteiras* e *O Extremo Oeste*. Elas têm como objetivo indicar ao leitor as relações entre estas e outras obras do autor, como *Visão do Paraíso* e textos menores (artigos publicados em revistas e jornais, por exemplo). Na introdução que fez a *Caminhos e fronteiras* (1957), Sérgio Buarque de Holanda afirma que os primeiros capítulos do livro foram redigidos junto com *Monções* (1945), obra que pretendia incluir "em quadro mais amplo, onde se apresentariam certos aspectos significativos da implantação em terra brasileira de uma civilização adventícia" (*Caminhos e fronteiras*. São Paulo: Companhia das Letras, 2005. p. 10). *Caminhos e fronteiras* contribuiria, então, para esse "quadro mais amplo". Em 1976, saiu a segunda edição de *Monções*. À altura, Sérgio Buarque já havia reescrito, pelo menos, o primeiro capítulo do livro, "Caminhos do sertão", publicado em 1964 na *Revista de História* da Universidade de São Paulo. Porém, na segunda edição, o autor resolveu deixar o livro, *Monções*, como estava,

atender a mercados distantes. A lavoura, neste caso a grande lavoura, tem seu complemento nas moendas de cana. Ambos, lavoura e engenho, apelam para o negro. Infensos, quase sempre, a semelhante processo, vão ser rapidamente sacrificados os antigos naturais da terra. Aqueles que não perecem, vítimas das armas e pestes trazidas do além-mar, buscam refúgio no sertão.

No sul, porém, e particularmente nos lugares à volta de Piratininga, vencidas as escabrosidades da serra, a paisagem vai ganhar outro colorido. Não há aqui a coesão externa, a aparência de equilíbrio, oferecida pelos núcleos surgidos no litoral nordestino, nas terras do massapé gordo, onde, bem ou mal, se exprime a riqueza na sólida habitação do dono de engenho. Aquela sociedade meio aluvial constituída no planalto vicentino irá manter-se ainda por dois séculos ou mais em situação instável e imatura, que deixa espaço ao maior intercurso com a gente nativa. Sua vocação está no caminho, que convida ao movimento, não na grande lavoura, que cria indivíduos sedentários.

Verdade é que essas diferenças terão sempre caráter relativo. Por toda parte é um só o alvo do colonizador. O que di-

---

alegando que as mudanças seriam tantas que cabia apresentá-las em outro livro, no qual estaria trabalhando. Em 1986, algum tempo depois de sua morte, foi publicado *O Extremo Oeste*, trabalho inédito e inacabado que, tudo leva a crer, correspondia ao esforço de reescrever *Monções*. É evidente a relação entre as três obras referidas, que têm a expansão paulista como tema central e parecem ter obedecido ao seguinte desenvolvimento: 1) o autor publicou, em 1945, a primeira parte de sua pesquisa; 2) a partir de novos materiais, aprofundou a investigação e publicou, em 1957, outro livro; 3) as pesquisas sobre o tema continuaram, e em 1965 Sérgio Buarque de Holanda pediu auxílio à Fapesp para dar continuidade aos estudos sobre a navegação fluvial entre São Paulo e Cuiabá; é possível que estivesse reescrevendo os capítulos de *Monções* nessa época; 4) o volume de novas informações levou-o a acreditar que a melhor solução seria escrever um outro livro, que talvez reunisse os capítulos reescritos de *Monções* e os trechos que compõem *O Extremo Oeste*. Ver a respeito Laura de Mello e Souza, "Estrela da vida inteira", prefácio a *Monções* (São Paulo: Companhia das Letras, 2014). Cf. também nota da p. 286, no capítulo "O transporte fluvial" deste volume. [Esta e as demais notas de rodapé são de André Sekkel Cerqueira. As notas numeradas, do autor, encontram-se na seção "Notas".]

verge é o compasso da marcha dirigida ao mesmo objetivo, conforme as circunstâncias locais. A mobilidade maior dos de São Paulo é provocada largamente pela insuficiência dos recursos disponíveis para a sustentação do ideal comum de estabilidade. Apartados das grandes linhas naturais de comunicação com o Reino e sem condições para desenvolver de imediato um tipo de economia extrovertida, que torne compensadora a introdução de africanos, devem contentar-se com as possibilidades mais modestas que proporciona o nativo, o "negro" da terra, como sem malícia costumam dizer, e é para ir buscá-lo que correm o sertão.

Foi antes de tudo a vontade de corrigir os efeitos da carência de mão de obra para a faina rural o que fomentou muitos episódios próprios da sociedade do planalto. Há no entanto os que, ainda hoje, só querem achar o germe e a lei íntima desses episódios no coração aventureiro do sertanista. Ou então no empenho que o moveria, de ver dilatados os senhorios da Coroa de Portugal neste continente. É de representações semelhantes que deve ter nascido uma já vasta e frondosa iconografia, onde tudo, a começar pela indumentária atribuída a heróis tão assinalados contra a realidade relutante da história, deve exibi-los a posar sobranceiros para a eternidade, como se tivessem cuidado de organizar a glória póstuma. A verdade, escondida por essa espécie de mitologia,* é que eles foram constantemente impelidos, mesmo nas grandes entradas, por exigências de um triste viver cotidiano e caseiro: teimosamente pelejaram contra a pobreza, e para repará-la não hesitaram em deslocar-se sobre espaços cada vez maiores, desafiando as insídias de um mundo ignorado e talvez inimigo.* *

---

* Sérgio Buarque de Holanda retoma, aqui, uma discussão que teve com Jaime Cortesão, em artigos de jornal, acerca da presença ou ausência de intencionalidade na expansão paulista, e se as expedições foram ou não estimuladas pela Coroa portuguesa. O assunto será retomado em *O Extremo Oeste*, no capítulo "A conquista do Extremo Oeste" (p. 105 desta edição).

* * Nos originais de *O Extremo Oeste* há, na p. 2, uma anotação feita a lápis por Maria

Explica-se assim como um jesuíta, ao tratar das agruras suportadas por esses homens na perseguição de um reprovável intento, disse que humilhavam a tibieza de quem se propusera fins mais alevantados do que a insana caça a peças indígenas. A verdade, observa com efeito o padre Diego Ferrer, é que, precisando ir ganhar almas para o Senhor, sentia-se ele próprio indolente e fraco, avesso a dificuldades, infenso a trabalhos maiores e riscos, enquanto aqueles "portugueses de San Pablo" não duvidavam de correr a pé caminhos tão compridos, tão ásperos, tão faltos de todo o necessário, padecendo tanta fome, tanta fadiga, tanta penúria, expondo-se a perigos tão continuados do corpo e do espírito, para ao cabo descer meia dúzia de índios, que lhes hão de escapar amanhã, ou de morrer.[1]

Podia dar-se, de outro lado, que em semelhantes jornadas fossem compensados, por acaso, no barranco de algum ribeiro, com um desses tesouros de proveito, que não servem só a fins materiais, por além de adornar templos, dar mais decoro ao culto, ajudam até a tirar almas do Purgatório. Assim se dará com o Arzão, por exemplo, no rio da Casca. E com o Sutil, no rio Cuiabá. Tudo faz supor, entretanto, que essa demanda do metal precioso teve influência moderada, de início quase nula, no ânimo daqueles aventureiros. Isto mesmo há de dizer, e não é testemunho isolado, certo governador do Paraguai, ao glosar informações que lhe levou João de Peralta, domiciliado em São Paulo desde que, criança de peito, o trouxeram os pais da Vila Rica do Espírito Santo, onde nascera:[2] "Não fazem muito caso do ouro", são palavras suas, "o que mais querem é maloquear índios".

Amélia, indicando a semelhança entre as ideias tratadas nestes parágrafos e as presentes na separata "A expansão paulista em fins do século XVI e princípio do século XVII", publicada em 1948 por conta de um seminário sobre o estudo das fontes paulistas. Cf. trecho "Precisamente um século antes também é o Peru que surge absorvendo praticamente toda a América do Sul num mapa de Pedro de Medina", à p. 121 deste volume, onde é mais evidente a relação com a separata. Cf. também a nota da p. 105-6.

Entre as razões que alvitra para o desinteresse em torno das minas do Brasil, lembrará em 1704 o francês Ambroise Jauffret, morador antigo da vila de São Paulo, onde chegou a oficial da Câmara, a oposição dos habitantes da vila a que lhes mandem mineiros, cuidando que "lhes diminuhirião a liberdade em que vivião e sempre viverão".[3] Para evitar que assim se desse, impediam e ocultavam o acesso de quem quer que fosse ao local onde estavam as jazidas. Foi, acrescentava, o que "eu ouvy muitas vezes dizer aos velhos defenderem a seus filhos, e aos nossos, que tal cousa não fizessem nem consentissem".

O mesmo, e quase nos mesmos termos, pode ler-se em textos portugueses da época. Em relatório que escreveu por volta de 1693 o governador Antonio Pais de Sande, do Rio de Janeiro, onde se alude a grandes ciúmes da gente de São Paulo no tocante às minas, diz-se que não apenas as escondiam, mas estorvavam quantas diligências se fizessem para revelá-las. A causa dos ciúmes estava no serem aqueles homens – briosos, valentes, impacientes da menor injúria – adversos a todo ato servil, de sorte que, não podendo os mais pobres ter serviçais, "sujeitam-se a andar anos a fio pelo sertão em busca de quem os sirva, do que servir a outrem um só dia".[4] Ora, bem sabiam eles que, descobertas as minas, logo lhes iria governador ou vice-rei, meteriam presídios na capitania e os tributos se multiplicariam. Resultado: o governo quase livre de sua república se extinguiria, nem iriam poder mais ir ao sertão ou, se lá fossem, não conseguiriam valer-se dos índios apresados, que estes os haveriam os outros de mandar às lavras. Do mesmo modo aquelas terras que, com ingente esforço, seus maiores desbravaram, seriam prêmio de estranhos sem merecimento e seus filhos acabariam transformados em escravos dos tais intrusos. Daí o disporem "todas as industrias de se não descobrir a preciosidade daquelas minas".

A cobiça do ouro representou, em realidade, fator tão pouco decisivo da penetração do território quanto o desejo atribuído por alguns autores aos sertanistas de São Paulo de ampliar deliberadamente a área da colonização lusitana. Em favor da última teoria ainda se podem invocar depoimentos de tal ou qual cabo de bandeira recolhidos por autoridades ou missionários espanhóis. Em todo caso, nada sugere que entrasse aqui algum propósito buscado afanosamente; do contrário não se explica como, tendo assolado sempre nas Índias de Castela os lugares de onde pudessem descer gente de serviço, deixassem de parte outros que, podendo reivindicar com iguais títulos, não davam o mesmo fruto.

Nada impede que muitos desses depoimentos visassem apenas a dar justificativa aparente para as invasões predatórias, sem envolver propósitos de conquista. Eloquente, a respeito, é um recado verbal que mandou em 1676, a Assunção, Francisco Pedroso Xavier, dizendo que, embora fossem aquela província e todas as mais terras, até Montevidéu, da Coroa de Portugal, pois de direito pertenciam aos condes de Monsanto, herdeiros do senhor Martim Afonso, ele pessoalmente "no haçia caso de ello ni pretendia semexante derecho, sino la Paz y el comercio y la conquista del Guaycuru".[5] Assim se lê em representação mandada pelo cabildo assuncenho a 12 de março do dito ano a Sua Majestade el-rei Carlos II, que mal acabava de atingir a maioridade. Bem sabia Francisco Pedroso que jamais toleraria a Coroa portuguesa que súditos seus fizessem prevalecer a mão armada, como indivíduos particulares, direitos supostos ou reais da dita Coroa contra vizinho tão perigoso, pondo maior solicitude no punir do que no galardoar os recalcitrantes.

A demora com que, no planalto de Piratininga, se tinham introduzido costumes, tradições ou técnicas provenientes da metrópole não deixaria de ter ali fundas consequências. Desenvolvendo-se a atividade colonizadora com muito mais soltura do que nas outras capitanias, tendia a processar-se através de uma incessante acomodação a condições locais. Por isso mesmo não se enrijava logo em padrões inflexíveis. Retrocedia, onde preciso, a formas de vida mais arcaicas, espécie de tributo requerido para o melhor conhecimento e a posse da terra. Só aos poucos, ainda que de modo consistente, o filho e neto de europeus acabaria por introduzir usos familiares aos seus ancestrais no Velho Mundo. Com a consistência do couro, não a do ferro e do bronze, cedendo, dobrando-se, amoldando-se às asperezas de um mundo rude.*

Era inevitável, em todo esse processo, que o índio se tornasse seu principal iniciador e guia. Ao contato dele os colonos, atraídos por um sertão prenhe de promessas, viam-se forçados a abandonar as comodidades da vida civil. O simples recurso às pobres vias de comunicação abertas pelos naturais da terra já reclama penosa aprendizagem que, por força, reagirá sobre os hábitos dos descendentes de europeus. A capacidade de longa resistência à fome, à sede, ao cansaço; o senso topográfico levado a extremos; a familiaridade que se diria ingênita com a natureza agreste, mormente com seus produtos comestíveis ou medicinais, são algumas das imposições feitas ao caminhante por essas veredas. Nelas o sertanista aprende a abandonar frequentemente o uso do calçado; a marchar continuamente em fila, um atrás do outro; a marcar o trajeto quebrando galhos ou golpeando troncos para não se

---

* Esta passagem é, em essência, a mesma com a qual Sérgio Buarque de Holanda abre o primeiro capítulo de *Monções* (na primeira versão). É interessante notar que esse tema já havia aparecido em *Raízes do Brasil*, no primeiro capítulo, "Fronteiras da Europa": "Podemos dizer que de lá [Portugal] nos veio a forma atual de nossa cultura; o resto foi matéria que se sujeitou mal ou bem a essa forma" (*Raízes do Brasil*. São Paulo: Companhia das Letras, 2013. p. 40). Mas como o "resto" se "sujeitou mal ou bem a essa forma"? Ora, "Com a consistência do couro, não a do ferro e do bronze, cedendo, dobrando-se, amoldando-se às asperezas de um mundo rude". Tudo isso foi proporcionado pelo "gosto da aventura", que "teve influência decisiva (não a única decisiva, é preciso, porém, dizer-se) em nossa vida nacional. [...] Favorecendo a mobilidade social, estimulou os homens [...] a enfrentar com denodo as asperezas ou resistências da natureza e criou-lhes as condições adequadas a tal empresa" (cf. *Raízes do Brasil*, op. cit., p. 46).

perder na volta; a valer-se do fogo e da fumaça para dar avisos à distância, a tirar, em suma, o proveito melhor de tudo quanto dê sustento à vida humana em sítios tão alheios a uma sociedade conversável. *

Exceto na vizinhança das povoações maiores, nenhum progresso fundamental vai ser possível antes de generalizar-se o emprego de cavalares para percursos extensos. Nada sugere que o reparo e conservação dos caminhos mais importantes, feitos a princípio de mão comum pelos vizinhos e moradores das vilas, mas só até onde chegue o poder efetivo das câmaras, alterem apreciavelmente seu caráter. É plausível supor, sem dúvida, que, mesmo antes da conquista, certas trilhas indígenas fossem mais do que picadas intratáveis: no Brasil há o exemplo bem conhecido do Piabiru, ou Caminho de São Tomé, largo de oito palmos, por onde nascia uma erva miúda que, dos dois lados, crescia até quase meia vara, e ainda quando queimassem os campos nascia sempre aquela erva e do mesmo modo. Nada impede, além disso, que, ao longo de algumas vias, certas paragens servissem para a instalação de pousos reiunos, que por sua vez eram pontos de partida para povoações mais estáveis.

Em São Paulo, entretanto, não há notícia de pousos ou ranchos semelhantes antes do governo de Antônio Manuel de Castro e Mendonça (1787-1802), e então se prenderia sua construção ao novo incremento tomado na capitania pela lavoura comercial. Sem uma tal providência a produção agrícola de serra acima, em particular os açúcares de Itu, Porto Fe-

---

* Neste trecho, apresenta-se temática largamente desenvolvida por Sérgio Buarque em outros textos, como no primeiro capítulo de *Monções*, "Os caminhos do sertão", antes de ser reescrito (cf. *Monções*, pp. 43-4) e também em *Caminhos e fronteiras*, no capítulo "Veredas de pé posto" (cf. *Caminhos e fronteiras*, op. cit., pp. 19-35). Tome-se como exemplo a seguinte passagem, da p. 25: "Dentro dos limites que lhe permitia sua técnica [do índio], dentro do sistema de avanços e recuos, de liberdades e submissões em que se agitava, também podia desenvolver ao máximo um poder inventivo orientado para o bem do grupo, como se deve esperar de homens para quem o viver era antes e acima de tudo um conviver".

liz, São Carlos (Campinas), ficaria sujeita à chuva e à umidade no trajeto até Santos, continuando assim a merecer o mau nome e os preços baixos que alcançavam nas praças do Rio de Janeiro e Lisboa. Enquanto dependeram ordinariamente de uma economia de subsistência, sujeitaram-se mal ou bem, os paulistas, às veredas primitivas, sucessoras de trilhas de índios ou carreiros de antas, e que mesmo nas melhores condições não se destinavam senão a pedestres. De outro lado, nem as conveniências do trato mercantil teriam como contribuir para se aperfeiçoarem essas vias, em terra onde o pequeno volume das transações dava pouca base a qualquer intento de se desembaraçar a circulação dos bens de consumo.

Associada à mesquinhez das estradas, a própria deficiência das técnicas de transporte ajudava a encarecer os gêneros, fazendo proibitivo o comércio a maior distância. Caso eloquente é o que se dá com o trigo, largamente produzido na capitania durante o século XVII. Por volta de 1633 costumava orçar-se ele nas fontes produtoras, ou seja, nos sítios da roça, à razão de oitenta a cem réis por alqueire. Depois de malhado e "dizimado" (isto é, depois de pagos os dízimos devidos à Coroa em virtude do grão-mestrado da Ordem de Cristo), chegava, no máximo, a meia pataca, ou seja, 160 réis. Pois bem, o preço cobrado pela mesma época para sua condução até Santos oscilava entre dois tostões e doze vinténs cada alqueire: duzentos a 240 réis.[6] Significa isso que, além dos abusos dos atravessadores, acabava por sair mais caro o carreto que o produto acarretado.

Tão dificultoso em certas ocasiões se tornava o trânsito pelas estradas que servia isso de desculpa para não se celebrarem atos civis dependentes de caminhadas maiores. Quando no ano de 1611 morreu em Mogi das Cruzes Francisca Cardoso, mulher de Gaspar Vaz, o fundador da vila, não ousaram os avaliadores do inventário percorrer as nove ou dez léguas que seria preciso vencer desde São Paulo, por serem "caminhos ásperos e de muitas águas".[7] O fato ainda podia ter escusa no escasso tempo havido para se melhorarem as comunicações, pois que mal se havia levantado o pelourinho em Mogi.* Contudo, passados nove anos, os avaliadores de outro inventário ficarão tolhidos de ir de São Paulo a examinar umas terras nessa localidade, por não haver ponte nem canoa que permitisse a viagem.[8]

Característico da espécie de insularidade a que os maus caminhos e os péssimos transportes condenavam os diferentes núcleos de povoamento é um exemplo tirado do inventário de certa Custódia de Candia, que se processou a 13 de agosto de 1659 no Baixo da Cotia, termo da vila de São Paulo, com outro que, da fazenda deixada por Amador Girão, marido da mesma Custódia, se fizera no dia 4 daquele dito mês e ano no sítio do casal, em Sant'Ana de Parnaíba,** onde por mal de seus pecados se havia homiziado o Girão. Do primeiro documento resulta que deixou este de assiná-lo "por ser homem criminoso e não aparecer para fazer o inventário de seus bens".[9] Quer isto dizer que nove dias depois de inventariada a fazenda de Amador não teria chegado até Cotia, distante suas quatro léguas de Parnaíba[10] – percurso que em condições normais se vencia em menos de um dia de marcha a pé –, a notícia de que ele já não pertencia aos vivos.

O comum era mesmo fazerem-se esses percursos a pé ou, tratando-se de gente mais grada, e também de mulheres, velhos ou sujeitos achacados e doentes, em redes carregadas por índios de transporte. O irem as senhoras às igrejas em redes e palanquins, hábito que tanto escandalizara a comitiva de d. frei Antônio de Guadalupe, bispo do Rio de Janeiro, em sua visita a São Paulo em 1728, não é apanágio, porém, das cama-

---

* O assunto foi tratado de forma mais detalhada na segunda versão de "Caminhos do sertão", publicada em 1964 na *Revista de História*. Cf. pp. 227-33 deste volume.

** Nos textos de Sérgio Buarque de Holanda desta edição, preservou-se a grafia empregada pelo autor em topônimos, inclusive nos casos em que tal grafia varia ao longo da obra.

das citadinas privilegiadas. Acha-se introduzido no meio de pessoas de poucas posses e em vilarejos humildes como é o caso de Cotia, justamente o lugar onde o encontrou o visitador. No sertão bruto, até os cabos de bandeira se valiam dessas redes, segundo consta de mais de um informe.[11]

É de crer que a eminência conferida por semelhante carruagem, insígnia tangível de distinção e autoridade, devesse falar muito alto, mais do que o simples apelo ao comodismo. A verdade, porém, é que servindo tanto aos poderosos como aos mimosos, ela também dividia sua serventia entre toda gente livre e não raro aos escravos, a estes na hora do enterro, quando menos, numa perfeita indiferença à condição ou ao grau hierárquico das pessoas. Onde pode entrar hierarquia é na apresentação externa delas: as mais desadornadas e sóbrias iam para gente pobre, enquanto os abastados as tinham lavradas e recamadas de desenhos, além de serem guarnecidas de vistosas varandas e franjas. Assim, a de Pascoal Leite Pais é toda de tecido carmesim forrado de verde, e leva passamanes de prata.[12]

Quanto à condução de gêneros à longa distância, pode dizer-se que aqui, como em tantos outros lugares, é um quase monopólio dos índios ou negros de carga. Os moradores das cercanias de São Paulo levavam seus produtos a vender na marinha, escreve uma testemunha, "ás costas de indios e indias, que os carregam como se fossem mulas, ainda quando tenham filhos a criar". E outra: "Las bestias descansan en los campos y los indios cristianos y fieles a Vuestra Magestad acarrean las cargas".[13] Isto diz Manuel João Branco, ou Manuel Juan de Morales, como agora se assina, em verdadeiro rosário de recriminações contra a gente de São Paulo, que em 1635 endereça a el-rei Filipe IV. O que não o impedirá mais tarde, já depois da Restauração, de aparecer nas ruas de Lisboa carregado numa rede de fios de algodão de variegadas cores, por mulatos calçados, para ir fazer entrega ao novo soberano de um mimo todo de ouro imitando cacho de bananas.[14] Pedro

Taques, que conta o episódio, ajunta que seria objeto de grande riso ali a tal carruagem "e em verdade só a Providência o faria escapar as pedradas dos rapazes da Cotovia".

O transporte às costas dos índios, usado aliás para cargas de qualquer natureza, era a causa principal da carestia dos gêneros em São Paulo, dada a escassa capacidade dos condutores somada a outros obstáculos, que, restringindo a circulação, tinham efeito danoso sobre a economia local. Por outro lado, o longo apego ao sistema representava forte estorvo ao desenvolvimento de mais eficazes recursos, uma vez que teria a seu favor as pessoas habituadas a explorar carregadores bastardos ou carijós. É o que se verá quando surgir, em 1743, quem pense em fazer estrada para os transportes entre Curitiba e Paranaguá, dando origem a uma celeuma que força o adiamento por várias décadas da medida projetada: sinal de que interesses poderosos militavam em prol do velho sistema. Se for feita a estrada, argumentava-se, os pobres de Curitiba já não terão como sustentar-se, "pois polla mayor parte viviam e vivem de conduzir cargas do dito porto para esta villa e della para elle".[15]

Não terão sido outras as causas da oposição que se levantara na cidade de São Paulo quando em fins de 1713 Sua Majestade fora servido mandar houvesse correio "para a segurança das cartas e correspondências dos moradores da Capitania", e logo objetaram os homens da nobreza e moradores contra semelhante ordem, apontando para as "opressõens que se lhes presagiavam".[16] Burocratizado o sistema, com oficiais públicos e casa de posta, os que iam sair perdendo eram os particulares que costumassem empregar serviçais de ganho assim na condução dos efeitos mercantis como das bolsas de cartas.

Ignora-se quando teve começo nas partes do Brasil esse uso de índios de carga; é certo, porém, que andava geralmente arraigado em princípios do século XVII. O provável é que, à maneira de tantos outros hábitos correntes então em São Paulo – o gibão acolchoado dos sertanistas, o poncho, a cuia de beber congonha –, tivesse vindo das conquistas castelhanas, onde, ao menos na Nova Espanha, já é conhecido antes do advento do branco. Assinalam estudiosos da história mexicana que a capacidade de transporte do *tameme*, como chamavam os astecas e depois os espanhóis aos carregadores indígenas, chegou até a influir sobre o sistema local de pesos e medidas, que não correspondia sempre às variedades usuais na península Ibérica, resultando antes da adaptação de unidades castelhanas ou andaluzas, e mesmo a aceitação pura e simples de padrões indígenas, que se prestavam melhor a transações com as populações tributárias.*

Assim, ajuntam Borah e Cook, a "carga", que como medida de secos corresponde na Espanha a quatro *fangas*, isto é, ao peso que normalmente carrega uma cavalgadura, passa a significar ali o quanto pode levar um índio às costas, e que não passa de meia fanga, segundo a avaliação geralmente aceita. Em outras palavras: o peso que cada *tameme* suporta fixou-se em cinquenta libras castelhanas, que em seu significado ponderal equivalem a meia fanga, representando no atual sistema métrico cerca de 23 quilos.[17] Velhos cronistas, como Diaz del Castillo, fixaram por sua vez em duas arrobas o quanto pode levar às costas um índio, acrescentando, aliás, que isso só se entendia para um percurso de duas léguas.[18] Mas duas arrobas e cinquenta libras é o mesmo, pois a arroba castelhana, e a

---

* Discussão semelhante a essa encontra-se no capítulo 8 de *Caminhos e fronteiras*, "Do peão ao tropeiro" (cf. *Caminhos e fronteiras*, op. cit., pp. 125-34). Em artigo que escreveu sobre Sérgio Buarque de Holanda, Ilana Blaj relaciona as três obras acerca da temática da expansão: "[...] desde sua chegada [do português] ao planalto de Piratininga e a permanente necessidade de sobrevivência, levando-o a atravessar *Caminhos e fronteiras* – o que explicaria, por sua vez, os Movimentos da população em São Paulo no século XVII –, até sua transformação em comerciante fluvial, integrando as inúmeras *Monções* que visavam abastecer as conquistas bandeirantes no *Extremo Oeste*". Ilana Blaj, "Sérgio Buarque de Holanda: historiador da cultura material", in Antonio Candido (org.), *Sérgio Buarque de Holanda e o Brasil*. São Paulo: Fundação Perseu Abramo, 1998. p. 33.

andaluza, vale 25 libras também castelhanas ou andaluzas.[19] Duas arrobas – no caso, arrobas portuguesas – é igualmente no Brasil, ao menos em São Paulo, o valor comumente dado à "carga de comerciante",[20] diferente, como se há de ver adiante, da "carga de canoa" usada nas monções de povoado. Com o uso de cavalares e muares em transportes a grande distância continuará válida a antiga medida, dizendo-se, por exemplo, de um animal, que leva quatro a cinco cargas, correspondentes a oito e dez arrobas, que é quanto se julga poder suportar uma cavalgadura.

Embora em textos seiscentistas e até quinhentistas se pretenda que abundassem os cavalares em terras piratininganas, há motivo para se acolher com reservas a notícia. Frei Vicente do Salvador é dos que falam no sem-número de equinos que ali se encontravam. Tantos, diz, que "val cada hum cinco ou seis tostões".[21] Ora, do exame dos inventários dificilmente se deduz que fosse tamanha a quantidade ou tão baixos os preços. Seis tostões não davam, no terceiro decênio do século XVII, que é quando escreve o frade baiano, para comprar nem uma potranca defeituosa. * Seja como for, nada autoriza a acentuar a importância que assumiria aqui a presença dos equinos antes de bem entrado o século imediato, uma vez que parecia quase limitado o uso deles aos núcleos urbanos e imediações. Só por exceção se apontam alguns cavalos em 1675 na entrada de Francisco Pedroso Xavier, e mais na do segundo Anhanguera a Goiás.

É explicável, no primeiro caso, a exceção, se se considerar que os animais que levou Francisco Pedroso, ao todo dezesseis, foram despachados em balsas das imediações de Itu, para serem desembarcados nos campos de além-Paraná, onde

---

* Este trecho sobre os cavalares foi desenvolvido na versão reescrita de "Os caminhos do sertão", evidenciando mais uma vez que o material que Sérgio Buarque de Holanda usaria para ampliar *Monções*, conforme o próprio autor anunciou, foi usado no texto de *O Extremo Oeste*. Cf. pp. 203-5 e também a nota da pp. 33-4 deste volume.

teriam mais desenvoltos os seus movimentos do que nos matagais da banda ocidental do rio. Quanto à jornada de Bartolomeu Bueno, convém lembrar que partira ele com socorros e instruções diligenciados pelo general Rodrigo César de Menezes, levando numerosos emboabas, naturalmente alheios aos costumes paulistas.[22] De qualquer modo, não provou bem aquela novidade das cavalgaduras, pois das 38 ou 39 que seguiram na expedição, voltaram só cinco, morrendo ou extraviando-se as outras.

Mesmo para levar cargas a curta distância foram de pouco uso os cavalares e menos ainda os muares. Estes são, aliás, raridade no Brasil seiscentista, ao oposto do que se dá em Buenos Aires ou no Peru. O mais antigo de que há notícia em São Paulo, em 1636 o "burro castiço"* de Antonia de Oliveira,[23] deve ter vindo do Paraguai, de onde André Fernandes, seu marido, trouxe burros e cabras pelo caminho fluvial.[24] Depois, bem depois, aparecem um macho, além de duas mulas, no espólio de Francisco Pedroso Xavier, que, dois anos antes de morrer, recolhera cavalgaduras na Vila Rica do Espírito Santo.[25] Em verdade, só quando Cristóvão Pereira de Abreu melhorar, em 1733, o caminho do sul, percorrendo-o com numerosas cabeças de gado, começa a mudar a situação. Em meados do mesmo século já é grande o número dos muares trazidos – sabe-se de um negociante que veio com 493, outro com 691, em 1751 –, mas esses vão provavelmente para as Minas. Naquele ano de 1751, do total de 8994 animais que pagam direitos em Curitiba, predominam os cavalares – 6094, ou quase

---

* Este mesmo caso foi contado no capítulo "Do peão ao tropeiro", de *Caminhos e fronteiras*, op. cit., p. 130, onde se lê: "Com os cavalos começam a introduzir-se, em larga escala, os muares, que só excepcionalmente aparecem referidos nos antigos inventários paulistas. Duas mulas e um macho, pertencentes a Francisco Pedroso Xavier, e o burro castiço de Antônia Oliveira, são quase tudo quanto encontramos. A partir de 1733, ou pouco depois, é que começa a avolumar-se o número de bestas muares vindas do Sul, geralmente de passagem para as minas".

68%[26] –, seguindo-se, com menos de 27%, os muares e, finalmente, os bovinos, que não chegam a 6%.

A julgar pelos dados de um livro de registro de cartas de guia de animais, existente na Câmara Municipal de Mogi, e que só parcialmente supre a falta de cifras anuais regulares para as importações de gado do Sul, ao menos no período de 1757 a 1768, enquanto os muares conservam ainda o segundo lugar, passam os bovinos para o primeiro e os cavalares para o terceiro. Isso até certo ponto se deve, porém, ao largo consumo de reses no Rio de Janeiro. Com efeito, do total de 32 413 animais que em Mogi pagam a cota do Novo Imposto para a reedificação de Lisboa, em consequência do terremoto, assinala-se o destino de 17 623 – 14 623 vacuns, 2260 muares e 1291 cavalares –, devendo ir para o Rio 11 420 dos vacuns, isto é, mais de 80%, ao passo que das bestas muares, quase 99% se destinam a Minas. Dos cavalos, vão 972 para Minas e 319 para o Rio.[27]

Nessas somas evidentemente não estão englobados os animais que, de passagem, teriam ficado em São Paulo. Nada faz crer que fosse considerável ali a procura de muares, que mal aparecem nos inventários paulistas de antes de fins do século, ou mesmo de bovinos, de que sempre houvera abundante criação em partes da capitania, mormente nos campos de Curitiba. E, diversamente do que se dá no Rio de Janeiro, tudo sugere ter havido nela antes estagnação do que incremento no número de habitantes durante esse período, não havendo, por conseguinte, razões para se aumentar o consumo de animais de corte. De outro lado, para o triênio que se segue à fase abrangida no rol das cartas de guias de Mogi, dispomos de uma relação de animais procedentes do Rio Grande de São Pedro que passaram pelo registro de Curitiba, incluindo, portanto, os que ficarão possivelmente na capitania de São Paulo. Segundo essa relação, passaram no dito registro 30 300 cabeças, ao todo, entre 1769 e 1771, e agora voltam os cavalares a predominar decididamente, com 53%, incluídas as éguas, estas em pequena quantidade, porque a continuada prenhez as inabilita para o trabalho. Seguem-se muares e bovinos, respectivamente 23 (48%) e 22 (84%).[28]

Uma conclusão fácil a extrair desses dados, mas provavelmente exagerada, é a de que a diferença a mais no número de equinos se prende à procura maior que teriam eles na área paulista. A verdade, em todo caso, é que seu número não cessara de crescer na capitania, e com significativa frequência se especifica sua origem da Colônia do Sacramento: por isso são chamados cavalos "Colônia". E apenas vinte anos depois da expedição de Cristóvão Pereira, precisamente a 2 de junho de 1753, surge na cidade de São Paulo o primeiro regimento de ferradores de que ali há notícia.[29] Já anteriormente começaram a vender-se na mesma cidade ferraduras e cravos, e o motivo dado para a postura foi precisamente a grande discrepância nos preços cobrados.

Nada indica melhor a escassa importância que teriam até então os cavalares do que o persistente desuso de ferraduras até então. Os inventários da época silenciam sobre elas, mencionando, embora, freios, selas e estribeiras. Pode enganar-se quem, em textos do século XVII, encontre alusões a algum animal "ferrado": quer dizer somente que o animal foi marcado com ferro em brasa,[30] não que lhe puseram ferraduras. Também é possível que se iluda quem depare com referências, e não faltam, a cavalos "calçados". De fato assim podia dizer-se do animal ferrado, no sentido que hoje tem a palavra, mas também se dizia assim dos que traziam malhas nas pernas junto aos cascos.

A dúvida é procedente quando se leia, por exemplo, no inventário da fazenda de Luciano Ribeiro Ramos, feito em 1738 na vila de Parnaíba, que havia entre os seus bens "hum cavallo zarão escuro com pés calçados".[31] Ou ainda no de Timóteo Leme do Prado, também de Parnaíba, que deixou em 1737 "hum cavallo castanho claro [...] os quatro pés calçados". Mas consta igualmente que o mesmo Timóteo deixou ainda "hum cavallo castanho claro [...] os quatro pés calçados",[32] e nesse caso é escusada qualquer hesitação, pois não há como calçar com ferraduras três patas de um animal, deixando-lhe descalça a quarta, nem seria possível equilibrar-se ele nessas condições.*

Seja como for, a longa ignorância ou ausência de um acessório que permite ao equino circular com facilidade em qualquer estrada e aturar pesos maiores só poderia contribuir para diminuir-lhe o uso e o préstimo. Não admira se, em seu testamento, declarasse Matias Barbosa da Silva que, vivendo de seus negócios em São Paulo, por volta de 1699, nunca se servia de cavalos, que os não tinha, "nem os havia a esse tempo" ali ou em Santos, de sorte que, à falta deles, até as pessoas principais e os cabos de guerra andavam a pé.[33] Seria explicável o fato, no momento, pela ida de muitos dos animais lá existentes para as minas recém-descobertas. À vista, porém, de outros textos, pode dizer-se que a observação apenas exagera condições efetivamente reinantes ali em épocas anteriores.**

Ainda estamos longe, pois, dos tempos em que um viajante estrangeiro, depois de falar na "espécie de aliança que têm contraído com o cavalo" os gaúchos de São Pedro do Rio Grande, notará como igual propensão, aliás, "se descobre em toda a família Paulista".[34] A grande mudança de hábitos que tornará inevitável em São Paulo a generalização do recurso aos cavalares já parece manifesta antes da quarta década do século XVIII. Agora, com as perspectivas novas que se vão abrir, não só tendem a abreviar-se as comunicações como, aos pou-

---

* Sérgio Buarque de Holanda tratou do assunto das ferraduras também na versão reescrita de "Os caminhos do sertão". Cf. p. 206 deste volume.

** Sérgio Buarque voltava constantemente aos seus textos no intuito de melhorá-los, como se procurou mostrar nas notas anteriores. Além disso, cabe atentar para a preocupação em atualizar a investigação, sempre em curso: nesta passagem do texto, e nas páginas seguintes, vê-se um material inédito, resultado das pesquisas sobre a expansão paulista.

cos, se imporá o reajuste das antigas vias a condições e exigências de uma circulação mais ativa.

Enquanto fora possível dispensarem-se esses progressos, as primitivas veredas atenderam às exigências de uma economia ainda rudimentar. Não havia por que cogitar em fazê-las espaçosas, senão nas proximidades dos centros maiores, já que a habitual marcha em fila, à maneira dos índios, tolerava bem sua antiga estreiteza, nem se impunham grandes benefícios, como a construção de pontes, por exemplo, onde uma simples canoa de casca, fácil de ser feita e transportada, suporta sem muito risco as duas arrobas de carga que qualquer carijó carrega às costas.

O embaraço que às comunicações constantemente oferecia a passagem dos rios caudais, rios de canoa, como costumavam ser chamados, há de fazer-se naturalmente mais sensível à medida que o progresso nas transações mercantis vier trazendo à tona outros problemas, como, para lembrar um exemplo, o da pronta administração da justiça. Assim, em 1747, quando os oficiais da Câmara da vila de Sorocaba se queixam ante Sua Majestade contra o terem de sujeitar-se seus moradores à vara dos juízes de Itu, o pretexto que invocam é estarem os dois lugares separados por "dous rios caudalosos que no tempo das enchentes, se não havia providencia se fazia difficultosa a passagem...".[35] Para reforço da petição, não deixam os ditos oficiais de acenar para o abatimento a que o declínio das viagens fluviais para o Cuiabá, resultado da abertura do novo caminho por terra, teria condenado a vila de Domingos Fernandes. Não apontavam ainda para a pujança que a própria Sorocaba ia tirar por sua vez do comércio de gado, porque ainda não tinha surgido ali o registro de animais, e sua famosa feira pertencia à pré-história. Sorocaba não terá vara própria, mas em compensação Itu acabará perdendo seu juiz de fora, que o tinha desde 1727, quando o dr. Teotônio da Silva Gusmão for removido em 1750 para Mato Grosso, como ouvidor geral, sem deixar substituto, porque o cargo se extinguira.

Se até então e por mais de vinte anos os sorocabanos tinham ficado sujeitos aos seus rivais no tocante à administração da justiça, no mais pode dizer-se que gozavam de plena isenção, porque além de ter fácil acesso aos campos sulinos, podiam ganhar o Tietê diretamente pelo seu rio, o rio que dá nome à vila, sem precisar passar por Itu ou Araritaguaba, então freguesia de Itu, para suas tradicionais correrias no sertão ocidental. Nessas regiões tiveram mesmo, os seus naturais, papel de pioneiros, como o mostram de sobejo nomes como o de Pascoal Moreira, dos Zuñiga, de Miguel Sutil, dos irmãos Antunes Maciel e até mesmo de Fernando Dias Falcão, este um sorocabano adotivo. Por outro lado, não seria empresa extremamente árdua a de facilitar-se o trânsito pelo caminho de seis léguas, mal contadas, que os devia levar até Itu, desembaraçando-os do transtorno daqueles "dous rios caudalosos", que em realidade não passavam de ribeiros.

Bem maiores dificuldades puderam ser obviadas quando ao clamor dos povos se juntavam empenhos da Real Fazenda. Não seria o caso da chamada estrada geral do sertão, que saindo da cidade de São Paulo acompanhava o curso do rio Paraíba até enviesar para as minas de ouro? Quem pretendesse tomar esse caminho por volta de 1709 tinha de gastar um mínimo de dezoito a vinte dias de marcha à paulista, que era feita da madrugada até as treze e catorze horas, ou até as quinze horas, sendo preciso, isto só para o trecho entre São Paulo e Guaratinguetá, de onde se ia ao Guaipacaré, no sítio onde está hoje a cidade de Lorena, e depois à garganta do Embaú, na Mantiqueira.[36] Passados, no entanto, pouco mais de oito anos, antes, em todo caso, de abrir-se por ali a estrada corrente e capaz que vai mandar fazer o general Rodrigo César de Menezes, já se poderá completar em um terço desse tempo, se tanto, aquele percurso até Guaratinguetá.

Oito dias foram os que gastou, então, para ganhar essa vila, d. Pedro de Almeida Portugal, o que mostra como a simples ambição de riquezas, melhor do que todas as providências da Coroa, já podia abreviar o trajeto até os novos descobertos auríferos. Tanto é de notar o caso, quanto, depois de construída a estrada Rodrigo César, ao menos do lado paulista, haverá de consumir quase igual tempo d. Antônio Rolim de Moura, pois indo acompanhado de um ouvidor que não gostava de madrugar, e de comboiarem-no pretos tão inexperientes que erraram o caminho logo ao saírem da cidade, levou sete dias para realizar o mesmo percurso.[37] No caso de d. Pedro de Almeida, sucede que o futuro conde de Assumar, surdo aos inconvenientes que lhe apontavam, quis a todo preço fazer a viagem de cadeirinha, "para cujo efeito vinhão 20 carijós, que não podendo acomodar-se com os cochins, a trazião entre 4 em sima dos hombros a modo de Andor...".[38] Com esse sistema, obrigados os índios a revezar-se, mesmo a gente da comitiva, que ia a cavalo, não podia encurtar mais a viagem, antes tinha de alongá-la, por não se adiantar a fidalgo tão insigne. Apenas os de carga tiveram de sair de véspera, segundo a praxe, porque era mister contar com a marcha necessariamente lenta desses homens e nem convinha fazer um governador ficar esperando pela sua bagagem.

Com base em estimativas como as do brigadeiro Cunha Matos, que foi em seu tempo um prático em viagens no sertão, pode-se supor que comodamente, levando bestas carregadas, se venceria em cinco ou seis dias uma distância como aquela. Julgava ele que, embora se calcule razoavelmente em uma légua por hora a andadura do cavalo, uma besta carregada jamais fará igual percurso em menos de hora e meia. Isto nos primeiros dias, e metendo em linha de conta os altos e baixos, bem como as condições atmosféricas, pois com a umidade elas escorregam e desapertam-se muitas vezes.[39] Ainda segundo esse autor, as bestas que levam cargas de oito e mais arrobas hão de vencer "huma legoa de caminho em duas horas, depois de passados os primeiros dias da marcha, sobretudo quando começam a pisar-se ou afalfar-se (em frente de arrieiro), ou então quando se ferem ou finalmente em tempo de chuva, que muito as incomoda e arruina em poucos dias".

Pode-se dizer, e parece exato, que na antiga estrada geral do sertão os progressos dependeram largamente das condições topográficas e de serem superáveis, dentro das possibilidades ou limites da época, os embaraços que ali se ofereciam à circulação. Outro tanto não ocorreu, para citar um exemplo, no caminho do mar, onde muito fizeram as administrações coloniais para suavizar, mas pouco para abreviar o trajeto. Em 1579 gastavam-se quatro, quando muito cinco dias para ir de Piratininga à costa do mar, passando pela Borda do Campo.[40] Alguns anos depois, fazendo-se o percurso em sentido contrário e por uma picada nova, era ainda de quatro dias o tempo gasto.[41] Dois séculos mais tarde reduzira-se este, na melhor hipótese, a três dias, embora muitos ainda preferissem fazê-la em quatro: isto porque era inevitável pousar antes de ir-se para a raiz da serra e após a viagem do Enguaguaçu à terra firme, e pelo menos outra vez em cima, ou duas vezes se o viandante não quisesse entrar na cidade a altas horas. E quando começaram a avolumar-se as tropas de animais, era preciso ter em conta, além disso, a demora forçada pelos atravancamentos.

Em itinerário anônimo e sem data, que se guarda manuscrito entre os papéis da Coleção Pombalina da Biblioteca Nacional de Lisboa, elaborado aparentemente ao tempo do governo do morgado de Mateus (1765-75), estima-se em 14,5 horas a duração de toda a derrota, a saber: três horas e 45 minutos na passagem do rio Cubatão; 35 minutos do mesmo Cubatão à raiz da serra; uma hora e 25 minutos para a escalada, e o resto do tempo, mais de nove horas, entre o alto da serra e a cidade.[42] Vê-se por esse texto como eram necessárias dez horas continuadas de marcha, a partir de Santos, incluída a subida da serra, para se alcançar a Ponte Alta, que foi onde José Bonifácio e Martim Francisco pernoitaram em 1820, por ocasião da "viagem mineralógica".[43] Mas o caso desses Andradas, que só gastaram dois dias em todo o percurso, era excepcional. Poucos se abalançariam de bom grado a uma tão áspera empresa, ao menos até completar-se, isso depois da Independência, o aterrado do Cubatão, primeiro passo decisivo para abreviar-se o percurso. Com efeito, nem os aterros de Martim Lopes, sucessor do morgado de Mateus no governo da Capitania, nem, logo depois, o caminho de mais fácil trânsito do Cubatão ao sopé da serra, nem a calçada do Lorena, ou os ranchos de Melo Castro e Mendonça, visaram a encurtar a viagem. É certo que alguma coisa se fez nesse sentido quando os consertos em cima da serra permitiram dispensar a morosa navegação dos rios Grande e Pequeno. No entanto, a vantagem obtida neste ponto irá dissipar-se com o traçado em zigue-zague da calçada de acesso, feita para reduzir os riscos, não as horas, do trajeto. Aliás, não se abandonou por completo aquela navegação: em começo do século passado,* conforme notícia dada a Eschwege pelo engenheiro Varnhagen, pai do historiador, ela ainda era usada ao menos na condução até a cidade de cargas pesadas e volumosas, como sinos e canhões.[44]

A preferência dada em certos casos ao transporte fluvial não é novidade. Mormente para peças de artilharia, que se expõem com facilidade e solavancos, mesmo em estradas carroçáveis. E podia haver outra razão para a preferência. Assim, quando em 1777 era esperada de Mogi das Cruzes uma conduta de 3 mil alqueires de farinhas procedente de Minas Gerais e destinada ao sustento das tropas em luta, no sul, com os castelhanos, o general da capitania de São Paulo, que era, então, Martim Lopes Lobo Aires de Saldanha, ordenou que fosse despachada em canoas pelo Tietê. O motivo dado era, segundo estava s. ex.ª informada, ser esse o meio de transporte menos dispendioso, além de não poder requisitar mais cavalga-

---

* Esta edição preserva as indicações temporais do autor, sendo necessário considerar o século XX como referência a seus escritos. (N. E.)

duras: as poucas disponíveis andavam no Cubatão ocupadas em outras condutas da Real Fazenda.

Dias depois de comunicar o decidido, ainda sem tempo de receber resposta de Mogi, renova ele a exigência, dizendo que, para cumpri-la, tratassem as autoridades de apreender todas as canoas existentes no distrito, não devendo embaraçar o não serem de aluguel as ditas canoas, porque "quando seja do interesse público ninguem pode izentarce".[45] Só há de ceder, enfim, quando o convencerem de que nem as canoas todas de Mogi e redondezas dariam, juntas, para levar, senão em muitas viagens, aquelas seiscentas bruacas e outros tantos jacás e sacos precisos para o carregamento das farinhas. À vista dessa ponderação passa então Martim Lopes a mandar que requisitassem todas as cavalgaduras existentes, deixando bem entendido, no entanto, que o sustento delas deveria ficar por conta dos seus donos durante o tempo em que estivessem empregadas no serviço de Sua Majestade que Deus Guarde.

Quando fosse impraticável o caminho fluvial, ali ou em qualquer outra parte, não havia outro remédio senão o das vias carroçáveis, onde necessário e possível, para a condução das cargas que, devido ao peso excessivo ou tamanho, se achassem incapacitadas de seguir com as tropas de animais. Assim se deu particularmente no caminho de Araritaguaba, o porto das Monções, porque o Tietê deixa de ser navegável à altura de Barueri e só volta a sê-lo abaixo de Itu. Mas ainda que essa estrada fosse carroçável, sobretudo porque era preciso mandar peças de artilharia para Cuiabá, nunca deixou de ser precária a sua conservação, tanto que a cada viagem era quase necessário mandar consertá-la. Em 1769, por exemplo, expediram-se homens à frente dos carros, com enxadas para os reparos.[46] Três anos mais tarde, o governo, comprometido na aventura do Iguatemi, terá de dar ordens às comarcas de Parnaíba e Itu a fim de fazerem trabalhos urgentes, por constar que a estrada estava "danificada, com barrocas, atoleiros, pontes caidas, que não poderão rodar carros sem prejuizo para a Real Fazenda de Sua Magestade".[47] As cargas postas em lombo de animais seguiam por ela, senão pela picada entre Jundiaí e Araritaguaba, que se começava a frequentar mais, e só mesmo para objetos delicados continuou-se a apelar para os carijós ou os negros de carga.

Na estrada principal, que corria geralmente em terreno plano e que até mais ou menos à altura do futuro Porto Feliz era duas vezes mais comprida do que o caminho de São Paulo a Santos, costumavam gastar-se quatro a cinco dias de viagem, ou menos quando não se levassem cargas. Quatro dias foram os que consumiu, descontadas naturalmente as muitas falhas necessárias para os preparativos da expedição, além de outras providências, o capitão-general Rodrigo César de Menezes, quando no ano de 1726 viajou para as minas do Cuiabá, onde criou a vila do Senhor Bom Jesus.[48] A situação não mudaria muito até fins do século e mais tarde. Em 1800, a gente da expedição comandada por Cândido Xavier de Almeida e Sousa ao rio Paraguai precisou de cinco dias para igual percurso: é verdade que a viagem toda foi feita debaixo de chuvas copiosas e que era abundantíssima a carga que devia ser transportada.[49]

No lugarejo de Araritaguaba, uma capela modesta, com a invocação de Nossa Senhora da Penha, marcava na capitania, no ano de 1721, e ainda algum tempo depois, o limite extremo do espaço de ocupação permanente além da vila de Itu, a jusante do rio. Adiante começava um mato espesso, impenetrável em muitas partes, que com intervalos – o mais conhecido é o dos campos e serra de Araraquara – se alastrava até o Paraná. Só depois de 1748 passará por este rio a fronteira ocidental da capitania de São Paulo, mas essa fronteira política não vai senão corroborar a outra, natural, e nem marcada, separando paisagens geográficas que não se poderiam imaginar mais contrastantes. Ali cessa quase abruptamente a floresta para começar o cerrado, desmentindo o próprio nome de mato grosso, aplicado primeiramente, neste caso com justiça, à mancha de selva equatorial que borda o Guaporé, mas que vai avassalar, com o tempo, o sertão do além-Paraná. E como para assinalar melhor o contraste, rolam ali as águas numa fratura funda, por isso diziam que o Paraná não tem margem, tem barranco.

É certo que extensas faixas de cerrado se infiltram, de uma parte, na paisagem florestal, enquanto de outra uma vegetação exuberante, com característica das matas ciliares, orla quase toda a banda direita do Paraná e seus tributários, para alargar-se ao longo do Pardo e ainda mais à altura do Ivinheima, onde a selva latifoliada parece prolongar além das águas barrentas as matas do oeste de São Paulo. Sem falar, já dos lados do Paraguai, na floresta da Bodoquena ou nos trechos de terra roxa que por ali se distribuem irregularmente. Isso não impede de observar a separação clara traçada pelo rio, e seria ainda mais pronunciada no tempo em que na margem esquerda, a mata hoje abatida, em grande parte para dar espaço às plantações e pastagens, preservava toda a opulência originária.

Na banda ocidental o terreno avança num aclive quase insensível, mas que se acentua quando alcançar as ribas do Pardo ou a antiga fazenda do Camapuã, ou então as nascentes do Anhanduí Guaçu, onde a altitude, que junto ao Paraná fora de duzentos a trezentos metros, vai a seiscentos ou setecentos metros e mais, de sorte que, na nomenclatura popular consagrada depois na cartografia, se converteriam aqueles rebordos de planalto em "serras" até em cordilheiras, e a designação imprópria se espalha em generosa multiplicação de topônimos: temos assim a "serra" de Camapuã, que logo será do Anhanduí, e ainda de Amambaí, depois de Maracaju, até atravessar a fronteira, no sul, quando passa a ter outros nomes. Pode ser que a experiência dos mareantes das monções de povoado contribuísse para divulgar essa impressão de um solo que se empina, tomando as feições de um desproporcionado acidente orográfico. Dizia-se efetivamente que na navegação do Pardo as canoas gastavam um mês para vencer, na subida, o percurso que na descida só consumia cinco dias.

Não só a presença, aqui e ali, de matos relativamente extensos ajuda a quebrar o espetáculo monótono que evoca para aquelas partes o nome de cerrado. Ao lado da floresta e da savana aparecem para o oeste os campos limpos, que se veem em Camapuã, ainda que num breve espaço, e sobretudo vão correr em longa faixa sinuosa mais ao sul. Em lugar daquelas pequenas árvores e arbustos retorcidos que dão a fisionomia predominante a todo o Centro-Oeste, distinguem-se esses campos pela vestimenta em grande parte herbácea, e acompanham, no alto, o divisor das bacias do Paraná e do Paraguai. À mata que se intromete em muitos pontos na vertente ocidental das "serras", com seus ásperos e alcantilados declives, diferentes da inclinação suave das encostas que olham para o Paraná, sucedem de novo os cerrados, que se prolongam da base da *cuesta* ao Pantanal.

Desses campos limpos, campos da Vacaria, como se chamaram já no século XVII, e que podem lembrar seu homônimo do sul do Brasil, deviam descer os animais no tempo da vazante para alcançar os lambedouros salinos e os pastos nos lugares ainda úmidos do cerrado. Os carreiros abertos nas quebradas iriam dar passagem, por sua vez, aos sertanistas que, então e mais tarde, vão ao encalço de tribos lavradoras das cercanias do Paraguai. Não é difícil acreditar que a presença ali desse gado alçado, restos dos rebanhos outrora existentes nas reduções jesuíticas do Itatim, compensasse para aqueles homens as amofinações de um mundo hostil, onde às constantes ameaças de febres e flechas se somava a temperatura mortificante.

O calor intenso é algumas vezes interrompido por quedas súbitas e violentas da temperatura, cujos efeitos se prolongam durante três ou quatro dias e mais. Nem isto chegava a ser um lenitivo, pois ao vento e à "friagem" se seguia às vezes todo um cortejo de devastações. É vento de ruim qualidade e mui daninho à saúde, disse um jesuíta. Até o impávido guaicuru se amedronta quando ele vem, cobrindo-se da cabeça aos pés com mantos de peles de bichos: "Não há imagem mais expressiva de um hercules pintado".[50] Por ocasião da viagem do dr. Lacerda e Almeida, astrônomo de Sua Majestade, bateu a friagem quando, em abril de 1786, saindo as canoas do Jauru, entravam no Paraguai. Como não pudessem sofrer aquele vento de proa, tratavam os homens de abreviar as etapas ou falhar um dia e mais sob a proteção das tapagens naturais. E tamanho gosto tiveram quando certa vez depararam com um desses abrigos, depois de longa jornada por entre margens pantanosas, onde não havia como tomar pé, que logo lhe puseram o nome de Capão da Consolação.[51] E em outubro de 1801, o pessoal da comitiva de Cândido Xavier precisou socorrer com camisas de algodão a uns índios guatós, tiritantes em sua nudez, quando mal começava a navegação do São Lourenço.[52] Não só os índios, também os remadores e soldados, vindos de São Paulo, se ressentiram da "importuna constância" do vento rijo de proa, tanto que se acantonaram por cinco dias na mesma paragem.

Dos malefícios da friagem há notícia não só na crônica das monções mas ainda na das tropas que iam por terra. Em agosto de 1821, um negociante da Bahia foi por ela surpreendido quando levava seu comboio de negros pela chapada do Jatobá, e lhe morreram catorze escravos. Na mesma ocasião e no mesmo sítio, outro comerciante, este do Rio, perdeu cinco escravos.[53] Antigamente cuidava-se que resultasse o fenômeno do ar frio dos Andes; hoje é ele atribuído à penetração da massa polar.

Há, sem dúvida, um lado positivo no afã que movia os sertanistas de São Paulo a menoscabar esses e maiores incômodos. A ele se deve o reconhecimento de toda uma espaçosa área, que não se entregava de pronto ao descendente de europeus e não podia ser domada senão a custa de muitos e mortais sacrifícios. Para começar, vão sendo, um a um, desvendados todos os meandros e os segredos do Maracaju. Após isso, cuida-se de estabelecer um núcleo mais ou menos fixo de moradores para as bandas do rio Mbotetei. É dessa base provisória, funcionando à maneira de um trampolim,* que irão os sertanistas alcançar o coração do continente, onde se firmam, atraídos pelas lavras, agora em definitivo. Não cessa no Cuiabá, porém, o movimento que, iniciado penosamente a partir da navegação do Tietê, se alongará pela bacia amazônica, onde todos os caminhos são por água, e vai dar ao porto de Belém do Grão-Pará.

Seja como for, nunca se poderá realçar demasiado o papel que, nas etapas iniciais do movimento, teve a ocupação, intermitente embora, de partes do sul do atual estado de Mato Grosso. Atraídas a princípio para a órbita de Assunção, aos poucos vão sendo essas comarcas cortadas e taladas em todas as direções pelos "portugueses de San Pablo", como parte de um vasto processo que só terá seu remate quando afinal se integrarem nos senhorios de Sua Majestade Fidelíssima. O tema há de ser mais pormenorizadamente tratado no próximo capítulo,** onde tem lugar próprio, mas não custa desde já apontar para um dos motivos aparentes do bom sucesso da gente de São Paulo neste particular, comparado à atrofia que

---

* Essa metáfora do "trampolim" remete o leitor a *Raízes do Brasil*, onde, no capítulo "Trabalho & aventura", explica quem é o aventureiro, que, "onde quer que se erija um obstáculo a seus propósitos ambiciosos, sabe transformar esse obstáculo em trampolim" (cf. *Raízes do Brasil*, op. cit., p. 44). É desse modo que os sertanistas alcançarão o coração do continente, reflexão que volta a aparecer em *Monções*, no capítulo "Ouro", p. 88. Ver também nota de rodapé da mesma página.

** *O Extremo Oeste* é um livro póstumo, publicado em 1986 sob os cuidados de José Sebastião Witter, ex-aluno de Sérgio Buarque a quem a família confiou a publicação dos originais desses escritos, hoje em posse do Acervo Sérgio Buarque de Holanda no Arquivo Central da Unicamp. Quase nada se sabe sobre o que o historiador faria com esse material, mas a passagem acima – "O tema há de ser mais pormenorizadamente tratado no próximo capítulo" – indica que integraria um livro, no qual Sérgio Buarque trabalhava.

sofreu a expansão castelhana, depois do ímpeto inicial. Ou seja, para a aptidão maior que os primeiros revelaram no absorver e no conservar certos recursos indígenas, mormente os de locomoção a distância, e no rejeitar técnicas menos rudimentares, não raro, mas também menos aptas a superar os muitos embaraços opostos ao seu avanço.

No que diz respeito, por exemplo, às canoas monóxilas, herdadas dos antigos naturais da terra e aperfeiçoadas com novos elementos provindos do ultramar, mal se pode ignorar a importância que tiveram durante as incursões no sertão remoto. É forçoso invocar aqui o paralelo, que já tem sido traçado, entre os mamelucos de São Paulo e os *coureurs de bois* canadenses:* sabe-se dos últimos, com efeito, que só conseguiram explorar um imenso território, cortado de rios e lagos, graças ao providencial auxílio que lhes deram as canoas indígenas, no seu caso canoas de casca.[54] A tal ponto que naqueles lugares, e também na Luisiana, o nome genérico para carruagens – *voiture* – se dá às embarcações fluviais, veículo ordinário para as viagens mais longas.

Ainda em outro aspecto, e não são certamente os únicos, avultava a semelhança entre o mestiço franco-canadense e o mameluco paulista. Escreve o historiador Georg Friederici, que estudou bem estes assuntos, como na ocupação de terras da América do Norte pelos franceses foi por assim dizer nulo o papel do cavalo, em contraste com o ocorrido nas Índias de Castela, onde a sua importância chegara a ser decisiva em todos os aspectos. Já se observou nestas páginas como para a expansão bandeirante o cavalo foi praticamente um desconhecido, e nem poderia deixar de ser assim, à vista das dificuldades insuperáveis que ao seu uso deveria oferecer a própria vegetação da capitania, de sorte que, durante longo tempo,

---

* Esta passagem sobre os *coureurs de bois* aparece também no volume *Monções*, p. 48, cf. nota de rodapé.

deveu prevalecer a marcha a pé, suplementada, sempre que possível, pela navegação dos rios.

Escreveu o padre Montoya que a pé e descalços marchavam os de São Paulo por montes ou vales trezentas a quatrocentas léguas, como se passeassem nas ruas de Madri. E explicando a pouca resistência dos espanhóis do sul a essa gente, escreveu também que os mesmos castelhanos são "bons atiradores de escopetas, mas nada exercitados em caminhos", pois, ótimos ginetes, não dão um passo a pé.[55] Restaria saber se, mesmo na ausência de entraves naturais à liberdade de movimentos que confere o uso de cavalos, daria a arma de fogo um acréscimo no poder ofensivo ou até defensivo daqueles homens. Pode formular-se de outro modo a questão, apontando para os dois instrumentos mais eficazes da conquista do continente americano pelo europeu, que são o cavalo e as armas de fogo, para inquirir até onde puderam, conjugados, favorecer o adventício ante o nativo.

Não parecerá ociosa a pergunta quando se considere o que disse Maquiavel no tratado da arte da guerra, justamente acerca dos escopeteiros a cavalo, que no seu entender serviam para assustar camponeses, não para agir mais diretamente contra o inimigo. A observação do secretário florentino, redigida por volta de 1520, conservará todo o seu valor por longo tempo. Ao menos quanto às armas de fogo portáteis, que requeiram morrões ou mechas. De início, o funcionamento dessas armas, mesmo depois de acesa a mecha – o que à noite tinha o sério inconveniente de permitir a fácil localização do atirador –, não exigia menos de dois homens, pois enquanto um devia sustentar ao ombro a arma, o outro fazia a pontaria e disparava. A introdução, mais tarde, das forquilhas de suporte, que só servem, aliás, para quem caminhe a pé, corrigirá mal o inconveniente, por ser uma peça de condução difícil e incômoda.

Não foi talvez por outro motivo que d. Bernardo de Vargas Machuca, com a prática adquirida na milícia das Índias, tanto recomendou ao soldado castelhano o uso do arcabuz curto, ou de quatro palmos, que era muito mais maneável do que os outros, pois além de dispensar a forquilha podia usá-lo quem estivesse a cavalo, contanto, é bom frisá-lo, que também fosse prevenido de uma espada. Ou, já que as espadas pesadas tolhem os movimentos, de algum alfanje ou cimitarra. Tal cautela prende-se à conveniência de achar-se o cavaleiro preparado para emboscadas, porque às vezes acontece não inflamar-se o morrão ou, estando aceso, não disparar a arma devido à umidade da pólvora. Tudo isto pode acontecer, mesmo a pedestres, mas o pedestre tem meios de evitar o pior, que faltam à milícia montada, e é expressamente à milícia montada que se dirige aqui d. Bernardo. Contudo, no pórtico de seu livro, que se imprimiu primeiramente em 1599, quando esse capitão já contava mais de vinte anos de assistência no Novo Mundo, escreve ele que as armas apropriadas para quem vá montado são as lanças:[56] por essa observação dá a entender que os arcabuzes e escopetas pertencem de preferência à infantaria.

A precariedade das armas de fogo portáteis só há de ser superada em parte quando, no fim do século XVII ou começo do seguinte, aparecerem entre nós os novos arcabuzes de roldete, que dispensam mecha porque neles é uma roda metálica o que produz a chispa. Mesmo assim, é preciso ter o arcabuzeiro à mão pelo menos duas outras armas previamente carregadas, e ainda alguém que vá sucessivamente renovando a carga, para não deixar o dono à mercê do inimigo. É claro que semelhante providência só dificilmente se aplicaria a cavaleiros. A ela, porém, se recorria nas nossas monções de povoado, sobretudo enquanto não se introduziu o uso das canoas de guerra com seus pequenos canhões de bronze para proteger os comboios do gentio de corso.

Mesmo assim, no imprevisto dos salteios, havia por vezes escasso tempo para usá-las. No desbarato de 1730, em águas do Paraguai, onde tantas vidas e tanto ouro se perderam, tamanho foi o alarido dos assaltantes, precedido de uma nuvem de flechas, que logo os negros remadores se jogaram ao rio, desamparando as canoas, de sorte que a pouca gente nelas conservada não tinha como tomar terra, nem remar, nem defender-se. O ouvidor Lanhas Peixoto, deixado só, foi visto a disparar, uma após outra, quatro armas que trazia consigo, mas não tendo quem as recarregasse, mataram-no os índios, sem lhe valer o estoque de que depois se serviu.[57] Mesmo fora de casos como esse, é preciso notar, aliás, que o próprio arcabuz de roldete também é sujeito a falhas, principalmente em tempo de chuva, quando se torna muitas vezes imprestável. Por outro lado, as espingardas de percussão, surgidas entre nós já no ocaso da era colonial, só atenderão muito imperfeitamente aos requisitos indispensáveis de uma arma adequada ao uso da cavalaria.

Nesse caso impunha-se que, além de poder dispensar as mechas, o que se conseguira com a introdução dos roldetes, e de melhor resistir à umidade, e isto de algum modo se chegará a alcançar apelando para os sistemas de percussão, tivesse dispositivos que, sem lhe reduzir a eficiência, reduzissem o tempo que se consumia no carregá-las. De outro modo a mobilidade que conferia a posse do cavalo se veria neutralizada pelas interrupções exigidas com essa operação. Seja como for, para uma boa pontaria era sempre melhor que o atirador tivesse os pés firmes no solo. No caso da cavalaria, o que se impunha era um modelo de arma que, suficientemente leve para ser manejada em qualquer situação, ainda admitisse ação continuada e em prazo suficientemente longo para que o revide do inimigo não apanhasse o portador em momento algum indefeso. Mas as pistolas com cilindro rotativo de seis câmaras, que atenderão a essas exigências, já pertencem a meados do século passado.*

---

* A questão das armas de fogo e das flechas foi tratada de maneira mais detalhada no capítulo "Caça e pesca", de *Caminhos e fronteiras* (cf. *Caminhos e fronteiras*, op. cit., pp. 62-7). O assunto também aparece ainda no capítulo "As estradas móveis", de *Mon-*

Conhece-se bem, sobretudo depois dos estudos de Webb, o alcance revolucionário que vai ter o *six-shooter* na expansão anglo-americana entre uma costa e outra do continente. E embora o assunto transcenda os limites naturais, no espaço e no tempo, da matéria do presente estudo (a data da patente de Colt – 1835 – coincide com a das nossas últimas e já muito diminuídas monções de povoado), as condições enfrentadas pelo *ranger* texano, enquanto não se generalizou o uso do revólver, ajudam a clarear as dificuldades encontradas aqui pelos sertanistas mais de um século antes, quando deveram opor-se, não tanto ao castelhano como ao índio do sertão ocidental.

O certo é que, dispondo aqueles anglo-saxões de armas muitíssimo mais perfeitas que os nossos arcabuzes e escopetas coloniais, nem sempre revelaram, por isso, manifesta superioridade sobre o mexicano ou até sobre o pele-vermelha. Mesmo depois de 1830, muitos pioneiros norte-americanos permaneciam fiéis ao rifle de coifa e caçoleta, que, para funcionar, pede longo e minucioso preparo. Primeiramente era preciso medir a pólvora que se ia deitar na arma; feito isto, metia-se a bala pela boca do rifle com o auxílio de um varão; a seguir, "escorvava-se" o rifle e ajustava-se a coifa: só então estaria a arma pronta para ser usada. Apenas acontece que nem o mais hábil cavaleiro é capaz de fazer tudo isso em menos de um minuto, e a perda de um só minuto podia ser fatal em qualquer peleja.

Ainda assim o *ranger* ou o pioneiro anglo-americano teria de satisfazer-se com tal arma, já que ainda não existiam alternativas muito melhores. Era inútil querer, por exemplo, responder ao inimigo recorrendo aos meios mais arcaicos a que se achava este habituado e com os quais, no entanto, fazia prodígios. O mexicano, com efeito, mostrava incomparável

---

ções, tanto na versão publicada originalmente (cf. *Monções*, pp. 139-41) como na versão reescrita (cf. pp. 348-9 deste volume).

agilidade no manejo de seus instrumentos favoritos, a faca e o laço; quanto ao índio comanche, sabia sempre como esquivar-se à luta corporal, onde correria o perigo de não se sair bem. Não era invejável, contudo, mesmo em face do índio, a situação de quem só dependesse do velho rifle, ou até das pistolas de um tiro só. Pelos cálculos de Webb, o tempo gasto pelo branco no carregar essas armas, sobretudo estando ele montado – e nesse caso só podia levar um rifle a tiracolo e duas pistolas no cinturão –, dava de sobra para que o índio, em geral tão bom cavaleiro como ele, galopasse trezentos metros e, sem desmontar, desse vinte flechadas.* Na melhor hipótese, isto é, se já tivesse as armas carregadas, podia o branco, a cavalo, dar em igual lapso de tempo dois tiros de pistola, mas deveria apear-se para, em condições ideais, dar o terceiro, que era o do rifle. No entanto podia acontecer que o terceiro também fosse o último.

A vantagem do branco estava em dispor de uma arma de alcance maior e mais certeira que a do adversário, mas a superioridade era anulada pela excepcional agilidade do índio e a rapidez de seus movimentos. É fácil, assim, compreender como o simples aparecimento do revólver suprisse todas as deficiências do cristão. Com essa arma ele pode acertar no alvo com mortífera precisão, e sem descavalgar: era como se multiplicasse um atirador por seis, ou mais, já que ninguém leva um só revólver.[58] O resultado é que os pioneiros obtêm, assim, um instrumento que os capacita para triunfar, ao cabo, sobre grupos indígenas armados de suas rústicas armas, rústicas como as mesmas planícies onde vagueavam e, por isso, natu-

---

* Em *Caminhos e fronteiras*, op. cit., p. 63, Sérgio Buarque de Holanda comenta as dificuldades dos europeus no uso das armas de fogo: "O primeiro obstáculo vinha, seguramente, do complicado processo de carregar e dar fogo às armas, no que muitas vezes se deixavam escapar as boas ocasiões de surpreender o inimigo ou a presa. Já nisso desfrutavam os naturais da terra de uma superioridade positiva sobre o advertício, pois tanto tempo consumia o europeu em carregar e fazer disparar seu pesado arcabuz, quanto o tupinambá em atirar cinco ou seis frechas".

ralmente feitas para defendê-las dos intrusos. Foi a lição dos constantes reveses padecidos naquele mundo hostil o que os levou a aparelhar-se para poder subjugá-lo. É a partir desse momento que vai principiar a rápida conquista do Oeste.

Para a conquista de nosso Oeste, começada mais de duzentos anos antes, se achariam os sertanistas de São Paulo ainda mais desamparados do que esses pioneiros das selvas e prados do hemisfério Norte, se a comunicação ancestral e também a larga miscigenação com os índios da terra não os preparassem singularmente para tamanha empresa. A posse da arma de fogo, que impressiona o nativo, é sem dúvida um dos elementos consideráveis de que se apropria ele para a penetração dos sertões. Mas seria o único? Ou teria importância realmente decisiva para alcançar os fins perseguidos? O certo é que, mesmo bem equipados nesse particular, o esforço de tais homens estaria de antemão condenado ao total malogro se a seu favor não militasse o contínuo exercício dos caminhos agrestes e a aprendizagem segura dos recursos de que o próprio índio se valia ante os embaraços da natureza ou a malícia dos inimigos.

Quanto às vantagens e os inconvenientes das armas de fogo, já os índios tupis do litoral tinham podido medi-los desde os contatos iniciais com o europeu. O interesse por elas despertado vinha só em parte da detonação. Acima de tudo vinha de ser o projétil invisível durante a trajetória. Depressa se desvaneceu esse interesse, porém, quando perceberam, segundo refere um viajante, que no tempo gasto para carregar o arcabuz era possível dar tranquilamente de cinco a sete flechadas.[59] Mesmo a detonação, se podia aterrorizar o adversário, tinha o defeito de ajudar a localizá-lo, tanto mais quanto ele era obrigado a manter constantemente acesa a mecha que o denunciaria.

A insuficiência do armamento civilizado irá evidenciar-se ainda mais para as bandas do Paraguai, onde os cristãos teriam de enfrentar as tribos dos mbaiás, ou guaicurus, tão bons cavaleiros como os comanches e apaches norte-americanos, e capazes de lutar em campo aberto, diversamente do que se dava com outras tribos. Desse "gentio cavaleiro" como também foi chamado, consta que inventou um estratagema para destroçar canoas paulistas: enquanto uns disparavam flechas e outros davam botes de azagaia, os que remavam tinham o cuidado de jogar água nos fechos das armas, que, com isso, negavam fogo.[60] É possível que os paiaguás, tão destros no manejo das canoas quanto os guaicurus no dos cavalos, tivessem aprendido o ardil de seus comparsas na comum hostilidade aos cristãos. Ou que o informante, escrevendo numa época em que estavam apaziguados os cavaleiros e os paiaguás desalojados da região, àqueles atribuísse um uso que seria destes, pois que sua descrição se ajusta melhor, em geral, ao que se conhece dos últimos.

Em todo caso, sabiam uns e outros que mesmo seus porretes eram mais rápidos no ferir o cristão do que este no atingi-los com suas arcabuzadas. Houve quem calculasse que o paiaguá dá duas a três bordunadas enquanto o cristão dá um tiro, suposto que já tenha o arcabuz carregado.[61] Não são aliás os paiaguás, nem os guaicurus, adversos a misteres sedentários, como o é eminentemente a lavoura, as presas indígenas que costumam ir buscar ali os de São Paulo, no século XVII. São populações guaranis fixadas no Itatim, área que, limitada a leste pela rampa do Maracaju, acompanha do lado ocidental o rio Paraguai, entre o Mbotetei e o Fecho dos Morros.

Quando as bandeiras não achassem naquelas bandas presa fácil, arrojavam-se, ao norte, para além da lagoa do Mandioré, sobre as serras que dividem da bacia do Prata a do Amazonas, e então iam topar com os parecis, sempre notáveis pela cordura de gênio e o bom préstimo. Ou, atravessando o Paraguai, saíam às comarcas dos chiquitos: só que agora deviam ir apercebidos de gibões acolchoados, pois são índios de flecha ervada. Alguns, infletindo para o poente, davam nas terras dos chiriguanos, já ao sopé dos Andes, perto de Santa Cruz de la

Sierra, de onde o nome de "serranos" também atribuído a esses povos, filiados como os do Itatim à família guarani.

Se contra os itatins, assim chamados do nome de sua província, foi que primeiro se dirigiram naquelas partes os homens de São Paulo, deve-se a estarem mais ao seu alcance, depois de assolado o Guairá. Parece também que teriam afinidades maiores com os tupis, que guiavam as bandeiras, do que os outros carijós da província do Paraguai: talvez por isso muitos acolhiam os "portugueses" sem desagrado, antes com mostras de júbilo. Diz um missionário que a língua deles diferia, ainda que pouco, do guarani, aproximando-se da fala tupi. Em verdade, ajunta, não pertencem aos guaranis e tampouco aos tupis, formam uma nação intermediária a que chamam temiminós.[62] Temiminós: nome conhecido no Brasil, pois aparece muito em velhas crônicas e em inventários bandeirantes.

Assim se explica melhor a boa acolhida que fizeram aos homens de Francisco Pedroso Xavier, segundo depoimentos prestados em Assunção. Uma testemunha afiança que os índios voluntariamente se entregavam ao invasor,[63] e reafirma o que na mesma ocasião alegou o licenciado navarrês Juan de Monjelos, procedente de São Paulo, a saber, que os acolhiam esses índios com charamelas e sinais de carinho. Outro depoente diz que de bom grado se deixavam capturar, falando mil iniquidades dos castelhanos.

Não só as arremetidas bandeirantes, o próprio fato de terem sido mandados a viva força aos ervais, com licença do governador Juan Diez de Andino, deixara vazia de índios toda a área. Os que escaparam embrenharam-se nos bosques do Chaco, e dessa migração podem ter-se originado os guaraiús e pausernas da Bolívia. A tanto chegou o ermamento que o cabildo assuncenho noticiou em 1678 estar a província dos Itatins "debelada e sem população alguma".[64] Passados quase cem anos, um jesuíta castelhano que correu esses lugares só achou "algunos monumentos, que manifestan el señorio que los itatines tuvieron de todo el terreno",[65] e não passavam de um lúgubre legado: grandes vasos de barro com ossadas humanas, dos que usam os guaranis a fim de neles meterem os seus defuntos. Era o que bastava para lhes denunciar a origem, pois os guaicurus e paiaguás não se servem de urnas funerárias, limitando-se a cobrir as sepulturas com esteiras de palha.

Até a toponímia da região era outra, tendo ficado tão escassos vestígios das formas guaraníticas, que as comissões demarcadoras nomeadas para fixar os limites previstos no tratado de 1750 terão dificuldade, guiando-se pelos velhos mapas e notícias, em estabelecê-la de modo seguro. Assim, o antigo Tepoti chamava-se agora Apa, nome que aparentemente lhe puseram os guaicurus.[66] Aparentemente, porque não é identificação tranquila. Outro rio, o Mboimboi, já perdera esse nome, famoso nos anais bandeirantes, e não se sabe ao certo onde ficava. Poderia ser o atual Nebileque, mas há quem julgue tratar-se do Aquidavão:[67] ambos, topônimos derivados, aliás, de vozes guaicurus. Só o Mbotetei se mostra recalcitrante, mas esse mesmo perderá a designação guarani em 1776 para mudar-se em Mondego, devido ao apelido de Nova Coimbra dado ao presídio mandado fazer ao sul de sua foz.[68] E esse mesmo nome não persistirá. Ao tempo do general Caetano Pinto de Miranda Montenegro, que governou Mato Grosso até 1803, receberá em sua homenagem o de Miranda. Alguns continuam a chamar-lhe Mondego, mas em geral só a parte de seu curso.

Admitia-se que o extermínio dos índios do Itatim e de seus vizinhos ao norte do Mbotetei fosse uma das causas do deslocamento de uma das duas facções paiaguás, antes assinalada mais ao sul, para o espaço agora desocupado. O aparecimento tardio, ali, desses índios pode explicar a surpresa dos que em 1725 vão ser por eles salteados junto ao canal ou sangradouro do Xanés, quando passarem em direção a Cuiabá numa conserva de vinte canoas. Reflete-se bem a surpresa nas expressões que usa um cronista ao relatar o trágico episódio tal como o poderia ter ouvido da boca de algum dos raros sobreviventes do massacre: "Não se sabia", escreve, "que gentio era, aonde habitava e que nome tinha por não ser o nome Payagoa thé então conhecido".[69] Depois explicaram outros índios que era gentio de corso, habituado a viver nas águas do Paraguai e por todo o Pantanal. Ajuntavam que enquanto os guatós tinham forças, nunca ousara tanto esse gentio, por ser deles acossado. Mas agora, já que o cristão desbaratara o guató, por que não ia acabar também com o paiaguá?

Do desbarato dos guatós não nos ficou outra notícia, a menos que os compreenda entre os guaxarapos ou guaxis, com os quais são comumente associados, um missionário de inícios do século XVII ao afirmar que tinham deixado estes seu assento antigo por esquivarem-se aos mamelucos de São Paulo, que os acossavam.[70] Desses índios, que viviam antes logo ao norte do Mbotetei, por sinal também chamado rio dos Guachis, por onde se comunicavam com os itatins, consta que tinham formado com eles uma impenetrável barreira à passagem dos paiaguás para o alto Paraguai. Fisicamente bem distintos destes, pois eram mais baixos e atarracados de corpo, em nada lhes cediam quanto à arte de navegação, e ainda praticavam uma lavoura rudimentar. Bem se pode imaginar o bom preço e bom uso que, com essas aptidões, haveriam de ter os guatós para os cuiabanos quando se achassem a serviço deles.

Refere o capitão Domingos Lourenço de Araújo como, durante uma acometida a certo comboio, os paiaguás tiveram de enfrentar uma canoa de índios domésticos que lançaram mão dos arcos por se ter acabado a pólvora. Tão destro se mostrou então um desses índios, guató de nação, que apanhando no ar as flechas dos contrários, as metia em seu próprio arco e atirava. Viu o paiaguá o valor desse guató e carregou sobre ele com lanças, "mas ao tempo em que lhas apontavão ao peito com hum salto se suspendeo no ar, e se livrou, cahio na agoa, mas de outro salto tornou a recuperar a canoa e fazendo da popa proa cuidou de se salvar debaixo das nossas armas que lá de terra o cobrião".[71]

Nada indica, aliás, que habituados a correr sertões frequentados pelos paiaguás, ignorassem os de São Paulo a existência deles. A verdade é que antes de inaugurada a era das monções, quando as expedições costumavam fazer-se por terra e o emprego de canoas não passava de um recurso subsidiário, os sertanistas tinham desenvolvido meios para eficazmente defender-se de um tipo de agressividade que de outra forma podia ter resultados catastróficos. O próprio primitivismo de seu viver protegia-os do primitivismo do adversário, mormente quando este, e é o caso do paiaguá, evita pelejar em terra firme.

Depois, quando institucionalizar-se o sistema das frotas, a situação mudará. Tal sistema, e não é ainda o mais grave, precisa aliciar um número sempre maior de indivíduos sem a prática, sem o ânimo, sem o gosto, sobretudo, de lidar com lances como os acarretados por esses salteios: burocratas, comerciantes pacíficos, mineiros, clérigos de missa, mareantes ariscos ou bisonhos. Os próprios aventureiros e a gente de milícia vão sujeitos a muitos empenhos domésticos, que os não deixam agir livremente contra a agressão, sob pena de arriscarem a vida dos familiares que os acompanham. De outro lado, os hábitos predatórios e a pugnacidade dos índios só podem ganhar alento à perspectiva de uma vitória mais fácil sobre esses intrusos. É o confronto de duas humanidades tão diversas, tão heterogêneas, tão verdadeiramente ignorantes, agora sim, uma da outra, que não deixa de impor-se entre elas uma intolerância mortal. Porque de fato já não são estes os mesmos homens, cristãos e índios, que outrora poderiam ter coexistido mal ou bem nos campos de Xerez e na província castelhana do Paraguai.

O mais grave é que, dispondo o cristão, embora, de armas mais perfeitas, quase tudo o desfavorece neste momento contra o paiaguá. Como hão as canoas de carga, forçosamente corpulentas e pesadas, de prevalecer sobre a agilidade que dá ao inimigo, para começar, a leveza das suas embarcações? E como obrigar este a aceitar outras condições de luta, em terra firme, por exemplo, onde tudo é disposto para impedir o desembarque? Seria preciso forjar uma estratégia adequada à nova situação, mas quanto tempo, quanto esforço, quanta esperança frustrada ela não reclamaria? São problemas, esses, que permitem traçar a linha divisória entre o que vão ser as monções e o que tinham sido as entradas e bandeiras.

Efetivamente, nenhuma das perguntas que eles sugerem se formulara, ao menos de modo tão premente, enquanto a penetração luso-brasileira no sertão ocidental ainda não se fazia por meio de frotas de comércio. Nem devera ser tão sensível a truculência paiaguá; de outra forma, é inexplicável o silêncio que guardam a respeito os mais antigos textos. Um jesuíta que em 1703 subira o Paraguai a caminho das reduções dos chiquitos admirou-se do orgulho dos mesmos paiaguás, que dispondo só de trezentos ou quatrocentos homens de armas, se viam constantemente perseguidos pelos mamelucos de São Paulo, que tratavam de dizimá-los, e ainda pelos guaicurus, que os procuravam destruir. Sabe-se que, apesar disso, já em 1709 podiam eles alcançar o Taquari, sem encontrar o embaraço das tribos inimigas como os guaranis do Itatim, os guatós e os guaxarapos. Pois nesse ano certo índio cristão das missões espanholas, que tinha ido numa tropa de Pedro Domingues Pais e que, depois de assistir longos anos em São Paulo, passava por brasileiro, foi aprisionado no mesmo Taquari pelos paiaguás e levado a Assunção do Paraguai a fim de ser resgatado, segundo consta de inquérito mandado fazer pelas autoridades castelhanas.

Convém notar que ainda naquela ocasião não atacaram os paiaguás a tropa inteira, mas tão somente o dito índio, que furtivamente se separara do restante da bandeira para descer o rio Paraguai.[72] Em Assunção explicará que seu plano era ir só, pois Pero Domingues não queria senão capturar índios, e expressamente se havia recusado a ir contra os castelhanos, apesar de incitado a fazê-lo pelos que o acompanhavam, pois, dizia, os castelhanos andam a cavalo e ele só podia levar os despojos às costas dos carijós com muito trabalho por ser dilatado o caminho, de sorte que todos morreriam de fome.

Até a ideia de um conluio dos mamelucos com esses paiaguás e outros índios, como os guaicurus, chegou em certo momento a entrar no reino dos possíveis para os castelhanos do Paraguai e do Peru. Em 1692, os moradores de Santa Cruz de la Sierra chegaram a ter como certa a liga, e pretendiam que os de São Paulo, assim apoiados, podiam realizar o plano danado de se apossar de sua cidade e também de Chuquisaca, além de Potosí, constante alvo das ambições de Portugal. Para impedir o perigo, dirigiam esses moradores cruciante apelo ao governador do Paraguai, que não podia deixar de atendê-los, sabendo, embora, que uma ofensiva contra o gentio do Chaco já envolveria por si imensas despesas, segundo o mostrara a experiência recente da guerra do Calchaqui, que deixou vazio o tesouro de Buenos Aires. E agora a situação parecia muitíssimo mais séria, já que, de mãos dadas aos paulistas, como era público, e estando estes em boa situação, devido à base de que dispunham na região de Xerez, sobre o Mbotetei, se tornariam inexpugnáveis os índios.

Ao anunciar, meses depois, as providências que achara necessárias, o governador ainda alude à informação de que estavam coligados os paulistas aos inimigos, embora os inimigos que expressamente cita só sejam agora os guaicurus,[73] que no momento deviam ser os mais temidos dos castelhanos, apenas juntando-lhes "e outras nações". Que os guaicurus eram conhecidos dos mamelucos, afirma-o sem deixar qualquer lugar a dúvida Francisco Rodrigues do Prado, que escreve, em sua *Historia dos índios cavaleiros*: "Os primeiros que derão noticia destes barbaros foram os Paulistas, e já os encontraram senhores de grandes manadas de gado vacum, cavalar e lanigero".[74] Sabe-se mesmo que, habitando tradicionalmente a banda oriental do rio Paraguai, principiara o guaicuru a infiltrar-se na margem esquerda quando, assolada pelos maloqueiros de São Paulo a Xerez castelhana das campinas do Mbotetei, desaparece o freio que ainda o poderia conter.[75] Quer dizer que a invasão teria começado depois de 1632, em resultado das expedições dos sertanistas àqueles lugares.

A esse tempo ainda não tinham adquirido esses índios o uso do cavalo, que deles iria fazer um adversário temível. Se o perigo do castelhano, também bom cavaleiro, não se fazia sentir ali tão vivamente, era porque suas hostes teriam de fazer extensas jornadas a partir de sua base de Assunção, em terreno quase sempre adverso, onde não podiam guardar a boa ordem da milícia, nem evitar que chegassem rendidos os ginetes e esfalfados, quando chegassem. Outra seria a situação se os agressores tivessem suas próprias estâncias e acampamentos ali mesmo, e dispusessem de áreas propícias à mobilidade e multiplicação das cavalgaduras como o eram os campos da Vacaria, onde a bagualada encontrava terreno de eleição e se deixava sujeitar após algum trabalho.

Entre os temores que a presença portuguesa nos campos de Xerez causará aos espanhóis, estava a aparente facilidade com que neles poderia prover-se o inimigo de cavalos. Desses temores fizera-se intérprete, em 1668, um antigo provincial jesuíta em carta relação escrita de Madri a instâncias do Conselho de Índias. A ocupação daqueles lugares parecia-lhe mais prejudicial até do que a da Colônia do Sacramento, por ficar apartado das vistas do castelhano e sobretudo porque podia ali dispor o português de cavalos, mulas e outros gados "de que carece o Brasil". Assim, acrescenta, se antes aqueles homens "marchavam a pé e descalços mais de 400 léguas e levavam, sem esmorecer, 6 a 8 mezes para chegar às terras de Sua Magestade", a apresar tão grande número de índios, quantos deles não hão de tomar agora, que "estão no meio dos indios e dispõem de abundância de cavalos e viveres?".[76]

A verdade é que o risco tão temido do padre Altamirano, quando entrevê o inimigo lusitano já de posse de imensas cavalhadas, atirando-se impiedoso sobre as províncias de Sua Majestade Católica, não ameaçará aos de Castela tanto como aos próprios paulistas. E há de vir-lhes justamente desses índios, alvo constante de sua cobiça. Melhor, de uma casta de índios que se afeiçoara ao uso do equino. A metamorfose que faz do guaicuru um perigo potencial para os sertanistas não começará, porém, logo em seguida à destruição de Xerez, mas quarenta anos mais tarde, se é fidedigna uma notícia dada por d. Félix de Azara, segundo o qual, somente por volta de 1672, e não antes, entraram esses índios a roubar cavalos aos espanhóis.[77] Não é provável, porém, que depressa se generalizasse entre eles o seu emprego, que lhes iria, com o tempo, aumentar o poder ofensivo, pois de outra forma dificilmente se entenderia como os paulistas puderam estabelecer um núcleo junto às beiradas do Mbotetei, a sua Nova Xerez, como é nomeada em documentos paraguaios, e guardá-la por tão longo tempo.

Uma informação castelhana de data bem posterior reforça, aliás, semelhante conjectura, ao sustentar que, antes de 1716, o guaicuru se esquivava muitas vezes aos espanhóis e só depois se foi tornando cada vez mais atrevido, com os cavalos que roubava.[78] De onde resulta que só dois anos antes de começarem as primeiras lavras no Coxipó-Mirim, isto é, quando as antigas bandeiras estão para ceder lugar às monções de povoado, o guaicuru verdadeiramente se converte no "gentio cavaleiro" dotado de maior afoiteza. A ameaça é tanto mais séria quanto não havia como levar de São Paulo e vilas anexas as muitas cavalgaduras necessárias para se oporem às deles, e era escusado querer amestrar a bagualada da Vacaria, onde os índios já estavam senhores da situação. Nessas condições não haveria de parecer menos temível essa novidade do gentio equestre, para os passageiros das monções, do que o era a dos corsários paiaguás.

Assim, quando se disser mais tarde que o caminho antigo de São Paulo ao rio Paraguai foi abandonado por ser o mais infestado dos guaicurus,[79] há de entender-se que o abandono só teria ocorrido ao começar a era das monções de povoado, quando muito nos anos que imediatamente se seguiram ao descobrimento do ouro do Cuiabá. Pode reconstruir-se com boa aproximação todo o trajeto primitivo daqueles sertanistas recorrendo a alguns documentos do século XVIII, em particular à correspondência do general d. Luís Antônio de Sousa, que dispunha de fontes de informação hoje desaparecidas, com o vice-rei conde da Cunha e com certo capitão-mor de Soroca-ba,[80] que se dispusera a abrir caminho dessa vila à praça do Iguatemi custeando pessoalmente as obras.

Resulta desses e de outros textos[81] que os caminhantes antigos saíam de São Paulo para as imediações do Iapó, passando pelo lugar da futura fazenda jesuítica do Voutucatu. Subiam em seguida o Tibagi para tomar o Paranapanema, que costeavam pela margem esquerda em direção às ruínas de Santo Inácio dos padres castelhanos, aqui tomavam embarcações, e levavam uns vinte dias para ir do salto das Canoas até a barra. Baixavam então o Paraná e iam tomar o Ivinheima por uma das suas bocas, de preferência a do esteiro do Anhanguepi, e navegavam dezoito dias na corrente principal e no braço superior, a que hoje chamam Brilhante e se chamava então Jaguari, designação aplicada pelos castelhanos a todo o Ivinheima. Junto às nascentes do Jaguari largavam com vigias, ou escondiam as canoas para retomar a marcha a pé (possivelmente por entre os municípios atuais de Nioaque e Aquidauana), e cerca de oito dias depois chegavam a um dos galhos do Mbotetei, transposta a serra de Bodoquena.

Foi esse o caminho seguido na última década do século XVII por Antônio Ferraz de Araújo e Manuel de Frias Taveira na jornada de Chiquitos, se a forma Imuncima de um memorial espanhol da época é, como parece, uma deformação gráfica de Ivinheima.[82] A menos, e parece o provável, que optassem por uma variante do percurso, talvez a do Ivinheima-Vacaria. Depois, das cercanias de Xerez destruída levariam doze dias para atingir o Mboimboi (no texto está Boinhay), de acordo com o citado memorial, passando pelos "formosos campos e vacarias de Xerez". Era nesse percurso a pé pela Vacaria que se arriscariam os sertanistas a ser inquietados pelo guaicuru, depois que esses índios se fizeram equestres.

Não seria esse risco, entretanto, que teria levado muitos a seguir de preferência algum outro afluente da banda ocidental do Paraná ao sul do Pardo. Ou até o próprio Pardo, na parte baixa, mais limpa de cachoeiras, e em seguida o Anhanduí--Guaçu, que nele se despeja pelo sul. É que por qualquer desses caminhos iriam ter necessariamente em lugares frequentados por aqueles índios. A ameaça que estes representavam só se aguçaria, porém, segundo já foi dito acima, quando o uso do cavalo os fez particularmente audaciosos e agressivos, mas então passariam os paulistas a escolher a navegação do Pardo em todo o seu curso, deixando à mão esquerda o Anhanduí--Guaçu, e antes disso alguns dos rios que afluem para o Paraná, a nordeste do Pardo.

Uma das razões que muitos teriam, antes disso, para preferir os caminhos do Ivinheima e do Pardo-Anhanduí-Guaçu (que tem como contravertente o Mbotetei) prendia-se possivelmente à fama de pouco saudáveis que tinham os outros. Essa fama cabia, aliás, a quase todos os afluentes do Paraná e, para começar, ao próprio Paraná, o que não impediu o serem bastante frequentados. As margens do Verde, por exemplo, passavam por extremamente pestilentas,[83] e nem por isso deixou de subir esse rio, em demanda do Cuiabá, João Antunes Maciel com seus índios de serviço, cuidando, segundo parece, que por ali chegaria mais depressa do que outros aos celebrados tesouros do Coxipó.[84] Só quando se fizer pouso fixo no Camapuã, onde é mais breve a varação das canoas, se imporá a escolha do Pardo e de um dos seus formadores, o Sanguessuga, pois com as canoas de comércio era preciso evitar os dilatados trajetos por terra, mormente nas viagens de ida para o Cuiabá – porque na volta ao povoado quase só se trazia ouro – devido às grandes cargas que se levavam.

O outro embaraço que se oferecia aos navegantes, naqueles rios a leste e nordeste do Pardo, vinha da presença ali dos caiapós.* Que sentido faria o querer evitar o guaicuru para ir sofrer injúrias destes outros índios, tão truculentos como ele e mais traiçoeiros? Afins, embora não idênticos às tribos, como essas pertencentes à família jê, que em nossos dias se conhecem por igual nome, os caiapós antigos, caiapós do sul, atualmente extintos, eram gente errante, que tinha o hábito de deslocar-se sobre enorme espaço. Diz-se até que em tempos remotos teriam levado suas correrias até quase as redondezas de São Paulo, e é tradição que foram certa vez a Jundiaí, onde tocaram o sino da matriz, e fugiram espavoridos depois, ao escutar o repique.[85] Nessas partes, porém, e mesmo na estrada fluvial do Cuiabá, a princípio, eram menos frequentes e por isso menos agressivos do que no sertão de Goiás, onde os haveria de celebrizar sua feroz resistência às hordas bororos do Pai Pirá. Nem por isso deixavam de infestar por vezes as margens do Pardo, onde o viajante precisava ir alerta e prevenido contra as suas insídias.

O menos que ali faziam era, em suas andanças noturnas, desatar canoas de comerciantes, largando-as ao léu da correnteza. E quando estivessem preparados para tanto, agrediam a vítima com seus bilros ou bordunas, que são uns paus de sessenta centímetros a mais de um metro de comprido, arredondados no cabo e espalmados na outra extremidade, e recobertos de um trançado como de esteira.[86] Parecendo, esta, arma própria para ferir em travação e de frente, tinham seu jeito especial de usá-la, resguardados na própria agilidade, à maneira de um arqueiro com sua flecha, que, feita para disparar de longe, permite ao atirador esquivar-se ao inimigo. De sorte que, com ela, davam tiros a grande distância, e tão de re-

---

* As informações sobre os caminhos das monções e os problemas a evitar, como os ataques dos índios caiapós e guaicurus, são muito semelhantes às que aparecem no capítulo "As estradas móveis" de *Monções* (tanto na versão da primeira edição quanto na reescrita).

pente atacavam, com tanta destreza, com tamanha rapidez que, sem errar o alvo, não deixavam tempo, nem lugar, para o revide.

Às vezes sumiam por longo tempo de uma paragem afeita a sua sanha, mas era trégua provisória, visando a relaxar o ânimo das vítimas com aquela aparência de um viver seguro, que é engano para arrefecer o medo e a coragem. Em 1747, o governador d. Luís de Mascarenhas podia honestamente escrever ao vice-rei conde das Galveias que sua providência de fazer guarnecer os rios de canoa acabara com os assaltos desses índios aos navegantes.[87] Passados, porém, vinte anos e mais, outro capitão-general de São Paulo se queixava de que, não contentes com o terror por eles espalhado à margem esquerda do Paraná, já ameaçavam tornar intransitável todo o baixo Tietê. No intuito de prevenir esse transtorno, que ameaçava também o estabelecimento militar do Iguatemi, trataria o morgado de Mateus de organizar contra eles, em 1772, uma expedição armada, mas tendo o cuidado de não tornar público esse desígnio, pois do contrário poderiam atemorizar-se os que o deviam levar a cabo.[88] Apenas ao capitão incumbido da diligência confiou em muito segredo aquele plano de "dar no Gentio Caiapó que agora infesta a navegação do Cuiabá desde Avanhandava thé o Rio Pardo".

Não só com o caiapó teria de haver-se, aliás, mas ainda com uma casta de índios volantes e tão capazes no atirar flechas como no manejar clavas, servindo-se alternadamente de umas e outras. Do acordo que momentaneamente os uniu resta notícia na correspondência havida entre o povoador da praça do Iguatemi e o governador Carlos Morphy do Paraguai: "Como topey", escreve em 1766 o primeiro, "as tropas de comerciantes das minas de cuyabá parados na Barra do Rio Pardo sem poderem seguir viagem por causa dos Gentios Guayapos que se tinhão juntado com os canhangues ou monteses para roubarem aos mercadores que passasem para aquellas Minas como a pouco aviam feito a tres tropas, que não somente roubarão como tambem matárão, motivo que me obriga a ajustarme com elles e darlhes uma boa corrida...".[89] Não foi preciso muito para o ajuste, pois a barreira que à passagem das canoas de comércio opunham os caiapós unidos aos caingangues duraria tão pouco quanto a recíproca fidelidade que os levara a juntar forças.

Para as canoas era forçoso reduzirem ao mínimo os contatos com terra firme em tão longa viagem e sem porto seguro. Ainda assim era necessário um pouso maior no Camapuã, onde descansassem os viajantes e renovassem provisões. Para a escolha do sítio, contribuía o fato de achar-se aparentemente mais na orla do que no "âmago do gentilismo", como se dizia. Em contraste com o Verde, que corre ao norte, eram relativamente escassas no Pardo, ao começar a era das monções, as possibilidades de encontros com os caiapós. Sabia-se que esses índios, sem domicílio certo, sem lavouras que melhor os fixassem, ou pouco dados a elas, pois "se sustentão da imundicie dos matos" ou vivem do corso, bem podem lá chegar, mas são poucos, diz um roteiro.[90]

Isso não impediu que em 1727 assaltassem no Camapuã uns negros bem à vista de toda gente, quando estes levavam cargas e não poderiam retrucar ao desaforo. Aos homens de Luís Rodrigues Vilares e Gregório de Castro acometeram a golpes de porrete, quando as vítimas iam numa fila de mais de sessenta pessoas. Depois de matarem três ou quatro, escaparam incólumes, desaparecendo tão depressa que os perderam de vista os soldados, depois de lhes levarem a espingarda à cara. No ano seguinte repetiram a façanha, causando memorável estrago. Era difícil a vigilância para quem não soubesse as manhas dos índios, que se escondiam atrás de alguma touceira depois de se besuntarem de barro, de sorte que dificilmente os distinguia quem os encarava.

Quando os assaltos se dirigiam a mais de uma pessoa, tratavam de primeiro golpear quem estivesse à retaguarda, e sempre pelas costas. Tão em silêncio o faziam, e tão depressa, que podiam voltar à carga contra uma segunda pessoa antes de se ter notícia da investida anterior. Às vezes esperavam os que saíam ao mato para caçar, e então davam neles, atordoando-os com uma chuva de flechas antes de bater-lhes na cabeça. Antônio Pires de Campos, o velho, escreveu certa vez que esses índios, "açoite de todo o mais gentio", eram tão traidores e astutos que bastaria um só para destruir uma tropa de quinhentas armas de fogo.[91] O meio encontrado pelos sertanistas para se esquivar de seus golpes era andar divididos em grupos de três ou quatro, e não em fila, um atrás do outro, mas lado a lado, o que facilitava a vigilância. Tal expediente se usava sobretudo quando se recolhiam os homens às canoas, pois o caiapó atacava com maior frequência nas retiradas.

Contudo, nem essas cautelas davam para sustar os malefícios de que eram capazes tais índios. A tropa que passou em 1730 pelo Camapuã, de volta de Cuiabá, soube, por exemplo, que eles tinham queimado as casas e roças onde se abasteciam os viajantes. Na mesma ocasião, esses e outros índios chamados gualachos, e que seriam talvez da família dos caingangues atuais,[92] deram nas roças do Cajuru à margem do rio Pardo, destruindo plantações e abrasando casas. Um viajante que passou logo depois no Camapuã refere-nos as agruras que lá padeciam os roceiros. Viviam, de fato, como se estivessem num presídio, e sempre com armas nas mãos. Quando iam buscar água, tendo-a ao lado da casa, se faziam acompanhar indefectivelmente de um guarda-costas. No roçar, no plantar, no colher mantimentos, jamais se separavam das espingardas: enquanto trabalhava aquele, este vigiava, a arma pronta para fazer fogo.[93] E nem assim os pobres homens conseguiam ver-se livres do caiapó, que de quando em vez matava um deles.

Em mais de uma ocasião aconteceu, no caminho do Cuiabá, que a mesma frota já castigada pelo caiapó passasse a sofrer insultos de outros índios de corso ao chegar às bandas do Paraguai. Porque, passado o Camapuã, as tropelias do caiapó começavam a diminuir, ainda que não cessassem, pois algumas vezes chegaram até as proximidades do Taquari, e começava então a comarca do guaicuru. Havia até um ponto logo abaixo do Coxim, chamado Passagem do Cavaleiro, por ser onde costumava ele atravessar o rio. O modo de se livrarem os viajantes de suas investidas era levantar pouso no meio do mato, porque, ao contrário dos caiapós, só sabiam os guaicurus combater em campo raso, onde seus cavalos tinham mais liberdade de movimentos.

Já agora se haviam tornado tão inseparáveis dos seus animais, que alguns acreditavam serem estes autóctones naquelas partes do continente, tanto mais quanto os mesmos índios tinham nome especial para os designar, ao contrário de outras tribos que conservavam, apenas deturpadas pela pronúncia, as palavras europeias. Tudo faz supor que, para adaptar-se ao seu uso, não precisaram mudar violentamente suas velhas normas de vida, encontrando nele um estímulo e reforço para tendências preexistentes no grupo a que pertenciam. Antes mesmo do advento do homem branco, apareciam entregues às suas correrias pelas campinas do Paraguai, sobretudo no Chaco, fiando-se tão somente em suas pernas ágeis e em sua extraordinária resistência ao cansaço físico. O escrivão Pero Hernandez, que em meados do século XVI redigiu os Comentários do *adelantado* Álvaro Nuñez Cabeza de Vaca, ainda os surpreendeu nesse estado, e os pinta como homens "tan ligeros y recios que corren tanto tras los venados, y tanto les dura el aliento y sufren tanto el trabajo de correr, que los cansan y toman a mano".[94] De modo que, longe de tornar-se personagem intrusa, devia o equino entrosar-se em tais hábitos como ao órgão de uma função.

Mesmo depois de o adquirir e de introduzi-lo em seu trem de vida, o guaicuru podia preservar alguma das aptidões aparentemente tradicionais em sua estirpe. Na segunda metade do século XVII observou um jesuíta que ao talhe e boa proporção do corpo correspondia no guaicuru uma agilidade fora do comum nos movimentos. Para montar não se valia de estribos.

Corria atrás do animal, apanhando-o e dominando-o com uma velocidade nada inferior à daqueles brutos. Não se servia de laço ou bola para capturá-lo (mas esta observação é desmentida por outras testemunhas), nem tinha curral para guardá-lo. Apenas diligenciava por juntar a todos em um lugar, e ali, no meio dos outros cavalos, lançava mão daquele que lhe apetecesse: se o animal disparava, punha em ação sua ligeireza natural e corria a agarrá-lo de novo. Alcançado, segurava-o pela crina ou pelo pescoço, tal como se estivesse a laçar uma perdiz, e com a mesma facilidade.[95]

Quando começaram a furtar seus primeiros cavalos aos castelhanos teriam seguido o exemplo de grupos afins, como os índios abipões, que já no começo do século XVII tinham manadas deles, ou como certas tribos chaquenhas, que principiaram a adquiri-los por volta de 1651. A estes chamavam os espanhóis "indios de a cavallo", para os distinguir de outros que eram "indios de a pié". Graças ao equino puderam fazer-se temidos, os guaicurus, dos demais indígenas e não menos dos europeus e descendentes de europeus: "Pouco faltou para que exterminassem todos os espanhóis do Paraguai", escreveu Azara.[96] Extremaram-se principalmente nos hábitos de vagabundagem, no gosto da agressão, na vocação para a rapina. Seu desdém ancestral pelo esforço sedentário só ganhava com a aquisição dos cavalares, pois sabia tirar a subsistência de outras tribos, como a dos guanás, sobre os quais impuseram uma espécie de vassalagem.

Retomando comparação já formulada pelo padre Lozano a propósito das tribos pampeanas "de a cavalo", observou monsenhor Pizarro como o viver do guaicuru fazia pensar no dos tártaros, os quais se manteriam com o trabalho alheio e tomavam a outros aquelas coisas que eles próprios não se rebaixavam a fazer.[97] E escrevendo já em nossos dias, durante a Segunda Grande Guerra, não duvidou um antropólogo em compará-los aos alemães e japoneses, que também tiveram seus guanás e chamacocos entre populações vizinhas e subjugadas da Europa e Ásia. Bem-feitos de corpo, altos, mais do que o comum dos europeus, atingindo por vezes estatura superior a um metro e noventa, já tinham, do ponto de vista somático, traços distintivos de uma raça senhoril, de um *Herrenvolk*.[98] Todos os seus atos e gestos refletem, de fato, essa mentalidade de senhores, que em poucos povos sul-americanos é partilhada no mesmo grau.

Expressiva dessa mentalidade é uma de suas tradições mitológicas, segundo a qual a cada povo deu o Criador um atributo próprio: o branco recebeu o dom do comércio, outros tiveram a aptidão para a lavoura; o guaicuru, porém, esquecido na partilha, só podia seguir o conselho de uma ave de rapina, o caracará. O qual caracará, retorquindo às suas queixas, disse-lhe que o quinhão dele era o melhor, pois como o deixaram de lado restava-lhe tomar o que a outros foi dado. O guaicuru seguiu tão bem o conselho que começou por matar a pedradas o próprio conselheiro.[99] E desde aí a agressão e a rapina ficaram sendo, por assim dizer, as suas virtudes nativas.

Estabelecidos outrora mais ao sul, entre a Vacaria e o rio Paraguai, é possível que seu súbito aparecimento junto ao Taquari tivesse origem na notícia dos despojos de que se opulentara o paiaguá com o assalto de 1725 às canoas de comércio. Escrevendo alguns anos mais tarde, o capitão Cabral Camelo tenta atenuar neste ponto as culpas do "gentio cavaleiro", invocando a aleivosia de que com ele teriam usado alguns homens da bandeira de 1731 comandada por Antônio de Almeida Lara. Procurados por um principal guaicuru com ofertas de paz e aliança contra o paiaguá, aproveitaram-se esses homens de uma ocasião em que o viram só com alguns familiares e uns poucos índios, para o agrilhoar. E embora o cabo da tropa exprobasse depois semelhante ato a sua gente e mandasse libertar o cacique, ressentiu-se este por não ver devidamente castigada tamanha traição.[100] "Não se queixem os cuiabanos dos Guaicurus, queixem-se de sua infidelidade", conclui esse informante.

É possível que tal notícia fosse divulgada por alguns reinóis menos afeiçoados aos paulistas, pois não faltam para o caso versões menos favoráveis ao guaicuru. O certo é que a expedição de Antônio de Almeida Lara se seguira ao malogro de outra onde não foram levados naturais do Brasil, e a qual estes, por despique, chamaram bandeira "dos emboabas". Contudo a acusação feita aos cuiabanos mostra uma atitude típica do trato que aos índios davam os colonos, brasileiros como europeus. Inútil é dizer que lhes pagavam aqueles em igual moeda ainda quando pertencessem a uma raça de *Herrenvölker*.

Na versão de Cabral Camelo o cacique guaicuru se propunha entrar na aliança com cinco ou seis régulos e 8 mil a 10 mil cavalos. Não parecerá exagerado tal número a quem se fie na notícia dada em outro lugar pelo mesmo capitão, de que, andando sempre com tropas de quinhentos a mil animais, poderão esses índios, se preciso, levar mais, "porque são muytos Reynos, e cada hu por sy terá mais de 9.000 cavallos". Outro informante, Antônio Pires de Campos, diz, por sua vez, que os guaicurus, ao que se dizia, chegavam a juntar, em campanha, 10 mil a 12 mil cavalos.[101]

Não há dúvida de que à ação desses e outros índios deveram os cuiabanos a situação de isolamento a que se veriam condenados. Quando começou a afluência maior de mineiros, não parecerá impraticável o povoamento, por exemplo, da barra do Taquari. Um desses imigrantes, o ituano João de Araújo Cabral, estabeleceu-se ali, com sítio de cultura que foi de utilidade para os passageiros destinados às lavras, tanto nas invernadas como para se proverem de mantimentos.[102] Por ocasião da viagem do general Rodrigo César, em 1726, já dava bom fruto, e consta que ali se abasteceram os viajantes de víveres, dando em pagamento 250 oitavas.[103] Logo abaixo instalara-se, na mesma ocasião, Domingos Gomes Beliago, o primeiro que pôs gado vacum naquele sertão.[104] Ao lado desses dois nomes, o de Luís Rodrigues Vilares, que se assenhoreou de terras nas beiradas do Taquari, correndo para as partes da Vacaria, depois de abrir fazenda junto à barra do Camapuã-Guaçu, onde padeceria muitos prejuízos e incômodos da vizinhança dos caiapós,[105] e o de Manuel Góis do Prado, que ganhou sesmaria perto das roças de João de Araújo,[106] marcam o esforço incipiente de ocupação de um território que, povoado e bem cultivado, seguramente beneficiaria as frotas e os moradores das lavras minerais.

Mas tentada assim afanosamente, entre 1723 e 1730, essa expansão se verá logo truncada. Voltam então as restingas ao antigo estado e as pastagens são abandonadas pelos donos, despojados de seus bens quando não da própria vida. Não se pode atribuir esse abandono forçado unicamente à ação do "cavaleiro", mas grande, em todo caso, é a sua parte de responsabilidade no mau sucesso do movimento colonizador. Haverá, por volta de 1795, quem eleve a 4 mil e mais o número dos povoadores trucidados até então pelo guaicuru ao longo dos caminhos do comércio do Cuiabá.[107] É provável que não chegasse a tanto, ou que nesse número se somassem as vítimas dos caiapós e sobretudo dos paiaguás, que, menos conhecidos a princípio, dariam lugar a confusões. Não faltará contudo um cronista que chegue a conclusão diversa, a saber, que muitos dissabores naqueles caminhos padecidos eram dados como obra dos "Payaguazes cuja liga com os Guaycuru não era conhecida dos povoadores do Continente".[108]

Mas se não sabiam de início bem distingui-los, logo o aprenderiam os cuiabanos. Primeiro, o paiaguá só ataca se embarcado, ao passo que o guaicuru trata de assaltar os pousos, e ainda assim onde não haja brejo, nem mato grosso que tolham os movimentos aos animais. Depois, o modo de pelejar daqueles consiste em emboscadas. Importava-lhes de fato pegar a vítima de surpresa, e quando não fosse possível, tratavam eles de sumir o mais depressa. Porque, são palavras de d. Félix de Azara, são índios covardes por natureza e "não vem desonra na fuga e nem na traição".[109] Só atacam depois de cautelosamente vigiarem as frotas, dos sangradouros onde se ocultam, medindo as próprias possibilidades e as dos contrários. Quando se acham mais seguros de si, deixam então esses esconderijos e investem com uma ensurdecedora algazarra, em meio a uma chuva de flechas que parece tudo escurecer. Tratam logo de formar duas alas laterais que, impelindo o inimigo para o meio da corrente, lhe embarguem o acesso à terra firme.

Suas próprias canoas teriam de comprido entre quatro e sete metros, e pouco mais de cinquenta centímetros de boca, levando, as maiores, de nove a doze tripulantes. Estes remavam sempre de pé e do lado da popa. Sentavam-se à hora da ceia ou quando saíam a pescar, e como fossem embarcações muito esguias – Juan Francisco de Aguirre compara-as a agulhas –, podia suceder que virassem, mas então era de ver como, em um ou dois minutos, sacudiam-nas no ar, repunham-nas onde antes estavam e nelas se metiam, tudo isso sem perder o remo, nem a vara de pescar, nem o pescado. Perigosíssimas para um europeu, "para esses indios não passavam essas canoas de uma frioleira", pois se perdiam o equilíbrio e soçobrassem, logo as endireitavam.[110] Em combate, quando uma canoa inimiga acossava a sua, e não tivessem outro modo de salvar-se, rapidamente se atiravam à água, pois eram nadadores exímios.

Todos remavam a um tempo com suas pás compridas, bem lavradas e afiladas nas duas pontas, de modo a poderem servir também de lanças, e assim como esses remos podiam ser mortíferas armas de ataque, a canoa tornava-se em alguns casos o escudo protetor do combatente. Para movê-las tinham, segundo Aguirre, a vantagem de ser aptos por igual com a mão direita e a esquerda, o que faz pensar no ambidestrismo atribuído aos antigos quéchuas peruanos. Isso explicaria em parte a inusitada velocidade com que navegavam: diz, com efeito, Cabral Camelo que faziam em uma hora percurso maior do que o das canoas de comércio num dia.[111] Largavam o remo quando se sentavam, para pescar ou cear, e nessas horas ficava a canoa ao sabor da correnteza. Nem no escuro da noite deixavam a sua embarcação, e enquanto uns dormiam, outros velavam e a governavam, revezando-se.

A aparição inesperada desses homens corpulentos, todos emplumados e sarapintados, o tremendo urro com que se anunciavam, o rufo dos seus tambores de barro, o toque de cornetas, a nuvem das flechas que simultaneamente expediam com os lançaços de remo e as pauladas bastariam para logo prostrar o viajante desprevenido ou que não tivesse as armas carregadas e à mão. Os instrumentos de sopro que usavam então não eram apenas reforço para o alarido, mas sinal para o ataque. Assim já se dera durante a ocupação castelhana do Paraguai, pois é sabido como foi a toque de cornetas que, em 1540, uma centena de índios paiaguás começou seu ataque malsucedido contra a gente de Domingos de Irala.[112] A corneta era também usada para solenizar as retiradas vitoriosas, que se faziam com igual ruído e na mesma ordem já empregada no ataque.

Todavia, se derrotados ou malsatisfeitos, dispersavam-se eles mudos e cabisbaixos. Numa refrega havida no caminho do Cuiabá com uma frota saída em 1736 de povoado, isto é, de São Paulo, um simples tiro de bacamarte disparado quando, já senhores das canoas, se preparavam os índios para levá-las quase inutilizou seu bom sucesso. Nesse caso, o próprio silêncio dos instrumentos de música era sinal de que estavam menos contentes. Depois de deixar o lugar, diz um documento,[113] foram achadas "na agoa aonde suçedeo o conflicto 10 Lanças e enmencidade de flexas que não largão senão com a morte, retirarãose tristes e sem tocarem os seus estrom.tos belicos q'costumão tocar q.do alcanção victoria". Lê-se no mesmo documento que esperavam os paiaguás saírem as canoas para o povoado, que era quando levavam ouro das lavras, e que, contra seus hábitos, deram nas que iam em direção oposta, tendo encontrado casualmente essas.

Os juízos pouco favoráveis à coragem dos paiaguás parecem ter apoio em mais de um depoimento, por menos conciliáveis que pareçam, com a crônica dos seus muitos e sangrentos triunfos. Gente "cobarde y muy medrosa": são as palavras que a seu respeito diz, já em 1692, um missionário em Assunção.[114] Outro, passados trinta anos, bate na mesma tecla cuidando que as vitórias por eles alcançadas vêm da covardia, não da valentia, pois, observa, "é o inimigo mais traidor que se ha hallado en esta America".[115] Em 1726, no ano imediato ao do primeiro assalto deles às canoas do comércio do Cuiabá, publica um jesuíta que a nação paiaguá é toda de vilíssima condição, pérfida e pronta sempre a maquinar traições.[116] Mas ajunta que esses índios "se se hubieran coligado a los Guaycurus, gente infiel y enemicissima de la fé catolica, dificilmente hubieramos podido escapar".

O funesto presságio já era agora, porém, uma realidade. E todo o dano que iria resultar dessa aliança se voltará, não contra os jesuítas ou os castelhanos, mas contra aqueles "desalmados portugueses de San Pablo" aos quais tão infenso se mostra sempre o apóstolo dos chiquitos. Pois foi justamente naquela era de 26 que, segundo noticia o capitão Antônio Pires de Campos, os paiaguás "unidos aos Aycurus" atacaram no Taquari um comboio destinado ao Cuiabá.[117] Os próprios cuiabanos, admitindo, embora, e temendo, a aliança entre os paiaguás e guaicurus, não conseguiam encarar os primeiros com o terror misto de respeito que lhes mereciam os últimos. Muitos são os depoimentos, do lado do Brasil, em que se atribuirá toda a força dos paiaguás, poucos em número e poltrões fora d'água, a sua liga com o cavaleiro. Mesmo o fato de acometerem a frota de 1725 no meio do rio largo, parecia indicar solércia mais do que arrojo, porque saíram de um esconderijo perto da barra do Xanés, no rio Paraguai, onde, impedidas as canoas contrárias de embicar, devido às muitas ilhas, enseadas e riachos, davam o terreno ideal para seu fácil triunfo.

A opinião largamente difundida na era das monções, de que

pouco valeria o paiaguá sem a assistência de outros, justifica-se no sentido de que, mobilizadas as suas energias para a peleja nas vias fluviais, fora delas ficavam como que desarmados. Em terra firme entorpecia-se geralmente seu furor bélico, e disso já sabiam no século XVI os que, no Paraguai, deveriam medir forças com os *agazes*, nome que se dava então aos dessa tribo. São, escreve um cronista, "os guerreiros melhores que existem sobre as águas; em terra, porém, já não são a mesma coisa".[118] Dois séculos depois, d. Antônio Rolim de Moura não pensará diversamente ao escrever que os assaltos do paiaguá se fazem de ordinário nos rios e em canoas, pois em terra não valem nada "e tres ou quatro armas de fogo bastam a fazer oposição a um grande numero delles".[119] Foi justamente a morigeração com que em terra firme se haviam em face do inimigo o que lhes valeu a fama de poltrões e medrosos.

Ora, o que ao paiaguá sucede, quando surpreendido fora d'água, não deixara de acontecer com o guaicuru, tido como um modelo de qualidades varonis, enquanto não se convertera no "gentio cavaleiro", e os cronistas do Paraguai contam como costumava ele esconder-se nas macegas, temeroso da superioridade dos cristãos. Pode-se ainda perguntar se no confronto entre os guaicurus e os paiaguás, invariavelmente desfavoráveis aos últimos, não entraria da parte dos luso-brasileiros alguma ponta de ressentimento. É que o paiaguá, se lhe acontece desbaratar uma frota, põe sempre a perder mercadorias de subida estimação, ao passo que o "cavaleiro", ao arremeter contra uma tropa de gente a pé e mesmo a cavalo, não tem como causar tamanhos prejuízos. Este pode tirar a vida a quem se atravesse no seu caminho; o outro tira-lhe a vida e a pecúnia.

Fisicamente, o paiaguá não impressionava menos do que o guaicuru, a julgar pelo que diz Azara, a saber, que, também agigantados, mediam eles com frequência mais de metro e noventa de altura, e o restante em igual proporção: "y dudo", escreve ainda, "que haya en Europa pueblo alguno que en tantos a tantos pueda compararse a estes barbaros".[120] E ajunta que jamais conheceu um que tivesse mais ou menos carnes do que o preciso para ser ágil, robusto e vigoroso. E desde que estivesse em seu elemento, nunca deixaria de colocar essas vantagens físicas a serviço de uma audácia inacreditável, mesmo quando o adversário fosse superior em armas e em número. Uma das testemunhas da batalha de 1730 diz que, sem temer a morte, "se metião nas bocas das nossas armas, desprezando a própria vida a tempo em que vião outros perde-la".[121] Ali, nas águas do Paraguai e afluentes, tinham seu verdadeiro campo de batalha e seu natural *habitat*, de onde tampouco se apartavam como o guaicuru de seu cavalo.

A alegação de que os paiaguás só excepcionalmente investiam sobre frotas procedentes de São Paulo para Cuiabá[122] chegou a ser apresentada como prova de que, além da aliança do "gentio cavaleiro", contavam esses índios de canoa com o estímulo dos castelhanos de Assunção, pois era só nas viagens de retorno que lhes seria possível roubar o ouro das lavras. Mas corresponderia realmente aos fatos aquela alegação? De um rol, certamente incompleto, mas nem por isso insignificante, que estabeleceu um historiador acerca dos casos de hostilidade desses índios aos luso-brasileiros, resulta que de um total de dezoito assaltos apurados até o ano de 1786, dirigiram-se dez contra comboios de canoas e, desses, três apenas atingiram frotas que iam para Cuiabá de povoado.[123] A partir de 1744, com as medidas tomadas para a proteção dos comboios, se vão espaçando os assaltos, até desaparecer por completo em 1770.

Outro motivo, este aparentemente mais provável, para a crença de que as agressões seriam fomentadas pelos de Assunção está no fato, assinalado nas notícias sobre o assalto de 1736, de se terem achado logo em seguida, no rio, muitas lanças dos atacantes com peças de ferro do "melhor primor da arte", e que só podiam ser obra de gente mais ladina do que os bugres infiéis. Não quereria isto dizer que o castelhano animasse diretamente tamanhas truculências contra gente que, no seu entender, se intrometia em terras de Sua Majestade Católica. Contudo, o próprio fato de beneficiar-se da rapina não valia por um incentivo aos assaltos?

É de notar que, exatamente quando se intensificam as arremetidas dos paiaguás contra as canoas paulistas, também se fazem mais amenas as relações tradicionalmente ásperas entre eles e os espanhóis do Paraguai. As pazes firmadas em 1714, quebradas depois de três anos, mas reatadas logo, irão estabilizar-se em definitivo por volta de 1740, mas já antes se admitiram longos períodos de trégua. A partir daquele ano, até mesmo o sítio ocupado pelos paiaguás, que ficava nas vizinhanças de Assunção, transfere-se para dentro do termo da cidade, com a anuência do governo.[*]

Esse alojamento pertence, aliás, a uma das duas principais divisões da tribo: a do sul, também chamada dos tacumbus. Não era ela, e sim a do norte, dos sariguês, encabeçada pelo principal coati, a que desenvolveu, unida aos guaicurus, uma campanha de morte contra as canoas de comércio. Os dois subgrupos mantinham entre si, não obstante, contínuas relações, apenas entremeadas de pelejas mais ou menos simuladas, e foi por intermédio dos tacumbus que os sariguês passaram a entender-se depois com os assuncenhos,[124] passando a ir negociar com estes o fruto dos seus saqueios. Parece que, de início, só esperavam tirar vantagem do resgate de prisioneiros ou da venda de escravos. Assim se deu quando, na monção de 1727, depois de matarem a Miguel Antunes Maciel e

---

[*] O estudo das relações diplomáticas entre guaicurus, paiaguás, portugueses e espanhóis não aparece em outras obras de Sérgio Buarque de Holanda. Pode ser que essas informações tenham se originado das pesquisas realizadas pelo historiador durante a década de 1960, quando era professor da cátedra de História da Civilização Brasileira na USP. Em 1965, Sérgio Buarque teve bolsa da Fapesp, a fim de viabilizar viagens a Cuiabá e ao Rio de Janeiro, onde consultou arquivos e recolheu documentos inéditos para seus estudos. O processo da bolsa, de número 65/0223-4, consta nos arquivos da Fapesp. Uma reprodução do projeto inédito que Sérgio Buarque de Holanda enviou à entidade pode ser conferida no caderno de fotos deste volume, imagens 2 e 3.

Antônio Antunes Lobo, com outros que iam em sua canoa, só pouparam a um menino de pouca idade, homônimo do último, que levaram consigo. O caso produziu indignação tanto em São Paulo como na Corte,[125] e foi uma das causas da ordem de Sua Majestade mandando dar guerra àqueles bárbaros.

Também não é certo que já então soubessem dos lucros que poderiam tirar, carregando o ouro das frotas. No processo instaurado sobre o caso do menor Antônio Antunes, resgatado aos índios, referiu este aos juizes de Assunção, em sua linguagem mista de espanhol, português, guarani e paiaguá, como depois de lhe matarem o pai e o tio dirigiram-se com ele e três negros a uns ranchos, rio abaixo, e todo o ouro que haviam tomado jogaram-no à água, dizendo que aquilo era pedra.[126] Desde então estiveram com os mesmos índios, padecendo trabalhos, vexações e maus-tratos, até que o foram vender.

Não se tratava de fato insólito na história da colonização do Novo Mundo esse de índios que, parecendo desafiar a cobiça do cristão, lançam à água o grande objeto dessa cobiça. Sabe-se ao menos do caso do cacique Hatuei, que, tendo fugido de seu Haiti para Cuba, atirou ao mar uma cesta cheia de ouro quando soube que os espanhóis desembarcavam na ilha. Preso, foi condenado à fogueira pela sua obstinação em não querer ir para o céu, temeroso de lá encontrar de novo os brancos. Las Casas, que refere o episódio,[127] diz que Hatuei, ao desfazer-se do ouro, explicara aos outros índios que era aquele o verdadeiro deus dos cristãos e por isso não convinha guardá-lo, pois ainda que o guardassem nas tripas saberiam como recuperá-lo. Debaixo d'água nunca o descobririam.

Entre os paiaguás não haveria de encontrar provavelmente Las Casas matéria digna de sua ardente apologética. Em 1727, quando se desfaziam eles do ouro, agiam por ignorância, não por despeito ou cautela. Mais tarde, no famoso assalto de que resultou morrer o ouvidor Lanhas Peixoto, já iam recomeçar a esparramar o ouro das canoas, quando um português reinol chamado João Pereira, por eles aprisionado, os concitou a ficar com aquilo, dizendo ser coisa de estima e que fariam bom negócio vendendo tudo aos castelhanos. Assim advertidos, cuidaram de salvar um pouco daquele "desperdício de ouro".[128] O fato é narrado pelo mesmo prisioneiro no depoimento que prestou às autoridades de Assunção empenhadas em esclarecer o caso do homem branco vendido pelos índios no porto onde costumavam estes ir "pela comunicação que lhes foi admitida".

O bom êxito do resgate de Antônio Antunes deve ter feito com que o paiaguá tomasse gosto por esses escambos. Antônio ficara retido entre os índios durante quase dois anos, antes de ser levado a Assunção, mas João Pereira não permaneceu com eles senão dois meses: capturado a 2 de junho de 1730, é resgatado a 1º de agosto do mesmo ano. E passado mês e meio, isto é, a 15 de setembro, ressurgem os paiaguás em Assunção, agora de modo bem mais aparatoso: numa flotilha de sessenta canoas que, em vez de aportar no embarcadouro ordinário, se dirige para o lado oposto do rio. Destaca-se então uma canoa, e dela descem no porto da cidade quatro índios emplumados, armados de flechas e lanças, as caras almagradas, e vestindo uns casacões de pele de onça. Iam dizer ao governador como traziam cativos e os queriam vender. Dessa vez foram mais complicadas as negociações, porque, dizendo o governador que os resgataria, quiseram saber o que receberiam em troca, e punham grande preço a uma senhora portuguesa e a uns mancebos, além de cativos negros e mulatos.

Depois de muito exigir e receber, e obtido afinal o assentimento do cacique dos mesmos índios, que tendo ficado numa das canoas se mostrava sempre mais exigente, foram levadas a senhora, mulher de seus dezoito a vinte anos, de bom parecer, "mui discreta, mui honesta e com todas as prendas que possa ter uma dama de obrigações", além dos mancebos. Vinha ela de cabelos, sobrancelhas e pestanas raspados, mal coberta de umas anáguas esfarrapadas.[129] Foi geral a consternação quando se soube que, casada apenas onze meses antes com um cavalheiro a quem mataram os índios, estava dele pejada, de sorte que foi milagre não nascer a criança quando se achara no meio daqueles bárbaros. Todos os prisioneiros, resgatados pelos moradores, repartiram-se então entre várias casas, indo a senhora numa cadeirinha para a do antigo governador Diego de los Reyes Balmaceda, o mesmo que, destituído nove anos antes pelos *comuneros*, pudera enfim voltar de Buenos Aires, já que Antequera, o governador rebelde, estava metido agora num calabouço e às vésperas de ser executado.

Quem conta o caso é o próprio filho do ex-governador, Carlos de los Reyes Balmaceda, em carta que da Colônia do Sacramento foi ter às mãos do padre Diogo Soares. Seu depoimento tem apoio em outras fontes documentais. Uma testemunha do salteio paiaguá à monção de 1730 diz como certa moça de dezoito anos, casada de pouco em Cuiabá e que estava prenhe, foi apresada pelos índios. Entre outros que se salvaram mas por vias diferentes, alude o informante a um padre chamado João Veles, que fazia ofício de confessor, e um médico alemão, de nome Ernesto Lamberto, o qual se livrou dos paiaguás "não sem milagre", porque entrando estes em sua canoa se esqueceram de matá-lo, e assim pôde escapar do inimigo. Logo se atribuiu o salvamento à muita caridade de que esse estrangeiro sempre usara com os doentes nas minas.[130] D. Carlos, em sua carta, fala ainda em "ricas vestes e alfaias de ouro" que levaram os índios a vender, e isto coincide com as "boas roupas e melhores trastes" mencionados pela testemunha da tragédia, e ainda com o "rico vestido" do Lanhas, que não hesitara o chefe paiaguá em envergar, lançando ainda por sobre o próprio pescoço o hábito de Cristo que pertencera ao defunto.

Onde pode ter entrado exagero no depoimento de Reyes é quanto ao montante de ouro levado a trocar em Assunção. Na notícia dada pela já citada testemunha do combate, lê-se que o ouro carregado pelos índios era estimado em dez ou onze arrobas. Uma segunda testemunha acha que, além de roupas e trastes, não passaria o saque de "20 arrobas, outros lhe dão menos".[131] D. Carlos, no entanto, julga que seriam no mínimo cem: "en oro en polvo creo que avrán traido más de 100 arrovas". E tudo isso se trocou, e em tal abundância, que davam por um pires oito onças, três e quatro por uma colher, por um pouco de baeta seis a oito, e o restante nessa proporção, pois tudo apetecia àqueles índios – contas falsas, mel, milho, facas etc. –, e houve até quem comprasse por vinte pesos outras tantas libras de ouro.

"Asseguro a Vossa Mercê", conclui a carta de d. Carlos, "que apesar de não termos prata, andamos aqui ricos em ouro." E acrescenta que as mercadorias vindas de Castela já não se trocavam, como outrora, por tabaco e erva-mate, mas eram compradas a peso de ouro, e com vantagem de 150% sobre os preços de Buenos Aires. Tão memorável foi o acontecimento que, passados vinte anos, continuava a ser comentado. O comissário Manuel Florez, da Terceira Partida da demarcação prevista no Tratado de Madri, alude em carta de 1753 ao marquês de Valderios ao ouro levado pelo paiaguá e trocado por um quinto de seu valor, afirmando que fora a origem de algumas grandes fortunas assuncenhas.[132] Nunca mais, porém, ou em igual extensão, chegou a atividade predatória do paiaguá a reproduzir semelhante sucesso. É que a catástrofe de 1730 servira de escarmento às autoridades como aos mareantes. Ao lado das expedições punitivas dirigidas contra esses índios nos anos seguintes, passariam as canoas de comércio a navegar de conserva e logo sob a proteção de embarcações de guerra nos passos mais arriscados do seu trajeto.

Por outro lado, se a soma de ouro em pó canalizada através desses índios para o castelhano pôde ser apreciável, não deixava de ser lucrativo também para eles outro negócio: o de escravos negros levados igualmente a resgatar em Assunção. Diversamente do que acontece com o ouro, é mais fácil obter essa presa assaltando as frotas destinadas de povoado ao Cuiabá, e assim se explica que estas também, sobretudo estas, fossem visadas pelo paiaguá. Tanto mais quanto iam nesses casos sobrecarregadas as canoas, em contraste com as que voltavam das minas, de sorte que tinham dificultados os movimentos, por conseguinte a defesa. Diz-se que nas suas acometidas procuravam esses índios tomar o pulso aos pretos robustos, que guardavam consigo, trucidando os mais fracos, e consta de um depoimento que, no maior calor da refrega, iam escolhendo os que lhes pareciam melhores.[133]

Acresce que, para o apresamento de escravos, também podiam saltear esses índios, com pouco risco de vida, as canoas soltas que deixavam a vila para pescarias ou para o granjeio de mantimentos. Em petição dirigida em 1754 por uma senhora cuiabana aos oficiais da Câmara da vila do Senhor Bom Jesus a propósito da morte do marido e dos irmãos, vitimados pelos paiaguás quando tinham saído a perseguir negros fugidos, dá-se como coisa notória que o "melhor de 60 arrobas de ouro" já se tinha perdido por culpa desses índios. Mas diz ainda que o maior perigo, no momento, era a captura de negros necessários às lavras, que sem esses braços mal poderiam sustentar-se. Também o governador, d. Antônio Rolim de Moura, ao encaminhar a petição a Diogo de Mendonça Corte Real, com o ofício correspondente da Câmara, sem pôr em dúvida aquela cifra das sessenta arrobas líquidas de ouro, diz que isso se dera antigamente: o que agora a todos preocupava não era tanto o esperdício do ouro como a perda dos negros, que valiam ouro para o castelhano, e os quais sem maior trabalho e despesa recebiam do gentio de corso.

Para apanhar os negros não hesitava o paiaguá em chegar cada vez mais perto de Cuiabá, oprimindo assim os moradores da vila. Não podiam estes, com efeito, afastar-se de suas casas para ir pescar pacu, e os próprios sítios de lavoura ficavam sujeitos, mormente no tempo das águas, aos insultos dos bugres, nem mesmo os homens de negócio eram senhores de sair embarcados. Tudo isso por causa dos negros, que, em suas correrias, esperava tomar o paiaguá, e que levados a Assunção ficavam perdidos para os donos. É preciso lembrar, diz o capitão-general em seu ofício, "que por ora quaze todos os Escravos que forão parar a Assumpção hé por mão do Payagoá a quem a dita Cidade os comprão por terem ordinariamente pazes com o dito Gentio e allgua presumpção ha que os mesmos Castelhanos lhe dão armas, por se haverem em varias occaziõens achado alguas lanças com choupos de ferro tão polidas e bem feitas que não parecião fabricadas pello Gentio".[134] Não se dissipava facilmente a crença de que a pugnacidade dos paiaguás dependia do apoio ao menos indireto que lhes dessem os castelhanos e da ajuda, esta direta, que recebiam do gentio cavaleiro.

O muito que deram que falar as tropelias do paiaguá destoa do quase nada que se sabe de suas conexões com outros povos indígenas. A esse respeito pode dizer-se que predominam as conjecturas sobre as certezas. Não faltou quem duvidasse da própria existência de um grupo paiaguá, cuidando que tal nome serviu para designar povos de diferentes filiações, só unidos pelo empenho comum de barrar aos cristãos a navegação do alto Paraguai e do Pantanal, e essa negação da peculiaridade étnica de tais índios terá adeptos até fins do século passado.[135] Outros agregavam-nos aos guaicurus, tendo em conta certas afinidades linguísticas, que no entanto poderiam resultar do seu longo convívio em áreas vizinhas.[136] Mais recentemente, fundado sobre dados diretamente obtidos de um dos sobreviventes dessa estirpe e sobre antigos textos, pôde um antropólogo concluir que se trataria de um grupo etnologicamente isolado, cuja língua difere "de todos os demais idiomas de índios da América do Sul até agora conhecidos".[137] Em realidade, os traços por onde se separavam eles dos guaicurus seriam muito mais fortes do que tudo quanto pudesse uni-los. *

---

* Em *Monções*, Sérgio Buarque de Holanda havia começado a estudar as dificuldades causadas pelos guaicurus e paiaguás aos portugueses. O autor tratou do assunto no capítulo "As estradas móveis", tanto na versão original, publicada em 1945 e 1976 (cf.

Em favor dessa assimilação pode ter influído a lembrança do esforço comum que uns e outros desenvolveram para embaraçar o movimento das frotas de comércio, a rapacidade com que se comportavam e a resistência teimosa à catequese. No entanto, a própria aliança e aparente solidariedade que os uniu foi constantemente perturbada por graves e intermitentes discórdias. Na segunda metade do século XVIII pôde observar um missionário que as relações entre os dois povos eram ora de tenaz inimizade, ora de acomodação, nunca de estreita cordialidade. Isto, em seu entender, por causa da deslealdade dos "pérfidos paiaguazes", que só são amigos quando assim o quer seu interesse e quando bem lhes apraz.[138] E acrescenta que os guaicurus não se fiavam deles e em várias refregas lhes tomaram muitos prisioneiros. A existência desses dissídios, oriundos, segundo Sanchez Labrador, de uma profunda incompatibilidade entre esses dois povos, "tão opostos em gênio como o são os franceses e os espanhóis", impediu provavelmente a criação de uma barreira mais eficaz contra a penetração luso-brasileira ao longo da margem esquerda do Paraguai.

A criação de um sistema defensivo ao longo dessa área a partir de 1775 foi importante fator para a liquidação da ameaça. De início a expugnação dos fortes não era problema difícil, mesmo para os índios. Apenas o do Príncipe da Beira tinha maior capacidade de resistência, mas situado junto ao Guaporé estava fora do alcance do "gentio de corso". O de Coimbra não passava, no começo, de um reduto retangular, defendido por estacadas, de sorte que, seis anos apenas depois de construir-se, teve a inesperada visita dos guaicurus, que

---

Monções, pp. 139-41, quanto na versão reescrita do capítulo, publicada pela primeira vez em 1990 (cf. pp. 346-66 deste volume). Da versão original para a reescrita nota-se um significativo aprofundamento do tema, que é tratado ainda de forma mais extensa nos textos inéditos e publicados após sua morte em *O Extremo Oeste* (cf. nota da p. 94). De forma sucinta, o assunto aparece também em *Caminhos e fronteiras*, op. cit., pp. 64-5.

nele fizeram atroz chacina, matando a golpes de porrete 54 homens da guarnição.

A esse tempo já tinha desaparecido o perigo dos índios bravios no caminho de Goiás ou no Camapuã, graças à definitiva pacificação dos caiapós, alcançada em 1780. Dois anos mais tarde, o próprio paiaguá abandona as águas onde por longo tempo se tinha oposto à penetração luso-brasileira. Os últimos vão para as cercanias de Assunção, onde encontram, em trato pacífico com os castelhanos, os da parcialidade dos tacumbus. A defecção foi atribuída, em parte, à ação dos fortins portugueses, mas sobretudo ao ter-se definitivamente desmanchado sua aliança com o "cavaleiro". Estes por sua vez, temerosos dos castelhanos, tratam aos poucos de buscar apoio nos lusitanos. Abrigados nas proximidades de Coimbra a Nova, e depois perto de Miranda, aproveitaram-se do respaldo que isso lhes poderia dar para investir repetidas vezes contra os espanhóis do Forte Bourbon ou Olimpo.

O acordo tendente a encerrar o velho dissídio com os portugueses solenizou-se em Vila Bela, onde os guaicurus se fizeram representar por dois dos seus principais. De um destes, que tomou o nome de João Queima de Albuquerque, sabe-se que ainda vivia em 1728, sempre fiel ao trato de paz. Mais tarde, sobretudo durante a guerra do Paraguai, esses índios, em boa inteligência com os brasileiros, assaltaram repetidas vezes soldados e povoados inimigos, voltando carregados com armas e tecidos que mais tarde exibiam como troféus.

A mesma acolhida que encontraram no Brasil os guaicurus terão os paiaguás em Assunção. Sob a ditadura do dr. Francia recebem mesmo a incumbência de vigiar o rio, perto da capital, vedando todo acesso aos estrangeiros. Essa proteção oficial lhes seria retirada, no entanto, pelo primeiro Lopez, suspeitoso de que se preparavam para novamente aliar-se aos guaicurus. Largados agora à própria sorte, pareciam confirmar a crença de que pouco valiam sem ajuda externa. Às vésperas da guerra ainda chamava atenção nas praias vizinhas a

Assunção um amontoado de choupanas imundas onde, já muito reduzida pelas epidemias, definhava uma gente miserável: era o que restava dos antigos corsários do rio Paraguai.[*]

Em outras eras iam os seus antepassados negociar escravos e ouro nas ruas da cidade. Estes só levavam lenha, pescado, esteiras, e o pouco que, em troca, recebiam dos compradores relutantes, consumiam-no em borracheiras. O seu número era estimado em quatrocentos ou quinhentos, se tanto.[139] Na guerra, combatendo os brasileiros, sob o comando de oficiais paraguaios, sucumbiram quase todos. A índia que Max Schmidt encontrou ainda por volta de 1940 dizia ser um dos quatro últimos paiaguás sobreviventes. Não esquecera o idioma dos seus, e nele ditou ainda as palavras que o antropólogo anotou: "Antigamente eram muitos os paiaguazes: todos morreram".

A agonia desse povo, que não tinha sido feito para as artes da paz, começara século e meio antes, quando ele teve de abandonar as águas do alto e médio Paraguai, teatro de seus antigos triunfos. Mal aproveitaria esse êxodo, porém, ao comércio fluvial do Cuiabá, muito desfalecido desde a abertura das novas vias terrestres e principalmente depois do empobrecimento das lavras minerais que o tinham sustentado. Perdida sua força, desvanece-se igualmente a dos que outrora ameaçavam aniquilá-la.

[*] Cabe observar que o tema de *Monções* aparece nos primeiros cursos organizados por Sérgio Buarque de Holanda ao assumir a cadeira de História da Civilização Brasileira na Universidade de São Paulo, no início da década de 1960. Diz Rodrigo Ruiz Sanches: "Na Cadeira XXVIII, História da Civilização Brasileira, Sérgio Buarque de Holanda pôde reorganizar todo conteúdo programático e a bibliografia disponível. No Anuário de 1959, consta como Professor-Assistente a Dra. Myriam Ellis e Auxiliar de Ensino a Lic. Maria Thereza Schorer Petrone. O programa está ordenado por ano, sendo que o 2º ano teve como assunto 'A mineração no Brasil Colonial', o 3º ano 'Da conciliação à Guerra do Paraguai', História do Brasil para o 4º ano, com o tema 'Monções', e o curso de História do Brasil para o curso de Geografia, a cargo do Lic. Odilon Nogueira de Mattos". Cf. Rodrigo Ruiz Sanches, "Sérgio Buarque de Holanda na USP", in *Sociedade e Estado*, Brasília, v. 26, n. 1, 2011. Disponível em: <http://www.scielo.br/scielo.php?script=sci_arttext&pid=S0102-69922011000100012&lng=en&nrm=iso>. Acesso em: 9 jan. 2014.

A conquista do Extremo Oeste*

•

AS TRUCULÊNCIAS DO PAIAGUÁ TINHAM SIDO O grande embaraço encontrado pela expansão luso-brasileira nos sertões ocidentais. Logo depois de 1780 deserta, porém, o implacável "gentio de corso" das águas do médio Paraguai e afluentes, teatro de suas antigas façanhas, e é mais para o sul, nas cercanias de Assunção, que vai principiar a agonia lenta de um povo tão infenso às artes da paz. Mal aproveitaria o êxodo ao comércio fluvial do Cuiabá, meio desfalecido desde que se abriram outras vias de acesso ao coração do continente, e afinal comprometido, cada vez mais, pelo declínio das lavras minerais, que rapidamente se extenuam. Desvanecem-se, dessa forma, as forças que o amparavam quando abandonam a cena as que a desafiavam.

Entretanto, não há como negar que a aceitação deste e de muitos outros desafios tinha dado bons frutos para a América

---

* Nos originais de *O Extremo Oeste*, no início deste capítulo, há muitas anotações do autor referentes ao estudo de uma "marcha regressiva" no Paraguai (ver imagem 1 no caderno de fotos deste volume). Em praticamente todas as páginas dos originais, guardados no Arquivo Central da Unicamp, fundo Sérgio Buarque de Holanda, existem anotações feitas a caneta, em geral correções.

portuguesa. O mais importante fora a segura posse de toda uma extensa área que lhe escapara claramente na demarcação de Tordesilhas e, a partir dessa área, dos limites que passava a ganhar em detrimento do castelhano. Caducando o velho tratado, que os dois reinos nunca se mostraram solícitos em cumprir à risca, restava o argumento do *uti possidetis*, que acabará por prevalecer. Sobre esse argumento ambas as Coroas podiam concordar, ainda quando divergissem em alguns pontos no tocante à aplicação, porque lhes dava o meio de conservar o adquirido, tanto ao oriente da Ásia como no ocidente do Brasil. Sucede, porém, que os ganhos de Portugal no ocidente do Brasil pareciam assumir proporções prodigiosas, e custava crer que esse resultado fosse apenas o feliz coroamento de uma sucessão mais ou menos desconexa de esforços anônimos que a diplomacia convalidou. Houve assim quem apelasse para explicações engenhosas que podem ter seu fascínio, mormente quando se revelam capazes de alimentar fervores nacionais precisados de combustível.

Como a solução finalmente adotada alargava o território brasileiro até o rio Paraguai e, transpondo-o em alguns pontos, violava por eles até os limites chamados naturais, recorreu-se a um desses raciocínios preguiçosos que tratam de reduzir a complexidade dos processos históricos a alguma fórmula simplificadora. Partindo da ideia de que toda criação tem por definição um criador, e de haver sido Portugal, aqui, o beneficiário principal das negociações, não é necessário muito esforço para achar-se o obreiro de tamanha obra. Segundo todas as aparências, antes mesmo de formulada a doutrina, o *uti possidetis* foi por assim dizer "provocado", durante um século e mais, pela ação do minucioso Conselho Ultramarino, que de longe, mas com mão certeira, guiara os passos dos sertanistas sobre os caminhos que atendiam ao interesse do Reino.[*]

---

[*] Como já foi mencionado na primeira nota da p. 35, aqui Sérgio Buarque de Holanda retoma uma antiga discussão havida com Jaime Cortesão, durante o início da década

Não é possível, em resumo rápido, expor e analisar os meandros de uma tal teoria, nem este é o lugar para fazê-lo. Baste-nos notar de passagem como, assim identificado o autor do portento, a demonstração de sua presciência miúda toma quase o aspecto das antigas provas da existência de Deus, onde as sutilezas dialéticas vinham envoltas constantemente numa santa auréola. Desse jeito a multiplicidade dos pequeninos incidentes históricos, não raro discrepantes entre si, passa a adquirir ampla moldura, como convém, e clareados de uma luz que parece vinda de cima, recebem a inteireza, a coerência interna, a inteligibilidade que antes lhes faltavam. E as certezas que acaba por infundir têm o cunho das verdades canônicas, fazendo-se, além disso, altamente contagiosas.

Se deveu o Brasil sua extensão atual e sua unidade a uma política de comprovada sabedoria, capaz de pesar o imponderável, calcular o incalculável, fabricando o futuro sob medida, a medida de seus próprios interesses, todo o mérito pelos resultados obtidos é atribuível à política de Lisboa, que, segundo essas especulações, já os tinha previsto e sempre pelejou por alcançá-los. Não será menor, todavia, o mérito dos que no Brasil se tornaram agentes, talvez involuntários, de tão insigne programa. Isto é: não sai diminuída a glória dos sertanistas se eventualmente trilharam, sem o perceber, caminhos já traçados do além-mar. Do mesmo modo as ações humanas não

---

de 1950, a respeito da colonização portuguesa na América. O historiador português defendia a hipótese de que o Conselho Ultramarino estimulava, mesmo indiretamente, as excursões dos bandeirantes. Sérgio Buarque, por sua vez, dizia que tal ideia era absurda, a começar pelo simples fato de que, ao entrarem no sertão, os bandeirantes desrespeitavam as ordens da Coroa portuguesa. A discussão entre os historiadores rendeu diversos artigos, e os de Sérgio Buarque de Holanda foram publicados no *Diário Carioca* e hoje estão disponíveis em "História e geopolítica" (pp. 183-8) e "Tentativa de mitologia" (pp. 211-5), em Marcos Costa (org.), *Sérgio Buarque de Holanda: Escritos coligidos* (São Paulo: Ed. Unesp; Fundação Perseu Abramo, 2011), v. 2: 1950-1979. Anteriormente, esses artigos haviam sido reunidos em *Tentativas de mitologia*, ainda em vida do autor (São Paulo: Perspectiva, 1979), pp. 61-84.

perdem sua dignidade se a vontade que as anima conflui com o querer de Deus, pois o contrário é o que parece certo.

Há mais: se uma tal interpretação pode lisonjear por igual à administração portuguesa e aos brasileiros, não deixa de satisfazer até a hispano-americanos, sobre os quais também se exerce toda a força de contágio de que é capaz. É que uma série de resultados felizes obtidos pela diplomacia portuguesa na América do Sul favoreceu frequentemente, entre esses povos, a crença numa singular habilidade e astúcia da política lusitana, que chegaria mesmo a ser seu traço distintivo em confronto com a castelhana. E a ideia de que, destituída esta das mesmas virtudes, ainda que não lhe faltassem outras, e mais sublimes, acabaria sistematicamente sacrificada em suas ambições naturais.

Não parece difícil mostrar o infundado dessa crença no caso, ao menos, das vantagens territoriais asseguradas à América portuguesa. É sabido como em 1529, cedendo às falsas razões dos que julgavam que as Molucas ficavam na demarcação de Castela, consentiu Lisboa em pagar o alto preço exigido para permanecer na posse tranquila das ditas ilhas, famosas pelas suas especiarias. O engano estaria longe de honrar a sagacidade dos diplomatas lusitanos, se não fosse levado à conta dos escassos conhecimentos geográficos que prevaleciam ou da ambição de ver ampliados os domínios ocidentais de sua Coroa – o Brasil – em detrimento dos orientais.

Mas não faltou quem o denunciasse, então ou pouco mais tarde, e no entanto haverá transgressão nova do tratado quando se instalarem os castelhanos nas Filipinas, também situadas na demarcação portuguesa. Ora, se essas infrações já eram tidas como tais no século XVI, com maiores motivos o serão quando se iniciarem as negociações do Tratado de Madri, que dará ao Brasil, aproximadamente, sua atual silhueta geográfica. Querer consertar o erro antigo não passava, agora, de um imperativo do bom senso. Nem a Espanha, quando finalmente aceita, em princípio, os argumentos lusitanos, terá mostrado uma obtusidade que tocaria as raias da estupidez,[1] nem precisa Portugal desenvolver uma habilidade fora do comum.

A comédia de erros parte do pressuposto de que seria possível destacar o continente americano de um contexto global onde as perdas e os lucros se distribuíssem mais equitativamente entre as duas Coroas ibéricas. Se, para usar de expressão consagrada, houve "recuo do meridiano" no Oriente, nada mais plausível do que pleitear outro recuo em favor dos que se achavam sacrificados pelo primeiro. Antes mesmo de celebrar-se o tratado de 1750 já se tinha como certo que, passando a linha de Tordesilhas por onde a punham os castelhanos, nas partes do Oriente, após a ocupação das Filipinas e Marianas, bem poderia Portugal reclamar para si quase toda a América do Sul.[2] E nem faltará entre castelhanos quem julgue procedentes as pretensões lusitanas no Novo Mundo.

Apesar de tudo isso, a teoria de que Portugal ardilosamente alcançou magníficos triunfos, sempre à custa da boa-fé castelhana, em uma série de tratados de limites, converteu-se para muitos em verdadeiro artigo de fé. E estranhamente ganhou forças mesmo do lado português essa tese, com o aparecimento de uma tentativa de mitologia destinada, segundo o seu criador, tão ilustre por outros títulos, a fornecer a boa explicação para o engrandecimento territorial do Brasil.

Considerando que, desde o século XVI, se encontra em numerosos mapas um grande lago interior da América do Sul, de onde manam dois braços correspondentes, respectivamente ao Amazonas e ao Prata, supunha Jaime Cortesão que essa figura, onde o Brasil assume o aspecto de uma ilha, não é atribuível a simples fantasia dos cartógrafos. Em parte, ao menos, apoia-se ela na realidade, já que o lago central, identificado frequentemente com o Xaraies, representa o Pantanal mato-grossense, e um braço dele é o rio Paraguai, que através do Prata derrama suas águas no oceano. Mas o importante está em que a "ilha Brasil"* constitui, de fato, um mito expansionista, que ganha realidade através da íntima cooperação da metrópole com os colonos, de lusos com luso-brasileiros. Esses, sem deixar às vezes de mostrar uma astúcia maquiavélica, tratariam de preencher, através de sucessivas penetrações, todo o espaço insular definido nos mapas.[3] Haveria uma objeção a opor a essa tese, resultante de aparecer a "ilha Brasil" também em mapas holandeses, alemães e italianos. O historiador elude a dificuldade alegando que essa figura, sem dúvida, provém de algum protótipo lusitano hoje perdido.

Não é difícil imaginar como essa mitologia se presta a deitar água no moinho dos que procuram ver tão somente na decantada capacidade e astúcia portuguesas as origens da expansão geográfica do Brasil. Ela pode mesmo substituir com vantagem a velha ideia de que ao tino de Alexandre de Gusmão, ministro do Conselho Ultramarino e secretário d'el-rei, se deve o bom êxito aparente de Portugal nas discussões preliminares do Tratado de Madri. Segundo essa ideia, o tratado visaria sobretudo a sancionar a obra dos bandeirantes, paulistas como o próprio Gusmão, que nasceu na vila de Santos.

Transformada em verdade inconcussa, a teoria de que o engrandecimento territorial do Brasil pôde impor-se pela sinuosidade excepcional dos políticos de Lisboa tem servido, principalmente entre autores hispano-americanos, para mostrar como ela não dependeu, senão excepcionalmente, de virtudes guerreiras superiores. E a partir de semelhante teoria chega-se a uma explicação natural para a habilidade a toda prova que, mesmo depois da Independência, distinguiria os homens públicos da antiga América portuguesa. Herdeiro da diplomacia lusitana que ao pequenino reino europeu teria

---

* Há aqui a sequência da discussão com Jaime Cortesão, já mencionada. O assunto da "ilha Brasil" fora discutido pelo autor em *Visão do Paraíso*, ao relacionar o mito do Éden com a geografia ibérica, que via a América do Sul cercada pelo rio Amazonas e pelo Prata. Cf. Sérgio Buarque de Holanda, *Visão do Paraíso* (São Paulo: Companhia das Letras, 2010), pp. 44-7.

permitido, na longa luta entre as metrópoles ibéricas, vencer reiteradamente o seu vizinho mais poderoso e lançar os cimentos da grandeza do Império sul-americano, passará este, por sua vez, a valer-se de iguais processos, cuja sabedoria ficará comprovada no curso dos séculos.

Essa crença, que chegou a cristalizar-se num verdadeiro estereótipo, tem, contudo, seu complemento necessário ou a contraparte, que a faz aceitável até e principalmente para os que não dissimulam o seu desamor ao vizinho maior. E vem a consistir, essa contraparte, na ideia da incapacidade e do valor escasso dos homens de armas brasileiros. Desse ponto de vista parecerá fora de discussão que, se o Brasil chegou a ganhar algum prestígio no continente, não o deveu aos seus militares, deveu-o sim, e acima de tudo, aos seus políticos. O mérito destes explicaria por si só o ter conservado o país por tanto tempo uma organização predominantemente civilista, o sujeitar-se antes à beca do que à farda, adquirindo afinal um grau de estabilidade que o militarismo contumaz não deixou germinar entre os descendentes de castelhanos.

Com isso também se explica o evitarem aqueles políticos, na medida do possível, as guerras externas onde pudesse quebrantar-se a reputação do país, como já se tinha experimentado em Sarandi, por exemplo, ou em Ituzaingo. Não que a ideia de guerra andasse de todo ausente dos cálculos dos estadistas do Império. Mas existia só como *ultima ratio*. Pois à falta de corporação castrense valorosa, sabiam como supri-la recorrendo a uma direção civil enérgica, e disso tinham perfeita consciência.[4]

Uma vez admitida a inépcia dos homens de arma do Brasil, não custaria conceder em troca, e de bom grado, alta capacidade e habilidade aos verdadeiros responsáveis pelos destinos do país. Para povos tão briosos e ao extremo ciosos do pundonor nacional, ficará sendo a sua, de qualquer modo, a parte mais dignificante, pois mais gloriosos são os triunfos conquistados com a espada do que as vitórias arrancadas pela astúcia.

De um lado fica a bravura pessoal, que é virtude de heróis, de outro, simplesmente a solércia que, segundo provecta convenção, pode constituir atributo feminino mais do que varonil. Em uma das suas notas à tradução do livro de Schneider sobre a guerra do Paraguai, observou Paranhos como o descrédito que pesava sobre os militares brasileiros, sobretudo no Rio da Prata, se achava tão geralmente arraigado que de pouco servia o querer abalar semelhante convicção invocando episódios históricos que mostrassem o infundado dela, ou apelando para testemunhos menos suspeitos de estrangeiros, como o italiano Garibaldi.[5] Na melhor hipótese se admitiria a existência de brilhantes exceções individuais que não desmentem uma regra genérica, ou então que os exemplos apontados atestam apenas glórias já extintas que não se repetiam nos dias presentes.

Glosando, ao que parece, a passagem onde o futuro barão do Rio Branco evocava essas glórias passadas no intuito de rebater a opinião tão desprimorosa para os militares brasileiros, que, endêmica no Prata, se aguçara com a publicação do panfleto de Alberdi sobre a guerra da Tríplice Aliança, onde Mitre e Buenos Aires são apresentados como servos dos interesses imperiais, um autor paraguaio de nossos dias bate ainda na mesma tecla. Embora aceite expressamente o mito da "ilha Brasil" de Cortesão ao querer mostrar como os lusos e luso-brasileiros se teriam sorrateiramente apropriado de terras que em Tordesilhas se adjudicaram a Castela, o mesmo historiador também aborda aquelas antigas glórias de que falara Paranhos, para acrescentar que "desde os dias heroicos das bandeiras e das guerras contra franceses, holandeses e espanhóis, muito parecia ter decaído o espírito marcial no Brasil, ou pelo menos tal era o conceito dominante no Rio da Prata".[6] Não bastaria esse modo de ver para explicar a expansão brasileira no sertão ocidental, dado que ela se verificou precisamente naqueles "dias heroicos"?

No entanto, para que fosse válida a explicação seria preci-

III

A CONQUISTA
DO EXTREMO
OESTE

.

so que os invasores tivessem encontrado bem defendidas ali, pelos castelhanos ou paraguaios, as partes que passaram depois delas a ocupar. Se em outros lugares deveram os luso-brasileiros enfrentar nos campos de batalha o estrangeiro cobiçoso de suas terras, naqueles sertões a única oposição que encontraram verdadeiramente digna desse nome viera-lhes de hordas indígenas tais como os paiaguás. Para não dizer que houve aqui uma regra sem exceção, pode invocar-se, é certo, o caso do ataque de 1777 à praça do Iguatemi, fundada dez anos antes por determinação do governo português. Convém não esquecer, porém, o estado de abandono a que em 1777 se achava relegado o presídio, cuja conservação o novo geral da capitania de São Paulo reputava inconveniente, por inútil, dispendiosa e pestífera. Com efeito, o que ali encontraram os atacantes castelhanos foi apenas um punhado de moradores e soldados famintos, meio dizimados pelas febres e destituídos de munições para uma defesa eficaz do lugar.

Não há assim exagero em pretender que, de modo geral, houve em diversas áreas hoje compreendidas no sul do estado de Mato Grosso um retraimento evidente dos seus antigos ocupantes castelhanos em face dos novos, luso-brasileiros, e para começar em face dos mamelucos de São Paulo. Não parece ter pensado diversamente, há mais de dois séculos, o capitão Juan Francisco de Aguirre, que, para o desempenho dos trabalhos de demarcação dos limites das terras da Coroa espanhola na América do Sul, não se cansou de examinar criteriosamente o material histórico disponível. A seu ver, o abandono pelos espanhóis das posições que já ocupavam, tanto no Guairá como em Xerez, resultou, não de seu pouco valor, mas de sua pouca vontade de lutar.

A propósito das devastações feitas pelos bandeirantes durante a primeira metade do século XVII, um dos pontos que necessariamente deveriam chamar sua atenção foi o da suposta cumplicidade do governador d. Luís de Céspedes Xeria, do Paraguai, com os "portugueses" responsáveis por elas. Não vai Aguirre ao extremo de isentar essa autoridade das culpas que lhe assacavam os jesuítas, mas também não endossa cegamente as denúncias que lhe eram dirigidas. Prefere suspender prudentemente seu juízo, por não lhe parecerem de todo convincentes as razões dos padres. Tudo, a seu ver, leva a acreditar que se os guairenhos, em particular, abandonaram suas terras, recolhendo-se a Assunção, assim o fizeram simplesmente porque o queriam. Forças para se defenderem não lhes faltavam, pois constava que dispunham de trezentos homens de armas, sem contar os índios, e mais não era preciso para impedir que os desalojassem os mamelucos.[7] Não lhe parece digna de crédito a desculpa dada então por muitos desses espanhóis guairenhos, de que os paulistas lhes eram superiores, estando bem armados e eles pouco.

Não deixa mesmo de sugerir que haveria boa inteligência entre os guairenhos e os "portugueses". A alegação que não deixa de aparecer aqui e ali nos próprios relatos dos jesuítas é reforçada no seu entender pela divisão que faziam entre si das presas. Os espanhóis que deixaram o Guairá não tinham outro pensamento senão o de se irem daquelas terras e procurarem melhor vida. Essa, observa, foi a bem dizer a causa do êxodo, e os assaltos dos paulistas apenas o pretexto desejado. A insinuação de que estariam os guairenhos, abertamente ou não, combinados com os invasores lembra aliás a suspeita aventada por um escritor paraguaio, de "uma aliança secreta entre Assunção e São Paulo para a destruição do poderio jesuítico".[8] Aguirre não vai a tanto. Apenas admite que Assunção encarava com indiferença o abandono das terras já povoadas e nem deu qualquer passo para as defender da fúria lusitana.

Se essa indiferença era de lamentar no caso do Guairá, tornara-se imperdoável no tocante a Xerez. Só depois de descobertas as riquezas minerais do Cuiabá e do Mato Grosso, que caíram em mãos de portugueses, puderam os assuncenhos reconhecer os prejuízos irreparáveis que vieram a sofrer por não reconhecerem em tempo a importância daquele estabelecimento, situado junto ao Mbotetei, que os mamelucos puderam impunemente destruir em 1632. Além de renunciarem descuidosos a esse estabelecimento, por só pensarem na hora presente e não encararem o futuro, tinham deixado que ele definhasse cada vez mais em suas mãos. Tanto que Xerez, não podendo por si só vencer as dificuldades opostas a sua manutenção "se teria perdido, mesmo que a não arruinassem os portugueses".[9] Ao Paraguai, acrescenta Aguirre, em seu valioso diário, já custava muito trabalho o ter de sustentar-se, quando abandonado às próprias forças. Mais tarde achou-se dilacerado pelas amarguras domésticas, de modo que seus filhos, entregues à comodidade dos bens rurais, não tinham outro anelo que não fosse o da própria conservação, olvidando qualquer outro plano e perdendo toda atividade.

Esse quadro pessimista destoa vivamente do que nos fornece um historiador moderno, que se compraz em alinhar os casos em que, ao longo dos séculos, a expansão paraguaia requereu a generosa abnegação e o "heroísmo constante e sempre alerta" dos naturais do país e principalmente de Assunção. Em suma, escreve, "no decurso de três séculos e meio, o esforço assuncenho deu origem a mais de setenta povoados, sem contar os jesuíticos, e mais de trinta fortes e presídios, que se disseminaram desde a embocadura do Prata até às remotas beiradas do Guapai".[10] Como, no dizer do mesmo historiador, se apagavam sem eco na Corte distante os continuados clamores do cabildo de Assunção ante o desamparo a que a metrópole europeia deixava a província, restava pensar que tamanhos sacrifícios, tão acendrado heroísmo, seriam ainda incomensuráveis com o esforço necessário para a sustentação de algumas províncias ou para a recuperação do perdido. Ou então que as escassas vantagens oferecidas por essas conquistas, ameaçadas e frustradas pela cobiça estrangeira, não pareciam, como o sugere Aguirre, pagar o preço do esforço.

Mal mereceriam, aliás, esse nome de conquistas, os estabelecimentos isolados e de rala população que marcavam, nas partes do ocidente e do norte, a área efetivamente ocupada pela antiga província do Paraguai. O dinamismo a toda prova que revelara Assunção logo depois de fundada, só comparável ao que distinguirá mais tarde a vila de São Paulo, e que se exprimia em seu extraordinário ímpeto expansivo, deveria ser aproveitado em outras atividades, se é que não padeceu esmorecimento com a divisão em 1617 da antiga província, que a desfalcou do Rio da Prata, agora um governo separado, com sua sede em Buenos Aires.

Mas essa separação que, ao menos administrativamente, significava uma obstrução dos caminhos do sul criava à primeira vista condições favoráveis à canalização do ímpeto expansionista nas direções do leste e do norte, já que, do lado do oeste, a ocupação duradoura do Chaco encontrava notórios obstáculos. No entanto é justamente nessas partes de norte e leste, em Xerez e no Guairá, que se verifica um refluxo considerável: uma década e pouco mais depois daquela separação, começam a ser ali abandonadas as posições antes firmadas frente à avalanche mameluca.

Se é certo, como querem alguns modernos historiadores paraguaios, em contraste com o velho parecer de Aguirre, que o velho dinamismo assuncenho, a atividade dos "mancebos da terra", não sofreu mortal colapso depois da amputação que lhe cortava o acesso ao mar, tudo faz presumir que enveredasse ele agora sobre os rumos antes desdenhados, justamente pelos embaraços neles oferecidos. De outro modo é inexplicável obstinação, assinalada por alguns daqueles historiadores, com que pelejaram os de Assunção, e cada vez mais, por afirmar sua presença justamente na banda ocidental do rio Paraguai. Um deles, J. Natalicio Gonzales, enumera, já para o século XVI, 32 expedições assuncenhas que penetraram o Chaco. O século seguinte, em que se deu a subdivisão em dois governos, não foi marcado por um arrefecimento, ao contrário, dessas tentativas, pois assistiu a 37 penetrações naquelas áreas inóspitas, ao passo que no século XVIII e na primeira década do XIX subiria a 46 o total.[11] Embora nessa simples enumeração se eliminem quaisquer particularidades, nivelando-se os movimentos de maior com os de ínfimo alcance ou consistência, para deixar falar apenas a eloquência das cifras assim descarnadas, servirá ela ao menos para mostrar uma demanda obstinada.

Explicaria tal demanda as prudências, as renúncias, as inércias a que em outras partes cedeu a antiga exuberância assuncenha? Se não, seria forçoso admitir que, já sem meios para livremente atuar sobre áreas mais remotas, a sociedade hispano-guaranítica volta-se agora sobre si mesma, entregue às granjearias que lhe dão subsistência ou à doce fruição do "paraíso de Mafoma". E que à amputação pacífica e política, ainda que relutantemente consentida, de 1617, pela qual foi privada do acesso ao mar e ao Prata, era inelutável que outras se seguissem, torrenciais como intempéries, arrebatando-lhe definitivamente as terras do oriente, no Guairá, e de todo o norte, que ainda estava por explorar e melhor conhecer.

No entanto esta expansão para o norte, que especialmente interessa ao presente estudo, parecera sugerida já na *capitulación* de d. Pedro de Mendoza, o primeiro *adelantado* e fundador da primeira Buenos Aires. Compreendia, de fato, o território confiado a Mendoza, as áreas banhadas, com seus afluentes, pelo rio Paraguai, que então e ainda por longo tempo é sinônimo de rio da Prata. E à vista de certo documento quinhentista de difícil inteligência, não falta quem ouse interpretação mais atrevida, agregando ao mesmo território todo o espaço interior compreendido entre a linha demarcadora, expressamente mencionada na *capitulación*, e as lindes orientais dos governos de Almagro e de Pizarro, até ir entestar com a Guiana ou Nova Andaluzia. Resulta de semelhante teoria que o Paraguai de Mendoza abraçava em toda a sua extensão o Brasil português:[12] nem tanto era preciso para justificar o título que lhe deram de "Provincia Gigante de Yndias".

Não cabe discutir aqui sobre se é plausível tirarem-se deduções tão impressionantes de dados tão imprecisos,[13] já que não é, de meridiana clareza, a real provisão de 1536, passada em nome de Carlos v em benefício de Juan de Samaño, principal argumento em que se ampara a crença de que a "província gigante" ia ter no Amazonas. Além disso, em 1536, e menos ainda em 1534, o ano da *capitulación* de Mendoza, dizer que era conhecido, mesmo superficialmente, o vastíssimo espaço atribuído por historiadores de hoje ao território sob o governo do *adelantado* já é dizer muito. Nem castelhanos nem lusitanos tinham ideia segura dos lugares por onde deveria passar a raia de Tordesilhas, nada de preciso se sabia quanto aos extremos a que chegavam a leste da cordilheira as jurisdições de Almagro e Pizarro, e o próprio curso do Amazonas permanecia uma incógnita.

Escrevendo meio século depois, ou seja, por volta de 1585, quando anda no Peru, poderá dizer Acosta que, apesar de perfeitamente conhecida toda a orla marítima do continente sul-americano, nada se sabia ainda de sua maior parte, isto é, a que corre entre o Peru e o Brasil, e reinavam a respeito as mais desvairadas opiniões, dos que pretendem "ser toda aquela terra encharcadiça, cheia de lagoas e pântanos, e de outros que sustentam haver por ali grandes reinos e floridos, fabricando então o Paititi, o Dourado, o país dos Césares, onde se achariam maravilhosas coisas".[14] Precisando melhor, observa logo adiante que ainda estava "oculta a habitação da América, salvo nas extremidades, onde se adelgaça na terra a que chamam Rio da Prata, depois Tucumã, e dá volta para Chile e Charcas". Finaliza referindo-se a certas cartas e a uma relação mandadas de Santa Cruz de la Sierra, de onde constava que se iam achando grandes províncias entre o Peru e o Brasil. "Isto descobrirá o tempo", ajunta.

Alguma coisa já se descobrira, é certo, mas nada que autorizasse esperanças grandiosas. Descobrira-se por exemplo que, navegando o Paraguai desde Assunção ao arrepio das águas, e infletindo, em dado momento, para oeste, podia-se chegar ao sopé das montanhas onde jazia a "terra rica", meta constante da generalidade dos exploradores. E também que esse caminho, cheio de banhados, brejos, lagoas e matos esquálidos, era povoado de povos indômitos que embaraçaram muitas vezes a passagem do caminhante; que nenhuma notícia havia ali de ouro ou prata, a não ser nas amostras que sobre si traziam alguns índios à guisa de ornato, procedentes, diziam, do misterioso povo dos carcarás, logo identificado com os quéchuas peruanos. De sorte que os expedicionários procuravam invariavelmente, à beira-rio, os lugares de onde saíssem as melhores vias para aquelas opulências, e os pontos de torção para oeste, dois ou três – um dos mais em vista ficava à altura do morro grande que se chamou e ainda se chama do Pão de Açúcar –, passaram a receber nomes sonoros, como Candelária, São Fernando, Porto dos Reis.

Nufrio de Chavez, um desses expedicionários, saiu com homens de guerra, cavalos, armas, munições, em doze barcas movidas a vela e remo, além de canoas e balsas, levando expressa determinação de Irala para fazer povoação no Xaraies, que alguns mapas situavam junto à boca do Porrudos, o São Lourenço de hoje,[15] e podia corresponder aproximadamente à atual ilha do Cará-Cará, ao sul do pantanal de Xaraies, dele separado pelo cotovelo que forma ali o Paraguai. Mas acaba desobedecendo, no entanto, às ordens havidas. Com pesar de boa parte dos companheiros e ainda mais dos de Assunção, vai agora formar rancho à parte. Ruma para a aba da cordilheira onde, em princípio de 1561, funda a cidade de Santa Cruz de la Sierra. Dessa forma, a Província Gigante sofre a primeira das suas muitas mutilações.

Ao Xaraies e ao norte deste tinha ido muito antes o capitão Hernando de Ribera, que o *adelantado* Alvar Nuñez Cabeza de Vaca expediu em 1543 do Puerto de Reyes no bergantim *El Golondrino* a descobrir aquelas terras. Ribera, por sua vez, também deixara de cumprir as instruções, porque depois de chegar ao Xaraies aventurou-se muito além, indo ter, segundo se presume com bons fundamentos, à altura, ou quase, do 15º paralelo. Nenhuma expedição paraguaia, em verdade, chegou tão longe então ou depois nas partes do norte. De volta ainda pôde dar notícia do rio Maranhão e do país das Amazonas, onde teria tentado ir se não se intrometessem muitas águas no caminho, impedindo o acesso. As informações que deu são confirmadas, entre outros, pelo alemão Ulrich Schmidel e pelo português Antônio Rodrigues, que foram na expedição.[16] Mas é preciso notar que, já então, notícias frescas do Amazonas, que Orellana acabara de navegar pela primeira vez em toda a extensão, tinham alargado os conhecimentos geográficos sobre aquelas partes, permitindo localizar agora o rio na direção apontada pela gente de Ribera independentemente dos discursos dos índios.

Em Assunção, o relato da expedição foi ditado pelo seu chefe ao escrivão Pero Hernandez perante testemunhas idôneas, "com toda clareza, fidelidade e lealdade, sem engano, fraude, nem cautela", segundo a fórmula notarial. Isso a 3 de março de 1545. O interesse logo despertado pela narrativa fazia esperar que outras se seguiriam a essa jornada preliminar, a menos que sobreviesse algum imprevisto, comparável ao das muitas águas que não deixaram Hernando de Ribera e seus companheiros alcançar o país das Amazonas. Imprevistos não faltariam, como o da sedição que depôs, embarcando-o para a Europa, o *adelantado* Cabeza de Vaca, a fermentação entre os parciais deste contra o governo de Irala, e o levante guarani que o ameaçou. O maior, porém, e que de muito excede a todas as expectativas, não irá demorar: no mesmo ano de 1545, em que Ribera dita o relato de sua jornada, um índio descobre por acaso a "veia rica" de Potosí. O alvoroço com que se divulga o achado já não dá lugar a outros pensamentos e cuidados. É fácil supor como a riqueza certa que se desvenda entre as serras do Oeste deva falar alto, mais alto que os sonhos amazônicos, à audaz imaginação dos "mancebos da terra", em

Assunção, levando-os a esquecer as vagas promessas do norte remoto.

Se algum dia existiu realmente, não se desvanecerá de imediato a ideia daquele Paraguai disforme e corpulento, que deveria acompanhar com vigilante severidade a raia de Tordesilhas, abarcando mais de meio continente. A capitulação do quarto *adelantado* do Rio da Prata, Juan Ortiz de Zarate, tomada em 1569, confirma-lhe os limites atribuídos aos seus antecessores, Mendoza, Cabeza de Vaca e Irala, e acrescenta: "[...] sin prejuicio de las otras gobernaciones que tenemos dadas a los capitanes Serpa y Silva". Acontece que as terras adjudicadas respectivamente aos capitães Diego Fernandez de Serpa e Pedro Malaver de Silva corresponderiam aproximadamente às atuais Guianas e à Venezuela e isto vem em apoio da teoria de que o Paraguai – oficialmente a denominação "Provincia do Paraguai" data do governo de Irala – se estenderia então até a Amazônia. Observou um historiador[17] que sofre ele agora nova amputação, a segunda depois da perda de Santa Cruz de la Sierra e contornos, se é certo que antes deveria tocar a equinocial, ao norte do rio Amazonas. Como as áreas confiadas a Serpa e Silva alcançavam o paralelo 6º 20' de latitude sul, à "província gigante" retirava-se, assim, a posse que lhe cabia do rio-mar, situado além de suas lindes primitivas.

Seja como for, há de apagar-se com o tempo a maior parte das áreas eventualmente atribuídas à antiga *gobernación de Mendoza*. Para não dizer que as apagou de todo, bastará considerar alguns mapas jesuíticos onde se preserva uma lembrança dela, bem mais discreta, sem dúvida, mas que alguns historiadores paraguaios se comprazem até hoje em evocar.[18] Nessa cartografia, a caprichosa dilatação das terras parece querer servir para engrandecer em iguais proporções os *Gesta Dei per Paraquarios* de que se fizeram obreiros os insignes missionários. No entanto, a terra mais geralmente beneficiada pelo desvelo da fantasia inflacionária dos cartógrafos é o Peru, não é o Paraguai. Um modelo particularmente decorativo desse gigantismo manifesta-se na carta composta em 1595 por Jacob Floris van Langeren, de Amsterdã, por alguns chamado Arnoldus Florentinus em virtude de um dos prenomes, não da naturalidade. Nesse exemplar vê-se como a fulva "terra Peruviana", fulva porque pintada dessa cor, se não abrange todo o continente, mal deixa espaço para os vizinhos pobres, e os vizinhos pobres chamam-se Chile, Brasilia e Castilla del Oro.[19] Precisamente um século antes também é o Peru que surge absorvendo praticamente toda a América do Sul num mapa de Pedro de Medina.[20] Note-se que, concluído no ano em que se descobria a prata do Potosí, quando ainda não chegara ou mal chegara à Europa notícia do precioso achado, dificilmente estaria esse mapa no caso dos que sofreram para tanto o seu magnificente influxo.

Nem os escritores e cartógrafos portugueses pareceram imunes a essa parcialidade. Assim é que no *Livro que dá rezão do Estado do Brasil*, redigido por volta de 1616, segundo se supõe, pelo sargento-mor Diogo de Campos Moreno, com atlas de João Teixeira Albernás I, cosmógrafo de Sua Majestade, não é esse estado senão a "parte Oriental do Perú", conforme se lê já às primeiras linhas.[21] Antes tinha sido, aliás, "terra continuata con el Perú" para João Batista Gésio, se bem que a continuação se fizesse através do rio da Prata (rio Paraguai?), Dourado e uns poucos mais lugares.[22] Ainda em 1640, no mapa do português Alonso Peres, o absorvente vice-reinado toma conta de quase toda a América do Sul, deixando escassa margem para o vizinho oriental.[23] E não custa lembrar que o ano de 1648 além de ser o da separação do reino lusitano, que se desliga dos domínios da Casa d'Áustria, corresponde ao declínio da produção argentífera do alto Peru, iniciado de fato um quinquênio antes.

O pouco preço aparente da terra de Santa Cruz, comparada ao Peru, tinha antecedentes longínquos, dos tempos em que a suposta carência nela de minas e especiarias valiosas, já sugerida por Vespúcio, e quase pelo escrivão Caminha, a tinha relegado a plano secundário entre as dependências da Coroa de Portugal. Esse pouco preço e préstimo também parece refletir-se ocasionalmente na cartografia do tempo. No mapa-múndi de Diogo Ribeiro, composto em 1529, onde, antes da terceira viagem de Pizarro, e a mais importante, porque é a da conquista, já há referenciais a ouro e prata na inscrição correspondente ao Peru, a América portuguesa se equipara, quando muito, às partes mais pobres do continente, como a "terra dos Bacalhaus" no extremo norte, e a dos patagões no extremo sul, pois nela, diz o cosmógrafo, não se tem achado coisa de proveito, mais do que o pau-brasil.

Bem mais estimável lhe parecera sem dúvida o rio de Solis, onde existiria ouro e prata terra adentro.[24] A fama dessas riquezas minerais no sertão do mesmo rio, que se chamará da Prata, reboara cedo, aliás, em Portugal, para onde a levou a expedição organizada, entre outros, por d. Nuno Manuel e Cristóvão de Haro, depois de visitar o estuário pelo ano de 1514.[25] Consta mesmo que o capitão de um dos barcos levou do mesmo rio um machado de prata e tinha tenção de fazer dele entrega a el-rei d. Manuel. Cresceria a fama com as informações divulgadas por alguns náufragos da armada de Solis, que, tendo saído à procura de uma comunicação ou canal entre os dois oceanos, foi traiçoeiramente morto pelos índios do estuário.

O que vai dar mais corpo às informações é a jornada notável de Aleixo Garcia,* um dos náufragos, que depois de alcançar os contrafortes andinos, viajando por terra, também foi morto pelos índios, quando voltava carregado de ouro e prata a encontrar-se com os companheiros na costa de Santa Cata-

---

* Neste ponto, o autor retoma um de seus primeiros estudos sobre a expansão paulista, datados de 1948, nos quais falou sobre a jornada de Aleixo Garcia. Cf. "Expansão paulista em fins do século XVI e princípio do século XVII". Parte essencial deste trabalho foi incluída em *Visão do Paraíso*, no capítulo 4, "O outro Peru".

rina.* Mas a notícia da aventura de Garcia, personagem que até entre os guaranis do Paraguai ganha uma auréola de mito sob o nome que lhe dão de Maratiá,[26] não tivera tempo ainda de chegar ao Velho Mundo – onde só chegará a partir de 1530, com Caboto ou Diego Garcia de Moguer –, e Gil Vicente já punha, por coincidência, na boca de um dos fidalgos da *Farsa dos almocreves*, escrita em 1526,** um dito que parece apontar para os tesouros fabulosos escondidos em regiões que, orlando embora terras lusitanas, não chegam a comunicar-lhe seu resplendor mágico:

> [...] porque o mundo namorado
> he la senhor outro mundo
> que estaa alem do Brasil.[27]

E uma vez assente que pelo Rio da Prata, ou Santa Catarina, e ainda mais ao norte, era possível atingirem-se aquelas opulências já lendárias, vão naturalmente aguçar-se as dúvidas que existiam entre Portugal e Castela em torno da posse de toda a área.

É significativo que um dos antigos companheiros de Garcia, português como ele, chamado Henrique Montes, que do

---

* A história da viagem de Aleixo Garcia ocupou o historiador em outros textos. O primeiro é de 1948, quando Sérgio Buarque de Holanda era diretor do Museu Paulista, e foi apresentado no Seminário de Estudo das Fontes Primárias para a História de São Paulo no Século XVI, organizado pela Faculdade de Ciências Econômicas e Administrativas da USP. A fala de Sérgio Buarque, intitulada "Expansão paulista em fins do século XVI e princípio do século XVII", foi publicada em separata pela própria faculdade. Em "Piratininga 1532-1560", publicado na *Folha da Manhã*, em 1954, Sérgio Buarque também tratou da viagem de Aleixo Garcia. O tema reaparece, desenvolvido, em *Visão do Paraíso* (1959). Cf. "Expansão paulista em fins do século XVI e princípio do século XVII". São Paulo: Publicações do Instituto de Administração, 1948, n. 29. Cf. "Piratininga 1532-1560", in Marcos Costa (org.), *Sérgio Buarque de Holanda: Escritos coligidos*, op. cit., v. 2, pp. 239-49. Cf. também *Visão do Paraíso*, op. cit., pp. 127-31.

** A mesma citação de Gil Vicente aparece transcrita em *Visão do Paraíso*, op. cit., p. 168, o que evidencia, mais uma vez, uma das principais características de Sérgio Buarque de Holanda: voltar constantemente a seus textos e anotações.

litoral catarinense, onde ficara, teve larga notícia e talvez algans despojos preciosos de sua jornada, voltará de novo ao Brasil, dessa vez em companhia de Martim Afonso de Souza, a quem deve servir de língua e guia. E foi ele provavelmente um dos inspiradores da entrada de Pero Lobo, que em 1531 partiu de Cananeia com oitenta homens para a captura de riquezas, enquanto o próprio capitão vai ao Rio da Prata e manda colocar ali padrões de posse da Coroa lusitana. Voltando dessa viagem, desengana-se enfim Martim Afonso das esperanças postas naquela entrada, cujos componentes foram mortos, como Garcia, perto do salto grande do Paraná. Em fins de 1533 está de novo em Portugal.

Agora é Castela que se prepara para mandar outra armada ao rio de Solis, e os preparativos inquietam Lisboa. O representante do imperador, Luís Sarmiento, escreve-lhe que também se cuidava de mandar de Portugal uma armada àquelas partes, levando de setenta a cem cavaleiros e até mil peões. Tendo tocado no caso perante d. João III, afiançou-lhe Sua Alteza que tudo se destinava às capitanias ultimamente criadas no Brasil, e que nem consentiria se fizesse qualquer coisa em prejuízo dos direitos de Sua Majestade. Mas ao mesmo tempo se mostrou muito surpreso ante as notícias de uma expedição que se preparava em Sevilha a fim de ir ao Rio da Prata, "que era de su demarcación y que se habia primero descubierto por un portugués".[28] Não partirá a armada portuguesa, mas no mesmo ano embarca d. Pedro de Mendoza em Sevilha com o intento de ir ocupar e povoar o Rio da Prata. As desgraças e doenças de que padeceu não o deixariam alongar-se no cumprimento da missão: morre em alto-mar menos de dois anos depois e já de torna-viagem à Espanha. O seu lugar, que ficara vago, toma-o Alvar Nuñez Cabeza de Vaca, segundo *adelantado*, o qual refaz, por sinal, a derrota de Aleixo Garcia entre Santa Catarina e o Paraguai.

Não é demais situar numa constelação única esses diferentes episódios, que em rápida sequência se sucedem, e marcam através de uma década inteira a disputa travada pelas duas monarquias ibéricas em torno do senhorio de um mundo ignorado, que a fácil imaginação de navegantes e aventureiros tinha pontilhado de reverberações: costa do Ouro e da Prata, serra da Prata, rio da Prata, rei Branco... O pleito, encoberto, mal encoberto, pelas cortesias diplomáticas e pelo comedimento próprio de duas casas reinantes intimamente aparentadas, tem como pano de fundo essa geografia nem sempre fantástica, aliás, que se vai depurando em sucessivas explorações. De começo o alvo dominante ainda é o estuário de onde um navegante português levou a acha de prata que devia entregar ao seu rei. Depois, os cobiçados tesouros se transferem aos poucos para um vago sertão do Rio da Prata. A jornada de Garcia sugere, em seguida, que não é o estuário a única porta de entrada para aqueles tesouros. Agora começam as expedições de Pizarro a provocar novas precisões ou interrogações. Não era fábula o que se contava daquele império dos incas, e só isso bastaria para fortificar nos corações a crença de que ficções aparentes como a do rei Branco, por exemplo, ou a dos Césares, estivessem a ponto de realizar-se.

Na carta a Carlos v, onde deu conta dos desígnios portugueses e do que lhe disse o sereníssimo rei, tinha manifestado Sarmiento seu próprio pensamento quanto ao alcance de tais desígnios e chegara a mencionar expressamente a conquista de Pizarro. Dissera a verdade d. João, quando pretendeu que, instituindo no Brasil as capitanias, quisera mandar ali gente que nelas fosse pacificamente povoar. O que não dissera, porém, Sua Alteza, e não era menos certo, resultava do que ele próprio Sarmiento pôde entender depois de auscultar as mais abalizadas opiniões em Lisboa, a saber, que além dessa gente morigerada e ordeira, também se mandariam muitos homens em pé de guerra, e estes só tinham uma coisa em mente: ir entrando terra adentro até chegar ao Peru. Abertamente corria em Lisboa que nenhum resultado positivo se obtivera a respeito da demarcação, nem se pudera apurar quais as partes que cabiam de direito a Castela e quais a Portugal: assim sendo, ganharia mais, evidentemente, quem mais achasse e mais tomasse para si. De tudo concluía Sarmiento a conveniência para o serviço de Sua Majestade e bem de seu reino de sair o mais depressa possível de Sevilha a armada de d. Pedro de Mendoza. Pois tinha suas razões para acreditar que, despachada ela, ficava encerrado o caso em Portugal, nem se acabaria de armar a frota que a toda pressa se ia armando e cuja partida era prevista para dentro de dois meses.

Verdadeiras ou não essas notícias, o certo é que abortou, momentaneamente ao menos, o plano português de fazer alongarem-se na direção do Rio da Prata os senhorios da sua Coroa, cedendo lugar ao intento de bem assegurar posições já firmadas na costa do Brasil e dilatá-las sobre outras menos sujeitas a controvérsias. Não será talvez ocioso invocar aqui os sucessos dinásticos que, no intervalo, teriam servido para desatar, reatar, e de novo desfazer laços existentes entre as duas casas reais.

Por outro lado, o pensamento de alargar-se a conquista portuguesa até o velho império dos incas, se é que algum dia chegara a ser contemplado seriamente, poderia ser levado à conta do escasso conhecimento e da insegurança que prevaleciam acerca da distância real que ia da costa do Brasil até a contracosta peruana. Isso é tão possível que ainda em 1580 haverá quem cuide que o Peru ou alguma das suas partes ficava a apenas doze dias de viagem do porto de Santos, por terra e água.[29] E quase vinte anos depois fala-se num rio que corria onde fica hoje o estado de Minas Gerais, e que teria sua nascente no rico Potosí.[30] Para qualquer perspectiva histórica satisfatória nesse particular, é mister ter sempre presente essa insegurança ou ignorância, pois se evitará assim o querer medir conjecturas de ontem segundo certezas de hoje.[*]

---

[*] Como já dito, é evidente a relação entre *O Extremo Oeste*, *Raízes do Brasil*, *Monções* e *Caminhos e fronteiras*. Nesta parte, nota-se a proximidade com *Visão do Paraíso*.

Seja como for, parece difícil imaginar a Coroa portuguesa insensível aos sucessos magníficos que, desde os dias de Pizarro, vão coroando a ação de Castela no Peru. Ao menos em um sentido parece ter influído essa ação sobre a política ultramarina de Lisboa, onde funcionam um pouco à maneira de aguilhão: no sentido de estimular as medidas que preservem de algum modo os direitos lusitanos sobre os lugares que, presumivelmente, deveriam caber ao Reino em partilha. Não é provavelmente por acaso que a instituição, no Brasil, do velho sistema das capitanias, já adotado com bom sucesso em outras conquistas, se segue a breve distância à notícia das primeiras e já notáveis consequências da expedição de Francisco Pizarro. Por ora a presença ali da Coroa ainda se faz sentir de modo sobretudo indireto, mas em todo caso não deixa de haver uma afirmação de presença compatível com as possibilidades da Fazenda Real. Mas em 1549, quando se estabelece na Bahia um governo geral, que acompanha, com diferença de apenas quatro anos, o descobrimento das opulências de Potosí, e era o bastante para melhor se divulgarem essas opulências, a intervenção da Coroa já é direta e, segundo as aparências, não se consideraram muito os dispêndios que a medida acarretaria ou as possibilidades de atendê-la.

É sem dúvida significativo o nexo que sugerem esses cotejos e que têm escapado, no entanto, à atenção dos historiadores. Principalmente quando se tenha em conta o fato de não serem exatamente de boa esperança para o progresso das atividades lusitanas nos vários lugares do hemisfério oriental onde ela tradicionalmente se ia exercendo, o período que medeia, no Brasil, da doação de capitanias à vinda de Tomé de Sousa, primeiro governador geral. Caracteriza-o, bem ao contrário, um crescente retraimento dessas atividades, que se acentuara em Marrocos desde 1541, com a perda do Cabo de

---

Sobre o assunto envolvendo a expansão para o Peru, cf. *Visão do Paraíso*, capítulo 4, "O outro Peru".

Gué e Safim, prelúdio de uma série de outras ainda mais graves, e prosseguira no Extremo Oriente, com o abandono em 1542 de Liampô e de Chiancheu, que abala o poderio e prestígio português na China.

Por volta do ano de 1530, até mesmo o monopólio das especiarias da Índia, que nunca chegara a ser absoluto, nem sequer após a segunda viagem de Vasco da Gama, começa a escapar aos portugueses para recair nas mãos dos antigos intermediários, ou seja, dos centros italianos, especialmente de Veneza, e dos portos do Levante, que voltam a fazer com bom êxito esse negócio. Não quer isto dizer, por ora, a perda de uma supremacia tão penosamente conquistada e sustentada pelos portugueses, mas já há uma alarmante ameaça que, segundo parece resultar eloquentemente das pesquisas que sobre o assunto realizou Frederic C. Lane,[31] se concretizará em 1560, ou pouco depois, quando a antiga supremacia é recuperada pelo comércio mediterrâneo e levantino, que a manterá até o final do século ou, melhor, até a chegada à Índia dos holandeses, de consequências catastróficas não só para Portugal como para Veneza. Em Portugal, um dos indícios remotos da crise que afeta seu império ultramarino e sua economia já se mostrara em 1549, à véspera da evacuação das praças marroquinas de Alcácer-Ceguer e Arzila, com a liquidação da velha feitoria de Flandres, velha, em Antuérpia, de quase meio século, depois de mudar-se de Bruges, mas deficitária e insolvente. Ora, 1549 também é o ano em que se institui no Brasil o governo geral.

O paradoxo que representa esse largar (ou o ter de largar) as áreas vulneráveis para poder guardar as proveitosas do império, abrindo ao mesmo tempo nova frente no ultramar, em novas regiões que permaneciam quando muito uma incógnita, e de onde ultimamente pouco proveito tirara a Fazenda Real, em comparação com o que gastara para defendê-las, não pode ter muitas explicações.[32] A mais plausível prende-se talvez à notícia dos grandes tesouros que encontrara o castelhano em suas Índias, tão contíguas ao Brasil, e às promessas de que este acabaria por compensar as perdas havidas em outros senhorios seus pela Coroa portuguesa. E não faltou quem tratasse de fazer das promessas certezas, invocando aquela crença, tida por infalível segundo o saber quinhentista, e abonada até por autoridades da altura de João Pico della Mirandola, de que o Oriente é mais nobre do que o Ocidente, por conseguinte mais rico nos dons da Natureza. Pois jazendo o Brasil a leste do Peru e da Nova Granada, como não concluir que, na pior hipótese, daria os seus mesmos produtos, e em superior abundância e qualidade?

Ao lado dessas especulações não haveria de faltar aos portugueses, que com elas ao menos se podiam consolar, certa dose de desencanto: o desencanto, o melindre talvez, de quem, pioneiro na aventura ultramarina, há de testemunhar impotente os deslumbrantes triunfos do vizinho mais afortunado, que, depois de lhe seguir os passos, vai recolher o fruto melhor do longo trabalho que eles começaram. Naquele mundo namorado, que o personagem de Gil Vicente pusera "alem do Brasil", é muito, certamente, querer ver mais do que uma simples figura poética. Mas a figura poética toma logo consistência, faz-se verdade tangível, e nessa realização, em vez dos evanescentes "fumos da India", a Índia real, onde tanto peleja Portugal para sustentar seus entrepostos e fortalezas, vê-se agora Castela galardoada com a prata, com o ouro, com as gemas verdadeiras das suas falsas Índias onde, sem sobre-humano esforço – não é o caso do Peru, que Pizarro conquistou com 180 homens só e 27 cavalos? –, chega a levantar novos e grandiosos reinos.

Desse desencanto já se tivera boa amostra quando o Príncipe Perfeito se sentiu espoliado ao saber do achado de Colombo. Menos de um século depois toma a feição de uma derrota arduamente consentida ou de uma aquiescência fatalista ao mau destino que parece perseguir os portugueses, embora a aquiescência aparente não queira dizer continência ou cobiça pouca. A um despachador do Reino que deplorava não terem seus compatriotas senhoreado as famosas minas de Monomotapa e pretendia que se fossem de espanhóis já estes teriam posto ombros a tamanha empresa, replicou o "soldado prático" de Diogo do Couto que também o fariam os reis de Portugal se tivessem ventura para possuir minas. Mas parecia-lhe que todas elas se guardaram para os espanhóis, "e praza a Deus que se não guarde inda este reino para eles".

O timbre profético, que mal se dissimula nessas reflexões, feitas à véspera do desastre nacional de Alcácer-Quibir, sai reforçado pelas palavras que diz o soldado a seguir, como quem fala sozinho, sabendo que os companheiros não veem com tão maus olhos a conclusão que tudo isso lhe inspira. A conclusão está implícita onde exclama: "Vejo este nosso rei moço sem casar, faltam-lhe herdeiros da casa". Mas ainda considera agora expressamente que passando o Reino a mãos estranhas, se faltassem nisso outros inconvenientes, havia sempre aquele da rixa antiga entre lusitanos e castelhanos.[33] Quando se cumprir mais tarde a profecia, passando um mesmo príncipe a reger castelhanos e lusitanos, não se amainará a rixa, e ainda menos o desencanto e frustração dos últimos ante a divisão desigual e em desfavor de sua gente que fez a Providência Divina das riquezas do mundo. No próprio Brasil, e já no limiar do século XVII, o Alviano dos *Dialogos das grandezas*, que é de 1618, não se lembrará de comparar aquelas esmeraldas grandes e perfeitas que se retiravam das Índias de Castela às de Marcos de Azeredo, que a princípio tanto prometiam, mas logo se desvaneceram por não serem esmeraldas de verdade? Disso infere ele, e de outras coisas, que "ouro, prata e pedras preciosas são somente dos castelhanos e que para eles os reservou Deus".

Depois de aludir à triste e misteriosa sina, que parece privar seus conterrâneos desses bens terrenos, não deixa Alviano de invocar a lição dos sábios do tempo sobre a distribuição dos tesouros minerais entre o nascente e o poente. Porque, diz, "habitando nós, os portugueses, a mesma terra que eles habitam, com o ficarmos mais orientais (parte onde, conforme a razão, devia haver mais minas), não podemos descobrir nenhuma em tanto tempo quanto há que este nosso Brasil é povoado, descobrindo eles cada dia muitas".[34] Invoca, porém, essa teoria não como o fizeram outros, mais otimistas, para acalentar esperanças de impossíveis, e sim para mostrar como os seus portugueses se acham diante de um inelutável destino.

É certo que o papel de Alviano equivale, ao longo de todo o livro, ao de advogado do diabo, de sorte que, para cada uma das suas dúvidas, há a réplica certeira de Brandônio, o outro interlocutor, que faz as vezes do autor. A réplica certeira à alegação de que, em contraste com os castelhanos, que tantas minas encontraram no Novo Mundo, os portugueses do Brasil não queriam se alargar nem dez léguas no sertão, contentando-se com fazer açúcares nas fraldas do mar, é a de que o negócio dos açúcares não constitui coisa tão de somenos como o reputa o outro. Antes o tem por muito superior ao das minas de ouro e de prata e dedica-se pelo menos todo o primeiro diálogo à tentativa de demonstrar semelhante presunção.

O menoscabo das coisas do Brasil posto na boca de Alviano é, em verdade, a deixa de que precisa o autor – ou Brandônio, seu porta-voz – para gabar, de sua parte, as verdadeiras grandezas da terra adotiva. E as razões em que para tanto se apoia se parecem muito com as que dera a el-rei, pouco antes, o governador d. Diogo de Menezes, quando lhe escrevia: "Creia-me Vossa Magestade que as verdadeiras minas do Brasil são açúcar e pau brasil".[35] Apenas cabe perguntar se eram essas razões totalmente isentas, partindo, como partiam, de gente portuguesa, amiga, tanto quanto a castelhana, de riquezas que não custem despesas. Aliás a própria lavoura canavieira, exaltada em detrimento das lavras minerais, não é senão uma forma de mineração no sentido de que, tirando tudo do solo, nada lhe dá em troca.

No caso particular de Brandônio não se pode dizer que fosse perfeita a isenção, pois os seus são argumentos de quem quer defender os próprios e bons negócios de um senhor de engenho. E isso é tanto mais provável quanto se acredita, com bons motivos, que o autor dos *Diálogos* lidou sempre com a economia açucareira, desde o momento em que chegou ao Brasil, de sorte que seu porta-voz, Brandônio, fica bem no papel de porta-voz dos donos de engenho. No que respeita a d. Diogo de Menezes, não é difícil discernir em suas palavras o fundo ressentimento que nele causou a nomeação acabada de fazer-se, de d. Francisco de Sousa, para cargo idêntico ao seu, nas capitanias chamadas "de baixo", que escapavam assim a sua jurisdição. E ainda por cima se dera ao mesmo d. Francisco a superintendência das minas em todo o Estado do Brasil sem exclusão das partes que a d. Diogo foram confiadas. Empenhado em combater a notória megalomania do rival, que pensava fazer da América portuguesa um segundo Peru, e da serra de Paranapiacaba uma outra Potosí, chegando até a falar na importação de lhamas para transporte dos minérios, tudo faria para amesquinhar o muito que tirava de suas Índias o castelhano, para dar valor, bem ou mal, ao que no Brasil estava ao alcance da mão.*

Mas até onde faltassem dessas razões pessoais, bastantes para tornar suspeitosos os argumentos em que se apoiam, semelhante tipo de comparação, em que se compraziam muitos portugueses, prende-se a excessos de zelo nacional que os levam a ver no menosprezo às coisas alheias o bom modo de enaltecer as próprias. Mas quem não vê que nesse menospre-

---

* Este episódio também foi tratado em *Visão do Paraíso*, como se pode notar nesta passagem: "Com todo o desvairado otimismo de seus planos grandiosos, não é impossível que, no íntimo, d. Francisco se deixasse impressionar por aquela ideia, partilhada com outros portugueses da época, de que, em matéria de ouro e prata, Deus se mostra mais liberal aos castelhanos, dando-lhes a fabulosa riqueza de suas minas. Assim se explica a miragem do Potosí, o sonho [...] de fazer do Brasil um 'outro Peru' e que está presente em todos os atos de sua administração. Essa ideia obsessiva há de levá-lo, em dado momento, ao ponto de querer até introduzir lhamas andinas em São Paulo". Cf. *Visão do Paraíso*, op. cit., pp. 158-9.

zo há alguma coisa daquele contentamento descontente de certa raposa – "certain renard gascon, d'autres disent normand" –, ao afetar profundo desdém pelos belos racemos que só os olhos alcançavam? No fundo é uma resignação fingida, ou que se ilude a si, a que os faz converter em uvas verdes e imprestáveis, a prata do Peru e Nova Espanha.

É à luz de tais fatos, sobretudo da importância que de súbito parece ganhar o Brasil para a política ultramarina de d. João III, que melhor se pode entender a reação de Lisboa às notícias sobre o estabelecimento dos espanhóis em Assunção do Paraguai. Por muito lenta que fosse na Europa a circulação de informes sobre coisas das Índias, a demora com que se dá a primeira reação portuguesa ante esse fato pode surpreender à primeira vista. Em páginas anteriores, já se tentou mostrar como, durante o período de dez anos mal contados que corre da viagem de Diego Garcia de Moguer até a expedição colonizadora e conquistadora de d. Pedro de Mendoza, as rivalidades entre ambas as monarquias ibéricas a respeito de terras sul-americanas exprime-se por uma série de passos e contrapassos, buscando cada contendor situar-se em posição privilegiada diante do outro. De um lado há a segunda (ou terceira) viagem de Cristóvão Jaques; a de seu sucessor, Antônio Ribeiro, de que pouca coisa se sabe além de sua passagem em Pernambuco; a de Martim Afonso, que já tem mais nitidamente caráter colonizador, tudo isso rematado com a divisão do Brasil em donatarias hereditárias. De outra parte é lícito lembrar, além de Diogo Garcia e d. Pedro de Mendoza, as armadas de Loaysa e de Sebastião Caboto. Destinavam-se estas às ilhas das especiarias, no Oriente, mas por motivos nem sempre estranhos à vontade dos comandantes, deixaram de tomar o caminho que Solis procurou e Magalhães achou, para, devido a aventuras e desventuras de sua gente, se associarem estreitamente à exploração das terras disputadas do Atlântico Sul.*

Acontece que, por volta de 1535, parece romper-se do lado de Portugal a cadeia de ações e reações, e isto coincide com a expedição de Mendoza, realizada quando ainda se achava em curso a polêmica entre as duas Cortes. Criadas as capitanias no Brasil, o governo de Lisboa entra em compasso de espera no tocante a esses problemas que tinham dado lugar a tantas rivalidades e assume uma atitude quase de apatia, que só começa a dissipar-se às vésperas da instituição de um governo geral com sede na Baía de Todos-os-Santos. Particularmente significativa é essa atitude com relação à área que alcança e, eventualmente, abrange o estuário platino, principal objeto, outrora, das disputas.

Até onde seria lícito relacionar esse descaso súbito com as alianças dinásticas entre os dois reinos? Tudo faz crer, à vista de vários precedentes, que tais alianças se completassem, ainda que tacitamente, pela admissão recíproca daquilo a que hoje se chamariam esferas de influência. Dispondo Portugal dos recursos que lhe iam da África e sobretudo do Oriente, não lhe faria falta admitir que o vizinho desfrutasse por enquanto do melhor dos tesouros americanos, tanto mais quanto ele próprio tinha agora assegurados os direitos sobre as Molucas, onde o imperador, como já houve quem o dissesse, acabava de vender-lhe o direito do mais forte. Desatados dez anos mais tarde aqueles laços de família, com a morte da imperatriz, irmã de d. João III, logo se refazem, mas por pouco tempo, pois em 1545 enviúva o futuro Filipe II de uma filha do mesmo d. João III, desaparecendo dessa forma um importante freio dinástico à ação livre de Portugal no ultramar. Mas, como já foi observado, também em 1545 ocorre o descobrimento de Poto-

---

* Nesta parte final de *O Extremo Oeste*, Sérgio Buarque de Holanda aborda assuntos que não aparecem em outras obras suas, como a questão política envolvendo os limites coloniais.

sí, e não era preciso mais para forçar a atenção de Lisboa sobre as terras situadas no mesmo continente que lhe couberam em partilha e onde, pouco depois, entra a atuar mais diretamente ao mandar Tomé de Sousa para governá-las. E como atribuir tão decisiva influência, nesse caso, ao desaparecimento de um dos laços de família entre as duas casas reinantes, se outro persistia incólume em todo o tempo, já que uma irmã de Carlos v casara desde 1525 com d. João iii e sobreviveria durante perto de vinte anos ao marido, em parte como regente do reino, só vindo a falecer poucos meses antes da jornada de Alcácer-Quibir?

Para o relaxamento da tensão entre as duas coroas a propósito da região platina, pode-se alvitrar a explicação sugerida por Varnhagen. Já na primeira edição de sua *História geral*, tenta ele relacioná-la com a convicção a que teria chegado Martim Afonso depois de suas observações astronômicas, e tinha competência para fazê-las, de que o Rio da Prata estava a oeste da raia demarcatória, por conseguinte, fora dos domínios de Portugal estipulados em Tordesilhas. A tal convicção é atribuível no seu entender o não terem prosseguido na Espanha as reclamações e os protestos lusitanos contra a presença de Castela naquelas regiões.[36] Fazendo reeditar depois a obra, manteve o visconde de Porto Seguro, e nos mesmos termos, toda a argumentação, enriquecendo-a de uma nota onde se diz que Pedro Nunes confirmara o resultado das observações do comandante da expedição.

Sabe-se, com efeito, que Martim Afonso deu ao matemático relação circunstanciada da derrota que fez e das diligências efetuadas por ele próprio no sentido de tomar a altura dos diferentes lugares percorridos pela frota. Contudo não consta que nessa relação se detivesse especificamente no caso do Rio da Prata.[37] Mais decisiva em favor da tese de Varnhagen é a nítida contradição entre certa passagem de uma carta de d. João iii ao mesmo Martim Afonso, onde mais uma vez transpira o interesse que lhe merecia esse rio, e os termos da doação feita a Pero Lopes das terras de Sant'Ana, que se achavam no extremo sul da área subdividida em donatarias. Na carta, que é de 28 de setembro de 1532, exprime Sua Alteza a determinação em que estava de realizar essa subdivisão, tendo decidido, com tal intuito, que se houvesse de a demarcar desde Pernambuco até o Prata. No entanto, na distribuição finalmente feita, ao passo que o território dividido se dilata, para o norte bem acima de Pernambuco, no sul o quinhão de Pero Lopes fica muito aquém do Prata ou, nos termos da carta de doação, chega só à "altura de vinte e oito graus e um terço". Quer dizer que o limite sul passaria por terras do atual estado de Santa Catarina.

Também é verossímil que semelhante decisão tenha sido adotada, ainda de acordo com Varnhagen, à vista das informações que terá prestado Martim Afonso já de volta no Reino. Na carta que lhe dirigira em setembro de 1532, aludiu aliás Sua Alteza à intenção inicial de só mandar proceder às demarcações quando estivesse ele de regresso: isso também permitiria ao mesmo Martim Afonso tomar para si o melhor dos lotes. E se é certo que já então se tinham feito alvarás de lembrança por alguns donatários, só em abril de 1534, quando embarcara ele para seu governo da Índia, principiaram a passar-se cartas ou diplomas aos donatários futuros. Quer dizer que, e apesar das informações de Martim Afonso, ou sem elas, continuou a Coroa a alimentar sobre o Prata suas antigas pretensões, julgou de bom alvitre, entretanto, suspender momentaneamente qualquer deliberação envolvendo uma área pelo menos litigiosa. Insistir, por outro lado, no fato de que a convicção atribuída a Martim Afonso se coaduna mal com o ter ele mandado meter padrões de posse nessa área é esquecer que os caminhos da política e da diplomacia são as mais das vezes enviesados e caprichosos: nada tão falaz como a pretensão de reduzir a uma ordem racional, logicamente coerente, as mil sem-razões de que costuma andar repassada a vida dos povos.

O que não parece duvidoso é, conforme há pouco já se sugeriu, que após ter dado causa durante algum tempo a tamanhos zelos e inquietações, volta agora o Brasil a ocupar na atividade ultramarina portuguesa posição secundária, condizente aliás com a opinião propalada pelo cartógrafo Diogo Ribeiro em 1529, e em 1519 pelo geógrafo Martin Fernandez de Enciso, de ser aquilo terra de pouco proveito.[38] É mesmo possível que desalentado com o mau sucesso da entrada de Pero Lobo, em que tantas esperanças tinha posto, e inteiramente absorvido afinal pelas coisas da Índia, o próprio Martim Afonso já não pensasse muito diversamente do que pensará, e o há de escrever em 1542, o conde de Castanheira, seu primo-irmão e vedor da Fazenda Real, que não merecia o Brasil a muita despesa nele feita desde 1530, ou seja, desde o tempo da expedição confiada àquele seu parente.

Fruto, ainda que tardio, da expedição de Mendoza, que tanto pareceu preocupar o governo de Lisboa, o estabelecimento fundado pelos castelhanos em Assunção, que logo e por longos anos vai constituir-se no centro irradiador do povoamento e conquista do Prata, situa-se bem nessa fase de aparente refluxo do interesse da Coroa lusitana pelas suas terras no hemisfério ocidental. A princípio tinha feito assento a gente de d. Pedro de Mendoza num sítio à beira do estuário, na banda direita, onde menor era o risco de se ferirem as suscetibilidades portuguesas. Logo se há de despovoar, no entanto, essa primeira Buenos Aires, como antes dela já se despovoara a Sancti Spiritus de Caboto.

Um dos expedicionários, tendo remontado o rio Paraguai à procura de Juan de Ayolas, que fora descobrir caminho para as terras da prata e do ouro, e morreu nessa demanda, acaba levantando defronte da barra do Pilcomayo, em 1537, a casa-forte que vai dar origem à cidade de Nuestra Señora Santa Maria de la Asunción. O sucesso não foi logo sabido ou não recebeu logo da Coroa portuguesa a atenção vigilante que dirigira outrora aos menores passos dos seus rivais nessa parte do continente. Quando ao cabo se deu conta Portugal da situação estratégica onde se haviam, assim, instalado os castelhanos, foi como quem acorda num sobressalto. Mas já era tarde.

A posse de Assunção, mesmo que não significasse posse de riquezas novas, somadas a tantas outras que tinham ajudado Castela, de repente, a converter-se em potência universalmente respeitada ou invejada, colocava-a numa posição central, que lhe daria a chave de todo o continente, bloqueando todas as possibilidades de acesso dos de Portugal às minas de metal rico. Enquanto o francês, por exemplo, adversário mais de longe, vai cuidando de insinuar-se sobre as partes mais visíveis ou ostensivas da colônia, de onde não seria difícil, talvez, desalojá-lo, vinha agora esse outro inimigo mais íntimo e mais perigoso, por isto que, vivendo ali ao lado e como de paredes-meias com ele, bem sabia os fracos do português, e punha-se em situação de poder feri-lo de flanco, se assim o quisesse.

É significativo que se aperceba Portugal da importância e da gravidade do acontecimento na ocasião exata em que decide melhor firmar seu senhorio sobre o Brasil. Mesmo entre personagens de alta responsabilidade começa agora a generalizar-se a crença de que a povoação fundada pelos castelhanos à margem do rio Paraguai representava intolerável infração dos direitos do senhor seu rei. O próprio Juan Salazar de Espinosa, fundador dessa cidade de Assunção, ouvirá no último dia de junho de 1553, estando em São Vicente, do capitão Antônio de Oliveira, locotenente de Martim Afonso, donatário da capitania, e de Brás Cubas, provedor ali da Fazenda Real, que todo "o rio da Prata e o Paraguai são d'el Rei de Portugal", irritando-se muito quando Salazar objetou contra a cobrança que faziam de direitos sobre uns carijós procedentes de Assunção, por serem esses índios livres e vassalos de Sua Majestade.[39] Uma quinzena antes o padre Manuel da Nóbrega escrevera a Luís Gonçalves da Câmara, então em Roma, dando aparentemente por coisa certa que a mesma cidade ficava dentro da demarcação de Sua Alteza Sereníssima, o rei de Portugal. E em certo ponto adverte: "Diga V.ª R.ª a Sua Alteza que se aquela cidade ficar sua mande prover, em breve de justiça".[40] Não sugere isso ciência ou suspeita de que alguma coisa se ia tentando, entre as duas Coroas, no sentido de corrigir a suposta usurpação espanhola?

Ainda mais peremptório se tinha mostrado em março do mesmo ano de 1553 o superior dos jesuítas do Brasil ao dizer, em carta de São Vicente ao padre Simão Rodrigues, que estava "averiguado estarem na Conquista d'El Rei de Portugal" as terras do Paraguai onde se estabeleceram os castelhanos.[41] Pela mesma época circularam rumores de que se haviam descoberto minas naquelas mesmas partes e se presumia serem de prata, embora por falta de fundidores não se tenham feito as verificações necessárias. Seja como for, achara mais avisado o primeiro governador do Brasil, Tomé de Sousa, mandar cegar o caminho entre São Vicente e Assunção, muito frequentado por espanhóis e portugueses, que através dele tinham comunicação entre si e faziam negócios de muito proveito para ambas as partes. Pela mesma época deliberou fundar em cima da serra a vila de Santo André da Borda do Campo, possivelmente no intuito de prevenir aquela comunicação.

Comentando as observações de Nóbrega onde pretende estar averiguado pertencer o Paraguai à demarcação da Coroa lusitana, observa o moderno historiador da Companhia de Jesus no Brasil, em nota à mesma carta, que em virtude da ocupação das Molucas pelos de Castela, entendiam os portugueses que se devia recuar para ocidente o meridiano da demarcação. "É a questão das Molucas no Brasil", diz ainda Serafim Leite na mesma nota. Esse argumento, que há de ser o de Alexandre de Gusmão dois séculos mais tarde, não aparece entretanto em nenhum dos escritos de Nóbrega. Surge, porém, em carta escrita por Tomé de Sousa a el-rei, datada de 1º de junho de 1553. Referindo-se expressamente a Assunção diz o governador: "Parece-nos a todos que esta povoação está na demarcação de Vossa Alteza; e se Castela isto negar, mal pode provar que é Maluco seu".* E logo em seguida acrescenta, como quem deixa a melhor juízo sua opinião: "E se estas palavras parecem a Vossa Alteza de mau esférico e pior cosmógrafo, terá Vossa Alteza muita razão, que eu nada sei disto senão desejar que todo o mundo fosse de Vossa Alteza e de vossos herdeiros".[42] Tendo partido logo depois para o Reino, é muito possível que influísse Tomé de Sousa no propósito mostrado em seguida por Sua Alteza, primeiro de reviver suas velhas pretensões sobre o Rio da Prata e depois de reivindicar a própria Assunção.

Já em novembro do mesmo ano de 1553 manda d. João III emissário a falar em Castela com Filipe, na ausência do imperador seu pai, sobre uma armada que lhe constava ter sido feita em Sevilha com destino ao Prata. Afetando, embora, incredulidade, pretendia que notícias menos verdadeiras podem causar impressão quando produzidas por pessoas que só seguem seus interesses particulares e, além disso queria certificar ao príncipe dos rumores, na certeza de que tanto Filipe como o imperador logo indagariam de seu fundamento e mandariam prover como o caso requeria. Porque, afirma, "este Rio da Prata, como sabeys, he de minha conquista e caye debaixo de minha demarcaçam".[43] A insistência assim renovada nessa reivindicação nem demonstra que as conclusões atribuídas vinte anos antes a Martim Afonso, que o mesmo rio ficava a oeste do meridiano de Tordesilhas, e assim fugia à soberania portuguesa, ou nunca existiram ou não convenceram.

É no mês seguinte que, voltando a escrever ao emissário, aborda expressamente Sua Alteza ao caso de Assunção, que

---

* Nos originais, Maria Amélia fez uma anotação perguntando se a palavra "Maluco" não seria "Moluco". Contudo, ao consultar o documento citado pelo autor, verificou-se que a palavra é mesmo "Maluco". Conforme o *Vocabulario Portuguez e Latino* de Rafael Bluteau (1728), "Chamam alguns a Maluco Ilhas Malucas, ou Malucas, sem mais nada" (v. 5, p. 275). (Disponível em: <www.brasiliana.usp.br/pt-br/dicionario/1/maluco>. Acesso em: 19 ago. 2014.) Portanto, a citação diz respeito aos limites entre Portugal e Castela, e às dúvidas que poderiam pairar sobre serem espanholas as ilhas Molucas.

pretende estar no Brasil. Queixa-se de que seus moradores e os do Peru queriam agora "emtrar pela terra dentro e conquistar e descobrir, por alguma ynformaçam que têm de aver ouro na dita terra".[44] Como soubera que o imperador mandara passar provisão para que os assuncenhos, assim como os do Peru, não fizessem tais conquistas e entradas, conhecendo, como conhecia, a incerteza do proveito que nelas se alcançava e tendo experiência de perdas recebidas em casos semelhantes "pola muita gente que nelas he morta", interessa-se el-rei em que seja obtido de algum oficial dos do Conselho de Índias, traslados das ditas provisões, recomendando que isso se fizesse com o maior resguardo e dissimulação.

A essas providências seguiu-se uma reclamação de Sua Alteza ao embaixador Sarmiento de Mendoza, a julgar pelo que escreveu o imperador a d. João em junho de 1554 sobre o que teria dito el-rei de Portugal acerca da cidade de Assunção, "que ha muitos anos está povoada de vassalos nossos na província que dizem do Rio da Prata, que está em nossa demarcação". Em instruções que na mesma data mandava Filipe a Luís Sarmiento, depois de se mostrar inquieto com duas armadas que se preparavam em Lisboa para virem ao Brasil, exprime sua surpresa – "estamos maravillados" – diante dos direitos que se atribuía a Coroa lusitana sobre toda aquela província do Prata e particularmente sobre o lugar de Assunção. Pois além de cair à distância de muitas léguas na demarcação de Sua Majestade, "como todos saben y es cosa muy notoria", já era Assunção uma cidade de mais de seiscentos vizinhos, tivera vários governadores espanhóis e recebera numerosos navios, como os que agora se aprestavam em Sevilha, todos mandados para os prover.[45] Essas coisas eram ditas para que o representante do imperador as repetisse por conta própria ao sereníssimo rei e à sereníssima rainha de Portugal.

Os rumores constantemente chegados do Brasil iam sendo continuamente reforçados. Um mameluco levado pelo próprio governador Tomé de Sousa e que afirmava ter andado no

Peru, de onde num trajeto de muito poucos dias voltara à costa do Brasil, não sustentava agora que, apesar de serem muito contíguas as duas regiões, era maior a riqueza, em ouro e prata, na demarcação de Sua Alteza? O assunto foi muito tratado na correspondência entre o futuro Filipe II e Sarmiento. O embaixador evidentemente achava o contrário, que esses lugares tão ricos em ouro e prata deviam ficar nas terras do imperador. Também apareceram uns curiosos "Apontamentos" destinados a d. João III por um certo Diogo Nunes. Dizia seu autor que tinha andado no Peru, participado da expedição de Mercadillo à província de Maxifaro, junto às cabeceiras do Amazonas, e o país dos omáguas. Declarava que da dita província se podia vir com muita facilidade ao Brasil, navegando pelo Amazonas ao sabor da correnteza. E também era possível fazer outro tanto através da capitania de São Vicente, mas caminhando, neste caso, por terra firme. *

Varnhagen, * * que primeiramente publicou esse documento, encontrado na Torre do Tombo, tenta identificar seu autor com um Diogo Nuñez de Quesada, que em 1554 andou por Lisboa com os muitos cabedais que grangeara na América. Capistrano de Abreu, em nota à *História geral*, não se deixou convencer por essa tentativa. A seu ver o autor dos "Apontamentos" devia ser o mameluco de Tomé de Sousa. Por quê? Simplesmente porque "é mais facil existir no mesmo tempo, no mesmo lugar, com os mesmos planos, um só homem do que dois". Entretanto, por sugestivas que pareçam, essas ra-

---

* Sobre a distância entre o Peru e a capitania de São Paulo, cf. *Visão do Paraíso*, op. cit., pp. 126-8, onde há discussão mais detalhada sobre a geografia maravilhosa imaginada pelos portugueses.

* * Este parágrafo é muito semelhante a um trecho de *Visão do Paraíso*, op. cit., p. 141, onde se lê: "Varnhagen tentou identificar o signatário dos apontamentos com certo Diogo Nuñez de Quesada, que em 1544 andava por Lisboa de volta da América, onde juntara grosso cabedal. Capistrano de Abreu, em nota à *História geral do Brasil*, mostra, contudo, o infundado dessa tentativa. A seu ver o Diogo Nunes dos 'Apontamentos' seria o mameluco levado do Brasil por Tomé de Souza, segundo carta do embaixador Luís Sarmiento de Mendoza, já mencionada nestas páginas".

zões perdem muito de sua força à vista de outro papel, guardado em Sevilha no Arquivo de Índias, e que Capistrano e Varnhagen aparentemente não conheceram. Trata-se de uma "relação" que escreveu Martin de Orue, prático em coisas americanas, mormente do Prata e do Paraguai, e que fora enviado em missão secreta de Castela a Portugal, como o atestam duas cédulas reais e resulta de sua correspondência. *

Consta da relação, escrita antes de setembro de 1554, que chegara no ano antecedente a Lisboa um português, ido do Peru e rico de seus 20 mil a 30 mil ducados, que estava pelejando por convencer el-rei a efetuar uma conquista em prejuízo do imperador, e asseverava não ser muito difícil, para quem saísse do Brasil, investir de surpresa sobre Cuzco.[46] Chamava-se o homem Domingos Nunes e era natural de Mourão, perto da fronteira com Castela. Já esses dados parecem afastar qualquer tentativa de identificá-lo com o mameluco brasileiro, chegado também em 1553 a Lisboa, porque brigaria com a naturalidade expressamente declarada: "Moron que es Junto ala Raya de Castilla". Haveria maiores probabilidades de tratar-se do autor dos "Apontamentos" escritos para d. João III, se não houvesse a diferença dos prenomes. Por outro lado as palavras "Domyngo" e Diogo podem eventualmente confundir-se, e abreviadas, segundo o uso corrente na época, não se distinguem. Aliás a esmerada transcrição de nomes próprios não é dos fortes de Martin de Orue. No mesmo papel de que aqui se trata, fala-se em um "torjão de Ocampo", filho do capitão de Porto Seguro, e não é outro senão Fernão do Campo, filho de Pero do Campo Tourinho.

Momentaneamente apagadas as esperanças de ouro e prata paraguaios, parecem também amortecer-se, dessa vez, as interminentes reivindicações de Portugal sobre aquelas ter-

---

* Sérgio Buarque de Holanda retoma aqui um artigo seu, "Piratininga 1532-1560", publicado na *Folha da Manhã*, em 1954, por ocasião do quarto centenário (cf. Marcos Costa (org.), *Sérgio Buarque de Holanda: Escritos coligidos,* op. cit., v. I, p. 246).

ras. O mesmo padre Manuel da Nóbrega, pouco antes tão seguro de estarem elas na conquista de d. João III, já em 1555 não fala mais nisso. Agora, a mesma Assunção que julgara ter sido indevidamente usurpada pelo castelhano passa a ser chamada, sem mais dúvidas ou protestos, simplesmente "terra do imperador". E se parece dar ouvidos aos chamados do governador Irala, é por amor às muitas ovelhas que no Paraguai pediam bom pastor ou por dar mais crédito e glória a sua milícia, não querer ver sujeitos a seu rei aqueles dilatados sertões, já percorridos por Antônio Rodrigues, antigo soldado de Mendoza e agora soldado da Companhia, por ele mesmo, Nóbrega, aceito na era de 1553 em São Vicente.

Contudo a certeza ou incerteza de poder chegar-se facilmente ao Peru, saindo da costa do Brasil, de preferência pelo Amazonas ou o Paraguai, continuarão ainda por longo tempo a inflamar as imaginações lusitanas. Tratando da expedição de Martim Carvalho, diz Gandavo que, tendo saído do Porto Seguro, foi ter a algumas 230 léguas a certas terras fragosas, e que "não havia muiro dalli ao Peru".[47] Isto escreve o cronista em seu *Tratado da terra do Brasil*, que redigido, embora, durante o governo de Mem de Sá só veio a imprimir-se pela primeira vez no século passado. Mas já na *História da Província de Santa Cruz*, do mesmo autor, que essa fora publicada em 1576, depois de dizer dessa província que confinava pelo oeste com as fraldas dos Andes, observa que só um caminho acharam para vir a ela uns homens procedentes do Peru.[48] E é esse caminho "tão agro", acrescenta, "que em o passar perecem algumas pessoas cahindo do estreito caminho que trazem e vam parar os corpos tam longe dos vivos, que nunca os mais vem, nem podem ainda que o queirão dar-lhes sepultura".

No último capítulo da mesma obra, tratando do caso de uns índios do Brasil que, em suas andanças à procura de certo lugar onde encontrariam a imortalidade e perpétuo descanso, alcançaram com muito trabalho a cidade de Quito, diz que no caminho passaram esses índios por uns sítios onde se via ouro de todos os lados e onde muitos moradores outra coisa não fazem senão lavar peças de ouro e pedrarias. Os embaraços que se ofereceriam ao viajante nos caminhos do Peru não chegavam, porém, a perturbar o cronista. É que movido por aquele *wishful thinking* mostrado vinte anos antes pelo mameluco de Tomé de Sousa, dá por coisa certa que tal riqueza ficava em terras da conquista d'el-rei de Portugal e incomparavelmente mais perto das povoações dos portugueses do que dos castelhanos.[49] A prova estava no pouco tempo que puseram esses índios em chegar a ela e no muito que despenderam em passar daí ao Peru, que foram dois anos.

Não faltarão então, ou pouco mais tarde, notícias das comunicações, mais ou menos dificultosas, que se podiam fazer entre a costa do Brasil e o Peru. A propósito do caso do peruleiro que aparece em 1586 em Pernambuco depois de, fugindo às justiças de Lima por certo "negocio pesado" que lhe sucedera, e a um irmão, ter alcançado e descido o Amazonas até à boca, houve quem falasse na possibilidade de fazer Sua Majestade navegar toda a prata peruana por essa via em vez de recorrer ao comprido caminho que, de ordinário, se costumava usar,[50] que era levar o metal a Lima e Callao, de onde seguia por mar, a Nombre de Diós antes, e depois a Puerto Bello, no istmo do Panamá, de onde o embarcavam para a Europa. Haverá até quem apresente proposta no sentido de fazer-se a condução pelo Amazonas, e o autor da proposta, um português, afiança que nesse caminho se gastariam apenas quatro meses para o transporte.[51]

Isso se dá, porém, no século XVII. Tudo faz crer que antes as comunicações entre as conquistas de Castela e o Brasil eram efetuadas de preferência a partir das primeiras em direção ao litoral atlântico, por conseguinte em direção à América portuguesa, mais raramente em sentido contrário. E se surgiam embargos a esses contatos, viriam antes do lado lusitano do que do castelhano. Baste lembrar a propósito a deliberação de Tomé de Sousa de mandar fechar o caminho por onde até

1553 se comunicavam os de Assunção com os de São Vicente e, através de São Vicente, com a Espanha.

Depois disso, sobretudo depois da fundação da segunda Buenos Aires que, por coincidência, ocorre no mesmo ano em que Filipe II passa a ser também Filipe I de Portugal, esses contatos, lícitos às vezes, mas em geral fraudulentos, se irão fazer pelo Prata, e alcançam o Peru por intermédio de Tucuman e Charcas. Agora, porém, os embaraços vão partir sobretudo das autoridades espanholas. Vários motivos têm sido aventados para eles e prendem-se na maioria dos casos à concorrência que poderiam oferecer Buenos Aires e a rota continental à clássica rota do Pacífico. Pelo novo caminho sairiam prejudicados não só o comércio de Sevilha com Terra Firme e o vice-reinado do Peru como a própria fazenda real, pois iria provocar ele uma autêntica sangria da prata e do ouro, especialmente da prata de Potosí, estimulando além disso o contrabando. Este já chegara, aliás, a extremos, amparado pelo comércio legal, pela venalidade dos funcionários da Coroa e pelos conchavos monopolistas e especulativos dos mercadores do Brasil, de Buenos Aires e de Tucuman. A esses motivos ajunta um historiador, com bons fundamentos,[52] a desconfiança de que a "rota continental" podia dar margem à penetração política de outros países europeus e particularmente dos cristãos-novos.

É provável que razões semelhantes tenham militado no sentido de se dificultarem os contatos de outras partes das conquistas castelhanas com o Brasil, mesmo, e sobretudo, depois da união das duas Coroas. De outra forma não se entenderia, por exemplo, a ordem dada em 1595 aos governadores de Santa Cruz de la Sierra para não fazerem descobrimentos nos lados do Brasil nem introduzirem ali quaisquer gêneros de comércio. "E mandamos", diz-se ainda na *Recopilación de leyes de Indias*, "que os vice-reis do Peru não dêm lugar a que se comuniquem estas Provincias, nem se prossigam os descobrimentos começados, avisando-nos dos remédios que se possam pôr naquilo que já está feito".[53]

A medida, se de um lado visa a cercear a expansão territorial das ditas províncias e pode assim favorecer, pelo menos a longo prazo, os portugueses, de outro prende-se à ideia de que as conquistas de Castela no aquém-mar são primordialmente de castelhanos, excluindo-se delas os lusitanos como se excluem, por exemplo, os aragoneses, não obstante os meritórios serviços que muitos deles puderam prestar no Novo Mundo. Da mesma forma as terras espanholas da Itália se sujeitam especificamente à Coroa de Aragão, apesar de tudo o que ali realizaram os castelhanos, a começar pelo *gran capitán*.[54] Na oposição à presença dos portugueses, somava-se a isso a suspeição de serem eles geralmente cristãos-novos, judaizantes ou não, de sorte que sua exclusão se faria a bem do serviço de Deus e da propagação da Santa Fé Católica Apostólica Romana.

Se, no tocante a Santa Cruz de la Sierra, os temores de uma comunicação em grande escala por ali com o Brasil podiam parecer exagerados ou prematuros em 1595, no caso de Buenos Aires, onde, a despeito de todas as restrições, fora sempre numeroso o contingente lusitano, eles teriam sua razão de ser. Da leitura do testamento que fez em novembro de 1592 na vila de São Paulo, Afonso Sardinha, o Velho, resulta que já então entretinha ele relações comerciais com Buenos Aires, de onde lhe vinham lãs, peles e rendas, em troca de índios da terra e de caixetas de marmelada. Do mesmo testamento, que foi publicado por Azevedo Marques, consta que Sardinha emprestara certa soma a seu cunhado Antônio Gonçalves Proença, devendo ser ela paga quando Nosso Senhor trouxesse seu navio de Angola ou quando fosse arrecadado dinheiro. Para outra dívida também se devia esperar o navio de Angola, ou recado certo.[55] Sendo então quase nula na capitania a lavoura comercial, que requeria ou pagava a posse de escravos africanos, não é incrível que os pretos trazidos de Angola se destinassem também a Buenos Aires, de onde muitos eram depois recambiados para os mineiros do alto Peru.

A iniciativa desse comércio pelo Prata, que antes e até depois do *asiento* de 1595, pelo qual se quis regular o comércio de negros, deu sempre larga margem ao contrabando, partiu, no entanto, ao que se sabe, de mercadores domiciliados em domínios castelhanos. Acredita-se que já em 1554-5 tivera começo um intercâmbio mais ou menos regular entre a recém--fundada Buenos Aires e os portos brasileiros. Seu incremento mais decisivo se deve, porém, às iniciativas de d. Francisco de Vitória, bispo de Tucuman, que, português de nascimento, tinha meios de facilmente comunicar-se com os seus conterrâneos da costa do Brasil e que, para escândalo dos devotos, chegara a converter sua prelazia numa espécie de "feitoria particular, contando com a conivência de alguns membros da audiência de Charcas".[56] Dispunha de um vasto campo de operações, cujos extremos se situavam em Potosí e no Brasil, e gabava-se de ter dado o primeiro impulso ao comércio entre Tucuman e o Rio da Prata.

Em verdade, o trânsito pelo caminho que do alto Peru conduz a Buenos Aires principiara a fixar-se desde que, em 1543, uma expedição parte de Cuzco, ultrapassa a recém-fundada La Paz, interna-se em Tucuman e vai alcançar afinal o rio Paraná no sítio onde depois se erigiu a cidade de Santa Fé (fundada em 1573). Não tarda muito a criação de núcleos de povoadores nessa direção – Santiago del Estero (1553), São Miguel de Tucuman (1565), Córdova (1577), a segunda Buenos Aires (1580) –, por onde se consolida a rota seguida pelos primeiros expedicionários, destinada a servir de escoadouro secundário, quase sempre clandestino, para as riquezas do Peru, em prejuízo da via oficial, que a metrópole se obstina em manter, através do istmo do Panamá.

Note-se que não só a expedição inicial, mas até as fundações daqueles centros estratégicos, com uma só exceção, a de Buenos Aires, se fazem a partir do Peru ou eventualmente do Chile: mesmo depois de 1580, a criação de Salta, peça essencial nessa linha de comunicações, realiza-se por iniciativa direta de Lima ou, melhor, de seu vice-rei d. Francisco de Toledo. Para os de Assunção o caminho que mais naturalmente conduzia ao Peru pela costa do Atlântico não era exatamente esse, era o que parecera indicado desde que se fundou a própria casa-forte de João de Salazar. Passados dois séculos ainda persistirá essa ideia: assim é que, durante o governo de Melo y Portugal no Paraguai, um sargento-mor chamado Juan de Machain se oferece para custear um caminho que unisse Assunção e Chuquisaca.[57] Recebeu agradecimentos pela proposta que, no entanto, teve a mesma sorte da outra, de 1626, visando a levar a prata peruana pelo Amazonas. O motivo agora apresentado para a recusa prendia-se ao fato de passar essa rota muito próxima das possessões portuguesas, podendo tornar-se prejudicial aos interesses da Espanha em caso de conflito com um vizinho tão irrequieto e cobiçoso.

No século XVI, e bem antes de fundar-se a segunda Buenos Aires, a ideia de uma rota semelhante foi preocupação insistente das autoridades paraguaias. Quando, ao regressar Tomé de Sousa ao reino europeu, voltara à tona a disputa entre portugueses e castelhanos em torno do Prata, já Assunção se tinha convertido num núcleo dinâmico de conquista e povoamento que parecia justificar plenamente a inquietação do governo de Lisboa e que, não fosse a ulterior expansão bandeirante, dificilmente teria similar no continente. A fundação de Ontiveros (1554) à margem esquerda do rio Paraná, a de Ciudad Real de Guairá (1556) junto à boca do Piquiri, finalmente a de Vila Rica del Espírito Santo (1570), na direção do Ivaí, representam autênticas pontas de lança em direção aos senhorios da Coroa portuguesa. Quando hoje se fala no Guairá, o que imediatamente ocorre é a lembrança das reduções jesuíticas devastadas pelos mamelucos de São Paulo. No entanto a chegada ali dos jesuítas é bem mais tardia, iniciando-se por volta de 1610, e sua conquista espiritual é uma consequência e um complemento da expansão política.

Com efeito, dos estabelecimentos oficiais criados na região, apenas o terceiro, ou seja, o de Vila Rica, não resulta diretamente da ambição de estabelecer-se uma via de comunicação com o litoral atlântico, se é certo que o motivo direto de sua fundação, e que se espelha no nome que lhe deram, se prende à notícia, logo frustrada, da existência ali de abundantes jazidas de ouro. As outras duas têm origem na ambição de Irala de abrir um caminho para o mar, depois dos esforços malsucedidos para fazer-se um porto no estuário platino. A vila de Ontiveros, fundada no mesmo ano em que também se funda no campo de Piratininga o colégio de São Paulo e logo em seguida à deliberação do primeiro governador do Brasil de impedir o caminho entre Assunção e São Vicente, é como uma resposta à decisão de Tomé de Sousa. Diz Ruy Diaz de Guzmán que duas razões importantes determinaram essa fundação. A primeira prendia-se à necessidade de comunicação e trato com os moradores da costa do mar, a fim de avisar Sua Majestade do estado da terra. A outra visava a escusar os grandes danos e assaltos que faziam os portugueses naquelas partes.[58] Ao mau sucesso dessa tentativa inicial seguira-se, dois ou três anos depois, a fundação de Ciudad Real de Guairá, por ser "escalão e passagem do caminho do Brasil" e para ela se trasladaram os que restavam dos moradores de Ontiveros, que com isso se despovoou.

Essa marcha para leste dependia, contudo, para subsistir, da existência de uma saída para o mar bem assegurada contra quaisquer ameaças do exterior. Porém, as tentativas dos castelhanos de formar uma povoação em São Francisco foram prejudicadas pela vizinhança dos portugueses de São Vicente, como bem antes se frustrara a de Iguape. No entanto o plano de fazer rematar a rota guairenha no litoral catarinense terá longa vida. Mesmo depois de fundado em definitivo o porto de Buenos Aires não desistirão alguns governos desse intento. Numa carta escrita em 1607 por Hernandarias de Saavedra a Sua Majestade, o governador crioulo, sempre atento às necessidades da gente da terra, ainda falava com grande empenho na conveniência de se fazer esse porto de Santa Catarina, de onde seria boa, breve e sem maior risco a navegação por mar até a Espanha.

Para Hernandarias, pertencia a ideia desse porto a um plano muito mais vasto, que se completaria com um caminho entre Assunção, Santa Cruz de la Sierra e o Peru. Por essa via, se Sua Majestade fosse servido ordenar que a empregassem na condução da prata de Potosí, se poupariam grandes gastos, por se tratar de caminho onde, a seu ver, podiam rodar carretas. Levada a prata a Santa Catarina, a viagem por mar até a Europa seria igualmente breve, e menos tormentosa do que a tradicional, de Puerto Bello a Sevilha.[59] Reiterava-se dessa forma um velho plano, o mesmo que já dera origem à fundação da casa-forte de João de Salazar, à margem do Paraguai, e que Irala procurava levar a cabo.

Já em 1548, durante a *gran entrada* tivera notícia, o governador, de que outros espanhóis já tinham chegado às terras ricas do Oeste. O mesmo Nufrio de Chavez que, por ordem de Irala, se dirigira em 1557 ao Guairá, com o fito de reduzir os naturais daquela região e remediar os contínuos assaltos dos portugueses do Brasil, que os iam escravizar, é enviado no ano imediato a fundar uma povoação ao norte ou noroeste de Assunção, por onde se facilitariam eventualmente as comunicações com o Peru. Já se sabe como dessa expedição resultou fundar-se, em 1561, Santa Cruz de la Sierra e como, sendo decidido que não ficava esse estabelecimento na jurisdição do Paraguai, acaba seu fundador por desvincular-se da autoridade de Assunção.

À morte de Chavez em 1568 atribuem alguns a interrupção forçada do povoamento por aquelas partes. D. Félix de Azara chega até a presumir que, sem essa desgraça, teriam sido achadas e possuídas pelos espanhóis as minas de ouro e diamantes que desfrutariam depois os portugueses em Mato Grosso e Cuiabá, e a comunicação com a Espanha pelo Paraguai e o Prata se conservaria aberta, ao menos para as províncias de Chiquitos, Moxos e Santa Cruz, além de outras que, à falta delas, foram sempre e sempre haveriam de ser pobres. Mas a verdade é que em fins do século as perspectivas de conquistas novas, em torno e sobretudo a leste de Santa Cruz, pareciam à Coroa espanhola mais intoleráveis do que desejáveis. É o que sugere a proibição de 1595, que, além de vedar os novos descobrimentos por aquelas partes, mandava expressamente vedar outros que se fizessem na direção do Brasil. A experiência da rota subsidiária de Buenos Aires mostrara de modo eloquente como a existência de mais de um caminho era fatalmente ocasião de descaminho de metais preciosos.

Apesar disso, segundo a curiosa lógica dos colonos, tinham-se por compatíveis, geralmente, o obedecer e o descumprir ao mesmo tempo as ordens vindas da Metrópole, de sorte que o estabelecimento de comunicações que unissem ao alto Peru o litoral atlântico continuava na ordem do dia, sobretudo no Paraguai, que tinha um papel decisivo nessas comunicações, destinadas a substituir com mais brevidade a rota tradicional e legal da prata. Ainda ultimamente se dera um passo para isso através do rio Bermejo, o qual se revelara, no entanto, menos apropriado para a navegação, ainda que caudaloso. Tanto que se faziam ali as viagens por terra, e terra singularmente inóspita, seguindo apenas a direção mostrada pelo rio. Como ponto de enlace para tal esforço criara-se ali, em 1585, a cidade de Concepción, que não dará bom fruto, e com o tempo se há de despovoar.

É pela mesma época ou pouco depois que se cogitará na pacificação das tribos guaranis do norte, cujas amotinações incessantes provinham dos tempos de Cabeza de Vaca, senão antes, e da fundação ali de uma cidade, que se chamará Santiago de Xerez. Muito mais tarde, ou seja, em 1616, escreverá a Sua Majestade o fundador dela, agora incumbido da pacificação dos chiriguanos pelo vice-rei marquês de Montes Claros, sobre notável sistema de comunicações que tornaria possível ligar-se Santa Cruz de la Sierra e a província de Charcas com o Brasil e Buenos Aires a leste e com o Paraguai e Tucuman ao sul.[60] No plano teria lugar, por força, a cidade e província de Xerez, que ficava na encruzilhada dos vários caminhos: distava cerca de 130 léguas de Santa Cruz e setenta, aproximadamente, de Vila Rica do Espírito Santo, a meio caminho, esta, da costa do mar.

Por volta de 1631 será o mesmo tema tratado numas razões que oferece ao Real Conselho o padre Diogo de Torres Bollo. Nesse papel é lembrada a conveniência de se sujeitarem a Sua Majestade, e não a encomendeiros, os índios do rio Paraná, do Guairá e do Uruguai. As vantagens da medida estavam em ganhar a Coroa esses vassalos com todos os mais que ficam na direção do Atlântico e também em poder usar o porto de Santa Catarina e outros, para se poder ir desde Potosí até a Espanha, com grande brevidade e sem precisar tocar no rio da Prata.[61] No mesmo papel também se trata do empenho que havia em se pacificarem os índios da Nova Biscaia, nome que se pretendeu dar à província de Xerez, provavelmente em sinal de reconhecimento aos serviços ali prestados pelo vascongado Juan de Garay.

Consta, com efeito, que pouco antes de fundar a nova Buenos Aires, encaminhara-se Garay para as comarcas do norte a fim de castigar as tribos ali assentes, o que de fato realizou por volta de 1578. Aconteceu que, tendo submetido esses índios, descobriu ele junto ao Mbotetei as tribos nhuaras ou uhuguaras, nomes esses que querem dizer "moradores dos campos" e que têm a ver com as planícies onde habitavam e que correspondem aos campos que mais tarde se chamarão "de Xerez".[62] Diz Azara que, tendo ali recolhido cerca de quinhentos desses nhuaras, levou-os às cercanias do povoado de Ipané, na latitude de 23°13'30", onde formou o povoado de Pericoguaçu, repartindo os índios entre os espanhóis levados de Assunção.[63] É possível que desde então se cogitasse de fundar nas beiradas do Mbotetei algum povoado de cristãos com a ajuda de índios que, aparentemente de bom grado, se deixaram batizar.

O fato é que, segundo informações transmitidas por Azara,

cuidou Garay de mandar fazer naqueles lugares uma cidade destinada a tornar-se cabeça da província de Nova Biscaia, e para esse efeito teria ido Ruy Diaz Melgarejo àquelas partes à frente de sessenta soldados. Não foi bem-sucedida a empresa devido à oposição que desde o começo lhe moveram os nhuaras e os guaxarapos, que eram os índios mais próximos. O padre Lozano diz que também se opuseram ao intento os guatós e os guaicurus ou mbaias, a que chama guanches e guetus, mas Guevara discorda, afirmando que Lozano, se conhecesse os guatós, não os incluiria entre os opositores e que os mbaias também não poderiam criar obstáculos ao novo estabelecimento por se acharem esses índios, então, "muito apartados dele". Além de padecer das hostilidades dos naturais da região, a cidade foi prejudicada pela ausência ali das propaladas minas de ouro e de azougue, assim como pela falta de comércio, de sorte que foi sendo abandonada até não restar um só dos antigos povoadores.[64] As vantagens de um estabelecimento de castelhanos nas partes do norte pareceram, no entanto, tão óbvias, que logo se animariam os de Assunção a ir repovoá-las.

Dessa missão ia incumbir-se um outro Ruy Diaz, o conquistador e historiador Ruy Diaz de Gusmán, tenente de governador nas províncias do Paraná, que abrangiam o Guairá, depois de ter trasladado, em 1792, para a beira do Ivaí os moradores da Vila Rica do Espírito Santo, que tinha em sua jurisdição rios, montanhas, campos e pinhais que corriam até São Paulo no Brasil, e já se comunicava com os portugueses.[65] A nova povoação iniciou-se, em realidade, como uma colônia guairenha, tendo sido instalada com gente tirada de Vila Rica e Ciudad Real, "levada a força", afirma-o d. Félix de Azara, e apesar dos protestos que então se fizeram naquelas cidades e em Assunção.[66] Embora o nome de Xerez tenha sido associado por numerosos historiadores à cidade mandada fundar por Garay junto ao Mbotetei, parece ele aplicar-se melhor a esta, onde participaram entre outros Gusmán e seu irmão Diego Ponce de Léon, que pretenderiam lembrar a terra de onde era originária sua família, pois de Alonso Riquelme de Gusmán, pai de Ruy Diaz e de Diego Ponce, sabe-se efetivamente que era natural de Xerez na Espanha.

Conhecem-se em parte os termos da informação que em abril de 1593 mandou o primeiro cabildo da nova cidade de Santiago de Xerez, e dela consta que, reconheceu afinal, a gente levada por Guzmán, ser muito vantajoso o lugar, não só pela bondade da terra, como pela disposição favorável dos índios, que todos queriam ser cristãos. Lida a carta em Assunção e verificado que a cidade ficava entre indígenas já encomendados por Garay, foi feito um apelo a Hernandarias de Saavedra, eleito pouco antes tenente de governador pelo cabildo de Assunção, desafeto de Ruy Diaz, para fazer despovoar Santiago de Xerez. Hernandarias seguiu efetivamente para o norte e mandou ao lugar o capitão Alonso de Cabrera, com sete homens e os requerimentos competentes. Apesar, porém, da desafeição existente entre Hernandarias e Ruy Diaz, oriunda dos tempos em que os pais de ambos tiveram sérias desinteligências que se manteriam nas suas famílias,[67] confirmou-se a fundação. Ficava essa primeira (ou segunda) Xerez junto às bordas do Jaguari, nome que deram os castelhanos geralmente ao rio Ivinheima, mas Azara, sempre inclinado, um pouco por dever de ofício, a dilatar o mais possível a primitiva área da expansão castelhana, de sorte a mostrar a injustiça das "usurpações lusitanas", julga sem explicação maior – "y creo", diz – que ela estaria situada à margem do Pardo, nos lados de Camapuã. Com isso estaria, perto de 150 anos antes, em plena rota das monções de povoado.

Pouco tempo, no entanto, permaneceu a cidade nesse lugar. Logo depois, talvez no mesmo ano de 1593, e por obra do próprio Guzmán, muda-se para as bandas do Mbotetei, possivelmente para o lugar onde teria estado a cidade mandada fundar por Garay. Novas dificuldades foram então criadas pelos encomendeiros, que se sentiam lesados. Tudo porém se resolveu ainda aqui satisfatoriamente. Ruy Diaz de Guzmán pinta em *La Argentina* um quadro extremamente lisonjeiro de Santiago de Xerez, mas o amor de pai não lhe permite, no caso, uma visão perfeitamente imparcial. É clara, no seu escrever, sua esperança de ver perpetuada a obra que criou. Descreve as terras de todo o distrito como fertilíssimas. Por toda parte haveria abelheiras com muita produção de mel e cera. Também havia pastagens em abundância para toda espécie de gado, excelente capacidade para a produção de pão e vinho, assim como de legumes e sementes de Espanha. Os índios, mormente nas partes altas – dois grupos –, tinham o mesmo costume e a mesma língua, eram de boa inclinação, não muito bárbaros, e ignoravam o que fossem bebidas que embriagassem. Os das terras baixas falavam línguas diversas, moravam entre rios e lagoas onde se criava o arroz silvestre de que sabiam fazer boas provisões. Também colhiam, além disso, muito algodão, o qual crescia espontaneamente e sem necessitar de benefício algum.

"Finalmente", escreve, "é provincia, essa, de muita estimação e das mais ricas e nobres daquele governo [do Rio da Prata], porque nas fraldas da cordilheira, que parte suas terras em alta e baixa, e vem correndo desde o Brasil, já se têm achado minerais de ouro com muitas mostras de metais de prata."[68] A leste da mesma cidade de Santiago de Xerez existiria um povo de pigmeus, que vivia parte do tempo embaixo da terra, de onde saíam os homens para os campos rasos. Do lado do norte havia muitos povos, até a província dos "colorados", perto dos chamados paperuis, ou partis, como se lê em outras versões impressas da mesma obra. Aguirre, que não perdoa o abandono daquelas comarcas pelos de Assunção, tamanho era o descaso que deixaria os de São Paulo incorporarem-na ao cabo à América portuguesa, apesar de julgar que não seriam consideráveis os minerais ali existentes, acredita que a província dos "colorados", pelo rumo e distância dados, devia estar onde depois se encontraram as minas do Cuiabá. E assim também, que os papueris (ou partis) seriam, pela situação e quase pelo nome, idênticos aos parecis, que viviam entre Cuiabá e o Mato Grosso, numa chapada rica em ouro.

Com todas as suas pretensas riquezas e amenidades, a cidade de Santiago de Xerez não tinha como prosperar. Mesmo nos tempos bonançosos nunca passou, em realidade, de uma pobre aldeia, que vegetava miseravelmente. Os vizinhos de Xerez "quase todos eram mestiços de baixos pensamentos", escreve o padre Lozano. O mesmo escritor afirma, embora sem precisar a data, que não chegavam esses vizinhos a trinta homens.[69] Azara, no entanto, reduz essa cifra à metade, no ano de 1605: "solo tenia quince hombres de armas".[70] E careciam então de pároco, motivo pelo qual os brancos e mestiços se iam perdendo, voltando por sua vez os índios aos ritos antigos, com o que se tornavam intratáveis e ameaçavam os mais moradores.

Se o solo da região era realmente fértil, a grande distância em que se achava dos centros povoados de castelhanos, e a dificuldade em vencer-se essa distância, não pela ausência de comunicações, mas pelo muito tempo nelas consumido, entravam o desenvolvimento de uma atividade econômica verdadeiramente compensadora. A cidade de Assunção, de que em tudo dependia, estava aproximadamente a noventa léguas de seu assento inicial, à margem do Jaguari, e a mais de cem do novo, e parece que definitivo, à margem do Mbotetei. Para o pastoreio não eram tão favoráveis ali as condições como nos campos posteriormente chamados da Vacaria: nesses ao menos podia o gado valer-se dos barreiros ou lambedouros de sal em lugares acessíveis. A cera abundante das abelheiras silvestres não deve ter tido grande saída para outras províncias, ao contrário do que pretendeu Guzmán: em verdade, nunca se conseguirá descobrir um método eficaz para branqueá-la, de modo a poder servir nas cerimônias do culto. Para as cerimônias existia também, ali, a resina mais ou menos aromática da almecegueira, o "incenso da América", ou certas variedades do estoraque, mas esses ou outros produtos com iguais propriedades existiam também em partes do Paraguai e até em Tucuman. E se mais tarde chegaram a ser explorados pelos jesuítas do Itatim, a causa estaria provavelmente em se acharem ali concentrados largamente os padres, não na qualidade superior ou na maior abundância do produto.

Além dessas desvantagens e da carência das jazidas minerais, cuja fama fora um dos alicientes do povoamento de Xerez, junte-se, entre os fatores da miséria do lugar, a alegação, bem ou mal apoiada, de ser o lugar particularmente enfermiço. Resulta dessa constituição pestilencial da terra, quem o diz é ainda Lozano, o fato de em breve tempo terem sido sepultados os povoadores principais, só escapando, acrescenta, aqueles que "por mais vis teriam feito menos falta, e assim se conservou a cidade com pouco lustre, tanto que não pôde conseguir sacerdotes para administrarem os sacramentos".[71] As reiteradas queixas sobre a ausência de eclesiásticos, uma das características de toda a região do Guairá antes de ali se fundarem as reduções jesuíticas, fazem-se ainda mais frequentes a propósito de Santiago de Xerez.

Com efeito, o padre que acorreu à cidade logo em seguida à fundação não ficou nela mais de dois meses, apesar dos bons frutos de sua obra missionária, pois conseguiu batizar para cima de 2 mil índios. Depois, em 1595, visitaram-na os padres Manuel de Ortega e Saloni, em nome do superior da missão da Companhia de Jesus, Juan Romero, fazendo-se acompanhar do padre Marciel de Lorenzana. Mais uma vez visitou-a, em 1597, o padre Ortega, e se houve com heroica abnegação e caridade por ocasião da peste que naquele ano assolou a cidade.[72] As notícias subsequentes, sempre que se referem a Santiago de Xerez, ajuntam obrigatoriamente: "sem pároco". Por volta de 1610 escreveu o cabildo local ao provincial da Companhia, Diogo de Torres, solicitando socorros espirituais, pois de outra forma não teria a população remédio para suas almas, e aquela vinha de Deus se iria perder por falta de bons obreiros: nem os naturais recebiam o batismo que tanto desejavam, nem os espanhóis os sacramentos de que tanto precisavam.[73] Mas o medo das pestes que infestavam o lugar também afugentava os religiosos. Os jesuítas ainda poderiam dar um pouco do remédio de que todos estavam carecidos, e no entanto só o fariam se pudessem livremente reduzir o gentio infiel daquelas cercanias, sem o risco de se ver molestados pela ganância dos encomendeiros.

Poucos anos antes de 1621, lá apareceu certo clérigo do Brasil, que entrou pelo caminho de São Paulo, e ajudado dos moradores da cidade arrebanhou uma leva de índios. Estes o matariam, porém, no caminho, ao perceberem, e era pura verdade, que os levava para empregá-los em trabalhos forçados, e outro tanto fizeram com outros portugueses companheiros do padre. A documentação hoje conhecida não permite identificar esse clérigo. Chamava-se Costa, segundo Nicolau del Techo[74] – "Acosta" no texto original –, e não se sabe de nenhum clérigo desse apelido que tivessem sacrificado os índios ao serem levados para o cativeiro. Seja como for, o sucedido com esse padre irá ter repercussões negativas quando, mais tarde, iniciarem os jesuítas sua obra de catequese naquelas comarcas, pois não era fácil aos missionários convencer os índios de que as deles eram melhores intenções.

De qualquer forma inscreve-se esse caso entre outros muitos que servem para demonstrar como as invasões paulistas da terceira e quarta década do século XVII foram precedidas de esforços seguidos e nem sempre bem-sucedidos, que equivalem a um reconhecimento do terreno, depois que as entradas escravistas ermaram de indígenas as beiradas do Anhembi. Em carta dirigida a Sua Majestade a 28 de julho de 1616 por Hernandarias de Saavedra, informa o solícito governador crioulo dos roubos e agravos que, segundo lhe mandavam dizer os lugares-tenentes do Guairá, praticavam ali os portugueses do Brasil contra os índios, capturando-os aos milhares, neles fazendo grande e cruel mortandade e desnaturalizando-os, pois que os levavam a vender naquele Estado. "E agora a tanto chegaram sua crueldade e atrevimento", acrescenta, "que me avisa o tenente da cidade de Xerez como lá foram e levaram um povoado de índios que estava perto dela em servidão e de paz."

Prosseguindo, alvitra Hernandarias as soluções que lhe parecem mais indicadas para obviar tais calamidades. "Esses danos", diz, "convem que Vossa Magestade se sirva remediá-los e o melhor meio está em que se despovoe São Paulo, povoação dos ditos portugueses que isto praticam, pois além de fazer cessar assim tais coisas, o dito lugar não será mais escala para que passem ao Peru passageiros, como o fizeram nos anos passados. Convirá também que se faça a divisão deste governo, porque, com a ajuda da pessoa que seja encarregada daquelas partes, não haverá ocasião para que os ditos portugueses façam os ditos danos."[75]

Sugere a informação do governador paraguaio – Hernadarias era natural de Assunção – que as entradas paulistas já se realizavam em grande escala, ainda que sem o aparato bélico que mais tarde as distinguiu, não só para as terras situadas ao sul do rio Paranapanema, como para as que ficavam a oeste do rio Paraná. Apesar de muito apartadas umas das outras, e tendo de permeio, além do Paraná, a "serra" de Maracaju, e em parte a Bodoquena, ambas costumavam ser compreendidas, então, entre espanhóis, sob a denominação de Guairá, no sentido lato, e isso é até certo ponto explicável no caso de Santiago de Xerez, que fora em seu início colônia de guairenhos. No sentido mais estrito o topônimo não se refere sequer a Vila Rica do Espírito Santo, mas sobretudo a Ciudad Real, fundada nas terras que foram do cacique Guairá. Entre os de São Paulo, no entanto, a tudo aquilo se atribuía a denominação ainda mais vaga de "sertão dos carijós".

No sertão dos carijós o cabo de bandeira Lázaro da Costa manda fazer o inventário dos bens de Pedro Sardinha, que ali morreu de sua doença,[76] e nada impede que fosse a região de Xerez uma das que talou aquele capitão. Tendo saído este de

São Paulo em julho de 1615 e achando-se de volta, ao menos uma parte da tropa, antes de 9 de abril do ano seguinte, pois é dessa data o inventário ali feito do dito Sardinha, pode-se pensar que à sua gente se devessem as queixas de Hernandarias a Sua Majestade em julho de 1616. Por outro lado presume Taunay, fundado em razões que entretanto não se esclarecem, ter ido a bandeira de Lázaro "provavelmente" a terras hoje de Santa Catarina.[77] Terras que também se compreendiam nesse vasto e impreciso "sertão dos carijós", mas que se chamavam de modo mais específico "sertão dos Patos". Verdade é que muito antes de 1616, a julgar por mais de um informe, já esse sertão dos Patos fora despovoado de seus carijós por sucessivas expedições saídas de São Paulo.

A velha ideia de subdividir-se, para bem governá-lo, o território chamado do Rio da Prata deveria concretizar-se aparentemente, para Hernandarias, de conformidade com o plano por ele próprio sugerido quase dez anos antes, e resultava do conhecimento direto da maior parte desse território. Segundo sua proposta de 1607, uma das divisões devia abranger Ciudad Real, Vila Rica do Espírito Santo e Santiago de Xerez com os contornos e, provavelmente, com o mais que lhe fosse agregado no Guairá e no sul do atual estado brasileiro de Mato Grosso. Dessa forma, acreditava, haveria um governo aparelhado, na medida do possível, para conter as arremetidas paulistas sobre as mesmas áreas, o que era praticamente impossível fazer-se a partir de Buenos Aires, onde residiam de ordinário os governadores. A outra divisão, de acordo com a mesma proposta, abrangeria o restante da *gobernación*, nela incluídas Buenos Aires e Assunção.

A divisão finalmente adotada, em real cédula de dezembro de 1617, seguiu a da proposta de Hernandarias, mas com importante modificação introduzida pelo marquês de Montes Claros, vice-rei do Peru, que, consultado a respeito, lembrou a conveniência de ser juntada Assunção ao Guairá e Xerez, sem dúvida porque a cidade de Ayolas estaria em situação melhor para servir de elo entre duas áreas tão distintas e distantes, além de se achar aparelhada para sede de uma tão vasta província, como já o fora de todo o Rio da Prata. Por outro lado viu-se Assunção, a partir desse momento, destacada do único porto – Buenos Aires – por onde poderia comunicar-se com a Europa, e a *gobernación* de que ficava sendo sede passou a denominar-se, toda ela, do Guairá, separando-a da outra aproximadamente os limites que hoje separam do Paraguai a Argentina.

A falta de condições, tanto no Guairá primitivo como em Xerez, para se criar em qualquer delas o centro do novo governo independente era evidente. Todavia não era menos exato que a própria Assunção se achava dessangrada pelas muitas fundações de cidades que lhe devem origem e também pelo êxodo de grande parte da população, que, como sucedera especialmente em 1568, teria escassos meios para atender às exigências que a ela sobretudo impunha atender, e que tinham motivado a subdivisão. Assim, segundo expressamente se pretendeu, deveria cessar o "notável mau ofício e agravo que se faz, por intermédio dos portugueses do Brasil aos naturais daquelas províncias do Guairá, onde entram os ditos portugueses a roubar os ditos índios, e os levam [...] ao Brasil, onde os vendem por escravos assim para os engenhos de açúcar como para as minas de ouro e outros efeitos".[78] A prova de que Assunção, empobrecida e desarmada, como agora se encontrava, não tinha como atender a esse perigo surgiria pouco mais tarde com as primeiras grandes investidas bandeirantes sobre o Guairá.

Embora as invasões paulistas visassem mais diretamente às reduções jesuíticas e não encontrassem resistência digna desse nome por parte da população civil das cidades espanholas, que em muitos casos pactuou com os invasores, todas, cidades e reduções, foram igualmente atingidas pelos seus resultados. Em realidade, à divisão externa de 1617, que criou as duas províncias separadas, a do Rio da Prata e a do Guairá, somava-se uma divisão interna, que opunha missionários a *encomenderos*, estes de longa data estabelecidos nas mesmas regiões e cujos interesses eram ou pareciam ameaçados pelos da Companhia. Em verdade, o estabelecimento dos jesuítas com missões próprias ocorre, em sua maior parte, no intervalo que separa a criação das duas províncias e a primeira grande invasão bandeirante. Antes da divisão só existiam, propriamente, no Guairá, duas reduções, fundadas, ambas, em 1610: Loreto e San Ignacio Miní. As outras do mesmo Guairá e as quatro, mal começadas, que se situavam nas redondezas de Xerez ou, mais exatamente, no Itatim são de data posterior. Posterior, em muitos casos, aos assaltos de 1628.

A mesma divisão interna, que no Guairá há de facilitar as ofensivas dos mamelucos de São Paulo, também subsiste no caso de Xerez. Acresce que aqui os moradores se sentem cada vez menos seguros em face das muitas tribos que habitam suas proximidades e ameaçam a cada instante confederar-se contra eles. E o pior é que o primeiro entusiasmo suscitado pelas amenidades da região cedera lugar à convicção de ser ele insalubre e prejudicial, por esse lado, aos indígenas tanto quanto aos europeus. A solução estaria numa mudança de sítio, dependente da anuência da maior parte dos moradores, de autorização do governador e da escolha de lugar próprio para o novo assento.

A solicitação necessária ao governador foi feita em 1625 pelo procurador geral da cidade, Bernabé de Contreras. Precedera-a o recurso extraordinário ao *cabildo abierto*. Era este o nome dado a uma reunião na Casa do Conselho, dos moradores, homens da governança e a maior parte do povo, além dos oficiais da Câmara, em sessão solene que condissesse com a importância das decisões a serem tomadas. Aprovada a mudança, recaiu a escolha da nova sede da cidade sobre uma área existente para as bandas do rio Paraná, as planícies do Jaguari, que a todos pareceu oferecer boas comodidades.

Não podendo o governador comparecer em pessoa para

tratar do caso como lhe competia, por se achar de viagem marcada para Chuquisaca, encarregou de representá-lo o lugar-tenente Diego de Orrego y Mendoza. Advertiu, no entanto, que uma decisão final dependia de sua presença, e só poderia estar presente depois de voltar da viagem projetada. Seja como for, não chegaria a efetuar-se a trasladação, e engana-se certamente o barão do Rio Branco quando afirma que, em 1632, os paulistas desalojaram os jesuítas das posições que ocupavam a oeste do rio Pardo e destruíram a cidade espanhola de Santiago de Xerez, situada então em uma chapada da serra de Amambaí chamada "llanos de Yaguari",[79] pois a verdade é que os testemunhos conhecidos são concordes em situar a Xerez atacada à margem direita do Mbotetei, que era o sítio de onde deveria mudar-se, o que não chegara a fazer-se.

É também nesse sítio que a colocam vários mapas da época, trazendo a indicação expressa: "Xerez destruída". A começar pela carta jesuítica apresentada ao R. P. Vincenzo Caraffa e publicada no *Atlas Major* de Blaeuw: de sua reprodução acompanha, com o número I A, a exposição sobre a questão de limites com a República Argentina feita pelo barão, em nome do Brasil. E é onde serão localizadas em 1778 as suas ruínas pelo capitão João Leme do Prado. O historiador Lozano pretende que, apesar de já decidida a mudança, não houvera tempo de efetuá-la, porque antes disso recaiu sobre os moradores o fatal açoite dos mamelucos, forçando-os a largar a cidade.[80] O laconismo da documentação não permite senão admitir que no drama de Xerez e do Itatim figuraram, do lado dos "portugueses", os mesmos personagens, ou parte deles, que naquele ano de 1632 acabavam de talar o Guairá, onde remataram a ação destruidora de 1628.

Nos textos conhecidos só chega a ser nomeado um dos três cabos de guerra paulistas que se sabe terem assolado a região, e chamam-no fuão Quadros, a propósito de certo incidente havido entre ele e o padre Inácio Martinez.[81] Seria com certeza o bandeirante Ascenço de Quadros, que tinha estado no

Guairá com a gente de Sebastião Preto e Antônio Raposo Tavares. Mas o quase nada que transpirou sobre as diferentes etapas da obra devastadora dos de São Paulo na região não impede de saber que esta se viu facilitada em parte pela cooperação ativa de alguns dos próprios vizinhos de Xerez. Azara sustenta positivamente, referindo-se a eles, que, em 1632, "se fueron todos con los Mamelucos portugueses".[82] Há exagero nisto, pois de alguns consta que passariam a viver ou a definhar em Assunção, onde se acolheram, ou na nova Vila Rica formada com as sobras da população das cidades arruinadas.

Contudo, numa petição do padre João Batista Ferrufino, diz-se de d. Diego de Orrego, "tenente na dita cidade de Xerez", sem dúvida o mesmo que, na qualidade de lugar-tenente do governador, se vira por este incumbido de diligenciar sobre a mudança dela, que se meteu entre os invasores portugueses, serviu-lhes de guia e com eles capturou e se apossou de muitos índios.[83] O nome do próprio procurador, Bernabé de Contreras, que em 1625 solicitara essa mudança, falando em nome do povo, também figura na documentação paulista, particularmente em Pedro Taques, entre aqueles "cavalheiros castelhanos que se passaram da província do Paraguai com suas famílias para a capitania de São Paulo pelos anos de 1630 até 1634, tendo eles estado alguns anos na campanha chamada Vacaria, cujos gados, em copiosa abundância, deixaram totalmente [...]".[84] Esses dois exemplos parecem sugerir que a gente principal do lugar estaria comprometida em sua perda.

Depois de assinalar a presença desses elementos castelhanos na Vacaria, que está no caminho de Xerez, faz referência, o genealogista, à suspeita de que passariam eles a ser objeto, na capitania paulista, de estar incursos em algum crime de lesa-majestade, que os obrigaria a semelhante transmigração. É fora de dúvida, no entanto, que rapidamente passariam a integrar-se na vida local, como sucedeu igualmente com muitos paraguaios do Guairá, alguns dos quais vão aparecer pouco depois metidos no episódio da aclamação de Amador Bueno. Característico, por exemplo, é o caso do beneditino Juan de Ocampo y Medina, que tendo sido vigário de Vila Rica do Espírito Santo antes de 1632, ano em que a destruiriam os paulistas, aparece em 1633 como vigário de Sant'Ana de Parnaíba, em São Paulo.[85] Ainda não tivera tempo de aprender português, pois escreve em castelhano no inventário de Suzana Dias, mãe de André, Domingos e Baltazar Fernandes. Nem era necessário a rigor esse aprendizado, pois se faria entender dos seus fregueses recorrendo à língua geral da terra que, com pouca diferença, era a mesma em São Paulo, no Guairá, e em todo o Paraguai castelhano.

A abundante infiltração do elemento paraguaio em São Paulo chegaria mesmo a inquietar o governo espanhol pelas graves consequências em que eventualmente redundaria. O fato é que uma cédula real feita na cidade de Madri em setembro de 1639, onde expressamente se alude ao despovoamento de Santiago de Xerez, incumbe o Santo Ofício e o governador da Bahia de proceder contra aqueles que arruinaram cidades e reduções em terras da Coroa de Castela e de fazer com que saíssem do Brasil todos os castelhanos e também os portugueses que tivessem sido vizinhos do Paraguai.[86] Entre os nomes de castelhanos que se arrolam na cédula está um Diego Dorrego, talvez o Diego de Orrego que fora tenente do governador em Xerez, um fuão Ponce, que pode ser Gabriel Ponce de León, vizinho da mesma cidade e filho de Bernabé de Contreras, que, segundo já foi aqui lembrado, fora seu procurador, e Sebastião de Peralta, igualmente de Xerez. Aparece também o nome de Juan de Ocampo y Medina, acusado de ter participado das entradas paulistas e de as ter fomentado. A inclusão dessa gente na dita cédula é explicada com a alegação de que poderiam guiar futuramente os que saíssem a prear índios.

Não seriam infundados os temores. Mais do que guias, a verdade é que muitos desses paraguaios, por si ou seus descendentes imediatos, iriam ter papel nada irrelevante no alargamento da América lusitana à custa dos senhorios da Coroa de Castela. O próprio enlace de famílias guairenhas com velhos troncos paulistas começara aliás muito antes das grandes invasões de 1628-32, e eventualmente as preparara. Já em princípio do século casara-se na Vila Rica do Espírito Santo uma filha de Bartolomeu de Torales, vizinho desse povoado, com Baltazar Fernandes, o futuro fundador de Sorocaba, que cooperou largamente com seu irmão André no ataque a reduções de jesuítas castelhanos. Sabe-se que um neto e genro de Baltazar, André de Zuñega y León, será muito mais tarde cofundador da povoação ou arraial dos paulistas no sítio da Xerez destruída. O outro fundador, Pascoal Moreira Cabral, há de descobrir o ouro de Cuiabá. É de presumir que certas afinidades de formação e linguagem, assim como uma resistência comum e pertinaz aos desígnios dos padres da Companhia, que se opunham ao serviço pessoal dos índios, tendessem a superar contrastes possíveis entre castelhanos do Paraguai e portugueses de São Paulo, favorecendo sua cooperação.

A perda, entre tantos outros, do título dos "Ponces e Torales", que escreveu Pedro Taques, segundo sua própria declaração, priva-nos possivelmente de uma boa fonte para o melhor conhecimento de semelhante cooperação. Mesmo assim, não faltam elementos para ajuizar de sua extensão. Assim é que Gabriel Ponce de León, morador da Vila Rica e depois de Xerez, e genro de Baltazar Fernandez, é sogro, por sua vez, de Jerônimo Ferraz de Araújo, que aparecerá por volta de 1690 numa frustrada bandeira paulista à região de Chiquitos. Uma filha de Bernabé de Contreras, Violante de Gusmán, casou com Domingos do Prado, que figura em expedições realizadas ao sul do Guairá. O nome de Sebastián de Peralta, outro morador antigo de Xerez, surgirá numa das levas que, sob o comando de Antônio Raposo Tavares, sai de São Paulo em 1648 para alcançar o rio Paraguai através da Vacaria, chegando finalmente à foz do Amazonas. Como, a julgar por notícia que nos legou Pedro Taques, os moradores das cidades espanholas do Guairá que se estabeleceram depois em São Paulo teriam estado antes na Vacaria, pode-se crer que teriam cooperado ali com as bandeiras que assolaram Xerez e o Itatim.

Não faltam, aliás, testemunhos jesuíticos acerca da boa inteligência que associaria guairenhos a paulistas mesmo no auge das invasões. Um biógrafo de Montoya refere-se, por exemplo, aos grandes vexames a que sujeitavam os índios "os espanhóis de Vila Rica confederados aos mamelucos". Refere o mesmo escritor o caso ocorrido com os moradores da mesma Vila Rica, os quais, sabedores de como os mamelucos ameaçavam a redução de São Francisco Xavier, às margens do rio Tibaji, se prepararam aparentemente para expulsá-los, e desse propósito deram notícia ao provincial dos jesuítas. Este, ignorante da intenção danada desses espanhóis, "que por interessados e cúmplices" se entendiam com os malvados "portugueses do Brasil", dispôs-se logo a ir em companhia deles, deixando de seguir as advertências em contrário do padre Antônio Ruiz, que bem conhecia as traças e astúcias daquela gente e procurava dissuadi-lo de lhes fazer companhia. Logo se verificou, no entanto, que apesar de se ter achado pouco prudente, a princípio, o conselho de Montoya, os fatos acabaram por dar-lhe razão. Assim é que, defrontando o inimigo, um dos espanhóis logo se adiantou para assegurar aos de São Paulo que nada teriam estes a temer. Com semelhante garantia foi arvorada a bandeira de paz, "quando os de Vila Rica, superiores em forças, poderiam tomar-lhes a presa e dar-lhes o castigo merecido". A verdade, porém, é que não só ficaram surdos aos apelos do provincial, que os queria ver defendendo a causa de Deus, como tiveram sua parte nos despojos.[87] De sorte que, desamparados pelos moradores espanhóis do Guairá, os da Companhia perderam, uma a uma, todas as reduções de índios que haviam fundado na região, incluídas não apenas as de Loreto e San Ignacio, mas as outras onze que se fundaram depois de 1622. E ao cabo debelariam os paulistas os próprios estabelecimentos leigos, ou melhor, Vila Rica, porque

A CONQUISTA DO EXTREMO OESTE

As truculências do Paiaguá tinham sido o grande embaraço encontrado pela expansão luso-brasileira nos sertões ocidentais. Logo depois de 1780 deserta, porém, o implacavel "gentio de corso" das aguas do médio Paraguai e afluentes, teatro de suas antigas façanhas, e é mais para o sul, nas cercanias de Assunção, que vai agora principiar a agonia lenta de um povo tão infenso às artes da paz. Mal aproveitaria o exodo ao comércio fluvial do Cuiabá, meio desfalecido desde que se abriram outras vias de acesso ao coração do continente, e afinal comprometido, cada vez mais, pelo declínio das lavras minérais, que rapidamente se extenuam. Desvanecem-se dessa forma as forças que o amparavam quando abandonam a cena as que a desafiavam.

Entretanto não há como negar que a aceitação dêste e de muitos outros desafios tinha dado bons frutos para a América portuguêsa. O mais importante fôra a segura posse de tôda uma extensa área que lhe escapava claramente na demarcação de Tordesilhas e, a partir dessa área, dos limites que passava a ganhar em detrimento do castelhano. Caducando o velho tratado, que as duas Coroas nunca se mostraram solícitos em cumprir à risca, restava o argumento do uti possidetis, que acabaria por prevalecer. Sôbre êsse argumento ambas as Corôas podiam concordar, ainda quando divergissem em alguns pontos no tocante à aplicação, porque lhes dava o meio de conservar o adquirido, tanto ao Oriente da Asia como no Ocidente do Brasil. Sucede, porém, que os ganhos de Portugal no ocidente do Brasil pareciam assumir proporções prodigiósas e custava crer que êsse resultado fosse apenas o feliz coroamento, que a diplomacia convalidou, de uma sucessão mais ou menos desconexa de esforços anonimos. Houve assim quem apelasse para explicações engenhosas que podem ter seu fascínio, mormente quando se revelam capazes de alimentar fervores nacionais precisados de combustivel.

Como a solução finalmente adotada alargava o territótio brasileiro até o rio Paraguai e, transpondo-o em alguns pontos, violava por êles os limites chamados naturais, recorreu-se a um dêsses raciocínios preguiçosos que tratam de reduzir a complexidade dos processos históricos a alguma fórmula simplificadora. Partindo da idéia

1. Página dos originais de *O Extremo Oeste* datilografada e anotada por Sérgio Buarque de Holanda: "Estudar a marcha regressiva", "Essa marcha regressiva (no Paraguai) interrompeu-se no momento em que perdeu os estímulos [...]".

S. Paulo, 29.I.1965

Senhor Diretor

O projeto de pesquiza para o qual tomo a liberdade de pleitear auxílio da Fundação de Amparo à Pesquiza do Estado de S. Paulo tem em mira o levantamento e coleta de fontes visando ao estudo da navegação fluvial entre S. Paulo e o extremo-oeste brasileiro nos séculos XVIII e XIX. Com esse fito é necessária a realização de acurada pesquiza no acervo manuscrito da Biblioteca e Arquivo Público do Estado de Mato Grosso, com séde em Cuiabá, assim como da Biblioteca Nacional -- "arquivo do Morgado de Mateus" --, do Instituto Historico e Geografico Brasileiro -- "Correspondência dos Governadores de Mato Grosso"-- do Ministerio das Relações Exteriores e do Arquivo de Engenharia Militar do Ministerio da Guerra, todos os últimos no Estado da Guanabara.

Esse estudo visa a ampliar consideravelmente, comple - tando-a para segunda edição, o livro Monções, de autoria do interessado, cuja primeira edição, impressa em 1945, se encontra de há muito exgotada. Tendo sido iniciadas essas pesquizas no Rio de Janeiro desde 1945 e em Cuiabá em 1947, não puderam contudo ser concluidas devido à carência de elementos que se procura suprir agora com recurso a essa Fundação.

Para tal efeito deseja o interessado, em época a ser oportunamente fixada, demorar-se durante cerca de duas semanas em Cuiabá, onde prolongaria os trabalhos interrompidos, e realizar uma ou, de preferência, duas viagens ao Rio de Janeiro para coleta de novos dados, com duração, neste último caso, aproximadamente prevista para 20 ou 30 dias ao todo.

Sobre o assunto da pesquiza projetada, além da obra mencionada do presente autor, publicada em 1945, deve-se acrescentar o volume XI da Historia Geral das Bandeiras de Afonso d'Escragnolle Taunay, impresso em 1950, em que declaradamente se utilizam e em muitos pontos melhoram os resultados do trabalho de quem subscreve a presente. Uma e outra, no entanto, necessitam ser atualizadas através de novos métodos de elaboração historiográfica, de novas fontes só ultimamente descobertas, assim como de recursos que não eram disponiveis ao tempo em que se elaboraram. É claro que além dessas existem documentos impres-

2 e 3. Projeto de pesquisa apresentado à Fapesp em 1965. Sérgio Buarque pretendia pesquisar em Cuiabá e no Rio de Janeiro a fim de ampliar *Monções* para sua segunda edição.

pla, e por isso deixam de ser aquí discriminados.

Não dispondo no momento de qualquer exemplar do livro Mon-cões, além do que lhe vem servindo para a edição prevista, junta o interessado um exemplar de outra obra de sua autoria intitulada Ca-minhos e Fronteiras, onde em parte se abordam assuntos correlatos. A propósito parece util reproduzir aquí palavras que acerca da pri-meira obra se lêm no livro The Golden Age of Brazil. Growing Pains of a Colonial Society, University of California Press, Berkeley, 1962, pág. 462, de autoria do Prof. Charles R. Boxer do King's Col-lege, Universidade de Londres: "A Classic of its kind.   Some of ma-terial is embodied in the same author's latter work: Caminhos e Fronteiras".   Sirvam estas palavras de justificativa para a anexa-ção deste livro, em vez do anterior e, ao mesmo tempo, de recomen-dação para o tema, embora o interessado se confesse descontente com sua obra aludida e justamente deseje enriquece-la e melhora-la.

Depois de mencionados os trabalhos anteriores do pesquiza-dor no campo, cabe ainda lembrar, para obedecer ao disposto no i-tem 7 das observações inclusas no formulario de inscrição, que a projetada pesquiza, tendente a esclarecer em alguns dos seus aspe-tos mais significativos a formação da unidade nacional atravez da ligação das bacias do Prata e do Amazonas ajudaria ao mesmo tempo a melhor conhecer-se a formação do Brasil, esclarecendo o presen-te atravez do passado.

A coleta do documentário, salvo imprevisto, poderia efe -tuar-se em todo o ano corrente.   Em seguida se passaria à elabo-ração, que deverá estar completa até meiados de 1966, tendo sido a obra programada já entre as edições da Livraria José Olímpio, Co-leção Documentos Brasileiros, de sorte que se torna dispensavel o auxílio para impressão.   É preciso dizer que essa mesma elabora-ção, na parte que só depende de material anteriormente coligido ou de facil acesso nos arquivos de S. Paulo -- além de outros já re-cebidos em microfilmes, já foi iniciada há algum tempo.   Tratan-do-se, por outro lado, de trabalho de cunho estritamente pessoal, torna-se impossivel e aparentemente dispensavel a indicação de um substituto ou mesmo de um auxiliar.

Encaminhando a Vossa Excelência o pedido de inscrição, de vidamente preenchido, assim como a súmula do orçamento indispensa vel e um exemplar de obra acima mencionada, subscrevo-me com ele-vado apreço e consideração.

(Sergio Buarque de Holanda)

4. Escrivaninha de Sérgio Buarque na Biblioteca Central Cesar Lattes da Unicamp. Em destaque, o troféu Juca Pato e o prêmio Jabuti (ambos recebidos em 1980). Em meio a outros volumes, André Sekkel Cerqueira encontrou nela um caderno de capa preta. Ao abri-lo, notou tratar-se dos originais de dois capítulos reescritos de *Monções*. Após tal "descoberta", o caderno foi enviado ao Arquivo Central da Unicamp, onde estão os demais documentos do fundo Sérgio Buarque de Holanda.

5. Página dos originais do capítulo reescrito "As estradas móveis". Nele, o trabalho de "recorta e cola" feito pelo autor é bem nítido, facilitando a identificação do que foi alterado e do que permaneceu como estava na primeira edição.

2.

O TRANSPORTE FLUVIAL

O aproveitamento dos rios brasileiros para a navegação andou sempre muito aquem das possibilidades que à primeira vista oferece a nossa rede hidrográfica. É certo, no entanto, que, fora da Amazonia, raramente chegaram aquêles cursos d'água a representar caminho ideal para transportes a longa distância. A tanto se contrapunham estorvos de tôda ordem, que só se atalhavam com expedientes já em uso entre os antigos naturais da terra, longamente habituados a êsses embaraços. À influência indígena, decisiva aténêsse particular, deveu-se o recurso em larga escala à canôa de casca, indicada, segundo alguns, nos rios de cachoeiras. Podendo ir à sirga e varar por terra com facilidade, chegou ela a ser de grande préstimo na exploração de nosso território.

Dêsde o começo da atividade colonizadora teve ocasião, o europeu, de conhecer as almadias indígenas em circunstâncias nem sempre favoraveis às suas ambições predatórias. De canôas de casca, segundo consta, foram as frotas que o Cunhambebe costumava lançar contra os seus contrários do litoral vicentino. Escreveu Hans Staden, de uma delas, que abrangia 38 canôas, ocupada cada qual, em media, por 18 índios (1), o que dá um total de quase 700 homens. E se nos formos fiar em outros depoimentos, o de André Thevet, por exemplo, ou o de Simão de Vasconcelos, ambos referentes à mesma área e ao mêsmo grupo indígena, o total poderia ser consideravelmente superado,

Admite ainda Staden que algumas embarcações indígenas chegavam a levar até 30 pessoas, cifra também apontada por outros cronistas. Mas há quem, como Antonio Pigafetta ou como o padre Leonardo Nunes, fale em 40, enquanto Lery e Thevet aludem a 50, Pero Lopes de Sousa a 60, Sir Richard Hawkins a 70 e 80 (2) Não seriam estas, porém, canôas de casca; as que viu Pigafetta, por exemplo, eram expressamente de pau inteiriço. Por outro lado, as altissimas cifras fornecidas em

---

(1) Staden, Hans, <u>Viagem ao Brasil</u>, pág. 102.

(2) Staden, Hans, <u>op. cit.</u>, pág. 156; Pigafetta, Antonio, <u>Il Primo Viaggio in torno al Mondo</u>, pág. 84; Lery, Jean de, <u>Histoire d'un Voyage faict en la Terre du Brésil</u>, tº 2º, pág. 194; Leite, P. Serafim, <u>Cartas dos Primeiros Jesuitas</u>, 1º vol., pág. 203; Souza, Pero Lopes de, <u>Diario da Navegação</u>, 1º vol., pág. 138; "The Observations of Sir Richard Hawkins...", <u>Hakluytus Posthumus or Purchas His Pilgrimes</u>, vol. XVIII, pág. 95.-

6. Página dos originais do capítulo reescrito "O transporte fluvial". Aqui encontra-se o texto todo datilografado, com poucos ajustes manuscritos.

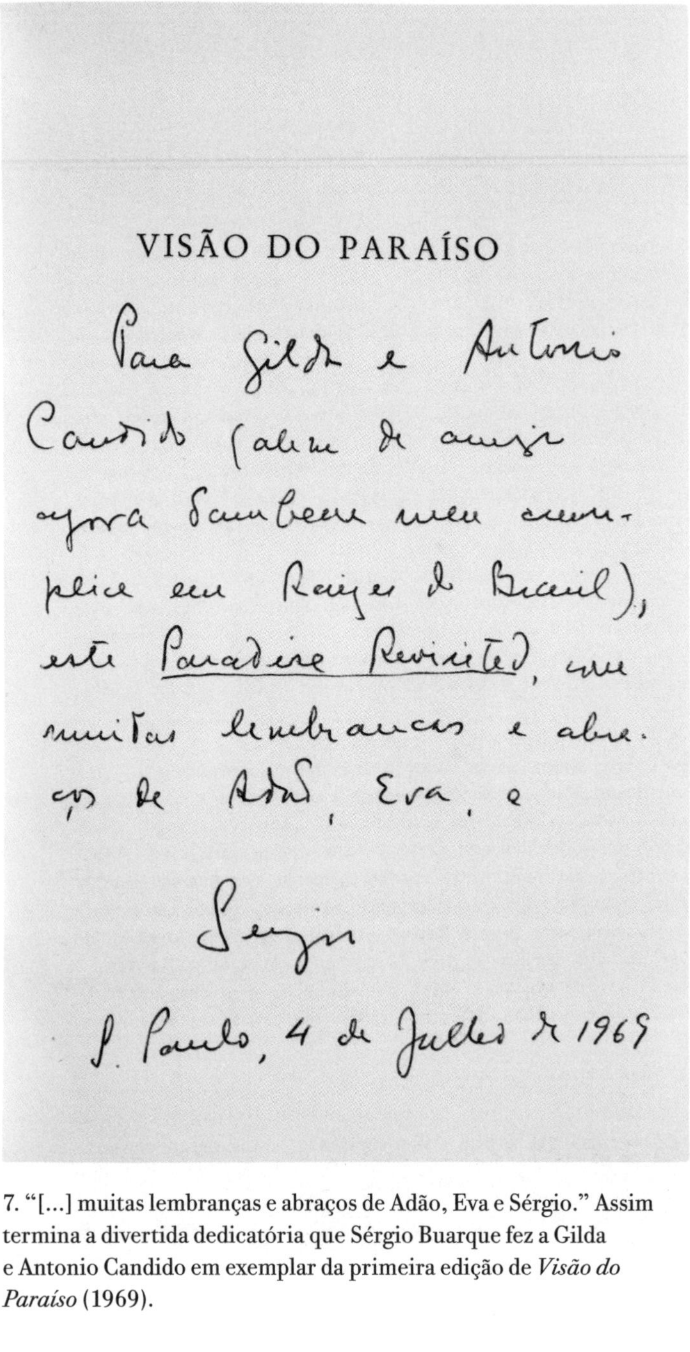

VISÃO DO PARAÍSO

[handwritten dedication:]

Para Gilda e Antonio Candido (além de amigo agora também meu cumplice em Raizes do Brasil), este *Paradise Revisited*, com muitas lembranças e abraços de Adão, Eva, e

Sergio

S. Paulo, 4 de Julho de 1969

7. "[...] muitas lembranças e abraços de Adão, Eva e Sérgio." Assim termina a divertida dedicatória que Sérgio Buarque fez a Gilda e Antonio Candido em exemplar da primeira edição de *Visão do Paraíso* (1969).

8. Sérgio Buarque na sala de sua casa na rua Buri, em 1970.

9. Sérgio Buarque de Holanda, Oscar Niemeyer, Antônio Houaiss e Ênio Silveira, por ocasião da instalação do Centro Brasil Democrático, em 1978.

10. Biblioteca pessoal de Sérgio Buarque de Holanda do modo como ele a deixou, 1982.

São Paulo, 12 de abril de 1985

Querida Maria Amélia:

Esta semana passei uns dias meio zonzo por causa do labirinto, de modo que só agora mando a carta de que falei.

Há tempos li os dois capítulos, que me pareceram excelentes, sobretudo o primeiro, que tem inclusive um movimento de composição admiravelmente lançado, mostrando com extraordinária vivacidade a relação do homem com o espaço físico, pela mediação das técnicas variadas, - o que era uma rara especialidade do Sérgio. O segundo é igualmente bom, mas mais "histórico", sobre um tema que foge um pouco ao meu interesse maior. Repito que ambos me pareceram magistrais, não com ar de primeira redação, mas de coisa pronta, salvo alguns lapsos, repetições, etc., que o autor haveria por certo de eliminar, mas que não cabe alterar. Há, é claro, alguns erros de dactilografia facilmente reparáveis. E anoto que no maço que você me deu falta o final; ou eu o perdi de volta a São Paulo, ou na confusão dos meus papéis. O que tenho se interrompe na página 126. Em todo o caso, deve ser quase completo e o suficiente para a avaliação que agora transmito.

Sendo assim, não tenho a menor dúvida de que deve ser publicado como está, com a nota explicativa que você, ou o historiador a quem você incumbir dela, fará a fim de orientar o leitor e explicar do que se trata. E acho que este material ficará como alguma coisa muito sólida e bonita.

Creio que não nos veremos antes de sua viagem, porque só pretendemos ir ao Rio pela altura de junho. Gostaria que desse muitas lembranças nossas à querida Gilda, e desejamos que você e Maria do Carmo aproveitem bastante os ares europeus.

Com o mais afetuoso abraço, aqui fica o

Antonio Candido

11. Carta de Antonio Candido a Maria Amélia Buarque de Holanda, onde conta que leu os dois capítulos que ela lhe enviou e dá seu aval para publicá-los. Tratava-se do volume que depois foi batizado de *O Extremo Oeste* por José Sebastião Witter, ex-aluno de Sérgio.

os moradores de Ciudad Real trataram de abandoná-la à simples notícia da aproximação dos invasores.

O fato de terem os bandeirantes completado suas devastações no Guairá, destruindo afinal essas duas cidades, sugere que houve pelo menos exagero por parte dos cronistas jesuítas que atribuem sobretudo à cumplicidade dos vizinhos espanhóis o fácil triunfo dos mamelucos. Se parece certo que, em casos individuais, a acusação pode comprovar-se, nada autoriza uma generalização nesse particular. Nada impede que o comum interesse de paulistas e guairenhos em dispor do serviço pessoal dos índios servisse de algum modo para amortecer a resistência que pudessem oferecer os últimos aos invasores. Assim se deu no Guairá, "onde parte dos encomendeiros são portugueses", diz um documento,[88] e onde os moradores de São Paulo podiam contar talvez com a boa vontade desses conterrâneos e também dos espanhóis com eles aparentados. E o que aconteceu no Guairá irá dar-se, segundo parece, em grau maior, no Itatim, situado a pouca distância de Xerez, e ao alcance dos moradores dessa cidade, que eventualmente poderiam defender os neófitos indígenas se assim o quisessem.

As fundações jesuíticas nessa área eram bem mais recentes do que as do Guairá. Muito mais recentes, ao menos, do que Loreto e San Ignacio Miní, que são de 1610, porque os outros *pueblos* guairenhos surgem entre 1622 e 1630. Em verdade parece mais certo dizer que as do Itatim se viram frustradas em seu nascedouro do que pretender que foram arrasadas. Cronologicamente seu estabelecimento coincide aproximadamente com a transmigração dos índios do Guairá, após a primeira invasão em grande escala dos paulistas, e surge, assim como as do Tape, um pouco para compensar a perda daquela área. Foi o próprio Montoya quem, instado para aproveitar a boa disposição aparente dos naturais do Itatim, e não podendo ir pessoalmente a dirigir as missões, deliberou mandar em seu lugar os padres Ransonier e Van Surck, belgas ambos, aos quais, dado o bom êxito dos trabalhos, começados em fins de 1631, logo se foram juntar os padres Henart e Martinez. Não se passou um semestre e já tinham começado a ser erigidos ali quatro *pueblos*. Sobre sua exata localização não há certeza, e os próprios nomes que receberam podem ser objeto de controvérsia. Apoiado em conjecturas, um moderno historiador estima que duas dessas reduções, Angeles e San José, ficariam respectivamente à margem de um rio que pode ser o Nebileque atual e entre esse e o braço inferior do Mbotetei,[89] ambas a pouca distância de Xerez. Quanto à localização das duas reduções restantes, que se chamariam, segundo parece, San Benito e Natividad, é possível tentá-la, se não com certeza, com maior probabilidade e ficariam ao sul das primeiras.

Chamados pela notável abundância ali de índios neófitos ou pagãos, que também atraíram às mesmas partes os missionários da Companhia, tudo faz crer que os mamelucos decepcionados com o pouco fruto colhido no Guairá, onde o êxodo dos índios cristãos dirigidos por Montoya para lugares aparentemente menos expostos esvaziara diversas reduções, decidiram encaminhar-se para lugares porventura mais rendosos. Quer dizer que a esperança de conquistar ali o que lhes escapara, a mesma esperança que os levara afinal a atacar Vila Rica do Espírito Santo, os teria dirigido ao Itatim, o que poderiam fazer em pouco tempo atravessando o rio Paraná ao norte do salto grande, e acompanhando, por exemplo, o curso do Ivinheima, até chegar às contravertentes. A destruição de Vila Rica opera-se a partir de fins de agosto de 1632. No mesmo ano, pelo dia de São Francisco Xavier, que cai a 3 de dezembro, são assinaladas as tropas de São Paulo nas proximidades do Mbotetei, e podem ter chegado antes.

É possível que, em sua companhia, levassem os paulistas os aliados guairenhos, pois Pedro Taques pretende que teriam estado na Vacaria, antes de se transferirem definitivamente para São Paulo, os moradores, principalmente de Vila Rica do Espírito Santo, que se fixaram na capitania, e nela constituíram família. As mesmas razões que levaram esses guairenhos a unir-se aos invasores, já se sabe como são igualmente válidas para Xerez e seus campos. E se nem todos, aqui, se bandearam para os invasores, o comum antagonismo que os opunha aos missionários jesuítas deixava-os desarmados, em muitos casos, perante o invasor. Aliás, o que ocorria no Guairá ou em Xerez verificava-se até em Assunção, onde os *encomenderos* se sentiam frequentemente lesados pela atividade dos padres.

É significativo que, segundo testemunhos da época, a acolhida que tiveram da população assuncenha os mamelucos aprisionados durante as escaramuças de que resultou a morte do padre Diego de Alfaro esteve longe de ser hostil. Escreve um historiador da província jesuítica do Paraguai que o próprio governador, quando consigo levou os prisioneiros brasileiros àquela cidade, distante oitenta léguas do local das operações, com eles se conduziu "mais brandamente do que devia".[90] Tanto, acrescenta, que não lhe faltou, segundo se afirmava, o merecido castigo do céu: contraiu uma enfermidade e sua casa foi abrasada por um raio. E embora tivesse mandado os mamelucos ao governador de La Plata, em Charcas, para que os punisse, aconteceu que devido à intervenção de alguns varões principais da terra "nada sofreram os malfeitores e voltaram à sua pátria".

Mais expressiva ainda dessa quase complacência diante dos invasores é uma petição apresentada em 1637 ao então governador do Paraguai pelo procurador de Assunção, onde trata este de desfazer calúnias assacadas pelos padres da Companhia contra o povo da cidade e o seu "cristão proceder", atribuindo aos ditos padres toda a cizânia que passou a lavrar na província depois de sua chegada. Na longa exposição do procurador, todos os males que viera a sofrer o Paraguai das invasões de paulistas se atribuem em última análise aos jesuítas. Historiando em particular o sucedido no Itatim e em Xerez, pretende o autor da petição que a origem da inimizade existente entre os "portugueses de São Paulo" e os mesmos padres está no fato de ocultarem estes aos seus senhores os índios daquela vila que iam a Vila Rica e a Ciudad Real devido à comunicação que com seus moradores tinham os paulistas. Foram estes, primeiro em tom de paz, pedir aos missionários restituição das peças de seu serviço, que estavam debaixo dos foros do Estado do Brasil, alegando que acabaria por perder-se o mesmo Estado se perseverassem os padres nesse proceder. Como não fossem atendidos os apelos, sucedeu-lhes a irritação e o rompimento de armas, com mortos de parte a parte e ódios consecutivos.

No que respeita ao Itatim particularmente e a Xerez, escreve o procurador que, depois dos desbaratos do Guairá, saíram os mamelucos em seguimento dos ditos padres com ânimo de vingança. Chegando ao local, onde havia quatro aldeias de neófitos, surpreenderam os jesuítas e lhes tomaram índios, índias e seus filhos, que levaram todos para São Paulo. Dano esse notável, observa, "e que jamais se esperou e nem temeu" por serem aquelas terras tão apartadas da cidade de São Paulo e muito mais próximas de Assunção.[91] E como remate de males, despovoou-se ao cabo Santiago de Xerez. Com tal despovoamento, que se segue à destruição de Vila Rica do Espírito Santo e ao abandono de Ciudad Real de Guairá, fica a província castelhana do Paraguai reduzida praticamente a uma única cidade, isto é, à própria Assunção, cabeça, antigamente, de todo o Rio da Prata.

Constantemente assediada pelo inimigo guaicuru e o paiaguá, falecem-lhe condições para poder devidamente sustentar o notável esforço expansivo que em seus inícios a distinguira. O abandono definitivo das terras guairenhas parecia consumado depois de 1632, e nenhum esforço maior se fez desde então para recuperá-las. Ao êxodo dos índios das reduções, seguira-se ali o dos espanhóis. Destes, os que não quiseram unir sua sorte à dos invasores trataram de retrair-se para a banda ocidental do Paraná, onde, em obediência a uma cédula real, edificaram junto às nascentes do Jejuí, à altura do Curuguati, a terceira Vila Rica do Espírito Santo:[92] terceira porque, enquanto se achava na banda esquerda, tinha tido dois assentos sucessivos. Nem assim os deixariam em sossego os de São Paulo. Passados mais de quarenta anos, vai ser acometida a localidade, e ocupada, pelos homens de Francisco Pedroso Xavier, que antes de se retirarem, fizeram nas redondezas farta colheita de índios e animais de criação. O desamparo a que se viram sujeitos os habitantes com a saída dos soldados vindos de Assunção, e que inutilmente perseguiram os invasores, dará lugar a nova mudança da vila andeja, que se transporta para Itapé, de onde os mandou desalojar o procurador geral de Assunção, e em seguida para junto do Tobatiri, no lugar chamado Espinillo, e afinal para Ibituruçu, 35 léguas a sudeste da capital, e lá ainda está nos dias de hoje. Ao todo cinco mudanças.

Nas partes do norte a falta de limites tão nítidos, como aquele que traça do lado oriental o rio Paraná, poderia deixar mais abertas a uma reocupação pelos castelhanos das áreas devastadas em 1632-3. Sobretudo por lhes serem mais facilmente acessíveis através da estrada desimpedida que é o rio Paraguai e, depois, o Mbotetei, e estarem muito apartadas de São Paulo, segundo o disse o procurador Baltazar Pucheta. Outro tanto poderá dizer muito mais tarde, do lado português, o brigadeiro Sá e Faria, ao tratar da situação da praça do Iguatemi. Apesar de ser dificultoso ao extremo o caminho por terra a Assunção, existia para os castelhanos a comodidade do Jejuí-Guaçu, que se atravessa por entre Curuguati e a dita praça, e é navegável para grandes barcos até desaguar no Paraguai, por onde se pode igualmente ir àquela cidade, ao passo que para chegarem ali socorros de São Paulo precisariam estes vencer 301 léguas, e se gastariam ao menos seis meses de demora entre a vinda de avisos e a ida de auxílios.[93]

É certo que durante muitos anos, até quase um século depois de despovoada Xerez, são constantemente enviadas tropas de Assunção expressamente incumbidas de vigiar ali e, se possível, embaraçar os movimentos dos "portugueses". Todavia, enquanto os jesuítas ainda tentam, sem resultado, restaurar sua perdida Itatim, a ação das autoridades civis não vai além daquela vigilância. É inegável, não obstante, que esse simples zelo já indica a atração constante daquelas terras que a oeste se alongavam no rumo das opulências peruanas e ao norte apontavam para o país das Amazonas, que Hernando de Ribera quase vislumbrou. E o fato é que essa atração deixou forte vinco na imaginação popular. Um bom conhecedor do sul de Mato Grosso tentou recentemente discernir a obscura intuição de um fenômeno geológico antiquíssimo – ou seja, a presença de largo mar interior, que na área do Pantanal teria antecedido ao aparecimento do homem –, em algumas locuções típicas do caboclo brasileiro da mesma região, como "vim da *costa* do Miranda", por exemplo, ou "vou à *costa* do Perdido".[94] No entanto nada há de obscuro, há, ao contrário, a precisão de quem evocasse qualquer coisa de próximo e tangível, nas palavras com que o paraguaio das mesmas bandas se refere à cidade desaparecida ali há mais de trezentos anos. "Ainda hoje, tanto tempo depois de desaparecida aquela vila", escreve um historiador, "se ouve dizer ao paraguaio do norte *Ajha Jere-nú pe*, que significa: 'Vou aos campos de Xerez'."[95]

No século passado, durante a Guerra da Tríplice Aliança, bem antes, por conseguinte, de conciliar-se com o "Império escravista", o que só aconteceria quase às vésperas do nosso Quinze de Novembro, o geógrafo Élysée Reclus cunhou uma frase que teve seu momento de celebridade ao dizer da República do Paraguai que era o natural prolongamento da província brasileira de Mato Grosso. Ora, a recíproca também poderia ser verdadeira, e não deixou de sê-lo para "castelhanos" do século XVI, como Ruy Diaz de Guzmán, que fundou Santiago de Xerez, ou como seu desafeto Hernandarias de Saavedra, que a confirmou e preservou. Mas já no século XVII, a partir de 1633, poderão os de São Paulo, com iguais títulos, achar que além da barreira do Paraná se prolongam naturalmente, de leste para oeste, as terras da Coroa de Portugal. Referem depoimentos jesuíticos como, depois de assolar o Itatim, juraram os mamelucos não mais voltar a um lugar onde só se chegava depois de percorridos caminhos dilatados, ásperos, faltos de sustento e ainda por cima infestados de índios contrários.[96] Bem sabiam os padres que eram juras para descumprir.

O certo é que, descortinados os campos de Xerez, passariam eles às vezes a fornecer pousada, albergue, colheita de sementeiras e infalivelmente passagem privilegiada para as bandeiras destinadas ao Extremo Oeste. Ao Peru? Assim o pensavam os castelhanos, ao menos o diziam, quando, mostrando as ameaças que representavam essas entradas para Potosí, julgavam com isso tocar um ponto singularmente nevrálgico. Haverá mesmo, depois de edificada a Colônia do Sacramento, quem afirme que essa ponta de lança, posta no Rio da Prata, conjugada com a que os paulistas estabeleceram pouco antes no lugar da antiga Xerez, formava a verdadeira tenaz com que Portugal, sozinho ou unido aos hereges do Norte, ingleses e holandeses, se preparava claramente para despojar Castela do melhor das Índias.

A increpação era velha e a simples possibilidade, bem comprovada, de se poder alcançar o Peru a partir de São Paulo, através do Paraguai, e sobretudo daqueles campos de Xerez, facilmente sensibilizava os mais zelosos na preservação dos tesouros das Índias de Castela. O exemplo da proposta feita em 1616 por Hernandarias, entre vários outros, no sentido de ser despovoada a vila de São Paulo, cujos moradores já começavam a fazer das suas tropelias em Xerez e bem poderiam querer convertê-la em escala para irem passageiros ao Peru "como o fizeram nos anos passados",[97] não é caso isolado. O caminho do Peru pelo Paraguai, tão desejado a princípio, era dificultoso, mas as mesmas razões que embaraçavam o trânsito por aquela via abriam-no para os que ilicitamente procuravam alcançar as minas afamadas da cordilheira ocidental.

O mau precedente que representara o caminho tão mais suave por Buenos Aires, origem de muito descaminho do metal precioso, aconselhava as autoridades espanholas a impedir na medida de suas forças essa terceira linha de comunicação com o exterior. Ainda no século XVIII há quem se ofereça para fazer à própria custa uma estrada entre Assunção e Chuquisaca que permitisse o escoamento dos produtos do alto Peru. Agradeceram as autoridades a proposta, mas se recusaram a aceitá-la. E o fundamento dessa cortês recusa ia somar-se agora, para dar-lhes mais peso, às razões dos que preferiram a via tradicional de Puerto Bello e Panamá, com exclusão das demais. É que a estrada projetada iria passar muito perto das possessões portuguesas, prejudicando eventualmente as da Coroa de Castela em caso de conflito com tão irrequieto vizinho.[98] Com efeito, a cidade de Chuquisaca, a mesma que, ao longo dos tempos, também se chamou La Plata, Charcas e finalmente Sucre – Sucre depois de emancipado o alto Peru (ou seja, a Bolívia atual) –, ficava muito contígua ao cerro do Potosí, para que a facilidade de comunicar-se com Assunção, tão ao alcance da gente de São Paulo, não fosse causa de preocupações.

Deveriam ser exagerados, por outro lado, os temores de uma agressão dos mesmos paulistas contra os tesouros do antigo império incaico, tão naturalmente protegidos pela natureza e pelos homens. Mesmo no zênite da expansão bandeirante, que antecede aos grandes descobrimentos auríferos nas Gerais, não seria tamanha a força de que dispunham os mamelucos para desafiar o poder castelhano no coração daquele vice-reinado, nem era a busca de metais preciosos o móvel das entradas. Era na mão de obra indígena que estavam, como bem se sabe, as minas prediletas dos paulistas, e a eles se aplica bem o dito do padre Vieira, em 1657, a saber, que a fama das de ouro e prata sempre foi pretexto com que de aqui se iam a buscar as outras minas, que se achavam nas veias dos índios, não nas veias da terra.[99] Nada impede, no entanto, que bem antes pudesse alcançar o Peru por terra quem saísse de São Paulo e por vias menos trilhadas, por conseguinte mais ocultas do que o *camiño real* de Buenos Aires, e da existência e prestância dessas vias não faltam testemunhos castelhanos de começos do século XVII.

Não faltam, além desses, testemunhos luso-brasileiros da mesma época acerca do caminho sertanejo. Um dos mais velhos e famosos é uma carta dos vereadores de São Paulo ao donatário da capitania, datada de 1606 e que ainda existia no arquivo municipal ao tempo do Azevedo Marques, que a publicou. Consta desse documento, a propósito dos portugueses e índios da dita vila, que é "gente usada ao sertão e que com bom caudilho passam ao Peru por terra e isto não é fábula".[100] Nem é improvável que essa via, por menos guardada que as demais, fosse a preferida de alguns dos numerosos "peruleiros", não apenas portugueses, que então e mais tarde viveram em Potosí ou na Cidade dos Reis. A sua, no entanto, era uma infiltração pacífica, menos temida pela ameaça que pudesse representar de conquista territorial do que pelos riscos que acarretasse à inteireza da santa fé católica numa época em que o nome português equivalia quase, nas Índias de Castela, aos de cristão-novo ou gente da nação. A ideia de conquista seria escusada, aliás, quando castelhanos e lusitanos eram vassalos de um só e o mesmo rei.

Perante a Câmara da vila de São Paulo dizia, em fins de 1622, o procurador da Coroa que estava seguramente informado da chegada de um navio trazendo vinte e tantos indivíduos, os quais se propunham passar pelo caminho vedado, com grande prejuízo para a capitania e assim também para os reinos de Castela e Portugal. Toda aquela parecia gente facinorosa, padres fugidos a seus santos misteres, mulheres vestidas de homens, leigos em trajes de frades, matadores e outros levantados com fazendas alheias.[101] Acontece isso aos 17 de dezembro, e parece que não se tomaram as providências propostas para se pôr cobro a tanto desaforo, porque logo no mês de abril seguinte já se encontravam na vila aqueles forasteiros a provocar queixas de moradores.[102] Não consta expressamente das atas que se destinassem ao Peru, dizendo-se apenas que queriam ir à Vila Rica do Espírito Santo. Contudo a documentação paraguaia sobre os muitos que de São Paulo se passavam então pelo caminho da Vila Rica com o desígnio de ir ao Peru, apesar de todas as proibições existentes, deixa suspeitas sobre o destino real dos denunciados. Nem o Guairá oferecia atrativos aos ambiciosos, salvo quando se tratasse de preadores de carijós, e esses eram em regra naturais da própria vila, nem eram precisos tantos rebuços para quem fosse enfrentar ali uma vida mofina e miserável.

Pela mesma época, mais precisamente aos 9 de setembro de 1622, morria no assento de Potosí o português Luís Castanho de Almeida. É o que se lê num certificado de quitação dado pelo licenciado Lourenço de Mendonça, que se encontra no seu inventário feito dois anos mais tarde em São Paulo, onde o defunto tinha mulher e filhos, residentes em Parnaíba. Acrescenta Mendonça, cura e beneficiado daquelas minas e anexos, que privara e familiarmente tratara com o dito Castanho em vida deste.[103] O pouco que se sabe do morto está no mesmo inventário e nas palavras que lhe dedicou Pedro Taques no título "Almeidas Castanhos" da *Nobiliarquia*, a propósito de sua mulher Catarina de Almeida, natural de São Paulo, onde se lê que, morador em Parnaíba, estivera "muitos anos ausente no Peru e nas minas de Potosi", onde faleceu, tendo feito a viagem por terra, ou seja, pelo Paraguai.[104] A julgar pela idade de seu filho mais novo, o futuro bandeirante Luís Castanho de Almeida, que contava seus dez a onze anos quando se fez o inventário dos bens deixados pelo pai (agosto de 1624), teria este seguido para o Peru por volta de 1613 ou pouco mais tarde, e isso parece condizer com o que em 1616 escrevera Hernandarias de Saavedra em carta já citada a el-rei sobre os muitos passageiros portugueses que se foram "nos anos passados" para o Peru.

Alguma coisa mais se encontra no texto do genealogista acerca desse personagem. Diz-se, por exemplo, que tendo feito assento na futura vila de Sant'Ana de Parnaíba, fundou em seu termo uma fazenda de cultura com um pomar de frutas da Europa, nele plantou as primeiras nogueiras que houve na capitania de São Paulo e eram os frutos maiores do que os de Portugal. Ainda pelos anos de 1735, existiam algumas árvores delas no mesmo sítio, onde colheu uns quatro alqueires de nozes o visitador dos monges beneditinos, frei Antônio da Luz, quando passou em Parnaíba a caminho de Sorocaba, e não se cansaria de divulgar a surpresa que o fato lhe causou.

Sobre a viagem do "peruleiro", assim se exprime Pedro Taques: "Tendo Antonio Castanho passado ao Peru, como então o faziam os antigos paulistas, penetrando o sertão do Paraguai, sem dependência de buscarem o passo da cordilheira por Mendoza, e por inumeráveis nações de gentios bárbaros chegavam ao Peru, d'onde traziam a prata de que foi muito abundante a cidade de São Paulo". Não obstante a referência ao passo da cordilheira por Mendoza, que leva a Santiago do Chile, de onde as comunicações com o Peru se fazem de ordinário por mar, devido à barreira do Atacama, é fora de dúvida que se refere Taques ao *camiño real* de Buenos Aires, que passa por São Miguel de Tucuman, Salta e Jejuí. É a rota secundária para o cerro de Potosí, caminho da fraude e do contrabando, por onde se escoava clandestinamente uma parcela do metal branco, apesar de algumas autorizações, em 1602, em 1618, as quais tomadas ao pé da letra não seriam senão portas entreabertas, no dizer de um historiador.[105] Não é essa, e sim uma terceira rota, a que, se nos fiarmos no genealogista, percorreram os antigos paulistas, entre eles Antônio Castanho, cortando o Paraguai, eventualmente pelos campos de Xerez e o Chaco, servia para o trânsito de passageiros e muito menos para o comércio, ainda que sorrateiro, devido às suas asperezas e ao perigo de índios bravios que o infestavam.

De um dos personagens que aparecem na história de Antônio Castanho da Silva há informações mais pormenorizadas. Sabe-se efetivamente de Lourenço de Mendonça, o mesmo que, quando cura e beneficiado no assento de Potosí e anexos na província dos Chichas, privou e tratou familiarmente com Castanho, que natural de Cezimbra, perto de Lisboa, tinha entrado em 1602, aos dezessete anos de idade, para a Companhia de Jesus, de onde, no entanto, acabaria expulso. Este acontecimento não deve ter abalado, porém, sua vocação eclesiástica, pois é como presbítero secular, que corresponde ao mais alto grau das Ordens Sacras, que aparece vinte anos depois, exatamente em 1622, na Vila Imperial do Potosí, onde seria comissário da Inquisição.

Foi provavelmente um pouco de sua experiência própria e a dos seus conacionais, malvistos naquelas partes e em tantas outras das Índias de Castela, o que o animou a redigir uma *Suplicación... en defensa de los Portugueses*, que se imprimiu em Madri em 1630. Nessa obra, segundo consta, procura Mendonça demonstrar, e o faz apaixonadamente, como os portugueses não são vassalos menos leais do que os próprios castelhanos da Coroa espanhola. Apesar disso, são o alvo na Vila Imperial de rigorosas leis que visam a excluí-los da comunidade, acusam-nos a todos de judeus e os cárceres estão cheios deles, como se fossem agentes ou espiões de algum rei estrangeiro e inimigo. A verdade é que estão longe de ser os roubadores, espias ou hereges, assim tachados pelos seus inimigos, e nem usaram jamais contra os índios daquela crueza que Las Casas atribui aos castelhanos. Bem ao contrário disso, na turbulenta Potosí, tão precisada de tranquilidade, eles têm sido um elemento eminentemente pacífico e que largamente contribuiu para a lavra e o benefício da prata.[106] É possível que, neste ponto, pensasse nos muitos operários portugueses que, apesar de tantas vexações, trabalhavam e padeciam nas minas. Ou especialmente em figuras tais como aquele extraordinário Enrique Garces, originário do Porto, poeta louvado por Cervantes e homens de mil e uma habilidades e primeiro descobridor de depósitos de mercúrio no Peru, onde introduziria o tratamento a frio da prata, o chamado "beneficio de patio", que tamanha importância ia ter ali nos progressos da mineração.

Ao que parece, permaneceu no Potosí até 1625, regressando ao Velho Mundo pela via do Atlântico, o "mar do Norte", como então o chamavam para distingui-lo do "mar do Sul", que corresponde ao Pacífico. Um historiador usualmente bem documentado refere-se a Lourenço de Mendonça, a propósito de Antônio Castanho da Silva, dizendo que trouxera da província dos Chichas a São Paulo o testamento do dito Castanho, "tendo feito a viagem por terra, varando sertões, segundo as informações colhidas".[107] Essa notícia pode induzir facilmente a enganos, pois há motivo para crer que, em vez de fazer sua viagem por veredas ignotas e mal trilhadas como o eram as do Paraguai, Mendonça se teria valido de outro já bem conhecido:* o de Tucuman e Buenos Aires. Além disso, se consigo trouxe o testamento de Antônio Castanho, admira que não se encontre este ao lado do inventário do mesmo Castanho, que existe e se acha publicado. O papel da lavra de Mendonça juntado ao inventário é a quitação por ele assinada em Potosí com data de 31 de outubro de 1622. Quase dois anos depois é que aparece na vila de São Paulo e é aos 31 de agosto desse ano que Francisco de Proença, cunhado do Castanho, leva essa quitação ao juiz de órfãos da dita vila. É claro que o presbítero não podia estar em São Paulo em 1624 se, consoante outras notícias, saiu em 1625 do Peru.

O que fez pensar que o caminho por terra usado em sua viagem até a costa atlântica foi o caminho real de Tucuman e Buenos Aires é uma Aprovação que, já na qualidade de prelado do Rio de Janeiro, escreverá para a *Conquista Espiritual* do padre Montoya e é anteposta a essa obra. Logo de início afirma Lourenço de Mendonça que tinha recebido do Real e Supremo

---

* Neste trecho, Sérgio Buarque de Holanda parece ter se confundido ao deixar implícita a ideia de "outro *caminho* já bem conhecido", dado que uma vereda não seria bem conhecida.

Conselho de Sua Majestade ordem para ver e examinar tal obra, impressa em Madri na era de 1639. E isso se deve, acrescenta, à "notícia e experiência que tenho das Provincias do Reino do Peru, onde assisti largo tempo, e das línguas de seus habitantes, assim como do Porto de Buenos Aires e do rio da Prata".[108] Ora, não parece plausível que, referindo-se expressamente ao conhecimento que tinha do porto de Buenos Aires e da província do Rio da Prata, desde 1617 destacados do Paraguai, deixasse de fazer alusão a esta última província, tendo nela estado. Tanto mais quanto o Paraguai, e com ele o Guairá, tinham sido o grande teatro da ação missionária descrita por Montoya no livro.

Quando regressava à Europa, depois de percorrer o Prata, Lourenço de Mendonça deve ter interrompido a viagem para visitar o Brasil. Como saiu do Peru em 1625 e no trajeto até Buenos Aires, onde se deteve algum tempo, segundo informa ele próprio (ainda ao tempo de Concolocorvo e de seu *Lazarillo de los Ciegos Caminantes*, século e meio mais tarde, não se consumirão menos de dez meses), pode-se acreditar que não se demorou muito aqui, pois em 1630, e talvez antes, já está em Madri. Em 1631, por ser manifesta a suficiência de suas letras "no Peru e n'outras Provincias do sul" é nomeado administrador prelatício do Rio de Janeiro em substituição ao padre Pedro Homem Albernás, que regera interinamente os negócios eclesiásticos da diocese.

As muitas atribulações que padeceu no Rio, onde só chegou em setembro de 1632, depois de se demorar longo tempo na capitania do Espírito Santo, culminaram quando, maquinando sua morte, alguns habitantes da cidade conseguiram meter por uma janela da casa onde vivia um barril de pólvora com quatro morrões que foram postos ao pé do leito. Por milagre salvou-se o prelado do fogo em que ardeu a cama, e tudo quanto na casa havia.[109] Esse atentado, ocorrido apenas quatro dias depois de seu desembarque no Rio, foi apenas o primeiro indício da malquerença generalizada de que continuou a ser

Mendonça constante alvo, e foi atribuída a intrigas de elementos que já tinham conhecimento dele no Peru e se achavam ali de regresso. Ao que parecia a muitos, seu gênio atrabiliário, sua antipatia contra os cristãos-novos e os mestiços, não contribuíam menos para essa impopularidade, assim como suas íntimas relações com os padres da Companhia e sua oposição à escravidão dos índios.

Privados muitos moradores de escravos africanos devido ao elevado preço deles, mais do que pela ocupação pelos holandeses dos mercados fornecedores – o que só se irá verificar a partir de 1637 e em 1641, quando tomam respectivamente a Guiné e Angola –, ainda eram largamente usadas as peças da terra entre os fluminenses, apesar das reiteradas proibições da Coroa. Na sua maior parte eram vendidos os índios pelos de São Paulo e, segundo consta, os mesmos que na capitania sulina valiam entre quinze e vinte cruzados, custavam, postos no Rio, quarenta e até cinquenta. Contra o abuso, inutilmente vociferou d. Lourenço, tendo chegado mesmo a usar de sua autoridade para subtrair os carijós do injusto cativeiro em que jaziam para mandar entregá-los aos jesuítas, que prontamente os acolhiam em suas aldeias.

No intuito aparente de melhor conhecer as chamadas Capitanias de Baixo, que se achavam sob sua jurisdição – já estivera no Espírito Santo antes de seguir para o Rio –, mas, segundo todas as probabilidades, na esperança de poder cortar o mal pela raiz, dirigiu-se para São Paulo. Em 1634 o procurador do conselho da vila solicitou aos oficiais que pusessem cobro na venda de peças indígenas, que era feita por muita gente, a despeito das excomunhões lançadas pelo dr. Lourenço de Mendonça. Acedendo, mal ou bem, às ponderações feitas, mandaram os camaristas que se afixasse quartel no sentido de serem evitados os desmandos dos moradores.[110] Isso a 15 de julho. O prelado continuou entretanto na vila, e em março do ano seguinte, juntos nas casas do conselho, os oficiais da Câmara fizeram chamar os homens bons, e sendo juntos a maior parte do povo, tratou-se dos excessos do mesmo prelado, o qual, diziam, se intrometia abusivamente na jurisdição de Sua Majestade sobre compra e venda de peças do gentio, embora essa jurisdição pertencesse unicamente a el-rei. Ficou então deliberado irem todos à casa onde estava domiciliado Mendonça com o propósito de defenderem a jurisprudência real.[111] Parece que cedeu afinal o prelado, a todos declarando que não se intrometeria na jurisdição de Sua Majestade nem divulgaria certo sermão na matriz da vila, atendendo, nesse particular também, a vontade expressa dos presentes.

No Rio de Janeiro, porém, onde era cada vez maior o azedume geral contra o prelado, chegando-se a fazer contra ele terríveis libelos que eram mandados não só para outras partes do Brasil, mas ainda para as Índias de Castela, engendrou-se novo plano para arruiná-lo. Por instigação ou iniciativa de alguns eclesiásticos seus desafetos, mancomunados com elementos da governança, atribuiu-se a ele a prática de certo vício incompatível com sua dignidade e nesse sentido chegaram a obter confissão de um menor que lhe servia de criado. Acendeu-se diante disso a indignação popular e deliberou-se abandoná-lo em uma embarcação desarvorada fora da barra. Informado do projeto, frustrou-o, abrigando-se em março ou abril de 1637 numa nau que o levaria a Lisboa, de onde se passaria a Madri, sendo absolvido, afinal, das culpas que lhe imputavam, em sentença do Tribunal da Inquisição.

É talvez dessa época ou pouco posterior certo memorial sem data nem assinatura, atribuído, no entanto, ao mesmo Lourenço de Mendonça,[112] onde consta que, não havendo bispo no Rio de Janeiro, os clérigos que deviam receber ordens deixavam de ir à Bahia, por ser perigosa a navegação, indo ao Rio da Prata, por ser mais fácil, mais segura e "muy interessable". Acontecia que muitos se deixavam por lá ficar e seguiam depois para o Peru por ser a terra mais rica. Essas são as mesmas razões de outro memorial, datado, com certeza, de 1631, ou seja, de antes de sua vinda ao Rio de Janeiro como administrador prelatício. Declara ele nesse documento que, não podendo o bispo da Bahia acudir facilmente àquelas partes tão remotas da sede diocesana, veem-se os prelados obrigados a ir por terra, utilizando o caminho entre São Paulo e o Paraguai, ou por mar, até o Rio da Prata. Além de perigosa e infestada de inimigos, a navegação da Bahia tinha isto de mau, pois que arriscava-se o que lá fosse a não encontrar o bispo, que é apenas um para todo o Brasil e as mais das vezes não há. E indo alguém a ordenar-se nas Índias de Castela, com viagem segura, teria o bispo do Rio da Prata, o do Paraguai e o de Tucuman, que faltando um há sempre outro. Acontece, no entanto, que os governadores daquelas partes costumam levar muito a mal esse entrar por portos fechados e proibidos, sobretudo porque alguns se deixam lá ficar, e outros trazem índios das reduções e encomendas. Por isso, muito conviria que Sua Majestade, por descargo de consciência, seja servido que vá consagrado o administrador do Rio de Janeiro, ainda que seja sem cabildo, como em muitos lugares se usa.[113] El-rei Filipe IV de Espanha (III de Portugal) logo determinou remessa do documento ao Conselho de Índias, mas o resultado no momento foi uma consulta dilatória, pois deveriam ser ouvidos diversos bispos do aquém-mar.

Mais tarde, porém, à vista de outra representação do mesmo prelado, que se chegou a imprimir em Madri, em fevereiro de 1638, possivelmente idêntica ao do segundo memorial já citado, e como desafronta pelas perseguições e insultos que ele sofrera em sua prelasia, chegou a solicitar Sua Majestade, da Sé Apostólica, fosse criado bispado no Rio de Janeiro. E assim se fez, segundo resulta de carta do soberano à Mesa da Consciência, com a data de agosto de 1640, justificando a decisão tomada. É certo, no entanto, que não pareceu então conveniente à Santa Sé deferir à súplica, porque em dezembro do dito ano de 1640 se deu a aclamação do duque de Bragança, que se tornaria el-rei d. João IV.[114] Aliás, o próprio dr. Mendonça, que estivera para ocupar a mitra fluminense, não tornou mais ao Brasil, por ter abraçado o partido d'el-rei Filipe, preferindo recolher-se a Castela, e por esse motivo foi declarado traidor, em Lisboa, pelo juízo eclesiástico.

Se os seus depoimentos atestam como até os ordenandos se viam atraídos pela facilidade maior de comunicações entre o Brasil e o Prata, não admira que essas possessões castelhanas se achassem inundadas de homens de negócios portugueses, que dali se dirigiam muitas vezes para Tucuman e Charcas, onde, com notável frequência, se envolviam em atividades de contrabando. Essa atividade era largamente estimulada pela vantagem nos preços, que em Potosí eram quatro vezes, e em Tucuman seis vezes mais altos do que em Lima.[115] Um dos resultados dessa situação foi, aparentemente, o aumento considerável no volume dos transportes e no número de navios mandados de Lisboa para o Brasil. Insignificante em meados do século XVI, esse tráfico da América lusitana passaria, por volta de 1618, a requerer, em média, duzentas embarcações anualmente, o que evidentemente era demais para atender às necessidades de uma população estimada então em 8 mil vizinhos.[116] A explicação desse fato estaria em que boa parte das mercadorias transportadas nesses navios, de cem até quatrocentas toneladas cada um, seguia para o alto Peru. Acontecia, em tais condições, que os negociantes munidos de licença e que iam pelo trabalhoso caminho oficial, através do Panamá, já encontravam aqueles lugares bem abastecidos dos mesmos artigos que eles próprios levavam, e vendidos geralmente a preços mais baixos.

Para esse comércio de contrabando a via ordinariamente utilizada é a de Buenos Aires, que as do Paraguai são caminhos para aventureiros, não são caminhos para mercadores. As próprias autoridades castelhanas se deixavam, não raro, aliciar para o serviço do comércio ilegal e faziam vista grossa sobre os abusos. O resultado era que boa parte dos negócios, nas cidades peruanas, se encontrava em mãos desses forasteiros, que nem sempre se poderiam jactar de sua limpeza de sangue, a darmos crédito às crônicas coloniais, e outro tanto se diz de Buenos Aires, entreposto deles. A importância aqui da contribuição lusa não parece ter sido vivamente prejudicada com a criação, em 1622, da "alfândega seca" de Córdoba e nem o foi, de modo cabal logo depois de 1640, com a Restauração portuguesa. E quarenta anos depois da Restauração, quando o Brasil se for perdendo por falta do metal branco que vinha do Peru, irá surgir a Colônia do Sacramento, por onde se tentarão reanimar os ingressos de prata.

À importância desse comércio lícito ou ilícito, que se fazia através de Buenos Aires, prende-se a importância que assume no desenvolvimento da região platina, em seus primeiros tempos, pela presença ali de grande número de portugueses que se dedicavam sobretudo ao afã mercantil. E essa importância, que não deixa de marcar aspectos nada irrelevantes da história do Brasil, mormente do sul do país, já tem sido assinalada com a devida ênfase por mais de um pesquisador. Houve quem escrevesse, a propósito, que raras são as famílias, cujas origens remontem notoriamente ao século XVII, onde não se conte pelo menos um antepassado português. E a influência do elemento lusitano, que se afirma cada vez mais e prepondera decisivamente no correr daquele século, traduziu-se, segundo o autor dessas observações, nos mais benéficos resultados.

Escreve mais Lafuente Machain que a segunda Buenos Aires mal teria conseguido subsistir sem a ação dos portugueses. Graças a ela, principalmente, foi dado romperem-se ali os moldes demasiado estreitos que se impuseram a outras conquistas americanas. E ainda acrescenta que, acostumados, como se acham, os argentinos, a considerar a intervenção lusa no Prata por intermédio das representações de mandatários espanhóis, que eram parte interessada no caso, e que frisam quase só os aspectos militares dessa intervenção, hão de admirar-se muito se lhes for dito que foi ela o que "assegurou a durabilidade da cidade de Garay" e o que apressou, provavelmente, seu progresso.[117] Poderia dizer-se, contudo, que a muitos desses mandatários, quando não se achassem eles próprios envolvidos nas malhas do contrabando, menos do que a ameaça militar deveria preocupar a infiltração econômica de portugueses, chegados diretamente do Reino ou através do Brasil. No entanto, o simples fato de ter ela permitido ao núcleo platino um meio de escapar de viés ao rígido circuito de Sevilha não está à raiz de seu desenvolvimento inicial e da posição verdadeiramente singular que ocupou na América espanhola?

"Buenos Aires, a brasileira, a ladra de Potosí", exclamou um historiador de nossos dias, comparando-a a Manilha, a sanguessuga da prata de Zacatecas, depois de ter lembrado, fundando-se na documentação das duas Espanhas inimigas, a de Lisboa e a de Castela, que a Buenos Aires colonial "é portuguesa, é brasileira, tanto, ao menos, quanto é espanhola".[118] E o significado daquela rota secundária da prata, que vai ter em Buenos Aires, é coisa que as fontes sevilhanas tendem aparentemente, e por várias razões, a exagerar. O perigo, para os estudiosos, não estaria, a seu ver, em fazer pouco caso de tal sangria, porque perigo não existe, mas estaria, ao contrário, em sobrestimar muito o seu alcance: 10%, 20%, talvez 25% da produção de Potosí no melhor momento, por volta das primeiras três décadas do século XVII.

Todo esforço que vise a introduzir maior rigor nos dados sobre o volume do tráfico efetuado nessa rota secundária há de fatalmente esbarrar na impossibilidade de quantificá-los. Não é esse, aliás, o problema que aqui nos importa. O que importa é assinalar que, uma vez organizada a rede do contrabando, onde a diligência dos mercadores pode ser eficazmente protegida pela cumplicidade de funcionários igualmente solícitos, tende a perder sentido o recurso à terceira via – ou antes, às vias, porque é plural a rota –, que corta o Paraguai e desafia as inclemências do Chaco antes de encontrar a terra rica. Mas de São Paulo, que teria sido sua principal porta, segundo resulta da documentação conhecida, se um Antônio

Castanho e outros, sem dúvida, depois e antes dele, puderam vencer aqueles obstáculos, seduzidos pelos tesouros do alto Peru, já se sabe como a procura de mão de obra foi o mais constante atrativo dos sertanistas que seguiam os caminhos do Oeste. E mesmo quando talaram as partes orientais do vice-reinado castelhano, move-os a ambição de colher peças, não pedras, na expressão do cronista do Seiscentos.

E, contudo, ao fluxo agressivo dos mamelucos correspondia verdadeiro refluxo por parte dos hispano-guaranis do Paraguai. Refluxo que os levaria a largar o Guairá e os distritos de Xerez e do Itatim diante da arrancada paulista, atrofiando-se ou imobilizando-se, ao mesmo tempo, o dinamismo inicial dos de Assunção. Parece fora de dúvida que essa atrofia se relaciona em parte com a posição marginal que passara a ocupar essa conquista castelhana, mesmo em confronto com o Rio da Prata. O estabelecimento do Paraguai surgira, antes de tudo, em função das riquezas já indistintamente pressentidas na cordilheira ocidental. Quando expedicionários saídos de Assunção vieram a saber, já no sopé da serra, que outros espanhóis, vindos do lado do mar, já se tinham assenhoreado, em nome de seu rei, da área tão cobiçada, desaparece o grande e primeiro incentivo para esse estabelecimento.[119] Quando depois disso se trata de fixar uma rota secundária entre o alto Peru e a costa marítima, ela cortará as planícies sulinas, e ainda aqui já se sabe como Assunção perde para Lima e Cuzco a iniciativa das vinculações, que antes se tinham tentado sempre em sentido oposto, ou seja, de leste para oeste. O desmembramento das partes do sul para formar-se a província do Rio da Prata vai consagrar uma situação de fato.

Para o retraimento dos antigos povoadores paraguaios, sobretudo em áreas correspondentes ao sul do atual estado de Mato Grosso, em face dos luso-brasileiros e em particular dos mamelucos de São Paulo, haveria também outras explicações ponderáveis. Ao passo que a subida do rio Paraguai a partir de Assunção se podia fazer em navios e balsas – estas com capacidade para cinquenta passageiros ou mais e carga correspondente –, outro tanto não acontecia com a do Paraná, aqui e ali entremeado de corredeiras e remoinhos, e em dado momento interceptado pelo obstáculo formidável das Sete Quedas. O resultado era que, para ir a Ciudad Real de Guaíra, devia o assuncenho, por volta de 1625, navegar trinta a quarenta dias até o porto do Maracaju, depois caminhar por terra seis a oito dias, novamente embarcar e subir ainda umas duas léguas de rio.[120] Pois o tempo assim consumido, ao todo 38 a 49 dias, ainda superava consideravelmente o que se podia gastar indo de São Paulo à mesma Ciudad Real pelo caminho dos rios. Já em 1628, pouco depois de se ter iniciado em maior escala essa navegação, o governador d. Luís de Céspedes Xeria empregará exatamente 33 dias na viagem desde as proximidades da atual Itu e o porto guaireinho, sendo de dezenove a descida do Anhembi, o Tietê de hoje.

De outro lado, se a navegação do rio Paraguai achava menos e menores empecilhos do que a do Paraná, a ocupação de suas vizinhanças, à margem esquerda, tinha a embargá-la a barreira do Pantanal. A partir do mês de outubro de cada ano, e até maio aproximadamente, fica submersa uma enorme depressão eliptoide, de seus 175 mil quilômetros de superfície, equivalente, segundo um geógrafo, a duas vezes a bacia do Reno,[121] que principiando logo abaixo da foz do Jauru se estende para o sul, até junto ao chamado Fecho dos Morros, ou melhor, quase até as bordas do Apa. Foi dessas enchentes periódicas que a geografia mítica dos séculos iniciais da colonização tirou a notícia do lendário Xaraies, grandíssimo lago ou mar interior de onde manariam, comunicando-se por ele, os maiores rios da América do Sul.

Mesmo assim, é por ali que a infiltração castelhana, a partir da cidade de Assunção, procura a linha de menor resistência e acaba escolhendo as faixas de campo firme que, mesmo nas épocas de inundações, não são atingidas pela massa líquida. É o caso da região de Xerez e do Itatim. À margem direita do rio Paraguai, já se sabe como o Chaco, habitado de tribos hostis, destituído em sua maior parte de rios inteiramente favoráveis à navegação, muitas vezes refratário a qualquer ação colonizadora, pode prover, quando muito, pontos de enlace para as expedições fluviais que se destinem a Santa Cruz de la Sierra, a velha e, mais tarde, a Moxos e a Chiquitos.

A nordeste, embora não se repitam as mesmas condições, a ocupação e povoamento, que poderiam facilitar eventualmente a viagem em direção ao salto Grande, outrora chamado Canandiju, tropeçavam também em dificuldades que só com grande esforço se poderiam obviar. Não é por acaso que, enquanto a banda oriental do rio Paraná, ou seja, o Guairá, foi logo escolhida para a fundação de cidades espanholas e reduções indígenas, outro tanto não se deu à margem direita, nas proximidades do rio. É que estavam longe de ser invejáveis as condições, aqui, para a instalação de núcleos de povoamento tais como os concebiam os castelhanos e como vêm meticulosamente relacionadas nas Leis de Índias.

Descrevendo uma viagem que teve de fazer do salto Grande ao Maracaju, escreveu o padre Montoya que gastou no caminho oito dias entre pântanos e continuadas águas, que lhe chegavam até a cintura, e como fosse descalço ficou com a perna direita entrevada por causa da umidade, depois de andar, em um dia, cinco léguas bem contadas. Deitou-se numa rede e nela não podia sequer menear a perna, hirta como um pau e extremamente dolorida. O que mais sentia no entanto, e dizia-o ao provincial Diego de Torres, era não poder de modo algum caminhar e nem ter como recorrer a cavalgaduras naquelas partes.[122] Era esse o caminho dos padres quando saíam do Guairá ou para lá se destinavam. Havia pelo menos outros dois,[123] mas não seriam menos dificultosos, pois em caso contrário mal se entende o não serem geralmente usados.

O mesmo Montoya, que na carta de 1613 ao seu provincial

lamentava não dispor de cavalgaduras que pudessem aliviar as agruras da sua viagem, acabará por dizer em outro escrito que naqueles caminhos só é possível caminhar a pé, entre charcos e rústicas veredas e perigosos rios.[124] Quer isso dizer que perdia ali seu préstimo um instrumento indefectível na conquista de outras partes do Novo Mundo ocupadas pelo castelhano. O mesmo que inspirara a Bernal Diaz del Castillo a conhecida observação: "Depois de Deus, foi aos cavalos que devemos nossa vitória". E ainda esta de Garcilazo de la Vega, o Inca: "Minha pátria foi tomada a gineta".

Para o fato de os "castelhanos" de Assunção, apesar da atividade vertiginosa que nos primeiros tempos mostraram, terem acabado cedendo terreno aos "portugueses" de São Paulo, não será lícito, ao menos, invocar a existência entre eles de diferenças apreciáveis de formação que habilitasse melhor os primeiros a enfrentar os obstáculos naturais. São inequívocas as afinidades de origem entre ambos, paulistas e paraguaios, responsáveis em parte pelo íntimo amálgama do colono europeu com o nativo, que igualmente representavam. Essa marca do índio deve favorecer, por sua vez, aqui e ali, uma funda similitude, quase se pode dizer uma consanguinidade, de crenças, preconceitos, valores morais, padrões de vida, além de agir até sobre a língua por onde de ordinário se comunicavam e que não era a dos conquistadores e sim a das gentes conquistadas. É fácil compreender, dessa forma, como, durante suas investidas no Guairá e no Paraguai, houvessem de achar os bandeirantes, no meio dos próprios moradores dessas regiões, comparsas às vezes solícitos e não raro cúmplices, que neles veriam menos o inimigo mortal do que um aliado oportuno e solícito contra os rigores do poder eclesiástico ou civil.

Para o decrescente dinamismo dos espanhóis e mestiços de Assunção, comparado à mobilidade crescente dos portugueses e mamelucos de São Paulo, terão vivamente contribuído, ao lado de fatores de natureza sobretudo política, já apontados, outros que se referem à diversidade dos seus instrumentos de conquista. Nem sempre são os recursos mais perfeitos, mais "civilizados" os que se acomodam melhor à rudeza de algumas brenhas ainda indômitas. Isso mesmo já foi observado aqui a propósito das armas utilizadas nas lutas com os índios e, de passagem, a respeito dos meios de locomoção. Este último merece, no entanto, ser considerado com atenção, e é o que se fará em relação, primeiramente, às vias terrestres, pois da navegação fluvial se tratará mais detidamente adiante.

Observou-se também como, na expansão bandeirante, foi o cavalo praticamente desconhecido e como, nesse ponto, distinguiam-se dos seus vizinhos castelhanos, desde cedo adestrados no uso do equino, os de São Paulo, ao menos durante a grande fase da expansão bandeirante, e a esse respeito são acordes muitos testemunhos. Nada parecido se encontra aqui ao que se dava, por exemplo, no Paraguai, de onde Juan de Garay, na sua expedição de 1580 aos pampas, se fizera acompanhar de mais de mil cavalgaduras. Não se trata de caso isolado, pois outros tantos cavalos vão sair de Assunção cinco anos mais tarde, para Concepción del Bermejo, ao passo que Corrientes ou mais prolixamente San Juan de Vera de las Siete Corrientes, que assim se chamou o lugar, em lembrança do *adelantado* d. Juan Torres de Vera y Aragón, chegou a receber cerca de 1500. Segundo resulta de textos da época, só entre 1580 e 1588 contribuiu Assunção com 4 mil cavalares aproximadamente para o abastecimento dos diferentes núcleos satélites,[125] não estando compreendidos nessa cifra os contingentes mandados a Santa Fé e a Buenos Aires.

Sendo comparativamente escassa a importância alcançada por esses animais na América portuguesa, é inevitável associar sua menor utilização, no caso particular de São Paulo, à densa mataria que reveste extensa área da capitania e que, alongando-se para oeste, até a barranca do Paraná, não deixa muito espaço à passagem deles. Até o espanhol d. Luís de Céspedes Xeria, em carta de 1628 a Sua Majestade Católica, escreve que se vira obrigado a fazer a pé a viagem desde a vila de São Paulo até o porto do Tietê, onde embarcou para ir ao Paraguai assumir o seu governo, "por ser camino que no se puede andar de otra manera".[126] Juntamente com as florestas espessas, também os tijucais, caldeirões, banhados, atoleiros e atalhos fragosos representavam ali outros tantos empecilhos para o recurso corrente aos equinos.

E o que se dava para oeste do rio Paraná também ocorria em toda a faixa que dali vai ter ao rio Paraguai. Escrevendo em 1637 para o seu governador, observava-lhe o procurador geral de Assunção como, para se ir ao Itatim, seria à primeira vista muito mais breve viagem do que pelo rio. A verdade, no entanto, é que entravam de permeio ali tantas macegas, tantos espinheiros, tantas águas, que mal andaria o melhor cavalo do mundo, "e só se pode passar a pé".[127] Depois disso, transcorridos mais de oitenta anos, um índio fugido aos portugueses do Cuiabá, e interpelado sobre se lhe seria possível servir de guia a certos espanhóis que projetavam ir até as ditas minas, retrucou que, se se decidissem a fazer toda a caminhada a pé, como a fizera ele próprio, seria talvez possível acertarem com o lugar, "que a caballo pone por casi imposible".[128]

Para dar ideia dos muitos estorvos que dificultavam em certas áreas o uso de cavalares, podem citar-se alguns casos significativos. Um desses casos ocorreu com o mestre de campo Sebastián de Villalva, que, ao voltar com numerosa tropa de animais dos campos de Xerez, para onde o mandara em 1708 o governo de Assunção a fim de observar os movimentos dos paulistas nas alturas do rio Mbotetei, chegou com muitos dos seus homens ao Iguatemi marchando a pé por estar enfraquecida a cavalhada que levou, devido às fragosidades do caminho e à longa distância percorrida.[129] Maiores danos padecerá no ano seguinte a expedição de outro mestre de campo, Sebastián Fernandez Montiel, que, enviado com igual incumbência às mesmas regiões, voltou desfalcado de oitenta das próprias cavalgaduras – equinos e muares de sua propriedade –, sem falar nas muitas outras que perderam quase todos os soldados de sua companhia:[130] somente entre o rio Ipané e o Caaguaçu tinham ficado rendidos ou amedrontados 170 animais, e por isso tiveram os soldados de fazer a pé a caminhada.

Ora, a marcha a pé, que entre "castelhanos" constitui exceção, é regra corrente entre os "portugueses" de São Paulo. Preservando ainda nisto a tradição indígena, alheia ao uso de quaisquer animais de transporte, despertam eles, muitas vezes, o assombro dos espanhóis com as dilatadíssimas jornadas que são capazes de fazer a pé, e geralmente descalços, como acontecia com os antigos naturais da terra, parecendo ignorantes de outros modos de locomoção por terra. *

Tão notório é o contraste que, em sertões ermos, era possível distinguir de longe entre um espanhol e um português – e português aqui significa, sem exceção, paulista – segundo aparecesse ou não montado. Certo índio, preso em 1723 por soldados paraguaios e encaminhado a Assunção, declarou às autoridades que, ao atravessar a Vacaria, tinha observado rastros frescos de cavalos, e só desse indício deduzira que por ali andavam castelhanos. A mesma testemunha informou ainda que, estando certo dia a cortar palmitos, avistou homens a cavalo, e assentou logo que haviam de ser castelhanos. Porque os portugueses "no andan a caballo",[131] explicou taxativo.

Nos casos em que o emprego de cavalos foi um progresso sensível sobre a simples marcha a pé, não há dúvida de que tal contraste é favorável aos moradores das Índias de Castela. Deles se sabe que tinham o costume de empregar cavalos, e ainda mais muares, como animais de tiro, e não só de sela ou carga.[132] Para trajetos maiores, porém, o comum era recorrerem a bois de tração, principalmente quando o terreno não oferecesse dificuldades ao trânsito de veículos. Acontece assim no

---

* Este assunto foi tratado anteriormente. Cf. notas das pp. 40 e 45-6.

caminho que desde o século XVI se abre de Córdoba de Tucuman a Santa Fé, e no que quase simultaneamente passa a ser frequentado entre Buenos Aires e Córdoba ou Mendoza. É quando se fixa, segundo parece, o tipo característico da *carreta* platina, tirada por uma parelha de bois e capaz de levar até 150 arrobas de carga, a julgar pelo que se lê na famosa descrição desse caminho deixada por Concolocorvo.[133] Em 1605, ao organizar uma das expedições que se destinavam a localizar a lendária Cidade dos Césares, Hernandarias de Saavedra reunira elementos recrutados em Assunção, Corrientes, Santa Fé e Buenos Aires, tendo os expedicionários saído desta cidade com 76 carretas, além de seiscentos cavalos e seiscentos bois.[134] Assim preparados internam-se os expedicionários na Patagônia, onde não acharão, todavia, sinal da terra encantada. Sem se deixar esmorecer pelo malogro, organiza ainda o governador crioulo outras duas expedições com fito idêntico: em 1607 e em 1609.

Mesmo no Maracaju, terra da congonha e do algarrobo, conheceram-se muito cedo essas carretas. Delas se valiam os padres da Companhia, assim como das balsas fluviais, para o comércio ervateiro,[135] e seu uso, reintroduzido em fins do século passado, prevalece até nossos dias. No entanto, por maiores que sejam as vantagens eventualmente oferecidas pelo emprego de cavalgaduras, e também de carretas, pode-se pretender que independam de condições naturais favoráveis? O que sugerem alguns dos exemplos referidos é a existência aparente de limites relativamente definidos para as áreas onde esses animais conseguem dar todo o seu rendimento. Transpostos os limites, não somente tendia a desaparecer a maior mobilidade que deve assegurar esse tipo de locomoção, mas se converte muitas vezes em embaraço o que antes fora serventia. E não parece excessivo pensar ainda que os limites naturais das áreas onde os cavalares deixam de dar todo o seu rendimento tendem frequentemente a coincidir com os das zonas onde o ímpeto...

CAPÍTULOS REESCRITOS
DE *MONÇÕES*

·

Caminhos do sertão*

.

SIMPLIFICAÇÃO DO TRABALHO RURAL

A PRESENÇA DE TERRA FARTA PARA LAVRAR e desfrutar, a coexistência, de início, depois a disponibilidade, a maior ou menor distância, de índios da terra, agentes potenciais de trabalho, por fim os estorvos que se oferecem ao incremento de produções coloniais de larga procura, condicionam decisivamente, pelo menos até aos últimos anos do Setecentos, o teor da vida rural na área abrangida pelas velhas donatárias de São Vicente

---

* Sérgio Buarque de Holanda reescreveu este capítulo e o publicou na *Revista de História*, v. 28, n. 57, jan./mar. 1964. A primeira nota que lá aparece indica que o texto seria o primeiro capítulo da segunda edição de *Monções*, na qual o autor trabalhava. Desde 1957, quando publicou a primeira edição de *Caminhos e fronteiras*, Sérgio Buarque anuncia uma reedição de *Monções*, "revista e ampliada". Apesar disso, a segunda edição de *Monções*, publicada em 1976, não incluiu nenhuma das modificações previstas. Três capítulos foram reescritos e somente "Caminhos do sertão" foi publicado pelo autor. Em 1990, Antonio Candido organizou a terceira edição de *Monções* e colocou os três capítulos reescritos como apêndice do livro, dando ao público a oportunidade de conhecê-los. Algumas comparações podem ser feitas entre esta versão e a publicada na primeira edição. O que mais chama a atenção é o tamanho do texto, que passou de quatro (pp. 15-8 na edição de 1990) para 44 páginas (pp. 163--206 na mesma edição).

e Santo Amaro. Já que falta aqui estímulo para uma disciplina rigorosa no exercício da lavoura, bastam tais fatores para forçar naturalmente a radical simplificação dos métodos agrícolas vindos do além-mar. O assenhoreamento das técnicas indígenas é fruto, no adventício, dessa possibilidade, quase se pode dizer dessa necessidade, de simplificação, mais do que de uma aquiescência passiva a padrões divergentes da tradição europeia.

Nenhum desses padrões, aliás, seria profundamente alheio ou antipático aos portugueses, nem sequer a prática das queimadas, que na primeira metade do século XVI tinha acabado de dissipar em sua terra de origem uma densa cobertura florestal ainda intacta ao tempo de d. João I.[1] Não foi outro o recurso de que se valeram os mesmos portugueses em alguns de seus primeiros descobrimentos e conquistas, particularmente nas ilhas do Atlântico. No caso da Madeira, bem conhecido graças à relação de Cadamosto, as primeiras habitações e arroteias só são possíveis depois de consumido pelo fogo o matagal de grandíssimas árvores que dá nome à ilha, sem ficar um palmo de terra desnuda: tamanho foi o fogo, diz um depoimento, que João Gonçalves Zarco se meteu no mar com a mulher, filhos e mais gente para não morrer, conservando-se por dois dias com água ao pescoço, sem comer nem beber.[2]

INFLUÊNCIA ADVENTÍCIA: AS TÉCNICAS DE CULTIVO *

Neste ponto não têm os colonos muito que aprender do nativo. De outro lado, podem ensinar-lhes o manejo de instru-

---

* Esta versão de "Caminhos do sertão" não tem semelhança com o capítulo homônimo da primeira edição. Aqui, o foco da pesquisa está na expansão territorial a partir de São Paulo e se relaciona com outros escritos de Sérgio Buarque de Holanda, como "Expansão paulista em fins do século XVI e princípio do século XVII", de 1948, e "Movimentos da população em São Paulo no século XVIII", publicado no primeiro número da *Revista do IEB*, em 1966.

mentos de ferro, o machado, a enxada, a faca, a foice, o esco-
pro, a cunha, que antes lhe eram desconhecidos. Tal contribuição, porém, só significa mudança nisto que torna mais eficazes
e assim mais devastadores os processos primitivos, sem alterá-
-los na essência. Não se pode nem ao menos pretender que a
ferramenta importada desalojou os instrumentos de pau e pedra: a enxada jamais destronará o soquete de madeira tostada,
que em muitos casos continua ainda hoje insubstituível.

Esses, de qualquer modo, são elementos que, mal ou bem,
logo se incorporam a nossa prática rural. O arado, no entanto,
estará longe de alcançar feliz êxito. Além de importar, aqui
sim, numa autêntica ruptura com a economia agrária preexis-
tente, seu emprego tropeçará em obstáculos quase esmagado-
res. Apesar das roças e queimadas constantes, a terra de lavoura há de conservar ainda, por longo tempo, sinais da antiga
vestimenta: pedrouços, árvores solteiras, fundas raízes, tocos,
troncos derribados que não se deixam remover sem penoso
esforço.

De que valeria afinal esse esforço? Naquelas eras, um arado de madeira, manejado e movido por um ou dois homens e
quatro a seis bois, sulcava quase meio hectare de superfície
por dia. Ora, meio hectare de milho plantado pode render cerca de trezentas mãos de quarenta espigas, segundo a medida
usual,[3] ou seja, quinze alqueires de grão já debulhado. Quantidade formidável, decerto, tratando-se de lavrador único,
num único dia de trabalho, em lugares onde não há caminhos
para transportar, nem mercados para absorver o produto.

Acresce outra circunstância. Nas raras alusões que se conhecem ao arado, em inventários paulistas do século XVII, sucede aparecer, em avaliações, o instrumento acompanhado
de seu carro, e isso já permite identificá-lo com o tipo qua-
drangular, de rodas, que, segundo autoridade no assunto, era
usado em Portugal, no Minho da "ribeira", nas planícies da
banda esquerda do Douro, eventualmente na Extremadura,
regiões que forneceram dos maiores contingentes de colonos

para o Brasil. Trata-se de máquina pesada, de relha muito penetrante que, transpondo a camada de húmus, geralmente tênue nas partes ainda incultas do mundo tropical, tende a sepultar, inutilizando-as, as terras ricas em micro-organismos e em substâncias indispensáveis ao desenvolvimento das plantas.[4] Em outras palavras é o que irão afirmar os lavradores de São Paulo ao morgado de Mateus, governador da capitania entre 1765 e 1775, a saber que o solo é aqui frio, e não dá substância senão na superfície, tanto que "se não pode usar arado, que alguns já usarão dêle, que tudo se lhes perdeu".[5]

INFLUÊNCIA ADVENTÍCIA: ESPÉCIES ANIMAIS E VEGETAIS[*]

Mal caberia dizer, pois, que as técnicas rurais europeias terão agido fortemente sobre a economia agrária dos nativos. Onde o advento do homem branco pôde exercer notável influência na paisagem econômica de São Paulo, e o mesmo aconteceu, aliás, em todo o Novo Mundo, foi, isto sim, na introdução de espécies vegetais e principalmente animais estranhas à terra. Quanto às últimas, foram certamente as de menor porte aquelas que, chegadas antes, mais depressa se naturalizaram, integrando-se intimamente na vida ordinária dos habitantes, não só brancos e mestiços, mas ainda índios estremes de qualquer contato com o colonizador. À passagem, em 1530, da frota de Caboto, já se encontram na ilha de São Vicente galinhas e porcos domésticos, trazidos, talvez, de lon-

---

[*] Uma das passagens mais belas de "Os caminhos do sertão" não aparece nesta versão: "Só muito aos poucos, embora com extraordinária consistência, consegue o europeu implantar, num país estranho, algumas formas de vida, que já lhe eram familiares no Velho Mundo. Com a consistência do couro, não a do ferro ou do bronze, dobrando-se, ajustando-se, amoldando-se a todas as asperezas do meio" (p. 43 do volume *Monções*). O que Sérgio Buarque de Holanda faz neste texto de 1964 é mostrar como o europeu foi implementando sua forma de vida, ajustando-se aos costumes indígenas. A passagem suprimida reaparece em *O Extremo Oeste*, que seria a versão ampliada de *Monções* (cf. nota da p. 39 deste volume).

ga data.[6] O boi e o cavalo, para só lembrar estes, surgem depois, ao que parece, com a expedição de Martim Afonso de Souza, e rapidamente se expandem, ganhando o sertão, apesar da aspereza da terra.

Da multiplicação fácil desse gado, sobretudo no campo de Piratininga, onde faz a abastança e também o desespero de muitos vizinhos, pois danificam roças, pontes, até casas, como chegou a suceder com a do conselho e da matriz, dão testemunho inúmeros textos quinhentistas e seiscentistas. Nem as pestes, nem a penúria crônica de sal, nem as requisições insistentes para o real serviço interromperão ali o aumento natural dos rebanhos. Em 1583, quando da armada de Diogo Flores Valdez se pediram duzentos bois, queixou-se a Câmara de que já padeciam os moradores do tormento e fome de carne, sendo ela pouca.[7] Passados, porém, dois anos, se tanto, o padre Fernão Cardim irá achar as campinas piratininganas novamente "cheias de vacas, que é formosura de ver" e compara-as, na boa graça, ao sítio de Évora.[8] Outros hão de gabar o porte e bondade das reses, as quais, segundo frei Vicente do Salvador, têm carnes mais gordas que as de Espanha. *

O mesmo frade historiador ainda se refere ao grande número de cavalares que se achavam na vila de São Paulo e arredores: tantos, escreve, "que val cada um cinco ou seis tostões".[9]

Documentos da mesma época estão longe, é certo, de abonar semelhante informação. Dos inventários conhecidos, por exemplo, dificilmente se deduzirá que o número de cavalgaduras fosse tão grande ou que fossem tão baixos os seus preços. Por seis tostões não se comprava nem uma potranca defeituosa.

---

* Esta passagem sobre o valor dos cavalares, retirada de frei Vicente do Salvador, é a mesma que aparece em *O Extremo Oeste* (p. 46 deste volume), com algumas modificações, pois Sérgio Buarque de Holanda adicionou informações e alterou o texto, mantendo, contudo, as ideias centrais.

O CAVALO: SEU REDUZIDO PRÉSTIMO

Seja como for, parece descabido acentuar a importância assumida em São Paulo pela criação de equinos antes de bem entrado o século XVIII. O emprego deles quase fica reservado até então aos núcleos urbanos e sítios da roça, pois nos casos de percurso mais extenso prevalece de ordinário a marcha a pé, e tratando-se de pessoas de mais alta categoria, ou de mulheres, velhos e sujeitos achacosos, o transporte em redes. Estas chegam a ter utilidade até nas entradas e bandeiras, onde o cavalo não desempenha qualquer papel.[10] Só por exceção se apontam alguns em 1675 na expedição de Francisco Pedroso Xavier e poucos mais em 1722 na do Anhanguera.

É explicável a exceção na primeira quando se considera que os animais da entrada de Francisco Pedroso, dezesseis ao todo, conforme se sabe, foram despachados em canoas das proximidades da vila de Itu a fim de serem desembarcados no sertão da Vacaria,[11] onde iriam achar campos livres, que lhes deixariam maior desenvoltura do que entre os matagais e serranias de toda a banda ocidental do Paraná. Quanto à jornada do segundo Anhanguera, cabe lembrar que partiu ele com instruções e socorros diligenciados pelo governador Rodrigo César de Menezes, levando grande número de emboabas, naturalmente infensos aos usos paulistas: tratava-se, em suma, de empresa de cunho oficial.[12] Não provou bem, em todo o caso, a novidade das cavalgaduras, pois das 38 ou 39 saídas para o descobrimento do sertão dos Goiases, cinco apenas regressaram, perecendo as demais ou perdendo-se na viagem.

Mesmo para a condução de cargas a pouca distância, foram os cavalares de escasso préstimo, preferindo-se os carros de bois sempre que houvesse estrada capaz, como o foi o caminho de carros de Santo Amaro. É possível que esta via tenha sido primeiramente adaptada ao uso de carros pela necessidade de se levar ferro do engenho de fundição do Ibirapuera, o mais antigo de que se tem conhecimento no continente americano, pois é por volta de 1607, quando se faz a dita fábrica, que começa o "caminho de carros" a surgir nos documentos municipais. Muito mais tarde seria utilizado no transporte de lajes para a cidade de São Paulo.

Em percursos mais consideráveis empregavam-se índios e mamelucos, depois pretos de carga, e nem existiria quase outro meio de transporte possível enquanto não se ampliassem as primitivas veredas ou se introduzissem bestas muares e burros. Estes constituem aliás verdadeira raridade no Brasil seiscentista, em contraste com o que ocorria no Paraguai, em Buenos Aires, no Peru e outras partes das Índias de Castela. Em São Paulo, o primeiro de que dá notícia a documentação conhecida é, em 1632, o "burro castiço" do inventário dos bens de Antônia de Oliveira.[13] Teria vindo do Paraguai, de onde o capitão André Fernandes, marido da mesma Antônia de Oliveira, trouxera burros e cabras pelo caminho dos rios, com a ajuda de índios que lhe mandou dar o governador d. Luís de Céspedes.[14] Só a falta dessas criações na capitania explica o trabalho que se fez preciso para transportá-los através de tão longo e penoso trajeto. Os primeiros muares, por sua vez, um macho e duas mulas, figuram no inventário de Francisco Pedroso Xavier[15] e podem ter vindo por sua vez no meio dos cavalos que trouxera o defunto dois anos antes, de seu assalto a Vila Rica.[16]

Mas só depois de 1733, data da expedição de Cristóvão Pereira de Abreu, começam a surgir as mulas em grandes quantidades. Pelos meados do século, o número das que vêm dos campos do sul, geralmente com destino às minas de ouro, já será considerável, havendo um indivíduo, em 1751, que levou 681 e outro 493. Mesmo assim, o total das 2312 cabeças que naquela data passam pelo registro de Curitiba ainda é duas a três vezes menor que os dos equinos.[17] Parece significativo que só dois anos mais tarde venha a aparecer em São Paulo o primeiro regimento de ferradores de que trata a documentação municipal.[18] Já então vendem-se na cidade, a preços vários, ferraduras e cravos: é justamente essa variedade nos preços o que motiva a postura.

VOLTA À IDADE MÉDIA

Nada prova melhor a importância limitada dos cavalares até pouco antes, na capitania, do que o reduzido ou nenhum uso que se fazia aqui de ferraduras. Delas não se conhece menção, por exemplo, em inventários seiscentistas, onde no entanto há referências constantes a selas, freios e estribeiras. Pode enganar-se o leitor desprevenido: esses e outros textos contemporâneos, onde dizem "ferrar" um animal, querem dizer marcar o dito animal com ferro em brasa, e não pôr-lhe ferraduras.[19] É fácil imaginar como essa ignorância ou ausência de um acessório que permite ao cavalo circular em toda estrada e suportar grandes pesos devesse diminuir-lhe o uso e utilidade.* Neste particular o colonizador europeu, além de expor-se à ação transformadora do convívio com o indígena, retrocedeu nos séculos XVI e XVII a condições que a Europa medieval tinha superado desde os séculos XI e XII e que o Extremo Oriente irá dentro em pouco ultrapassar.

Idêntica involução ocorre aliás em outros setores, especialmente na lavoura. Nada faz crer com efeito que certos regimes determinados pela conveniência de se poupar o solo cultivável se tenham introduzido cedo entre nós, havendo ele aqui de sobejo. Nem é mister recorrer à influência indígena para explicar o abandono aparentemente total de práticas tais como a rotação dos cultivos ou o alqueive por homens que as devem conhecer da pátria de origem. Quando muito se alternariam os plantios sobre a mesma superfície conforme a época adequada a cada espécie: contudo as épocas são mal deter-

---

* Esta passagem sobre o uso de cavalos também aparece em *Caminhos e fronteiras*, no capítulo "Do peão ao tropeiro", e em *O Extremo Oeste*, p. 49 deste volume.

minadas, havendo plantas de todo ano, ou não se observam com regularidade.

INFIXIDEZ DAS ÉPOCAS DE PLANTIO, O EXEMPLO DO TRIGO

De várias espécies importadas nunca se chegou provavelmente a estabelecer data aproximadamente fixa para a semeadura, e nesse caso, dada a larga difusão obtida pela sua lavoura em São Paulo, cabe menção especial ao trigo. Quando muito, sabendo que era cereal de inverno, usavam semeá-lo nos meses de frio. Em inventário de 1641 lê-se que maio era ocasião de suas lavouras e pouco adiante que em agosto se ia passando o tempo delas. Documento da mesma natureza, datado de 1634, noticia uma semeadura de 5,5 alqueires de grão ainda não colhido em 26 de novembro; este trigo ficaria para avaliar-se após a ceifa e benefício.

Não seriam raras as colheitas de novembro: pelo menos mais um inventário, com data de 1636, também fala em trigo por ceifar nesse mês, e que se avaliaria depois de apanhado e malhado.[20] Considerando que o ciclo da gramínea era em geral de cinco meses para cima (em geral, nem sempre, se houve aqui como na América Espanhola, o tremezinho,[21] trigo de primavera, com ciclo mais curto), pode-se deduzir que uma colheita iniciada por volta de setembro respondia a uma sementeira efetuada em maio e junho aproximadamente. Mas podia fazer-se a sega até mais tarde, e sabe-se de searas de trigo por ceifar em fins de março: neste caso a semeadura dataria de setembro do ano anterior para o trigo de inverno, de dezembro para o tremezinho.[22]

De tudo isso se tira que são mal fundadas as modernas especulações dos que julgam possível determinar com rigor o tempo em que se faziam as plantações de trigo na capitania. Já se tem pretendido[23] que se davam entre fins de fevereiro e meados de março, época aconselhada em nossos dias. Para tal pretensão tomou-se uma ata da Câmara de São Paulo de agosto de 1648, onde constaria que o tempo das colheitas caía em agosto e setembro cessando em outubro. Como também se cuidou que o ciclo constava àquela época de 150 dias, não há como fugir à conclusão proposta. Apenas sucede que a ata citada fala em sementeira, não fala em colheita, e também não especifica se se trata de trigo ou outro grão. O que de fato pretendiam os oficiais da Câmara a 7 de agosto de 1649 era mostrar que não podiam consertar o caminho do mar, como lhes fora mandado, senão em outubro, pois, diziam, "agosto e setembro é a força das lavouras nesta vila" e o melhor era que se consertasse "por o mês de outubro visto ter já acabado a fôrça das sementeiras".[24]

Ora, em agosto e setembro podia situar-se, como hoje, a força das lavouras do milho, por exemplo, ou do feijão das águas (e também do amendoim), produtos indígenas e do mais avultado consumo na capitania, além de ser bom tempo para o plantio de mandiocas, carás e batatas-doces. Mas há motivo para pensar que se tratasse especialmente de sementeiras de milho, base da alimentação dos habitantes do planalto e que, plantado em agosto ou setembro, estaria para ser colhido entre fevereiro e abril, que é usualmente o tempo das messes. Este uso atesta-se numa ata da Câmara de 10 de fevereiro de 1601, em que figura a proposta do procurador do conselho para haver férias de dois meses, "porquanto aguora herão os tempos de colher as novydades do milho e entravão os dias santos da quaresma", não existindo assim melhor ocasião para caírem as mesmas férias.[25]

Conclui-se, pois, que para a semeadura do grão da terra se conheciam épocas aproximadamente certas, e é de presumir que o europeu, neste ponto, se abandonou à experiência ancestral do nativo, tanto mais quanto a este ficavam relegadas todas as fainas rurais. Na espécie de calendário natural dos moradores, o tempo da sementeira de milho correspondia ao da apanha dos pinhões da araucária, que ocorre também nos meses de agosto e setembro. Como a do caju nas capitanias do norte, a frutescência e maturação do pinhão assumiam em São Paulo papel de realce naquele calendário, e não só para a população indígena. Ainda em meados do Setecentos persistiria esse seu papel entre moradores de toda a casta, de sorte que, segundo testemunho do padre Manuel da Fonseca, seria costume falarem neste ou naquele "pinhão" como quem dissesse "êste ou outro outono", porque o outono (outono europeu, correspondente à nossa primavera) é tempo deles.[26] No caso do trigo, porém, faltou quase sempre o préstimo e colaboração eficazes do antigo natural da terra, pouco afeito e, em verdade, indiferente ao produto adventício.*

Não fugiriam, com efeito, os povos de São Paulo à regra geralmente observada em todo o continente americano, onde o consumo do pão de trigo se confinará de ordinário ao europeu e seus descendentes. "Les Sauvages reiettent presque du tout l'usage du froment":[27] não poderia ser mais incisivo o depoimento de João de Laet, ou melhor, de um seu informante "belga" (belga no sentido que ao nome "flamengo", por exemplo, atribuíam por esse tempo lusitanos e castelhanos, querendo aludir aos naturais dos Países Baixos, sem exclusão dos hereges e rebeldes das Províncias Unidas). Tendo vivido em São Paulo nos inícios do século XVII, esse neerlandês pudera aqui observar diretamente o quanto se mostravam infensos os índios ao produto que constituía a alimentação básica dos brancos. Era inevitável que a indiferença ou aversão se refletissem no trato que ao cereal dedicavam esses rústicos lavradores.

---

* Esta informação sobre o pinhão está também em *Caminhos e fronteiras*, op. cit., p. 58. Sérgio Buarque tinha o costume de voltar aos seus textos para reescrevê-los ou cortá-los para serem usados em outro lugar – como é o caso deste trecho. Ele também já havia escrito sobre o uso do trigo e do milho em *Caminhos e fronteiras*, nos capítulos "Os trigais de São Paulo", "Uma civilização do milho", "Monjolo" e "Do chuço ao arado", que foram publicados inicialmente numa série de três artigos, "Algumas técnicas rurais no Brasil Colonial" I, II e III, em 1951, para a revista *Anhembi*, mais alargada e de escopo mais geral. Cf. Marcos Costa (org.), *Sérgio Buarque de Holanda: Escritos coligidos*, op. cit., v. 2, pp. 90-120.

O certo é que continuará o trigo a ser semeado em qualquer tempo, ainda que com menos frequência na estação chuvosa, que lhe seria nociva. Viajantes que percorreram o Brasil muito mais tarde, numa época em que as searas principiavam a ser devastadas pela praga da ferrugem, ainda puderam verificar a ignorância geralmente reinante acerca da ocasião própria para essa lavoura. João Emmanuel Pohl especialmente é taxativo. Na subida da serra do Itaguaí, junto à estrada que segue da capitania do Rio de Janeiro para a de São Paulo, já pôde notar em 1818 como, embora plantada nessas duas capitanias e em partes de Minas Gerais, a gramínea não se impusera tanto aos cuidados dos lavradores que os levasse a averiguar a boa época para a semeadura: era aparentemente total a sua ignorância nesse particular. Mais adiante, junto ao Registro Velho da Mantiqueira, apurou, no entanto, o naturalista que ali se faziam as sementeiras em abril, sobre terreno bem amanhado, e as ceifas em outubro. Já no arraial de Cavalcante, capitania de Goiás, plantavam em outubro para colher em fevereiro, julgando que semeado em fevereiro dá ferrugem.[28]

Outro fator que tendia a embaraçar a fixação de datas adequadas para as semeaduras e, naturalmente ainda mais, para as colheitas, estava em que o crescimento e maturação das espigas não eram iguais em todas as plantas de uma só seara. Segundo disse Fernão Cardim, a cada grão semeado corresponderiam cerca de oitocentos colhidos, dando uma semente cinquenta espigas, das quais "umas estão maduras, outras verdes, outras nascem".[29]

É verdade que tais dados se referem à observação feita para as bandas da Guanabara, mas outro tanto devia acontecer com pouca diferença no planalto paulista. É o que se tira de uma passagem do já lembrado João de Laet, que em tudo se assemelha aos dizeres do jesuíta sobre o Rio de Janeiro. Ali igualmente crescia o frumento com tamanho viço e vigor, que de uma só planta rebentavam sessenta a oitenta espigas. Mas não deixava de ser danosa uma tal fertilidade, pois, que suscitando continuamente frutos novos, mal se poderia efetuar a ceifa na ocasião boa para todas. De onde, talvez, a crença já manifestada por Gabriel Soares, de que, para se produzir bem o trigo nas partes do Brasil, convinha primeiramente cansar um pouco a terra.

Pode-se presumir que os dados divulgados por Laet foram colhidos, em boa parte, depois de 1601, quando se estabeleceram no lugar de Moji os primeiros povoadores oriundos de São Paulo, pois em sua descrição da capitania há notícia do incipiente povoado. Não seriam, contudo, posteriores a 1614, já que alude o autor, na mesma página, à ausência aqui de moinhos como empecilho à maior propagação das searas, o que só poderia ser verdadeiro antes de 1614. Nada impede que seu informante tenha sido o mesmo Guilherme Glimmer, que justamente em 1601 seguira na bandeira de André de Leão ao Sabaraboçu com passagem forçada por Moji: deve-se com efeito a Laet a divulgação, em aditamento à *Historia Naturalis Brasiliae* de Marcgrave,[30] de um roteiro dessa bandeira composto por Glimmer.

AS TÉCNICAS DE ELABORAÇÃO

Em 1614 e 1615 já começavam a aparecer em São Paulo as primeiras cartas de data e assento de moinho, anunciando seguramente progresso rápido na expansão do consumo das farinhas feitas na terra. O moinho de João Fernandes Saavedra, aparentemente no caminho de Santo Amaro, o de Cornélio de Arzão no Anhangabaú, os dois de Manuel João Branco para os lados de Pinheiros, o de Amador Bueno no Mandaqui[31] já sugerem que a produção do trigo se vai tornando negócio próspero. *

* Na nota 31 desta página, Sérgio Buarque de Holanda cita a primeira edição de *Caminhos e fronteiras*, indicando haver naquele livro mais informações sobre o estabe-

É quase inevitável pensar que o incremento assim alcançado pelo cultivo da gramínea se prende largamente ao esforço empenhado por d. Francisco de Souza, quando governador da repartição do sul, no sentido da valorização da capitania. Conhece-se não só o apelo que endereçou a el-rei para que S. M. intercedesse junto aos governos do Rio da Prata e Tucumã, a fim de lhe remeterem 3 mil fangas de bom trigo destinado à sementeira, como ainda a provisão régia mandando que se atendesse em parte ao pedido:* em parte porque se abateria de três para 2 mil fangas, isto é, de 60 mil para 40 mil alqueires, o montante da remessa.[32] E não é descabido pensar que de tal providência possa ter resultado a introdução eventual de variedades novas, suscetíveis de melhor aclimação nos solos do planalto.

De qualquer modo verifica-se no segundo decênio do século e ainda mais por volta de 1620 o rápido alastrar-se das lavouras do cereal sobre áreas novas, mormente para as partes de Cotia e Parnaíba, onde parecem encontrar seu terreno de eleição, mudando assim, acentuadamente, a paisagem econômica local. Dezesseis anos depois, Manuel João Branco, também chamado Manoel João de Morais, o dos moinhos de Pinheiros, poderá anunciar a Sua Sacra Majestade a abundância

---

lecimento de moinhos e a política de d. Francisco de Sousa. Na edição de 2005 de *Caminhos e fronteiras*, a passagem mencionada na nota fica nas pp. 173-80, que correspondem ao capítulo "Os trigais de São Paulo". Ao confrontar este trecho de "Caminhos do sertão" com o da p. 175 de *Caminhos e fronteiras*, fica mais uma vez evidente o cuidado e o hábito que Sérgio Buarque tinha de reescrever constantemente seus textos.

* Em *Caminhos e fronteiras*, op. cit., p. 175, lê-se o seguinte: "Conhecendo provavelmente a megalomania e prodigalidade do governador português, o rei e seu Conselho das Índias determinaram, é certo, que fosse enviado o trigo, além da cevada e dos 'carneiros de carga', mas só no caso de não fazerem falta, e mediante pagamento à vista em Santos, 'por uma vez e em dinheiro'. Em terra de tamanho desamparo, e de tão escasso numerário, como então era a capitania vicentina, semelhantes condições bastariam, sem dúvida, para arruinar os grandes planos de d. Francisco. Parece incerto, por outro lado, que as próprias províncias do Prata e Tucumã se achassem em situação de atenderem com solicitude ao pedido".

crescente do produto nestas terras, a qual se manifestara justamente a contar de 1620, tanta que houve ano de fornecer 120 mil alqueires.[33] Quer dizer, se a conta está certa, uma produção três vezes mais alta do que a das campinas de Buenos Aires ao tempo em que d. Francisco de Souza ainda cuidava de animar aqui essa lavoura.[34]

O outro passo importante para o incremento da produção está certamente ligado a essa mesma difusão dos moinhos, que possibilitou a comercialização do gênero, indo incorporar-se em definitivo ao mundo rural paulista. Durante o Setecentos já se terão transferido para o tratamento do grão da terra as técnicas tradicionalmente associadas ao benefício do trigo. É verdade que o fubá, produto da moagem, se destina geralmente a escravos e até a animais domésticos – chamaram-lhe mesmo farinha de cachorro –, ao passo que entre gente graduada o milho pilado, segundo processos resultantes da herança indígena, há de guardar constantemente posição privilegiada.

O declínio até hoje mal explicado da lavoura do trigo, que se tem procurado atribuir muitas vezes ao surto da ferrugem, antecede efetivamente de um século ou mais o aparecimento dessa praga. E não é talvez por acaso se cronologicamente ela vai coincidir com o descobrimento e povoamento das Minas Gerais, que tendem a desviar para a lavra aurífera parte considerável dos braços antes aplicados aqui à faina rural. A verdade é que, para meados do século XVIII, as messes deveriam ter caído muitíssimo aquém da antiga abundância; escrevendo por esse tempo, já alude a ela o padre Manuel da Fonseca de modo a apresentá-la como coisa do passado.[35] E é compreensível que, destituídos cada vez mais de serviçais, escravos ou carijós administrados, se aplicassem os moradores em menor grau à granjearia que requer maior cuidado e que não se pode aproveitar sem o socorro de dispendiosos engenhos.

Para os produtos introduzidos com o advento do homem branco impõem-se, de fato, técnicas de elaboração e benefício compatíveis não apenas com os hábitos tradicionais do colono, mas ainda com a nova realidade demográfica, que pedia um aumento da produção e sem dúvida um rendimento maior dos gêneros de consumo. A naturalização da moenda de cana, do moinho de trigo, do alambique de "estilar", vem atender a essas exigências. De outro lado, vários instrumentos alienígenas se adaptarão também à necessidade de se prepararem para o consumo os produtos nativos de maior procura, aparecendo, assim, a prensa e o ralo de metal para a mandioca, o monjolo para pelar e pilar milho, a "churca" para escaroçar algodão, além dos fusos e teares europeus para fabricar o fio e o pano.

Pode-se pretender, porém, que apenas uma camada relativamente tênue da população aproveita as mudanças assim impostas à paisagem econômica da capitania. Por isso mesmo, e porque não corresponde de ordinário ao ritmo de vida dos moradores, a aceleração impressa pelas novas técnicas só afeta em maior grau, e por longo tempo, os produtos originariamente adventícios a que já estivera associada nas terras de procedência, ou aqueles que tinham similares no Velho Mundo, como o algodão.

Ressalvadas umas poucas exceções – a exceção mais notável é sem dúvida a da aguardente, que não se faz aqui só de cana, mas também de milho e até de trigo –, nenhum dos produtos obtidos com o auxílio dessas técnicas encontra acolhida fácil e sem reservas entre os nativos ou seus descendentes, que durante os dois primeiros séculos continuam a formar o grosso da população. No benefício do milho vigora ainda de preferência o pilão manual. Mesmo o monjolo de água, instrumento de origem oriental como a churca, e que entre nós se há de ligar intimamente ao preparo do milho maduro para a alimentação, não consta que fosse usado senão a partir da segunda metade do Setecentos. Nem há indício, na documentação conhecida, de que o uso do moinho para o fabrico do fubá se tivesse expandido até à importação, em cifras consideráveis, de escravos pretos, ou até ao declínio da produção de trigo, que deixará sem outro emprego as mesmas máquinas.

CÍRCULO VICIOSO

Justamente esse declínio vai interromper o único gênero da lavoura que, peculiar a São Paulo, se acharia talvez em situação de fornecer um artigo exportável para as demais partes do Brasil, habituadas, no entanto, à farinha de mandioca, que é o seu pão de cada dia. A vida econômica da capitania reduz-se toda ela, aliás, a um círculo vicioso bem característico: não há braços para produzir, e não existindo, por conseguinte, matéria exportável, hão de falecer recursos para a compra de escravaria. O trigo, por motivos que sem dificuldade se discernem, não se revela aqui o elemento dinamizador que irão ser depois o açúcar e, muito depois, o café. E enquanto não se introduzir um desses fatores de dinamização, há de dar-se forçosamente o retrocesso a lavouras de mais simples meneio, que por sinal correspondem a produções originárias da terra.

O resultado é que na dieta habitual do paulista o milho ocupará por longo tempo ainda, sob a forma de farinha ou canjica, o papel que há de ser reservado futuramente ao arroz, agregado neste caso ao feijão, outra planta indígena, aliás, embora logo acomodada ao paladar do europeu, tanto que rapidamente se divulgara no além-mar. O fato pode surpreender à primeira vista quando se saiba que o arroz, procedente, segundo parece, de Cabo Verde, já é conhecido na capitania desde os primeiros tempos de sua colonização regular, e tão bem se aclima, que em 1552 chegara a tornar-se, ao menos por algum tempo, a principal produção do litoral vicentino depois do açúcar.[36] A causa de só tardiamente, a bem dizer só no século XIX, se ter expandido seu consumo há de achar-se sobretudo na ausência, até então, de máquinas de beneficiar mais eficazes do que o simples pilão manual ou o monjolo, que dão produto escasso e de limitado valor comercial. Verifica-se, ainda aqui, como só o advento de técnicas de elaboração mais aperfeiçoadas haveria de criar condições prévias para o abandono do círculo vicioso a que se achara presa a economia local.

É ilustrativo a respeito o que sucede no Rio de Janeiro, onde, ao engenho de soque do Andaraí Pequeno, fundado, ou melhor, reformado em 1760 – sua primeira fundação data de 1753 – pelo comerciante Manuel Luís Vieira, se deveu a rápida divulgação da rizicultura na região fluminense, em detrimento, é certo, de várias lavouras tradicionais, em particular da mandioca.[37] Outro tanto, e por motivo idêntico, irá acontecer em 1771 no Maranhão,[38] onde, além do arroz da Carolina, de recente introdução, já havia o "vermelho", da terra, aparentemente ignorado nas partes do sul.

A LAVOURA CANAVIEIRA

Caberia perguntar, no entanto, se São Paulo, com uma população minguada e um sistema de comunicações extremamente precário, teria pela mesma época ou ainda mais tarde os requisitos próprios para comportar uma indústria que visava à comercialização do produto. Mas o que se dá aqui com o arroz não ocorre também aproximadamente com a cana-de-açúcar? Às ambiciosas e promissoras tentativas para o incremento da lavoura açucareira, que nascem com a própria capitania, sucederá, igualmente, uma longa fase de depressão e atrofia, que de fato só cessará após o renascimento agrário de fins do século XVIII, e a rigor nos últimos anos do mesmo século ou nos primeiros do seguinte, quando estiverem consideravelmente melhorados os caminhos entre o sertão e a marinha.

Neste caso do açúcar, a mesquinhez da produção prende-se menos à ignorância de uma tecnologia adequada ao seu benefício do que à pouca eficácia das moendas ordinariamente empregadas. E no entanto essa pouca eficácia não constitui verdadeiramente uma causa, senão um efeito. A causa estaria nas limitações extrínsecas que se antepõem a qualquer progresso substancial da produção.

Dentro de tais limites a lavoura canavieira assume, todavia, papel que não é lícito ignorar ou subestimar. Fornecendo um artigo de consumo obrigatório, ela nunca deixará de cultivar-se numa terra quase condenada a viver dos próprios recursos, tanto mais quanto, diversamente do que ocorre com o arroz, não existe entre os produtos nativos nenhum que lhe possa servir de sucedâneo. Em tais condições, é possível produzir bastante para o consumo local, e mormente para o fabrico de um produto exportado, da marmelada, essa espécie de iguaria nacional dos portugueses do Quinhentos, que no Brasil se tornara desde cedo uma especialidade paulista.

A maioria das propriedades rurais, não só na costa como no planalto, dispõe, assim, de seu "pedaço de canavial" com a correspondente máquina de espremer: moenda de três paus ou "trapiche de três palicos", segundo se lê nos inventários. Aquelas plantas e estas máquinas, pobres sucessores dos famosos engenhos litorâneos dos Adorno e dos Schetz, além de atenderem às pequenas necessidades locais, mostram-se aptas, no entanto, a alcançar novo incremento desde que lhes seja assegurada oportunidade para abastecer, em condições vantajosas, mercados longínquos.

FORMAÇÃO DE MERCADOS NAS ZONAS AURÍFERAS

Com os descobrimentos das minas irá aparecer essa primeira oportunidade considerável para o avanço da indústria açucareira. A procura e carestia gerais da aguardente da terra, que se seguem, por exemplo, às primeiras explorações do ouro de Cuiabá, para onde os lavradores saem a vender seu produto ou mandam quem em seu nome o venda, mostram o bom proveito que, apesar dos riscos e rigores da mareagem dos rios, pode proporcionar o comércio a longa distância.

Do açúcar e da aguardente, que vão todos os anos em caixas e frasqueiras nas canoas de monção, é possível que, em sua maior parte, procedam das regiões vizinhas de Itu e Araritaguaba, lugares de trânsito forçado naqueles primeiros tempos para os que se dirigem às ditas minas. Radica-se então firmemente, nesses mesmos lugares, o negócio do açúcar, que ocupa até aos nossos dias posição significativa em sua vida econômica.

Ainda assim, o mercado que se suscita nas zonas de mineração logo se revela insuficiente para dar calor a tal indústria, pois os próprios interditos oficiais não logram realizar facilmente o intento de confiná-las à exploração das jazidas de ouro, mais vantajosa para a Fazenda Real, de sorte que, ao lado das lavras de metal precioso, começam também a repontar as lavouras de cana. O resultado é que, no planalto paulista, a força da produção e do consumo há de recair agora, mormente com o declínio das velhas searas de trigo, sobre os gêneros de que mais se sustenta a população. Os quais, em sua maior parte, são os mesmos que já se davam no país antes do advento do europeu, cultivados ainda pelas mesmas mãos e beneficiados, com pouca mudança, segundo os mesmos processos.

PRODUTOS INDÍGENAS E MÁQUINAS IMPORTADAS

Já se observou aqui como a mudança principal, neste caso, é a que vai afetar o benefício do milho, em que o moinho adventício não desaloja, entretanto, o pilão nativo. Também no preparo da mandioca para o consumo adapta-se o modelo de prensa usual entre os lagareiros reinóis de azeite e vinho, sem que se renuncie ao tipiti indígena – o tipiti de *jacá* que é um simples cesto de taquara fina –, conservado ainda hoje em nosso meio rural como recipiente ordinário para as raízes já raladas e por espremer.

Contudo, nas partes de serra acima, a mandioca estará longe, e por longo tempo, de assumir o lugar privilegiado que sempre se reservara ao milho no sustento da população. Ainda no final do Setecentos há de ir da marinha toda a farinha de guerra que se destina aos dois regimentos que estacionam na cidade de São Paulo,[39] já que a produção local mal dá para o uso caseiro dos moradores.

Entre os produtos nativos foi o algodão um dos que se acharam porventura mais afetados com a introdução de técnicas europeias. Para o adventício não custaria adaptar um produto que naturalmente crescia na terra aos usos já conhecidos no Velho Mundo, pois que a estes se prestavam bem as espécies indígenas: assim os teares horizontais, de "tecer pano", logo se hão de implantar aqui, principalmente nos meios urbanos. Onde se tratasse de fabricar redes, que eram uma peculiaridade de índios, continuará a empregar-se, no entanto, o primitivo tear vertical, mesmo depois que a "cama da terra" passou a constituir traste habitual entre os colonos. *

Foi observado acima como das novas técnicas de elaboração mal se pode pretender que resultou qualquer mudança qualitativa pronunciada nos métodos de lavoura tradicionalmente praticados pelos naturais. Quando muito favoreceu-se indiretamente, com sua introdução, um acréscimo das áreas de plantio exigido pela concentração maior de moradores em espaços menores.

---

* O cultivo do algodão, a fabricação de redes e os seus usos são largamente discutidos por Sérgio Buarque de Holanda em muitos artigos: "O algodão em São Paulo nos séculos XVI e XVII", publicado no *Digesto Econômico* em 1947; a série de artigos publicados em *O Estado de S. Paulo* no mesmo ano, "Redes e redeiras de São Paulo" I, II e III; "Fiação e tecelagem em São Paulo na Era Colonial", também de 1947 e publicado no *Digesto Econômico*; a série de artigos "O fio e a teia" I, II, III e IV, publicados em 1948 em *O Estado de S. Paulo*, mais alargada e de escopo mais geral. Cf. Marcos Costa (org.), *Sérgio Buarque de Holanda: Escritos coligidos*, op. cit., v. 1. Esses mesmos artigos compõem a terceira parte de *Caminhos e fronteiras*, "O fio e a teia", indicando, mais uma vez, a relação entre *Monções* e *Caminhos e fronteiras*.

GRANDE PROPRIEDADE, PEQUENA LAVOURA

A verdade, porém, é que, se não existe lugar aqui para uma agricultura intensiva, concebida segundo moldes europeus, faltam igualmente condições adequadas para uma economia de "plantação" própria das regiões tropical e subtropicais, apesar de prevalecerem sem discrepância as extensas concessões de terra. Em outras palavras, conhece-se a grande propriedade, o que ainda não se conhece é a grande lavoura.

À primeira vista pode iludir, a esse respeito, a quantidade impressionante de gentios que eventualmente se acumulam em alguns sítios da roça. Famoso é o caso da fazenda do Jaraguá, em que Manuel Preto, morto por volta de 1630, chegou a juntar até 999 índios, segundo tradição certamente muito generosa que Pedro Taques acolhe em sua *Nobiliarquia*.[40] Outro exemplo notório é o de Antônio Pedroso de Barros: ao perecer este em 1652, talvez às mãos dos mesmos índios que levara ao Potribu e que logo depois se hão de dispersar em meio a um pavoroso drama de amotinamentos, desbaratos e massacres, o número deles orçaria em cerca de meio milhar.[41]

AS BANDEIRAS COMO SOCIEDADES COMERCIAIS

É preciso não esquecer, porém, que, desde cedo devotados ao mister de prear e vender índios, muitas vezes para fora da capitania, os de São Paulo cuidariam de tirar do negócio o maior proveito possível, e seria sempre maior do que a renda das lavouras. A tendência ainda hoje comum entre historiadores para conceituar a bandeira como instituição de cunho principalmente militar, envolvendo mesmo tropas dispostas em companhias, com batalhões, estandartes e tambores, tem feito desdenhar o traço dominante dessas expedições, que, surgidas para atender antes de tudo a necessidades comezinhas dos habitantes, se convertem em atividade altamente lucrativa com os característicos, não raro, de empresa comercial.

A escassa documentação disponível não impediu que, diante desta ou daquela passagem de antigos inventários, se chegasse a vislumbrar muito do que, no tocante a semelhante aspecto, tende a dissimular o timbre épico, inseparável, em regra, da historiografia bandeirante.[42] Cita-se o caso, e é um entre muitíssimos, do parceiro ocioso, equivalente ao *stans* da *comenda* medieval, que, no preparar-se a expedição, entra com sua cota, constituída de índios, as armas, pólvora, munição e o mais necessário para a jornada, contanto que, trazendo remédio, o *tractator*, isto é, o sertanista, com ele divida metade dos lucros: é este o tipo de contrato mais usual. Também pode acontecer que o "capitalista" ou *armador*, como em São Paulo se dizia, entregue ao sócio inativo o que se faça preciso para seu aviamento, comprometendo-se, no regresso, a dar-lhe uma terça parte das peças capturadas, com as respectivas famílias e sendo caso que não traga peças, seja servido pagar o débito um mês depois da chegada, sem a isso pôr dúvida.

Um texto mal conhecido, possivelmente de autoria do padre Fernão Cardim, sugere a antiguidade, no Brasil, e não apenas em São Paulo, dessas formas de contrato, cujas origens próximas se encontrariam, talvez, na atividade dos *pombeiros* da África. Refere o documento como, para se organizarem as entradas de caça ao índio, costumavam associar-se três, quatro e mais pessoas, contribuindo cada qual com sua cota e, feito isso, tratavam de alcançar a necessária licença do governador para o empreendimento. A seguir aliciavam bandos de aventureiros, por vezes cinquenta ou sessenta homens, com armas, índios de arco em grande número, livres ou cativos, e todo o aviamento preciso para a expedição.

É inútil dizer que, durante a jornada, descumpriam esses homens, sem falta, a obrigação assumida junto às autoridades de em tudo agir como bons cristãos, de sorte que passavam logo a capturar e descer as peças pelos meios mais violentos e ardilosos. Quando voltavam, aqueles que tinham obtido a licença dividiam entre si a presa, em quantidades proporcionais à cota de cada um. Os expedicionários, de sua parte, recebiam o número de peças convencionado no ajuste prévio, e como alguns não dispusessem de terra para lavrar, cuidavam de vendê-las a terceiros.[43] É presumível que, descidas do sertão, fossem as peças, se numerosas, recolhidas primeiramente em sítio de onde se pudesse fazer a repartição sem grande demora. Só por essa forma se explicariam as notícias de que tal ou qual fazenda, mormente em São Paulo, chegasse a abrigar ocasionalmente até quinhentos e mil índios.

A MÃO DE OBRA RURAL: LIMITAÇÕES

Custa crer que, mesmo nas propriedades de vastas proporções e recursos, fosse dado alojarem-se, a não ser passageiramente, levas tão avultadas. Quanto ao querer que aquelas cifras pudessem corresponder ao pessoal permanente de serviço em qualquer fazenda paulista do século XVII, seria simplesmente pueril, e nem se pode imaginar a possibilidade de nelas se alimentarem tantas bocas ou se ocuparem tantos braços, ainda que em condições precaríssimas.

Note-se, de passagem, que na Bahia e em Pernambuco, segundo o testemunho de Antonil, as fazendas de cana de 150 a duzentos escravos, inclusive os dos partidos, contavam-se entre as excepcionalmente opulentas.[44] O célebre engenho de Seregipe do Conde, pertencente ao Colégio de Santo Antão dos padres da Companhia, um dos maiores do Brasil e seguramente o melhor da Bahia, tinha apenas oitenta negros em 1635.[45] Nesse número não entravam, é certo, os escravos dos partidos, cujo total, muito mais reduzido, certamente, não foi dado apurar.

Dos índios de Manuel Preto disse expressamente Pedro Taques que eram "de arco e flecha", sinal de que estariam por amansar, e ajunta que procediam das entradas de seu amo nos sertões do Paraná e Uruguai. Quanto aos de Antônio Pedroso, lançados em inventário, ainda com os seus caciques, consta que se tratava de gente indômita, "sem nome de nosso vulgar português, por não estarem batizados", e tão daninhos que, livres enfim do senhor, não deixaram coisa viva "que não destruissem e comessem", escapando, depois, por longo tempo, alvorotados, uns, outros assustados e recolhidos ao mato.

Por isso mesmo a partilha se fará, neste caso, bem posteriormente, quando os índios, desfalcados pelas muitas mortes e fugas, mas acrescidas dos nascimentos, somarão 269 peças, aparecendo já agora com os nomes cristãos recebidos no cativeiro.[46] Segundo sua origem (e aqui entra uma das dificuldades com que se hão de haver os partidores), separam-se em dois grupos, que mutuamente se hostilizam, a saber, carijós e guaianás: guaianás do sertão sul, distintos dos que, conhecidos pelo mesmo nome, vagavam pela costa e serra vicentinas à chegada do homem branco e que uma tradição insistente, mas sem apoio, oriunda só de fins do Setecentos, confunde com os tupiniquins do campo de Piratininga. Se assim é, não parece difícil vincular a presença desses índios no Potribu à bandeira onde andou Antonio Pedroso no ano anterior à sua morte.

O REGIME DE PROPRIEDADE E A FORMAÇÃO DE NÚCLEOS DE POVOAMENTO *

A largueza das propriedades rurais, dedicadas ou não à lavoura, representa sem dúvida, no planalto paulista, um dos

---

* Os estudos sobre o povoamento em São Paulo parecem ter atraído a atenção de Sérgio Buarque de Holanda durante a década de 1960. Como se disse, "Caminhos do sertão" foi publicado em 1964 na *Revista de História* da USP. Dois anos depois, em 1966, na *Revista do IEB*, o historiador publicou um artigo tratando exclusivamente do povoamento da região de São Paulo, "Movimentos da população em São Paulo no século XVIII". O assunto ainda foi desenvolvido em *O Extremo Oeste*, logo no começo, como se vê entre as pp. 34-40 deste volume.

fatores de expansão da área assenhoreada pelos colonos através de terras maninhas e incultas, dando lugar à formação de novos fulcros de povoamento. É significativo a esse respeito o exemplo da fundação de Moji das Cruzes, justificado pela própria Câmara de São Paulo com a alegação – as palavras são dos oficiais da mesma Câmara – de "estarmos nesta villa muyto juntos e para que fiquemos mays Largos...".[47]

Corrobora esses dizeres o capitão Gasper Conqueiro ao satisfazer ao despacho do governador. Afirma nesse documento, entre outras coisas, que o levantar-se pelourinho naquela povoação nova não prejudica a vila de São Paulo, por haver nesta "muyta gente e estarem apertados e não terem donde lavrarem".[48] Palavras que, independentes de outra explicação, servem para definir o regime de posse e uso da terra.

A procura de sítios em que logrem os moradores fazer suas roças e sementeiras, alcançando, por outro lado, o status e prestígio social que confere a condição de proprietário de bens de raiz, e esta lhes é vedada na vila de São Paulo, onde toda terra tem dono, já parece bastante para explicar a deliberação tomada. Acrescentam-se, no caso particular de Moji, duas poderosas razões, a saber:

1. achar-se o povoado em sítio de onde se podem preparar descobrimentos de minas;
2. situar-se a pouca distância do litoral.

É certo que, para a autoridade, essas duas razões se fundem numa só. De fato, o haver "breve serventia para o mar" é antes de tudo um convite para, encontradas as minas, se mandarem os quintos reais ao novo estabelecimento de Angra dos Reis, pouco distante do Rio de Janeiro.

AS DUAS SANTANAS

Não seria essa uma razão de forte peso para a generalidade dos paulistas, mais empenhados na posse de terras onde granjeassem mantimentos do que no entabulamento de minas, que seriam o primeiro passo para verem freada sua antiga liberdade e soltura.* Em compensação, a relativa facilidade de comunicação com a marinha, que aparentemente os defenderia do isolamento e da penúria, não é vantagem de desprezar para os que nas cercanias de São Paulo já não encontram esperança de remédio.

Semelhante vantagem ficaria parcialmente neutralizada, aliás, pela maior distância em que se achavam os de Moji das Cruzes das principais reservas de mão de obra a que recorriam os paulistas para suas lavouras. Só esse fato poderá talvez explicar a singular cordura com que se irá portar a Câmara ante o propósito de se armar pelourinho no local. Bem diferente há de ser a atitude do conselho quando, passados alguns anos, se trate de fazer outra vila com a mesma invocação, desta vez rio abaixo, sete ou oito léguas distante de São Paulo.

É que, em contraste com Santana das Cruzes de Moji, antiga fronteira de contrários, só ultimamente desbravada e desinfestada do gentio inimigo, erige-se a outra Santana no caminho que naturalmente conduz a numerosas nações de índios serviçais ou domésticos, como tal assiduamente percorrida pelos bandos de sertanistas. Enquanto a primeira se apresenta quase sob o aspecto de terra estrangeira, Parnaíba estivera intimamente ligada, e desde cedo, ao mister de prear índios, principal ocupação dos habitantes do planalto, que não podem deixar de encarar aquele processo de cissiparidade como intolerável mutilação e esbulho do seu patrimônio.

---

* Este tema é tratado de modo mais detalhado em *O Extremo Oeste* (pp. 34-7 deste volume), onde o autor faz uma discussão mais ampla sobre a descoberta do ouro e a diminuição de liberdade em São Paulo.

Isso mesmo alegará a Câmara de São Paulo ao vir notícia de que se "dessolldava o termo desta villa de que estão de posse ha muitos annos", e assim o certificarão, sob juramento, os tabeliães Simão Borges e Custódio Nunes, quando, inqueridos, atestarem que o lugar e sítio onde se levantou pelourinho é "têrmo desta dita vila desde que esta vila se povoou".[49] Já não seriam numerosos então os tupiniquins e tupinaés, que outrora habitavam de uma banda e outra do Anhembi e que se estimaram em 30 mil guerreiros antes que os capturassem, dizimassem ou compelissem à fuga os naturais de São Paulo.[50] Mas não se acabara justamente de abrir no lugar de Parnaíba uma porta sobre o generoso viveiro de índios mansos existente em terras da Coroa de Castela?

Ainda antes de erguer-se pelourinho em sítio onde havia, desde 1610, uma igreja dedicada à Senhora Santana, dotada mais tarde, e aumentada por André Fernandes e sua mãe Suzana Dias, neta de João Ramalho ou do Tibiriçá, um morador daquelas paragens, Antônio Castanho da Silva, ultrapassara as raias do Peru, indo morrer junto ao sopé do cerro do Potosí. Agora não é o próprio André Fernandes, fundador e primeiro capitão da vila, famoso "corsário do sertão", como lhe hão de chamar os jesuítas, quem aparece como homem indicado para guiar até à cidade de Assunção, pelo caminho dos rios, a comitiva de dona Vitória de Sá, mulher do governador d. Luís de Céspedes Xeria?

Compreende-se assim que Santana de Parnaíba deva logo ressentir-se de forte influência de castelhanos e crioulos do Paraguai, que não se exerce só no domínio secular, mas também no eclesiástico. Em Assunção recebem ordens sacras o segundo capelão da vila, padre Gaspar de Brito, e também seu segundo vigário, Francisco Fernandes de Oliveira, filho, este, de André Fernandes, que o levou na companhia de dona Vitória.[51] Aliás, já o primeiro vigário, padre Juan de Campo y Medina, castelhano da nação, tinha sido cura no Guairá antes de transportar-se a Parnaíba. Dele há todo um despacho em espanhol que deu em 1634 no inventário de Suzana Dias, onde funcionou como juiz eclesiástico. Posteriormente seu nome vai ser citado em real cédula, com os de Antônio Raposo Tavares, Frederico de Melo, vários clérigos acusados de ter participado de entradas ou de fomentá-las, além de antigos vizinhos do Paraguai, que poderiam servir de guias em outras expedições, entre as pessoas que, sem escândalo e alvoroço, deveriam ser levadas presas à Espanha.[52]

A súbita eminência assim alcançada pelo povoado de André Fernandes, ninho e meca de aventureiros, não impede que durante longos anos persistam os ressentimentos. A causa maior da rivalidade provinha das dúvidas existentes em torno da jurisdição sobre Barueri, uma das aldeias jesuíticas mais populosas da América portuguesa, situada no marco divisório entre as duas vilas. Ainda neste caso, o litígio irá decidir-se em favor de Parnaíba, que no acesso fácil a reservas de mão de obra parecia encontrar sua verdadeira vocação e razão de existir. Se num primeiro momento a esperança de riquezas minerais, alentada pelo ouro de Voturuna, pode ter ajudado o povoamento do lugar e, sobretudo, pode ter atraído sobre ele a atenção e a parcialidade dos governos, logo depois hão de mostrar-se os seus moradores, como os outros paulistas do tempo, mais amigos de peças do que de pedras.

O POVOAMENTO DE MOJI[*]

Também para as partes de Santana das Cruzes a sedução do ouro teve aparentemente papel dominante nas origens da vila. A referência frequente, em textos da época, a descobri-

---

[*] Em "Movimentos da população em São Paulo no século XVIII", Sérgio Buarque de Holanda também estudou o povoamento de Mogi. Cf. "Movimentos da população em São Paulo no século XVIII", in *Revista do IEB*, n. 1, 1966. O mesmo artigo pode ser encontrado em Marcos Costa (org.), *Sérgio Buarque de Holanda: Escritos coligidos*, op. cit., v. 2.

mentos de ouro, que se poderiam fazer naquela direção, parece mesmo de molde a instituir um nexo entre sua fundação e alguns dos sonhos grandiosos de d. Francisco de Souza, que morre no ano dessa fundação, depois de receber e dar despacho ao requerimento para ela. Por aquelas terras passara a gente da entrada de André de Leão rumo ao Sabaroboçu em 1601, e em 1602 a bandeira de Nicolau Barreto, provavelmente com fito idêntico. Por outro lado, da petição para fazer-se a vila, e também do foral da mesma, resulta que os moradores se tinham estabelecido ali mais de dez anos antes, quer dizer em torno de 1601, e exatamente a mando de d. Francisco.

Que haveria interesse, de parte das autoridades, em fazer levantar o pelourinho, ainda quando tal providência devesse sobrepor-se a obstáculos mais ou menos ponderáveis, sugere-o aparentemente o fato de subscreverem a petição apenas vinte vizinhos – vinte com Gaspar Vaz, o principal requerente, que encabeça o rol –, embora o mínimo legal para tanto devesse ser de trinta. A formalidade foi, pois, dispensada ou esquecida no caso: sinal de que a administração queria adiantar-se ao povoamento espontâneo.

Poucos anos antes teria sido menos viável, aliás, a instalação de moradores brancos ou mamelucos no lugar, em virtude da oposição dos nativos, o "gentio de *bougi*", formado de parcialidades tupiniquins desgarradas de Piratininga ou de restos dos tamoios que tivessem sobrevivido ao massacre e dispersão de seu povo. Ainda em 1593, essas tribos assaltaram, desbaratando-os, os homens de Antônio de Macedo e Domingos Luís Grou, de modo que a Câmara de São Paulo teve de forçar o capitão Jorge Correia a mover-lhes guerra, contrariando escrúpulos dos padres da Companhia.

Tudo faz pensar que nos anos subsequentes, e até ao final do século, outras campanhas de extermínio ajudaram a apartar a ameaça que, procedente daquelas partes, constantemente pesara sobre os habitantes da vila de São Paulo. A escassez de documentos e a imprecisão da toponímia explicam as dificuldades que ainda hoje se oferecem ao historiador interessado em identificar o itinerário exato de muitas entradas quinhentistas ou seiscentistas. Seja como for, toda a longa tira de terra que divide das vertentes da Mantiqueira as da Paranapiacaba deve ter sido libertada naqueles anos dos tupis inimigos, índios de guerra, mas também índios de lavoura, cobiçados, por isto, dos sitiantes e traficantes de peças.

Restavam as tribos mais tratáveis dos guaianás, puris, guaramomis ou guarulhos, pouco afeiçoados, contudo, ao mister agrário e adversos de seu natural à vida sedentária. Em 1601, quando ali passou Glimmer, acompanhando a gente de André de Leão, já o gentio contrário fora despejado: não achou o viajante viva alma, nem sinal de terra lavrada, ainda que avistasse taperas ao desamparo. Apenas as fumaças, que subiam às vezes de entre os matos, indicavam que deviam vagar ali alguns bárbaros sem morada certa, sustentando-se do que graciosamente lhes desse a natureza. Só depois de transposta a serra ocidental (Mantiqueira) e caminhados muitos dias, conseguiu deparar com a primeira aldeia indígena farta em mantimentos, de que toda a companhia se valeu.[53]

Completada nestas partes a faixa de segurança ao redor de São Paulo, era plausível querer povoá-la com alguma aparência de governo civil, ao menos numa direção que, segundo crença já corrente e amplamente confirmada um século depois, levaria às minas de metal precioso. Para começar devia o povoamento seguir a linha traçada pelo Anhembi, rio arriba, e depois atingir o cotovelo que o Paraíba faz antes de ganhar seu curso médio. Só para o período que vai de 1608 a 1612 existem documentadas dezesseis petições ou concessões de sesmarias na mesma paragem.

Antes disso já se tinham ali fixado com suas granjearias alguns dos futuros vizinhos da vila de Santana das Cruzes de Moji-Mirim. O nome de Gaspar Vaz, que em São Paulo, onde tinha morada junto à matriz, chegara a almotacé e juiz, desaparece subitamente da documentação municipal paulistana a partir de abril de 1601. Isto é, na era aproximada em que, segundo se tira do foral de Moji, começam a fixar-se no lugar os primeiros moradores cristãos. Francisco Vaz Coelho, que se segue imediatamente no rol dos signatários da petição para fazer-se a vila, ainda vem mencionado na dita documentação até 1604. Depois ressurge só em 1615 entre os que recebem índios fortes, na matrícula da gente carijó[54] e, por fim, em 1624, o ano de sua morte.

A via natural de expansão da gente mojiana parecia indicá-la, por entre a muralha da Mantiqueira e a fragosidade da Serra do Mar, a linha do médio Paraíba, onde a navegação era praticável desde o sítio da Aldeia da Escada até pouco abaixo de Guaiapacaré, correspondente à atual Lorena: daí por diante começava a viagem fluvial a fazer-se difícil, para não dizer impossível. Mas justamente desse ponto sai o caminho terrestre que, em três dias de marcha a pé, leva à garganta do Embaú e por ela às minas encobertas, mas já suspeitadas.

No entanto, as vantagens de sua localização ou não deveram parecer logo manifestas aos moradores do incipiente núcleo urbano, ou faleciam-lhes meios para bem aproveitá-las. O que iam buscar naquele sertão era, e expressamente, remédio para sua pobreza, não promessa de perigos ou novas canseiras. Tudo faz crer que se tratava, na maioria, de gente de condição e origem apagadas, desprovida em geral de bens da fortuna e dos meios para obtê-los. Outros, ainda que menos obscuros, teriam razões porventura poderosas para resguardar-se nessa espécie de exílio voluntário. Não seria o caso de um Francisco Vaz Coelho, que é dos povoadores influentes do sítio de Moji, ao que parece, o mais influente além de Gaspar Vaz?

Certo é que esse mesmo Francisco Vaz, tendo prestado em São Paulo, sobre os Santos Evangelhos, como é de praxe, o juramento de juiz ordinário, cargo que devia ocupar em 1604, será apontado mais tarde, na Câmara onde servira, entre os que estavam sujeitos à finta cobrada da gente da nação hebreia. A circunstância de logo depois, e por longo tempo, desaparecer também seu nome na documentação municipal permite supor que, por aquela mesma era de 1604, se terá estabelecido nas terras de Moji, onde, passados alguns anos, vai alcançar sesmaria e assistir à fundação da vila de Santana das Cruzes.

Toda a área que se estende ao comprido da lagoa de Imbiacica, para a banda de São Paulo, até as beiradas do Paraíba, foi logo explorada e ocupada com os poucos meios de que podiam dispor esses moradores. Sem outro estímulo além da necessidade de atender à própria subsistência, sem acesso folgado às tribos e aldeias que costumam prover de braços os lavradores, sem fácil comunicação com a marinha ou sequer com outros sítios povoados no interior, deveram desde cedo habituar-se ao isolamento obrigatório, entregando-se à simples lavra de mantimentos, que serve para enganar sua miséria.

O próprio lugar da vila, só procurado pelos sitiantes no dia de Endoenças e em outras datas religiosas, já é uma perfeita imagem da solidão. Do Paraíba separa-o uma cadeia de morros que, por algum motivo, se chamaram dos Sete Pecados Mortais. O caminho da vila de São Paulo corria sobre rios, restingas, brenhas, frequentemente intransponíveis. No ano da fundação, os avaliadores do inventário de Francisca Cardoso, mulher de Gaspar Vaz, não se arriscam a enfrentá-lo por ser extenso, de mais de doze léguas, e por serem "os caminhos ásperos e de muitas águas".

Passa-se isto em 1611. Mas ainda em 1620, avaliadores de outro inventário ficam tolhidos de ir de São Paulo a examinar umas terras na mesma vila de Moji por não existir canoa e nem ponte que os deixem viajar.[55]

Roças de feijão-branco, algodão, cana, mandioca, carazais, bananeiras ou pacovais, milharais, pouca coisa de trigo é tudo o que assinalam ali os documentos seiscentistas. Alguns decênios mais tarde muitas estarão desamparadas ou arruinadas. Na segunda metade do século os oficiais da Câmara, que todos os anos vão a Imbiacica e Itapema tomar posse do terreno, já não acham tantos sítios povoados como taperas ou feitais,[56] que assim chamavam às touceiras de samambaias, próprias de solos exauridos.

D. Antônio Rolim de Moura, que no século seguinte atravessa aqueles lugares, afirma dos moradores de Moji que assistindo quase sempre na roça, vai-lhes o tempo em cachimbar e embalar-se na rede, em camisas e ceroulas, sua vestimenta ordinária, fiados só nos carijós que lhes dão o sustento. A pintura talvez já servisse, com pouca diferença, para descrever a vida ronceira dos primeiros sitiantes. A diferença estará nisto, que a vila, naqueles começos, não é senão senda para o desconhecido, enquanto ao tempo do futuro conde de Azambuja é passagem muito trilhada para as minas de ouro e o Rio de Janeiro, de sorte que aos moradores já não hão de faltar recursos com que angariem índios para seu serviço. Se antes havia terras mais ricas para gastar, agora haverá mais carijós para lavrar o que ainda sobeja de mato aproveitável.

UMA EXPANSÃO TRUNCADA

Na fase inicial, os lugares que ultrapassassem um pouco aquele estirão de Imbiacica a Itapema, ou algum exíguo trato de terra no rumo de Santos e São Vicente, para onde havia um ou mais caminhos, são aparentemente ignorados dos povoadores de Moji. Assim, no lado oriental, e até bem perto da vila, o espaço entre o Tietê e o Paraitinga não se há de procurar ou utilizar antes do final do século, quando o devassa o capitão Antônio Correia da Veiga.[57] Da mesma forma para a banda do norte, o termo da vila só principia a ser conhecido depois de divulgar-se em 1746 a notícia do descobrimento das minas do rio Sapucaí, por onde confina.

Mesmo na rota naturalmente traçada para sua atividade exploradora, esbarram os mojianos com as margens do Paraíba, mal vencendo aqui a demarcação inicial do distrito. Se bem que participem ocasionalmente de bandeiras saídas de São Paulo ou de Santana de Parnaíba – o próprio Gaspar Vaz aparece em 1628 entre os componentes da bandeira de Manuel Preto ao Guairá –, eles representam, a rigor, um caso de expansão truncada. É diretamente de São Paulo, não é de Moji, que saem os primeiros povoadores brancos ou mamelucos do sertão do médio Paraíba, onde, em rápida sucessão – em realidade rapidíssima para a época e para a aspereza do lugar –, se vão concentrar diversos núcleos de população. A atribuição de autonomia municipal aos povoados que ali se criam, a Taubaté em 1643, a Guaratinguetá em 1651, a Jacareí em 1653, parece denunciar não só a viva sedução exercida em dado momento por toda a área, já livre, desde há muito, da barreira indígena, como ainda a preocupação dos governos em fazer ocupá-la efetivamente, nela instalando, tal como se fizera em Moji das Cruzes, órgãos locais de poder.

OCUPAÇÃO DO MÉDIO PARAÍBA

O passo inaugural para o devassamento é dado por Jaques Felix, morador antigo de São Paulo, com sítio de lavoura no caminho do mar, perto de Santo André. De 1628 é a carta de sesmaria passada em Angra dos Reis pelo capitão-mor João de Moura Fogaça, como procurador da sra. condessa de Vimieiro, atribuindo ao mesmo Felix e a dois de seus filhos, Domingos e Belquior, um total de légua e meia de terra, a saber meia légua para cada um, entre Pindamonhangaba e Teremembé, na "tapera do gentio", onde pretendiam estabelecer-se com as suas fazendas e benfeitorias.[58] Não começaria logo a exploração da área doada, ao menos por parte de Jaques Felix em pessoa, pois este, segundo parece, continua, durante algum tempo, em São Paulo, onde em 1632 é vereador e em 1636 provedor da Misericórdia.

Deste ano de 1636 é, no entanto, a provisão do capitão-mor

de Itanhaém para que penetre o sertão taubateano em aumento das terras da condessa de Vimieiro. De 1639 é a ordem expedida em nome da mesma donatária para que se destine uma légua ao rócio da futura vila e ainda diligencie sobre a distribuição de terras àqueles que acudam ao lugar. Finalmente de 1645 é o devassamento do Vale do Paraíba em busca de minas de ouro, segundo determinação de Duarte Correia Vasqueanes, que governava o Rio de Janeiro *ad interim*, na ausência de Salvador de Sá, pelo neto homônimo de Jaques Felix e verdadeiro povoador, três anos mais tarde, da vila de São Francisco das Chagas de Taubaté.

Tais providências não servem para abonar a tradição de que já em 1630, quando toda aquela área se achava ainda inculta e desprovida em geral de meios de comunicação melhores do que o próprio rio, tivesse tido seu começo a freguesia de Guaratinguetá. A escolha de Jaques Felix, o moço, para a obra de exploração, sugere claramente que esta se faria a partir da vila de São Francisco das Chagas, acompanhando o Paraíba a jusante: mal se pode imaginar que houvesse já naquele ermo algum estabelecimento fixo de cristãos. Parece fora de dúvida que as verdadeiras origens de Guaratinguetá estão intimamente ligadas ao ciclo de exploração em que se inscrevem os trabalhos de Jaques Felix. É de notar que Domingos Dias Leme, a quem caberá levantar ali pelourinho por ordem do capitão Dionísio da Costa, em princípios de 1651, alcançara sesmaria nas mesmas paragens, precisamente no ano da fundação de Taubaté, e fizera parte, em 1646, da leva de paulistas incumbida de devassar o vale.

A empresa de colonização de toda essa área é provisoriamente interrompida em 1653, depois do estabelecimento da vila de Nossa Senhora da Conceição do Paraíba, que é a atual Jacareí. Diversamente do que sucedera com outras povoações surgidas ao norte de São Paulo, com Taubaté em particular, e também com Guaratinguetá, as origens dessa vila só de modo indireto parecem vincular-se ao grande esforço de inspiração oficial empreendido no decênio de 30 e depois para o desbravamento e efetiva ocupação das terras banhadas pelo Paraíba.

Do rol dos fundadores de Jacareí não consta, com efeito, nenhum dos participantes conhecidos da expedição devassadora de 1645. Nem é encontrado nessa relação o nome de certo Antônio Afonso, que Azevedo Marques aponta como fundador da vila, pretendendo que saíra expressamente de São Paulo com família e agregados[59] para se ir firmar no local, o que aliás prejudicaria um pouco a hipótese da existência de algum nexo entre as origens da mesma vila e uma possível infiltração dos povoadores de Moji na margem direita do Paraíba. Aqui, no entanto, como a propósito da fundação de Moji das Cruzes,[60] precisam ser corrigidos os dados do autor dos *Apontamentos históricos*.

Em realidade, no livro foral da criação da vila de Nossa Senhora da Conceição, quem figura como requerente, em nome dos moradores, não é Antônio Afonso, mas Diogo de Fontes. Um personagem com este nome é assinalado no ajuntamento famoso de 13 de junho de 1640, na Câmara de São Paulo, onde se pediu que fossem deitados fora os padres da Companhia de Jesus, e é aparentemente a única vez em que vem lembrado na documentação municipal paulista. Isto sugere que se trataria de morador da vila de Moji, representada na mesma assembleia por João Homem da Costa, de quem consta que ia acompanhado de "sua gente". Há ainda, entre os que subscrevem o requerimento para se erigir pelourinho em Jacareí, o nome de Antônio Agostim,[61] que se acha, este ou um homônimo seu, entre os fundadores da vila de Moji, mais de quarenta anos antes, e entre os vencidos do Mbororé em 1641. É em sua pousada que se procede à eleição da primeira Câmara da nova vila. No mesmo requerimento ainda figura outro do mesmo apelido: Manoel Fernandes Agostim. Seriam todos da família de Domingos Agostim, casado com filha de Antônio Fernandes, e que pedira sesmaria em 1609 no lugar de "Boigi Mirim", partindo com a de Gaspar Vaz.

Era inevitável, sem dúvida, que a bondade das terras situadas na barra do Paraíba, rio abaixo, atraísse alguns antigos povoadores de Moji. Mas os mesmos atrativos e mais a vantagem de ocupar-se algum ponto da referida barra que facilitasse a penetração do sertão taubateano, é provável que devessem ecoar igualmente, e em maior grau, na própria vila de São Paulo. Já se observou acima como, por volta de 1630, a conveniência dessa ocupação passara a interessar vivamente as autoridades, atentas, talvez, às vozes correntes sobre a presença ali de minas de ouro. É significativo que, nesse mesmo tempo, uma figura tão conspícua como a de João Homem da Costa, mais tarde ouvidor da capitania, se ausentasse para o sertão de Moji, onde permanecia em 1640, a fim de alcançar pouco adiante, justamente na barra do Paraíba, uma sesmaria excepcionalmente extensa – quatro léguas em quadra –, com seu filho homônimo, seu irmão Manuel Gomes Albernás e ainda com Manuel Coelho de Souza:[62] ao menos este último, ou alguém com igual nome, andará associado pouco depois à obra de desbravamento empreendida no sertão de Guaratinguetá por Jaques Felix, o moço.

A fundação oficial de um estabelecimento à margem do rio, de onde fosse relativamente breve o acesso a Taubaté e áreas vizinhas, desde que começaram elas a povoar-se, surge como imposição natural desse povoamento. Ora, Jacareí atende muito melhor do que Moji a esses requisitos. E não só por ser ali navegável o rio como ainda, e principalmente, por achar-se o lugar no começo de uma longa várzea sem asperezas, que facilitava o trânsito por terra. É significativo que mais tarde, e durante longo tempo, os que se dirigiam de São Paulo às povoações do médio Paraíba costumavam embarcar em canoa à altura da Aldeia da Escada, e em Jacareí começavam o trajeto a pé ou a cavalo.

De fato o principal estorvo para a regularidade das comunicações entre São Paulo e as vilas do "norte" encontrava-se na etapa inicial do percurso, abrangendo a área acidentada que separa a lagoa do Imbiacica da barra do rio. Se em 1620 não parecia fácil empresa ir-se de São Paulo à lomba de Moji, os mesmos obstáculos se apresentariam então e mais tarde para o trajeto entre Moji e Jacareí. Aliás uma das principais razões lembradas em 1653 para justificar a criação da vila da Conceição da Paraíba estava justamente em não poderem os moradores do lugar acudir a Moji, por ser "o caminho longo e não terem passagem para poderem levar mulheres e filhos a ouvirem a Missa".[63]

Os mesmos embaraços à fácil comunicação com a vila de São Paulo fazem alvitrar, para o rápido e constante povoamento da várzea do Paraíba, razões porventura mais poderosas do que as notícias de repente surgidas e nunca inteiramente desvanecidas ou deixadas à margem, sobre a existência de minas na região, ou do que o ser toda ela boa para roças e criações. Realmente nenhuma outra área já conhecida da serra acima seria talvez mais apta para a lavoura de mantimentos ou a produção de gêneros exportáveis. De que valiam, porém, semelhantes vantagens se os moradores se achassem ali privados de outros recursos que só se alcançam por meio de um contato regular com os centros mais povoados ao tráfico exterior?

OS CAMINHOS DO MAR

O que parecia isentá-los desse risco era a possibilidade em que se achavam de comunicar-se diretamente com a beira-mar. À medida que o porto de Santos vai caindo de seu antigo realce e passa quase unicamente a acolher embarcações fretadas por particulares, ou então, isto já na segunda metade do século XVII, sumacas do contrato do sal, tende a valorizar-se cada vez mais a faixa litorânea na direção do Rio de Janeiro, centro já agora de apreciável tráfico. Desde 1564, senão antes, algumas sesmarias tinham sido concedidas em nome de dona Isabel de Gamboa, donatária de Santo Amaro, na ourela da costa entre Bertioga e São Sebastião, em alguns casos a personagens dos mais ilustres da capitania:[64] este simples fato já sugere, aparentemente, que se dava importância ao lugar. No entanto, o movimento de expansão litorânea que assim se inaugurava não teve imediato seguimento, e por volta de 1608, segundo reza uma carta de sesmaria passada pelo capitão locotenente, as baixadas entre São Sebastião e a Guanabara "eram tôdas terras desabitadas e devolutas".[65]

Mas justamente naquele, e nos anos seguintes, volta a acentuar-se o interesse por essa faixa do litoral, tanto que nenhuma outra parte das antigas capitanias gêmeas de São Vicente e Santo Amaro parece alvo, então, de igual procura da parte dos que requerem datas de terra. Logo depois de São Sebastião, ilha e continente fronteiro, outros trechos de beira-mar entram a partilhar de prestígio semelhante; sem falar em Angra dos Reis, onde ainda em 1608 se funda a vila de Nossa Senhora da Conceição, é possível nomear ainda Ubatuba e a Ilha Grande, que por volta de 1610 figuram nas cartas de doação conhecidas; dois anos depois será a vez da Marambaia e em 1614 a de Parati.

Ora, não é certamente por acaso que a expansão paulista na direção do Vale do Paraíba coincide cronologicamente com esse movimento, indicando que se trataria de processos paralelos e, bem ou mal, articulados entre si. Já ao tempo da criação de Moji das Cruzes, onde Gaspar Vaz alcança sua sesmaria pioneira precisamente em 1608, alude-se à existência de passagem dali para o mar como uma das razões para levantar-se pelourinho. Por essa passagem, uma vez achadas as minas de ouro que tanto se esperavam, seria possível levar e embarcar os reais quintos à povoação nova que "mandou fazer da Angra dos Reis" d. Francisco de Souza: são palavras textuais, essas, do ato de confirmação do governador, datado de 1611.

Sabe-se que existiam então, ou sucessivamente existiram, duas picadas entre o lugar de Moji e a marinha de Santos, e que uma delas, a de Bertioga, fora frequentada pelos naturais antes de sê-lo o caminho da Piaçaguera velha, por onde subiu o sr. Martim Afonso de Souza em 1532 ao campo de Piratininga. Pela passagem da Bertioga desceram, segundo consta, os índios que quiseram acometer os moradores do povoado e fortaleza desse nome, não o fazendo afinal devido à consideração em que tinham João Ramalho, relacionado, por sua mulher, com o principal Tibiriçá. Tornou-se logo depois de pouco uso esse cubatão, se não foi de todo abandonado, ainda que dele se faça menção numa carta de sesmaria concedida aos 9 de novembro de 1625 ao padre Gaspar Sanches.[66] Em seu lugar passou-se a utilizar o da Piaçaguera nova, ou cubatão de Moji e Pilar, que é um dos braços do caminho chamado de Gerobativa.

Além desses dois, fez-se outro caminho para o litoral, o de São Sebastião, mandado abrir por Gonçalves Correia de Sá, em resultado da provisão que lhe passou seu pai, Salvador de Sá, a 7 de janeiro de 1617, onde lhe ordenava, entre outras coisas, que abrisse o caminho da marinha para o rio Paraíba e fizesse explorar umas terras do sertão em que se dizia haver prata e ouro. Essa via, partindo igualmente de Moji das Cruzes, e depois de passar pelo Paraíba e pelos campos chamados da Boa Vista, ia ter ao lugar onde existiu até 1666 a vila de Santo Antônio de Caraguatatuba, logo depois ermada em proveito de Ubatuba. Não se prenderia esse abandono da primeira Caraguatatuba ao fato de Moji, que com ela se comunicava, e por ela com São Sebastião, já não representar a esse tempo uma espécie de ponto de flecha na expansão paulista para nordeste? E haveria mera coincidência de datas se a criação da vila de São Sebastião ocorre no mesmo ano de 1636 em que Jaques Felix recebe instruções para penetrar o sertão taubateano.

Não é contudo em São Sebastião, é em Ubatuba, onde por sinal se faz vila pouco depois, em 1640,[67] que vai desembocar a primeira via de acesso dos de Taubaté ao litoral, seu verdadeiro caminho do mar, ou "caminho do mar de Ubatuba", como também se lê nos textos da época. O possível vínculo entre o porto litorâneo e o aglomerado de moradores, oriundos em sua maioria de São Paulo, que se vai firmar na margem direita do Paraíba parece implícito numa petição de terras feita por Baltazar Correia, Simão Machado e Antônio Alvarenga, com a data de 1639. As quais terras deviam confinar, de uma parte, com a dada de Jaques Felix e de outra com o "lugar chamado Pina, da banda da povoação nova, que é para a banda do mar".[68] A povoação nova é Ubatuba, cujos moradores já serão em número bastante para justificar a ereção de pelourinho.

Uma referência expressa a esse outro "caminho do mar" vai surgir logo depois, em 1641, na carta de doação de terra passada em favor de Domingos Dias Felix e Jaques Felix, o moço: "na paragem e lugar chamado Paraitinga, *no caminho do mar*".[69] Nesse mesmo documento surge Taubaté com o título de vila – "[...] a povoação que novamente [...] em Tahibaté, vila de S. Francisco" –, só oficializado, no entanto, dois anos mais tarde. Tudo faz crer que dessa mesma sesmaria fizesse parte o lote mencionado em 1660 no auto do inventário do já citado capitão Domingos Dias, onde se pode ler que ficava "no caminho do mar no carreiro das antas no *caminho do mar de Ubatuba*".

Não seria a única via transitável entre a região e o litoral. Desde eras longínquas, provavelmente desde antes do advento do homem branco, tinham-se acostumado os naturais a explorar para esse tráfego os pontos permeáveis da Serra do Mar. Por um deles, que saindo do porto de Parati ia alcançar as beiradas do rio, cerca de dez léguas abaixo do lugar da futura vila de São Francisco das Chagas, ou por uma das ramificações daquele caminho, deve ter subido Martim de Sá na campanha que, a instâncias dos amigos guianases de Angra dos Reis, movera em 1597 contra os tamoios ali refugiados, e que está descrita na narrativa de Anthony Knivet.

A lembrança e uso dessa via não morrerão. Dela fala ainda em 1633 um requerimento de sesmaria passado no Rio de Janeiro em benefício de Miguel Aires Maldonado e filhos. Situavam-se as terras solicitadas junto a "hum caminho antigo sobre a dita serra que está em a mesma cordilheira della sobre o

Rio de Parati por onde foi o capp. am Marthim de Sáá para o certão com o seu araial por onde se servião o gentio guayana dessuas terras para o d.o Rio de Parati...".[70]

A existência da via antiga, que através de Parati facilitava, mais rapidamente do que a de Ubatuba, as comunicações com o Rio de Janeiro, e que, no começo da idade do ouro, alcançará notável importância econômica, pode dar a explicação aceitável para o rápido progresso do núcleo de Guaratinguetá: tão rápido, na verdade, que, criada Taubaté, não precisou esperar dez anos para receber, por sua vez, insígnias de vila. Ainda aqui, o cotejo de datas tenderia a reforçar a ideia da conexão íntima entre o surto do novo estabelecimento do Vale do Paraíba e o da povoação litorânea, que seria seu porto natural e, durante algum tempo, o principal escoadouro de toda a região taubateana e das minas de ouro. Quando, em 1651, Guaratinguetá alcança autonomia municipal, já no lugar de Parati existia templo dedicado a Nossa Senhora dos Remédios, que há de ser mais tarde orago da vila. Não parece difícil mostrar como, daí por diante, o porto marítimo e a povoação ribeirinha do Paraíba irão ter evolução conexa, quando não perfeitamente sincrônica.

A invocação da Senhora dos Remédios não quer dizer necessariamente que os primeiros paratianos primassem pela afeição às virtudes cristãs. De um depoimento do ouvidor-geral João Velho de Azevedo, que ali esteve em correição no ano de 1684, resulta que viviam os moradores, ao contrário, sem sujeição nem ordem alguma de justiça, nem conselho formado, de sorte que aquilo mais parecia couto de malfeitores.[71] Mas as suas mesmas expressões sugerem, de outra parte, influxo anterior de aventureiros ali sedentarizados, afinal, por algum motivo poderoso, e capazes, ao menos pelo seu número, de formar câmara.

Nada prova que então se frequentasse regularmente o caminho de Guaratinguetá e sabe-se mesmo que a estrada geral de Parati, quando se fizer pública, infletirá de início, e ainda durante algum tempo, para a vila de Taubaté, antes de ir ganhar as minas. Contudo, o serem, em outro e mais breve trajeto, ásperos os atalhos e a serra alcantilada, tanto que receberá o nome de Quebra Cangalhas, não impede que seja ocasionalmente praticado, e desde cedo. Justamente no ano de 1650, logo antes de fazer-se vila em Guaratinguetá, uma petição de sesmaria de Domingos Velho Cabral alude ao "caminho novo" que tinha aberto o suplicante entre a mesma Guaratinguetá e o mar, e mais de um dado toponímico existente no texto, como a referência a um "ribeiro do Jacuimirim" ou ainda à "Boa Vista",[72] ajuda a localizar a área pedida em terras do atual município de Cunha ou nas suas redondezas.

Ora, a futura freguesia do Facão, depois vila de Cunha, terá com o tempo, entre Guaratinguetá e Parati, papel muito semelhante ao de São Luís de Paraitinga entre Taubaté e Ubatuba. Ambas parecem ser eminentemente, em seu começo, povoados de beira de estrada, nascidos da inevitável instalação de moradores mais ou menos numerosos nas imediações de trilhas de largo trânsito.

No caso da estrada de Parati, tudo faz supor que essa intensificação do tráfico se teria verificado imediatamente depois de 1650. De outro modo não é fácil entender a razão de se levantar pelourinho já no ano seguinte em Guaratinguetá, havendo sobre o mesmo rio, distante somente dez léguas a montante e provida de comunicação direta com a marinha pelo caminho de Ubatuba, a vila de Nossa Senhora das Chagas de Taubaté.

Se Parati deveu ainda aguardar dez anos, ou quase, isto é, até 1660, para conseguir o mesmo predicamento, achando-se o lugar bem povoado, deve-se isto provavelmente a causas que não afetariam vivamente a disposição dos seus moradores de se entenderem cedo com os dos núcleos novos de serra acima, visto como o varar brenhas e escalar montanhas são exercício que requer afoiteza de ânimos, não comedimento ou brandura de gênio. E já se sabe, de acordo com testemunha do tempo, como entre os primeiros paratianos eram os homens em geral tidos por aventurosos e indômitos, e isso constituía grande embaraço ao estabelecimento entre eles de qualquer ordem bem composta.

Estaria aqui uma das causas do dilatar-se por mais algum tempo a formação de povoado regular, com justiças locais, cadeia e câmara eleita. A outra causa viria da longa e ácida oposição que moveram os habitantes e o conselho de Angra dos Reis a toda tentativa de fazer-se vila num lugar de gente alevantada, pertencente, assim o diziam, à jurisdição da Ilha Grande, e situado, ainda mais, em dadas de sesmarias, de modo que um tal intento contrariava frontalmente ordens de Sua Majestade. Os embargos não hão de cessar nem depois de erigir-se pelourinho a requerimento do povo do lugar ou depois da determinação expressa de Salvador Correia de Sá, datada do mesmo ano de 1660, em que se fez a vila, para se abrirem e descobrirem os caminhos entre aquele território e o sertão de cima da serra.[73] O fato é que essa ou outra razão tornou necessário aguardar-se até 1667 pela confirmação do ato do capitão-mor, atribuindo autonomia municipal a Nossa Senhora dos Remédios de Parati.

A contar da abertura de mais esse porto de mar, pode-se ter por encerrada a fase inicial da expansão sobre o alto e o médio Paraíba e lançada a semente de seu crescimento futuro. A expansão fora vivamente estimulada pelas autoridades coloniais, que uma espécie de intuição divinatória, nutrida, sem dúvida, de aparências reais e persistentes, vai entretendo numa crença antiga de ser todo aquele sertão sede ou caminho de riquezas minerais prodigiosas.

MINAS GERAIS: MINAS DE TAUBATÉ

Desde 1611, quando se funda a vila de Moji, a preocupação obstinada de ver povoar-se e ocupar-se todo o caminho que, segundo opinião frequentemente expressa, deve levar às jazidas preciosas está presente no ânimo dos governos. Passados quatro anos, um dos moradores principais de Santana das Cruzes, Francisco Vaz Coelho, é dos contemplados na Matrícula da Gente Carijó; recebe peças forras num total de nove unidades, as quais lhe são dadas com a obrigação de as empregar no benefício das minas. Não é certo, mas parece plausível, supor que as minas se devem situar ou procurar a partir das terras onde tinha assento. Mas já em 1617, quando Gonçalo Correia de Sá, atendendo a provisão de Salvador de Sá, o velho, governador das *capitanias de baixo*, manda abrir o caminho que ligaria ao porto de São Sebastião as margens do Paraíba, saindo de Moji, o motivo manifesto desta diligência prende-se à necessidade de ver abreviado o trajeto a um sertão onde se cuidava haver ouro e prata.

Ainda em 1645, a origem das providências tomadas para o devassamento do médio Paraíba tem abertamente a ver com o intento de se revelarem minas de ouro naquelas partes. E em 1660, a ordem de Salvador Correia de Sá para se explorar a estrada de Parati é explicada pela necessidade de se entabularem as ditas minas.

Assim, a obra de exploração e povoamento de toda aquela região pode equiparar-se a uma empresa metodicamente governada pela certeza de que se encontrariam riquezas prenunciadas ou já entrevistas durante a administração de d. Francisco de Souza. E o achado, na última década do Seiscentos, de tesouros que tão longamente se desejaram, no sertão dos Cataguazes, apresenta-se, afinal, como o vitorioso remate de um esforço sem tréguas. Não é bem significativo o nome que primeiramente lhes puseram, de Minas de Taubaté?

Por esse aspecto pode-se pretender que a criação de uma verdadeira terra de ninguém e, depois, a construção de um espaço colonizável ao longo do Vale do Paraíba não pertencem unicamente à história de São Paulo. Representam também um capítulo decisivo da história, quando menos da pré-história, de Minas Gerais.

ATRAÇÃO DO RIO DE JANEIRO

De outro lado, o declínio sensível do porto de Santos e a presença de terras devolutas ou desocupadas entre a ilha de São Vicente e a baía de Guanabara tinham provocado a ocupação dessa extensa orla marítima, por onde mais facilmente se podia abrir contato com o centro de comércio e consumo que já era o Rio de Janeiro. A interdependência em que se acharam esses dois movimentos paralelos e aproximadamente sincrônicos de expansão fará com que rapidamente se articulem entre si, ainda quando não seja ditada por essa necessidade de articulação.

Abrindo-se assim diversas vias de intercâmbio atual ou virtual da marinha para os sítios de serra acima, vai suceder que, chamados por tamanhas facilidades e ainda pela abundância naquelas partes de solo aproveitável e sem dono, coisa que já falta nas redondezas de São Paulo por estarem ali todas as terras dadas de sesmaria, enche-se a região de moradores novos. Tal impulso recebe esse povoamento que, para fins do século XVII, os de Taubaté, que é o centro principal do sertão do Paraíba, já se podem considerar competidores e às vezes inimigos dos de São Paulo, unindo-os apenas a comum aversão ao emboaba.

Orientada em grande parte na direção do Rio de Janeiro, em virtude da deficiência das comunicações com São Paulo, a princípio difíceis, mais tarde quase inúteis, devido aos "caminhos do mar" que sucessivamente se vão abrindo, é natural que todo aquele espaço tenda a constituir-se numa unidade à parte, com sua fisionomia própria e seus interesses particulares, que não são sempre os do restante das capitanias paulistas. Mesmo mais tarde, quando, achadas enfim as minas, se dá um afluxo geral para as lavras de ouro, deve conservar o Vale do Paraíba, durante algum tempo, certa aparência de prosperidade, uma vez que por ali podem transitar animais de carga, ao passo que pela via do Rio de Janeiro os artigos de consumo e o ouro das minas hão de ser conduzidos quase sempre aos ombros de escravos pretos.

Um provável índice da vitalidade duradoura e da forte mobilidade demográfica da região está no fato de ser o Vale do Paraíba a única parte das capitanias paulistas onde nesse tempo ainda se pode cogitar da formação de algum novo núcleo municipal. Pindamonhangaba, desmembrada em 1703 de Taubaté pela vontade dos seus habitantes, é também a última vila que se há de fazer naquelas capitanias, ao limiar de uma era em que estas se vão rapidamente despovoando.

O transporte fluvial[*]

·

O APROVEITAMENTO DOS RIOS BRASILEIROS PARA A navegação andou sempre muito aquém das possibilidades que à primeira vista oferece a nossa rede hidrográfica. É certo, no entanto, que fora da Amazônia raramente chegaram aqueles cursos d'água a representar caminho ideal para transportes a longa distância. A tanto se contrapunham estorvos de toda ordem, que só se atalhavam com expedientes já em uso entre os antigos naturais da terra, longamente habituados a tais embaraços. À influência indígena, decisiva até nesse particular, deveu-se o recurso em larga escala à canoa de casca, indicada, segundo alguns, nos rios de cachoeiras. Podendo ir à sirga e varar por terra com facilidade, chegou ela a ser de grande préstimo na exploração de nosso território.[**]

---

[*] Sérgio Buarque de Holanda reescreveu este capítulo, aumentando-o significativamente: na edição de 1990, de 24 páginas (pp. 19-42) passou a ter 42 (pp. 207-48). Ao contrário do que aconteceu com "Caminhos do sertão", publicado em 1964, esta versão de "O transporte fluvial" só se deu ao público postumamente, na terceira edição de *Monções*, em 1990. Nota-se que o autor desenvolveu alguns pontos e conseguiu coletar novas informações.

[**] Comparando-se a versão original deste capítulo com a reescrita, percebe-se que são semelhantes. Sérgio Buarque de Holanda fez algumas alterações no texto, procurando

Desde o começo da atividade colonizadora teve ocasião, o europeu, de conhecer as almadias indígenas em circunstâncias nem sempre favoráveis às suas ambições predatórias. De canoas de casca, segundo consta, foram as frotas que o Cunhambebe costumava lançar contra os seus contrários do litoral vicentino. Escreveu Hans Staden, de uma delas, que abrangia 38 canoas, ocupada cada qual, em média, por dezoito índios,[1] o que dá um total de quase setecentos homens. E se nos formos fiar em outros depoimentos, o de André Thevet, por exemplo, ou o de Simão de Vasconcelos, ambos referentes à mesma área e ao mesmo grupo indígena, o total poderia ser consideravelmente superado.

Admite ainda Staden que algumas embarcações indígenas chegavam a levar até trinta pessoas, cifra também apontada por outros cronistas. Mas há quem, como Antonio Pigafetta ou como o padre Leonardo Nunes, fale em quarenta, enquanto Lery e Thevet aludem a cinquenta, Pero Lopes de Souza a sessenta, Sir Richard Hawkins a setenta e oitenta.[2] Não seriam estas, porém, canoas de casca; as que viu Pigafetta, por exemplo, eram expressamente de pau inteiriço. Por outro lado, as altíssimas cifras fornecidas em alguns textos não se compadecem com o fato de admitirem as canoas de casca – ou igaras – uma fileira singela de homens em todo o comprimento, que só é cerceado pelo próprio tamanho da árvore de que são tiradas, e nem com os limites de peso que hão de suportar as embarcações.

Ao menos as igaras de jatobá, espécie vegetal que dá a matéria-prima favorita dos fabricantes de canoas de casca, não toleravam com efeito aquelas numerosas cargas humanas. Estudos realizados ultimamente na área do Xingu fixaram entre quatrocentos e quinhentos quilos o máximo de peso que consente em levar cada uma, e nada sugere que cifras apuradas

---

melhorá-lo, como era seu costume. Em outras passagens, porém, nota-se que ele incorporou informações novas. Provavelmente seu cargo como diretor do Museu Paulista (entre 1945 e 1958) e a bolsa que obteve da Fapesp em 1965, quando era professor da Universidade de São Paulo, facilitaram o acesso a documentos e fontes raras e/ou inéditas no estudo da expansão paulista.

para as vias fluviais da Amazônia pudessem ser ultrapassadas na orla marítima.[3] Isto é reforçado pela observação de um antropólogo moderno, onde lembra como os desenhos de Staden não mostram mais de dez homens para cada igara,[4] embora seja lícito notar que esses desenhos não oferecem obrigatoriamente uma representação realista.

Importa acrescentar que, tendo a canoa de casca sobre as outras a vantagem de ser muito leve e maneira, havia pouco empenho em fazê-la grande e pesada. Diz Thevet, ao tratar das "petites Almadies" da Guanabara, que não as queriam os índios tão pesadas que os impedissem de manobrá-las à vontade no perseguir ou no evitar o inimigo.[5] É conhecida a agilidade e rapidez com que podiam elas vencer longuíssimas distâncias. Segundo cálculos de um estudioso, era possível à igara percorrer normalmente cerca de sessenta quilômetros por dia. Isso com vento brando e águas tranquilas. Quando houvesse vento favorável e constante, chegavam sem dificuldade a oitenta e mesmo a 110, às vezes 130 quilômetros.[6] Se bem que o cálculo se refira de modo genérico a canoas americanas, não hão de constituir as brasileiras caso à parte no continente.

Outra vantagem das igaras está em que sua leveza não significava sempre fragilidade. A circunstância, atestada em depoimentos vários, de serem elas usadas de preferência às canoas de pau, justamente nas partes mais acidentadas dos rios, isto é, mais cheias de tropeços para a navegação, tende a abonar semelhante juízo, mesmo quando não seja este, como não é, um ponto pacífico.[7] Já se tem notado, com efeito, que nos lugares encachoeirados do Madeira prevalecem quase exclusivamente as canoas de casca, só cedendo lugar às ubás, onde a mareagem não encontre obstáculo maior: é o que acontece em todo o curso inferior do rio, passada a serra do Aripuana e em partes do curso superior antes do salto de Santo Antônio.[8]*

Assim, os temíveis índios muras, que infestavam ali a re-

---

* Sérgio Buarque de Holanda, ao reescrever este capítulo, manteve algumas das passagens publicadas nas edições anteriores de *Monções*, como é o caso deste trecho. Cf. o

gião das quedas-d'água atropelando constantemente, até 1785, os mareantes da carreira fluvial de Vila Bela do Mato Grosso ao Belém do Grão-Pará, nunca se valeram senão de canoas de casca nos seus traiçoeiros assaltos. Esse fato a muitos deixava consolados, e também enganados, fazendo-os julgar que não seriam aqueles, apesar de tudo, um inimigo formidável enquanto se contentassem apenas com suas igaras. O primeiro general da capitania de Mato Grosso, d. Antônio Rolim de Moura, escrevia por exemplo a Diogo de Mendonça Corte Real, em 1754, que se os ditos índios "tomarem azas e resolverem fazer melhores canôas do que as que têm, que são de casca, poder-nos-hão vir a causar tão grande descômodo por esta parte como os Paiagóas nos fazem pela outra".[9]

Em favor do uso das igaras militava ainda o poderem ser mais facilmente improvisadas, e mais rapidamente, do que as ubás, sempre que se achassem árvores próprias. Por isso mesmo não custava muito o largá-las todas as vezes em que se mostrassem inúteis ou embaraçosas. Dos velhos sertanistas consta, de fato, que tinham o costume de abandonar as canoas nos maus passos, depois de inutilizá-las, para fabricarem outras quando preciso.[10] Costume tomado por sua vez aos índios da terra, que tratavam com isso de impedir o aproveitamento delas pelos contrários. Em depoimento prestado em janeiro de 1685 às autoridades de Assunção do Paraguai, um índio fugido a maloqueiros de São Paulo disse que, devendo voltar estes a sua terra com o gentio preado, destruíram primeiramente todas as embarcações usadas nos seus assaltos.[11]

Com igual intuito tratavam alguns de mergulhar a igara em águas remansosas, escorando-a bem e firmando-a no leito delas, de modo que, oculta ao inimigo, soubessem depois onde e como a reaver. O expediente devia aplicar-se especialmente às cascas de jatobá, capazes de sustentar-se longo tem-

---

volume *Monções*, p. 48. Outras passagens revelam informações novas, fruto de pesquisas posteriores.

po dentro d'água sem se arruinarem.[12] Escreve um pesquisador que, no alto Curisevo, pôde servir-se em suas expedições de uma dessas canoas que os índios tinham deixado havia mais de um ano submersa e alagada.[13] É interessante notar que a gente da bandeira de André de Leão, saída em 1601 da vila de São Paulo para ir ganhar o sertão do alto São Francisco, também recorrera a esse meio, segundo a narrativa de Glimmer, quando, após navegar o rio Paraíba, se preparava para a travessia da Mantiqueira.[14]

Onde devesse haver varação breve, ou onde escasseavam árvores para fabricá-las, levavam as embarcações por terra com a ajuda de cordas ou correias de couro. Isto acontecia, porém, com mais frequência, quando fossem de madeira. As de casca admitiam métodos mais simples, como o de irem emborcadas sobre a cabeça do portador: assim ainda ocorre entre populações nativas do extremo norte do Brasil.[15]

Aliás, até em núcleos sedentarizados aparecem as igaras lado a lado com canoas de pau. Em um inventário paulistano de 1599, o de Isabel Fernandes, mulher de Henrique da Cunha, que tinha sido juiz ordinário da vila, cita-se expressamente uma canoa de casca, a qual se mandou avaliar e vender à praça.[16] Que outra vantagem, além do custo comparativamente baixo das igaras, pode explicar semelhante fato? Seja como for, o verdadeiro *habitat* da canoa de casca está nos lugares agrestes, onde ela se mostra capaz de levar o trem das gentes andejas. Quinze cascas de jatobá, ainda que de grandes dimensões, dificilmente haveriam de suportar o peso que suportaria, com mais segurança e comodidade, uma única das de pau de peroba ou ximbouva, que se usavam nas monções de povoado.

Acresce que, de formato acentuadamente assimétrico, tendendo a espalmar-se muitas vezes do lado da proa, que nem sempre é costurada, sua carga deve acumular-se, mal ou bem, na parte traseira, único meio de lhe dar alguma estabilidade. Isso faz com que seu manejo dependa de largo tirocínio, pois basta um movimento falso ou a presença de alguma fenda no casco imperceptível ao primeiro exame, para a embarcação alagar-se e soçobrar. Se é certo que, para o índio, e mesmo para o sertanista, pode mostrar-se altamente prestativa, tanto que, nas palavras de Friederici, chega a ser seu ganha-pão nas caçadas ou pescarias, seu abrigo protetor durante as chuvas e os ventos e, no tumulto das pelejas, seu seguro escudo, por outro lado as suas deficiências em outros aspectos são invencíveis.

Mesmo no âmago das florestas existe a possibilidade de faltarem árvores que se prestem ao fabrico dessas embarcações. Não se encontram jatobás por toda parte, e onde se encontrem é preciso escolher exemplar maduro, de tronco espesso e lineiro, quer dizer, livre de rugas muito salientes ou de rachaduras. Além disso, a necessidade de fabricar igaras nem sempre coincide com o tempo das chuvas, que é quando as árvores têm abundante seiva e deixam desprender-se mais facilmente a casca. Iguais e maiores estorvos podem oferecer-se, é certo, no caso da canoa de monção ou no das balsas jesuíticas, mas o fato de só excepcionalmente ser preciso improvisarem-se dessas embarcações torna o embaraço menos sensível.

Há casos em que o fabrico da canoa de casca é facilitado pela própria forma do caule ou estipe, que se arqueja para a parte mais estreita. Aparecendo algumas vezes no jatobá, esse arqueamento é notável, contudo, e normal, em outras espécies vegetais de grande tamanho, e por isso mesmo muito usadas para se fazerem igaras, ou, antes, para o fabrico de um tipo especial de igara que se aproxima por certos traços das canoas de pau.

Nesse caso inclui Wendell P. Roop as que se fazem na Amazônia do espique de algumas palmeiras, como a *Iriartea ventricosa*, comumente conhecida como paxiúba barriguda.[17] Diferem essas das igaras de jatobá pelo fato de apresentarem naturalmente uma simetria perfeita, deixando sobressair com nitidez a proa e a popa. Embora falte um estudo sistemático sobre elas no Brasil, a não ser para o vale do Amazonas, não é menos exato que foram usadas ou ainda se usam em diferentes regiões onde se achem palmeiras como a paxiúba e o buriti, bem assim como algumas árvores de caule bojudo, e é o que sucede com diversas bombacáceas.

Ainda que menos duradouras e resistentes do que as canoas de casca de jatobá, alcançam por outro lado maior estabilidade, são de manejo cômodo e podem ser feitas e abandonadas sem grandes problemas. A esse tipo de embarcação pertenciam, ao que parece, as cascas onde, no sertão da capitania de São Vicente, viajou em 1551 o irmão Pedro Correia, da Companhia de Jesus, segundo se pode ler em carta sua datada do mesmo ano.[18] Outro tanto, e aqui com mais certeza, se pode dizer das que usaram alguns homens da entrada que fez em 1574, na demanda da serra das Esmeraldas, Antonio Dias Adorno. Gabriel Soares, que nas suas terras das vizinhanças do Jequiriçá se entreteve com aqueles homens,[19] diz que eram as suas canoas feitas de um pau de casca muito dura e o mais muito mole, o qual pau "cavoucam com qualquer ferramenta, de maneira que lhes deitam todo o miolo fora, e fica somente a casca, e há destas árvores algumas tamanhas que fazem dellas canoas que levam de vinte pessoas para cima".

Em outro lugar de seu escrito diz o mesmo cronista que, de uma árvore existente no sertão da Bahia, muito grande em comprimento e em grossura, se faziam embarcações para pescarias e viagens. Tinham estas até treze ou quinze e mais metros de comprido e era facílimo fazê-las, porque se cortavam as árvores muito depressa, não havendo nelas "de duro mais que a casca e o amago muito molle".[20] Não seria tamanha, aliás, a rapidez de sua confecção, que tornasse possível aprontá-las em menos de três dias. Nada autoriza a identificar com precisão a árvore,[21] pois o nome de ubiraguara, que lhe dá Gabriel Soares, é genérico para os paus de canoa, seja qual for sua origem.

De uma bombacácea, a samaúma, foram as igaras em que a gente da bandeira do segundo Anhanguera atravessou o rio

Grande no caminho do sertão de Goiás. O preparo delas não há de ter retardado muito a travessia, do contrário não se entenderia como o alferes Silva Braga deixasse de aludir a qualquer demora para tanto: onde escreve que falharam dois dias naquela paragem, nota que isso se deu por esperarem uma resenha do cabo da tropa, a qual depois seria negada, com a desculpa de que emboaba não era gente que tal merecesse. Além disso, a mesma relação de Silva Braga dá a entender que o pouso se fez na banda direita do rio, quer dizer, depois de ele transposto,[22] naturalmente nas igaras referidas.

Sem o recurso a tão frágeis embarcações, boas para travessias e menos para longas navegações, seriam os rios efetivamente um transtorno comparável ao das florestas espessas, dos pantanais ou das serranias. Em geral não precisariam de nada melhor os sertanistas. Para as pilhagens do Guairá, a descida do Anhembi e a do Paraná não era das mais frequentes, e o Paranapanema só é aproveitável em poucos trechos. Em Minas Gerais, vencida a Mantiqueira, correm os rios em sua maior parte cortando os caminhos terrestres: por vezes o mesmo curso d'água interceptava várias vezes a passagem do caminhante, e outro tanto acontecia com os que iam a Goiás.[23] Em alguns casos, para superar o obstáculo dos rios menores, improvisavam-se pinguelas. A construção de pontes menos toscas fazia-se impraticável longe dos povoados. Mesmo nos povoados, os estragos causados pela chuva, pelo gado, até pelas queimadas, onde faltassem bons aceiros, eram um desafio continuado aos que se interessavam em conservá-las.

Quando não tivessem grande profundidade, contentava-se o sertanista com o vadear alguns desses rios, levando às vezes água pelo peito. Onde precisasse ele vencer corredeiras, itaipavas ou cachoeiras, recorria a meios engenhosos em que não falhava a inventiva de gente tão fragueira. Um desses meios, o mais rústico, era lançarem-se ao rio sobre molhos de pau atados com cipó,[24] e nem de outra forma podiam lutar contra a força das águas.

Quase tão primitivo como esse era o recurso às jangadas, que se faziam de toros mais ou menos roliços e presos uns aos outros à semelhança das piperis dos índios. Na carta dos "meninos órfãos", escrita em 1552 da Bahia, conta-se como, devendo os meninos sair ao encontro do padre Nóbrega, após uma peregrinação terra adentro, atravessaram a boca do Matoim, valendo-se de paus de jangada que juntaram, amarrando-os com cordas tiradas das suas próprias redes de dormir.[25]

Bem mais para fins do século, em 1597, na entrada de Martim de Sá, os homens de sua companhia transpuseram o Paraibuna sobre uns feixos de cana atados com cipós. Exigido, talvez, por circunstâncias locais, esse sistema de transporte não primaria talvez pela comodidade e rapidez, e se dermos crédito às notícias de Anthony Knivet, a passagem do rio pela tropa levou quatro dias devido à forte correnteza.[26] Não faltam outros depoimentos sobre o uso de jangadas nas grandes entradas do século XVII, embora se deva presumir que em matos onde abundem paus de canoa seria menor o seu uso. Pouco depois da entrada de Martim de Sá, o flamengo Glimmer, que acompanhou outra bandeira, assinala claramente seu emprego na travessia de um rio que Orville Derby hesitou em identificar com o das Mortes.[27] Em meados do século XVII, na Amazônia, a gente de Antônio Raposo Tavares, após caminhar dias seguidos com as roupas na cabeça e a água pela barba, alimentando-se de olhos de palmeira, se teria deixado arrastar até o Gurupá em jangadas, ao sabor da corrente.[28] E até na bandeira de Fernando Dias Pais teria sido usada semelhante embarcação se merece ser tomada ao pé da letra a passagem atribuída ao misterioso poeta Diogo Grasson Tinoco no "fundamento histórico" ao poema "Vila Rica", de Cláudio Manuel da Costa, onde aparece o governador das esmeraldas a vadear rios em *"jangadas*, canoas, balsas, pontes".[29]

Outro testemunho de como o emprego das jangadas, hoje relegado quase só ao litoral nordestino, não foi desconhecido dos homens de São Paulo aparece na documentação de jesuítas castelhanos do sul. Balsas ou jangadas de taquaras desgarrando-se numa enchente do rio Uruguai denunciam mesmo aos padres a aproximação dos "portugueses de S. Pablo" às vésperas do malogrado assalto do Mbororé. Seu acabamento não deixava dúvidas quanto à verdadeira procedência delas, pois indicava serem obra de gente mais ladina do que os pobres índios.[30]

Passados sessenta anos, ainda é usual o recurso a essas embarcações nas entradas dirigidas a certas paragens correspondentes ao território atual do Rio Grande do Sul. Para fazê-las começava-se por escolher madeira seca de espinheiro, com que eram feitas as estivas. O comprimento dos três paus destinados à primeira estiva seria de três e meio a quatro metros. Sobre essa estiva dispunha-se uma segunda, formada de paus e travessas, que se amarrava à outra com cipós. Por fim, no estrado assim preparado, deitavam-se ainda dois paus que iam servir de talabardão para os remos. Estes, em número de quatro, ou seja, dois de cada banda, eram feitos de galhos de espinheiro-branco. Prontas, teriam tais jangadas cerca de quatro metros de comprido. Era o bastante para carregarem até quatro pessoas,* mas podiam fazê-las maiores, sendo preciso.[31]

Não se deve atribuir apenas ao caráter da vegetação local a longa persistência de seu uso nas áreas sulinas, cabendo acrescentar outros fatores relacionados eventualmente às peculiaridades hidrográficas da região. É ao menos o que sugere uma carta do marquês do Lavradio, onde se lê como, em 1776, durante a campanha contra o castelhano, se teria cogitado em mandar ao general Böhm paus de jangada vindos de Pernambuco, pois nenhum barco, no entender de Lavradio, se ajustava tão bem a certas vias fluviais do sul.[32]

---

* Sérgio Buarque de Holanda fez algumas alterações neste trecho, que faz parte da versão original do capítulo. Uma das mudanças diz respeito à quantidade de pessoas que a jangada comporta: aqui, Sérgio Buarque afirma caberem quatro, ao passo que na versão anterior dizia caberem seis pessoas (cf. *Monções*, p. 51).

Para a travessia do Paraná, sabe-se que os de São Paulo recorreram muitas vezes a "balsas", especialmente durante as enchentes. Nesses casos, quando as águas costumavam ficar revoltas e furiosas, passavam elas por constituir a única embarcação aconselhável.[33] Em alguns textos jesuíticos, o nome de "balsa" é reservado a embarcações movidas a remo e formadas de duas canoas monóxilas que, servindo de flutuadores, sustentam uma plataforma de paus ou taquaras. Ao centro, sobre a plataforma, ergue-se um abrigo de esteiras, forrado às vezes de couro por dentro. Nesse abrigo cabiam o viajante com seus pertences e até uma pequena cama.

Embora esse meio de transporte se ache mais frequentemente associado aos jesuítas, que dele se serviam para o comércio da erva-mate, e de um modo geral aos castelhanos do Paraguai e do Prata, não seria uma exclusividade deles. Na frota que em agosto de 1734 sai das minas do Cuiabá para dar combate aos paiaguás do rio Paraguai, figuram três balsas que o cronista Barbosa de Sá descreve como sendo "casas portateis armadas sôbre canoas".[34] Assim também, no diário da segunda partida da demarcação da América do Sul entre a boca do Ibicuí e o salto grande do rio Paraná, em 1759, noticia-se que os paulistas empregados no serviço, e também os índios dirigidos pelos mesmos paulistas, fizeram umas canoas de 5,5 a 6,5 metros de comprimento, e ataram as proas dessas canoas a um madeiro atravessado, que entre ambas deixava um espaço de aproximadamente setenta centímetros. Ao centro elevava-se uma "casinha de onze palmos de comprido, 6 e meio de largo e 4 de alto, sustentada em madeiros, que estribava nos bordos".[35]

Essa lembrança das casinhas devia impor-se vivamente às imaginações, tal a insistência com que reponta em textos da época, particularmente os de origem castelhana: "casilla bien cubierta", "casita", "cabana"...[36] De couro, além do forro interno, é algumas vezes o próprio revestimento dos telhados, e assim passageiros e cargas resguardam-se bem das ofensas do rio, da chuva, do sol forte.

Melhor do que os barcos de tabuado, que se desconheciam, aliás, nas monções de povoado, deviam as balsas suportar os escolhos da navegação fluvial. Não resistiam muito, porém, ao embate das pedras, que, raspando o fundo das canoas, as deixavam inutilizadas ao cabo de algumas viagens. Os remadores costumavam ir de pé e, como se açoitassem as águas para trás, inclinavam-se todos a um tempo e com o corpo inteiro. "Tão cansativo é êsse exercício", lê-se em um depoimento, "que apesar de não levarem outra vestimenta além dos calções, transpiram por todos os poros. Aguentam a fadiga durante quatro ou cinco horas, até darem com algum riacho, onde tomam pé em sítio que, à noite, possa oferecer seguro abrigo para as balsas."[37]

O mate mandado pelos padres em tais embarcações ia do Maracaju a Buenos Aires, descendo o Paraguai e o Paraná. Já em 1637, uma petição enviada de Assunção pelo procurador geral do governador alega que, podendo formar carga muito volumosa, a erva só caberia nessas balsas. Pelas muitas correntezas dos rios, gastavam-se neles dois meses pelo menos de viagem, tanto na descida como na subida. O percurso todo poderia também fazer-se por terra em muito menos tempo, segundo depoimentos contemporâneos, se não fossem os rios e pântanos existentes em todo aquele caminho, os quais, só permitindo a marcha a pé, tornam impraticável a condução de tamanha carga.[38]

A importância que assume o uso das balsas na bacia do Prata parece atestada pelo papel que chegaram a ter elas no êxodo dos índios domésticos do Guairá, quando se viram estes acossados pelos paulistas. Nada menos de setecentas dessas embarcações, sem contar as muitas canoas soltas que as acompanharam, teriam descido então o Paraná por ordem do padre Montoya, logo depois do assalto a Vila Rica, carregando mais de 12 mil índios.[39] Apesar de parecerem exagerados em outros casos, os dados numéricos fornecidos pelos jesuítas, mormente quando se referem às vítimas dos maloqueiros de São Paulo, o certo é que eles se conciliam aqui com o total das balsas apontadas. Postas de parte as "muitas canoas soltas", cujo número não é assinalado, setecentas balsas era o de que se necessitava para transportar 12 mil pessoas e até mais, uma vez que, segundo as notícias de Cattaneo em texto acima referido, cada uma podia conduzir no mínimo uns vinte passageiros.

Se não resistiam longamente à fricção nas pedras em que roçavam as canoas, eram elas preferidas, muitas vezes, onde houvesse itoupavas e correntezas, devido ao seu alto grau de estabilidade. Tudo indica não terem sido muito diferentes das que se usavam no Paraguai e no Prata as balsas utilizadas pelos paulistas para vencer redemoinhos do rio Paraná. Descendentes, segundo tudo o sugere, das jangadas e piperis indígenas, resultaram provavelmente de melhoramentos nelas introduzidos, aos poucos, pelo homem branco. A ideia de se unirem por meio de cavilhas os paus centrais dessas jangadas, enquanto os laterais podiam encavilhar-se isoladamente nas bordas, foi sem dúvida facilitada pela introdução de instrumentos de ferro.

Não é impossível que à simples posse dessas ferramentas devessem os mamelucos de São Paulo o ter podido fazer, para seu ataque ao Mbororé, jangadas mais bem-acabadas do que as dos índios infiéis, mostrando que eram de gente ladina. Por outro lado, a cabana ou "casita", que se erguia sobre a plataforma de tábuas ou taquaras, podia ter seu antepassado nas choupanas flutuantes de certas tribos indígenas, pois aparecem, por exemplo, entre os paumaris das cabeceiras do Xingu.

Quanto ao emprego, na confecção das balsas, de canoas monóxilas, ainda outra herança indígena, mas que se destinam aqui a servir apenas de flutuadores, explica-se pela conveniência de serem associadas em um só e mesmo aparelho as vantagens que proporcionam as canoas com as que oferecem as jangadas. Essa ideia encontra-se aliás à base de outro meio de transporte fluvial, usado ainda hoje em certos lugares do Brasil, isto é, do *ajoujo*. "As canôas", escreve, com efeito, Alves Câmara, "flutuam bastante, mas têm pouca superfície no bojo, e pouca estabilidade; a jangada, ou o lastro que sobre ela se faz, tem muita superfície mas pouca flutuação, de sorte que a combinação das propriedades das duas forma um tôdo aproveitavel para as necessidades e circunstâncias particulares dos rios."[40]

Não está excluída, entretanto, no caso das balsas da bacia do Prata e mesmo dos ajoujos do São Francisco, a possibilidade de ter nascido semelhante ideia da experiência, direta ou não, alcançada por espanhóis e portugueses nas partes do Oriente, onde é comum o recurso a parelhas de barcas unidas entre si e recobertas de uma plataforma, sobre a qual se erige o abrigo de folhas de palmeira. E como o uso da balsa se disseminou em regiões povoadas de gado bovino, como os pampas ou as áreas correspondentes ao sul do nosso atual estado de Mato Grosso, está assim justificado o emprego do couro para o revestimento das "casitas".

Por igual motivo, e nas mesmas regiões, ocorreu a lembrança de usar-se apenas o couro mal curado ou cru para suprir a escassez de madeira apropriada ao fabrico de barcos de travessia. As vacarias de boi alçado ou os currais de gado manso forneciam com tal fim matéria-prima largamente acessível. Nos campos sulinos, em Mato Grosso, até nos sertões baianos mais despidos de árvores e caracterizados pela vegetação xerófila, prestariam as pelotas, como foram chamadas essas embarcações de couro, serviços que mais de um viajante assinalou.

O aparecimento concomitante e independente, segundo tudo leva a crer, desse curioso meio de transporte em vários lugares onde se puderam formar grandes rebanhos bovinos é fato notável e que já ofereceu bom argumento a antropólogos empenhados no combate às teorias exageradamente difusionistas. Referindo-se, em seus estudos sobre a navegação entre os índios, à pelota e ao seu correspondente norte-americano, o *bull-boat*, não hesitou Georg Friederici em apontar para esse fato ao querer ilustrar o ponto de vista de que a similitude de condições naturais suscitaria quase por si só semelhança ou identidade de usos.[41]

Tão indispensáveis se mostraram essas pelotas em algumas partes do Brasil, que muitas vezes saíam os viajantes de suas casas já providos de couros a fim de os armar onde topassem com rios invadeáveis. Franziam então o couro em toda a volta, dando-lhe o formato ora de uma grande bacia, ora de um cesto arredondado e alto, nos lados, de vinte centímetros a meio metro, mantendo sempre a abertura da boca por meio de travessões de pau. Metia-se em seguida o passageiro com os seus trastes dentro desse aparelho, que um condutor índio ou então um cavalo nadador puxava até a outra banda. Segundo versão dada por um jesuíta espanhol, cada couro desses chegaria a suportar cargas de doze a catorze arrobas.[42] Arrobas castelhanas, certamente, de menos peso do que as usadas no Brasil. Conhecidas ao longo de toda a área frequentada pelas monções de povoado, onde se assinalam até bem entrado o século XIX – em Mato Grosso até, pelo menos, 1866, em São Paulo uma década antes –,[43] prestavam-se no entanto essas embarcações, ainda em menor grau do que as igaras de casca, a exigências de um tráfico regular, destinando-se apenas a travessias de rios, e desmanchavam-se com facilidade.

Para longas e constantes viagens, só serviam, em verdade, as balsas ou as canoas de pau inteiriço. As primeiras não só suportam grandes pesos como têm sobre os outros meios de transporte fluvial a vantagem de proporcionar grande comodidade ao passageiro. Tamanha que, nas palavras de um missionário da Companhia, podiam os padres, nessas casas ambulantes, ler o seu livro devoto, falar com o seu Deus e praticar os seus exercícios espirituais tão sossegados como se estivessem em terra firme, entre as paredes do Colégio.[44] Seu inconveniente, por vezes grave, estava nisto, que só podiam navegar em rios largos, que deixassem lugar para o trânsito desembaraçado das plataformas onde, além de mareantes e passageiros, coubesse mercadoria volumosa.

No comércio fluvial do Cuiabá, que deveria inaugurar-se pela terceira década do século XVIII, fazia-se inevitável, entretanto, a utilização de certas correntes exíguas como a do Sanguexuga, por exemplo, ou as do Camapuã e do Coxim. Isso, e os muitos varadouros de um caminho de mais de cem cachoeiras, haveria de necessariamente impor o recurso a embarcações mais afiladas e, além disso, de condução menos dificultosa por terra, onde fosse mister sirgá-las. O remédio estava nas esbeltas canoas de pau, que os contemporâneos, recorrendo à imagem de que já se servira um autor quinhentista para descrever as canoas dos índios,[45] compararam repetidas vezes a lançadeiras de fiar algodão.

Utilizando para fabricá-las matéria-prima local, os colonos e seus descendentes também mantiveram praticamente intatas as técnicas de fabrico herdadas dos antigos naturais do país. Quando muito tratariam de aperfeiçoá-las onde pudessem socorrer-se de instrumentos de metal, que o índio ignorara antes da conquista. Num depoimento de 1759, pretende-se, com efeito, que "os Paulistas, como os mais acostumados à navegação de canoas e intelligentes em sua melhor construcção, acharam as que havião feito os índios informes e muito carregadas de madeira, pelo que se resolveo, enquanto permittia o corte que ellas tinhão, se reparasse a seo modo, ligeirando-se para que pudessem levar mais carga".[46] Outro tanto sucederá no que respeita ao sistema de mareagem, que continuou a depender, com as mudanças requeridas pelo emprego e a que se destinassem, de usos já fixados antes do advento dos europeus.

Faz crer ainda o mesmo informante que, nos trabalhos da segunda partida da demarcação das terras de SS. MM. Fidelíssima e Católica, substituíram os de São Paulo, geralmente, os remos espalmados, "de pá", que usavam os índios, com muito trabalho e dobrado número de remadores, por outros, recurvos na ponta, remos "de voga", e puseram além disso toleteiras nas bordas das canoas, de modo a que, remando sentados, menor fosse o cansaço dos remadores e menor o número deles. Num ponto fugia-se aqui à regra comum entre os mareantes das monções, e isso se prenderia ao caráter excepcional da expedição descrita, que elevava comissários da demarcação, não mercadores, de sorte que todo o lugar destinado nas outras à carga ficava disponível nelas para a equipagem e os passageiros, seguindo os víveres em batelões especiais. Porque nas canoas de comércio, a regra comum era disporem-se de pé, e na parte dianteira, os remadores, em número de cinco para cada embarcação, ficando do lado da popa, também em pé, o piloto e o contrapiloto, encarregados do governo da canoa. Na parte de trás ainda se podiam agasalhar os passageiros, sendo ocupado todo o centro com os gêneros de comércio.

Francisco José de Lacerda e Almeida, que em fins do século XVIII esquadrinhou vários rios brasileiros e africanos, afirmou que justamente nesse ponto se distinguia a mareagem praticada pelos seus paulistas da que usavam os negros nos *coches*, que eram embarcações existentes em partes da África oriental: nestas costumavam ir os remadores sentados, sempre na parte posterior da canoa; se alguém ia do lado da proa, era mais para auxiliar a ação do leme e advertir da presença de algum obstáculo eventual.[47]

É provável que a experiência já adquirida durante as primeiras décadas do comércio fluvial do Cuiabá tivesse ajudado a firmar não as técnicas de fabrico das embarcações, certamente, e nem as do seu manejo, que ambas, ainda que mais apuradas, se filiavam a uma tradição indígena comum, mas sem dúvida o modo de aproveitamento do espaço interno para o transporte de mercadorias, que depois se ia generalizar onde quer que, no Brasil, se oferecessem iguais problemas. Isto era certo, para começar, no que diz respeito à Amazônia, onde a carreira regular entre Vila Bela e Belém aparece como um natural prolongamento, por assim dizer, uma dependência, das monções paulistas. É significativo, ao iniciar-se a nova derrota do norte, que as próprias ubás nela utilizadas não eram maiores nem mais bojudas, segundo resulta das notícias dadas por Gonçalves da Fonseca,[48] do que as canoas de comércio do Cuiabá, embora devessem navegar sobre correntes mais caudalosas, as do Guaporé, do Madeira, do Amazonas, que não traçavam os mesmos limites para o seu tamanho. As maiores alcançariam, em medidas de hoje, seus doze a treze metros de comprido, poucas vezes mais, por 1,5 metro de boca. De modo geral pode dizer-se que seria aproximadamente de um para dez a relação entre boca e comprimento.

Isto não impedia, contudo, que em outros aspectos já fossem bem patentes as diferenças. O mesmo João de Souza de Azevedo, a quem se deve a navegação pioneira da nova derrota, aparece em 1749 nas minas do Mato Grosso, de volta do Grão-Pará, ainda com uma das canoas que levara quatro anos antes de São Paulo, e era "de pau de Peroba, feita no Ryo Tyete do portto geral de Araritaguaba, destrito da villa de Ytu comarqua de S. Paulo". E isto mesmo sem dificuldade o reconheceram pessoas assistentes na Chapada de São Francisco Xavier das Minas de Mato Grosso, por ser de "diferente pau das outras", por terem elas próprias navegado em canoas semelhantes e do mesmo pau de "peraoba" para as minas do Cuiabá e, também por ser coisa pública e notória, que o dito João de Sousa tinha feito a mesma viagem, saindo de Araritaguaba, indo depois ao Pará, e foi o primeiro a navegar da cidade de Belém para aquelas minas. Consta tudo da certidão, com firma reconhecida, que pertence a um instrumento de justificação de serviços mandado a Sua Majestade.[49] Por esse e outros depoimentos fica-se sabendo que havia já manifesta diferença entre as canoas empregadas nos dois caminhos fluviais, e também que na confecção das ubás se usavam outros paus que não os de peroba.

Mais tarde, com o desenvolvimento da navegação comercial para o Grão-Pará, serão muitas vezes superadas as dimensões atribuídas por Gonçalves da Fonseca às ubás. Assim é que, em 1762, ao relatar as despesas que fizera no serviço de Sua Majestade, o já referido João de Souza de Azevedo alega a perda havida de uma ubá de sua propriedade que teria oitenta palmos de comprido, ou seja, 17,5 metros.[50] E não seria esse um caso excepcional. A Martinho de Melo e Castro dirá em 1791 o general João de Albuquerque, a propósito de uma nova Casa de Canoas que fizera construir em lugar da antiga, já arruinada e afinal destruída por um raio, que era de dimensões proporcionadas ao tamanho das canoas procedentes do Pará, sendo estas as maiores.[51]

Escrevendo já na segunda década do século seguinte, dirá Pizarro que a equipagem de tais barcos chegava a constar de um total de vinte homens.[52] Pouco mais tarde escreverá Luiz D'Alincourt sobre as canoas do rio Madeira e afluentes, que carregavam, em média, mil a 2 mil arrobas de mercadorias.[53] Duas mil a 3 mil arrobas, além do peso dos passageiros e da equipagem de vinte homens, era o quanto podiam levar algumas das ubás que Martius viu em uso na Amazônia.[54] Tamanha carga deveria requerer nada menos do que seis a sete das canoas que costumavam efetuar a viagem entre Porto Feliz e Cuiabá.

Não nos devem iludir, porém, aquelas cifras elevadas que, no exemplo citado por Martius, dizem respeito à navegação amazônica de um modo geral e não especialmente à do comércio com Mato Grosso. Para esse comércio, segundo informação do general d. Francisco de Sousa Coutinho, da capitania do Grão-Pará, com data de 1797, as ubás utilizadas mal poderiam comportar peso superior a mil, no máximo 2 mil arrobas, isso porque deviam ser varadas por terra nos trânsitos difíceis e a simples força dos remadores "competentes a cada huma embarcação" era incompatível com tal capacidade. Nesse caso seriam precisos, realmente, cem a 120 homens para semelhante trabalho. Mesmo as canoas menores, que levassem de quatrocentas a quinhentas arrobas, exigiriam quarenta, cinquenta, sessenta e mais pessoas, para serem puxadas por terra nas cachoeiras.

Resulta, pois, que nesses passos onde se impunha a varação, era forçoso apelar para tripulantes de várias canoas, motivo pelo qual só navegavam elas de conserva. E como, para ocupar tanta gente, se necessitava além de muitas embarcações, carga proporcionada ao número delas, que indenizasse as despesas feitas, segue-se que as viagens só podiam ser organizadas por negociantes de grosso cabedal e muito crédito, ou então por vários comerciantes que se cotizassem para as emergências da jornada. De qualquer forma era indispensável adiantarem-se os gastos na compra das canoas e ainda de cabos, ferramentas, e o mais que se fizesse mister para as reparar dos estragos que viessem a padecer, sem falar nas provisões indispensáveis – que por sua vez diminuíam o espaço reservado à carga –, na aquisição de escravos para remarem e na paga e sustentação dos índios levados como práticos da navegação.

E tudo isso era feito na esperança tão mal cumprida, muitas vezes, de que os preços subidos dos gêneros no Mato Grosso viessem a cobrir, com algum lucro, as somas empatadas no negócio.[55] Note-se, entre parênteses, que a quase impossibilidade, para particulares, de atenderem a todos aqueles requisitos não constitui das menores causas do declínio rápido e do abandono a que se verão condenadas as monções do norte, depois de extinta, com todos os privilégios especiais de que desfrutava, a Companhia Geral do Grão-Pará e Maranhão.

Apesar das grandes florestas que orlavam o rio Guaporé, acabando por dar ao lugar o nome de Mato Grosso, estendido depois a toda a capitania, deviam ir do Grão-Pará, em geral, as ubás utilizadas nesse comércio. Isso por causa da "grande carestia dos principais materiais" no mesmo lugar, segundo escreve João d'Albuquerque na carta já citada a Martinho de Melo e Castro.[56] Se assim se dava em áreas tão bem vestidas de espécies arbóreas de grande porte, que dizer de outros lugares da capitania onde prevalece como regra geral a vegetação do cerrado e da caatinga? O certo é que, se o comércio fluvial do Grão-Pará depende de embarcações fabricadas na Amazônia, as monções do sul, com maior razão, empregam canoas feitas nas margens do Tietê e seus afluentes, não havendo indícios de que nos sítios por estas percorridos, a oeste e noroeste do rio Paraná, houvesse material ou operários para a sua confecção.

O resultado é que uma falta ou um atraso maior nas frotas podia deixar o cuiabano sem o seu ordinário sustento. Além de precisar ele dos gêneros de comércio que iam nas frotas, e que depois de 1737 também podiam ir nas tropas de Goiás, não necessitava menos de canoas que, em tempos de penúria, saíssem a buscar mantimentos pelas roças que orlavam o rio Cuiabá. Compreende-se que, em tais circunstâncias, a falta das embarcações para esse serviço se apresentasse, não raro, como verdadeira calamidade pública.

É o que acontece em 1778, por exemplo, quando a carência geral de mantimentos na vila de Cuiabá não deixa o juiz de fora prover de feijão, toucinho e farinhas o presídio de Coimbra Nova e a povoação de Albuquerque, esta acabada de fundar-se. Tudo, expressamente, por causa da falta grande que ali havia de canoas, pois não tinham chegado nos últimos tempos monções que as levassem, e achavam-se deterioradas as existentes no porto: as três únicas capazes estavam longe da vila, ocupadas no dito presídio.[57]

Repete-se em 1797 a penúria ali de canoas, tanto que se proíbe o regresso a Araritaguaba, sem licença, daquelas que estivessem no porto geral do Cuiabá; aos comerciantes que, não tendo obtido a licença, precisassem voltar, só restava a alternativa de saírem por terra. Em ofício de 10 de abril daquele ano, escrevia o mestre de campo José Pais ao general da capitania, que tinha despachado dois cabos de infantaria a fazerem uma relação minuciosa de todas as canoas existentes nos distritos vizinhos. Resultou da diligência acharem-se doze canoas boas e grandes, além de três que "consertadas servem". Competia aos mesmos cabos avisar aos donos dessas canoas que as entregassem às autoridades, sendo-lhes elas requisitadas.[58] Não foi possível apurar com segurança como e quando se cumpriu o aviso. Sabe-se, porém, que passados quatro meses, a 20 de agosto, escreveria o juiz de fora do Cuiabá ao mesmo general que já não havia na vila mais de duas canoas, e essas, a poder de muitos reparos, ainda podiam usar--se.[59] Todas as outras tinham ido para o porto do Jauru.

No caso das monções de povoado, onde o percurso era bem mais embaraçoso do que a da derrota do norte, interrompida unicamente pelas cachoeiras do rio Madeira, só para os primeiros tempos teriam navegado canoas soltas, que irão ceder lugar aos comboios desde que recrudescem os assaltos dos paiaguás. Nesse caso os comboios costumavam ser organizados por um e mais negociantes, ou, sendo de iniciativa oficial, as "reais monções", como se chamaram, a elas se juntavam as embarcações armadas por pessoas particulares que se dedicassem a esse comércio de caravana. Em qualquer dos casos, as mesmas razões que prevaleciam para as outras, ou seja, a necessidade de se recorrer a muitos braços nas varações, explicam que, independentemente da oposição do paiaguá, fossem elas sempre de conserva, fazendo-se necessário para uma embarcação de capacidade média – que nessa derrota era de trezentas arrobas, ou pouco mais – a tripulação de cinco ou seis canoas no mínimo.

Essa capacidade e, naturalmente, as dimensões que lhe correspondessem nas canoas paulistas eram as mais adequadas para os cursos d'água pouco volumosos com que era preciso contar nas monções. E ainda quando pudessem existir árvores muito corpulentas nas beiradas do Tietê e seus afluentes, dificilmente seria possível ultrapassarem-se tais medidas, e há muito exagero, sem dúvida, nas cifras fornecidas por um Aires do Casal, por exemplo, que lhes dá oitenta palmos de comprido por 7,5 de boca,[60] o que as equipararia às ubás amazônicas, que podiam ser ainda maiores. As dimensões mais modestas das canoas paulistas, além dos motivos já apontados, podem ter sido sugeridas e impostas pelas formas florestais típicas da área do Tietê, onde a possibilidade de escolha de paus próprios ficava restrita a duas espécies, a saber a peroba e a ximbouva. Assim sendo, ditaria o reino vegetal, até certo ponto, o tamanho e feitio dos barcos, além de dar a matéria-prima de que eram feitos.

A escolha das árvores adequadas, assim como do bom tamanho para essas canoas monóxilas, não resulta em São Paulo de alguma invenção caprichosa que se pudesse datar dos primeiros decênios do século XVIII, quando se inaugura o comércio fluvial do Cuiabá, mas resulta de um demorado processo de adaptação, cujas origens antecedem provavelmente ao advento dos europeus, e cujo desenvolvimento coincidiria com as primeiras grandes entradas paulistas. Porque se é lícito dizer que a importância dos caminhos fluviais nas bandeiras foi com frequência exagerada, não significa isto afirmar que fosse nula.

Mesmo na cidade de São Paulo, o famoso Porto Geral, evocador dos tempos em que o mantimento da fazenda beneditina de São Caetano era levado ao mosteiro de São Bento, ou o das Canoas, talvez mais público, de onde os produtos roceiros iam ganhar a antiga vila pelo caminho de Cotia e Sorocaba, correspondente em parte ao da atual rua da Consolação, ou pelo de Santo Amaro, que corria mais ou menos onde é hoje a avenida Brigadeiro Luís Antônio, atestam de outro lado que, até para os núcleos povoados, era real a importância da navegação dos rios. Para oeste, subindo o Tietê, costumava-se, enquanto não houve estrada carroçável, navegar a jusante até a aldeia de Barueri, de onde continuava o percurso por via terrestre, já que dali a Parnaíba, e bem mais abaixo, era o rio impraticável para embarcações.

A presença de canoas de pau, assinalada em muitos inventários seiscentistas, é seguro índice de que a circulação fluvial teve sua importância na vida local. Entre os bens deixados em

1613 por Domingos Luís, o moço, figura por exemplo uma canoa pequena, que se orçou em oitocentos réis.[61] A de Paula Fernandes, mulher de Rafael de Oliveira, avaliou-se no ano seguinte em duas vezes aquela importância, com a especificação de que era "canôa velha com uma corrente".[62] Por igual preço estimara-se, ainda em 1607, a de Francisco Barreto,[63] ao passo que a de Antonio Furtado de Vasconcelos será posta em praça por mil réis.[64] E referências semelhantes poderiam multiplicar-se.

Em todos os casos aqui lembrados afirma-se expressamente tratar-se de "canôas de pau", precisão importante para as distinguir das outras, as de casca, e é este o caso de uma igara já citada, pertencente a Isabel Fernandes:[65] no inventário dos seus bens, feito em 1599, tinha sido avaliada em apenas quatrocentos réis. Os preços oscilariam naturalmente segundo a matéria de que eram feitas as canoas – casca ou pau – e também segundo o seu tamanho e estado de conservação. O primeiro desses pormenores, o do tamanho, raramente vem consignado, o que seria indispensável para qualquer tentativa de comparação.

No entanto, no inventário de Matias Rodrigues da Silva, avô do moralista Matias Aires, e que já pertence a 1710, aparece uma canoa que mediria aproximadamente cinco braças de comprido, quer dizer, cerca de onze metros, e foi orçada em 8 mil-réis.[66] Onze metros e um pouco mais já será o comprimento normal das canoas que, por volta de 1720, começarão a descer com regularidade o Tietê procurando o coração do continente. Se o custo, sem mais, pudesse nesses casos servir de critério para a avaliação das dimensões, seria de supor que não era menor, ao contrário, do que a canoa de Antonio da Rocha do Canto e Ascenço do Pinho, moradores em Parnaíba, a qual se estimara 23 anos antes em 9 mil-réis.[67]

Tudo faz crer que para percursos reduzidos, em particular para a condução de gêneros das roças, se empregariam em geral embarcações menores, e é destas que se faria mais largo uso enquanto não as desalojar o emprego corrente de animais de carga com fins idênticos. Não admira se a praga dos ladrões de canoas, comparável à dos ladrões de cavalos, tivesse surgido desde cedo no planalto. Contra esses malfeitores tomara providências, já em 1582, a Câmara da vila de São Paulo, ao estabelecer severas penalidades tendentes a coibir o delito: mil réis para toda pessoa ou escravo que furtasse canoa, cabendo metade ao denunciante e outra metade ao próprio Conselho.[68]

Pela mesma época, ou um pouco mais tarde, desenvolve-se entre moradores de São Paulo o hábito de navegarem rio abaixo para o descimento de gentios ou dos índios das reduções, vassalos de Sua Majestade Católica. Com intuito diferente, já em 1555, Juan de Salazar de Espinoza e seu séquito de espanhóis e portugueses, entre estes Cipriano ou Cipião e Vicente de Gois, filhos, ambos, de Luís de Gois, senhor em São Vicente, do engenho de açúcar da Madre de Deus, antigo companheiro do irmão Pero de Gois no desbravamento da capitania da Paraíba do Sul, de que o último era donatário, introdutor, ao que parece, do tabaco em Portugal e mais tarde jesuíta na Índia, teriam baixado em canoas e balsas o Anhembi e parte do Paraná, rumo a Assunção.[69] A preferência dada neste caso à viagem fluvial pode explicar-se, de um lado, pela maior vigilância que sobre o caminho terrestre exerceriam os portugueses de São Vicente desde que o mandara cegar Tomé de Sousa, e de outro pelo fato de irem também mulheres, menos feitas para as incomodidades de tão longo trajeto a pé.

É de supor que fosse notável o tamanho das canoas, se nelas foram o touro, e as sete vacas que estariam à origem dos rebanhos bovinos do Paraguai. Rui Diaz de Gusmán, que podia ainda conhecer bem viva a tradição oral da viagem, pois tinha servido às ordens do capitão Melgarejo, um dos principais promotores dela, escreve, no entanto, e é, sem dúvida, o provável, que aquelas reses levadas de São Vicente, as primeiras que chegaram a Assunção, foram conduzidas em balsas após caminharem muitas léguas por terra.[70] Pouco mais se sabe dessa viagem porém, além do fato de ter sido realizada às escondidas das autoridades portuguesas, e de que gastaram os expedicionários cinco meses até alcançarem um porto junto ao rio Paraná, de onde tiveram licença para ir por terra a Assunção.

No século imediato, aparentemente depois de 1603, o ano da chegada a São Paulo, pelo Tietê, de uns soldados espanhóis saídos de Vila Rica do Espírito Santo, os quais na documentação paraguaia passam por ter sido os descobridores dessa "nabegación de la villa de San Pablo", é que se fixará, e por longo tempo, nos campos de Pirapitingui, o embarcadouro dos que se destinassem ao sertão do Carijó.[71] É desse lugar que irão sair, para sua entrada de 1610, Clemente Alvares e Cristóvão de Aguiar.[72] Em notícia redigida por Pero Domingues sobre uma expedição efetuada em 1613, também se diz que, num porto do Tietê denominado Pirapitingui, vinte léguas abaixo da vila de São Paulo, era costume embarcarem os viajantes que se servissem do caminho fluvial.[73]

Já se quis identificar esse porto com certo lugar imediatamente abaixo da confluência do rio Pirapitingui com o Tietê, onde este, depois de ligeira curva, passa a espraiar-se, formando como uma enseada. Contra semelhante sugestão já foi argumentado que, saindo desse lugar, a montante do Salto, e deste ainda separado pelas cachoeiras de Jurumirim e Lavras, bem como por duas corredeiras, teriam os viajantes de enfrentar logo de início dificuldades notáveis para o trânsito das canoas. Nada pareceria opor-se, por outro lado, à tentativa de relacionar o velho embarcadouro ou piaçaba de Pirapitingui, lembrado na documentação seiscentista de São Paulo, com o atual porto do Gois, uma centena de metros além do salto de Itu e não muito longe do rio que traz aquele nome.[74] Isso combina aliás com a distância dada por Pero Domingues, por achar-se a pouco menos de vinte léguas de São Paulo.

Tendo embarcado talvez na mesma localidade para sua

jornada de 1628, o governador d. Luís de Céspedes Xeria, do Paraguai, refere-se a um salto que só pode ser o de Itu, dizendo como, devido aos penhascos, "nos venimos a embarcar abajo de el".[75] O lugar de Araritaguaba, onde se encontraria embarcadouro ainda mais seguro, estava então praticamente isolado de Itu, ou, melhor, da Utuguaçu de Domingos Fernandes, pelo mato grosso que acompanhava o Anhembi nas vizinhanças das campinas de Caiapiá e Caiatinga. Só no começo do século seguinte é que Antonio Cardoso Pimentel e Antonio Aranha Sardinha irão abrir roçados naquele rumo, desbravando o lugar e tornando mais acessível a futura Porto Feliz das monções. Aqui, de ao longo dos afluentes do Tietê, nunca faltaram durante os séculos XVII e XVIII grandes troncos de peroba e ximbouva, que dão a matéria-prima das grandes canoas monóxilas. Tanto que os ituanos parecem ter-se especializado desde cedo na confecção delas. Assim o sugere uma passagem do inventário de Eufrásia de Chaves onde se lê que em 1678 Antonio de Godoi Moreira, filho da defunta, "era ido a Utú a buscar canôas para o sertão".[76]

Junto ao porto a que d. Luís de Céspedes chamou em 1629 de Nossa Senhora de Atocha, evocativo da padroeira da Casa d'Áustria, encontrou o governador do Paraguai, segundo ele próprio o diz, troncos de desmedida corpulência. De um deles fez-se a principal canoa para sua viagem a Assunção, e mediria esta 75 palmos de comprimento por seis de boca. Como as medidas castelhanas eram diferentes das lusitanas e, em geral, mais moderadas – e não seriam estas, mas aquelas, sem dúvida, as de que, espanhol, escrevendo para espanhóis, se serviria d. Luís –, importa ter isso em conta quando se queiram estimativas verossímeis para as dimensões da embarcação que, de outra forma, iriam a 16,5 metros de comprido. Admitindo, no entanto, que o palmo castelhano equivalia, tal como o português, à quinta parte da vara, e que a vara de Burgos, medida *de jure* para Castela desde 1560 e *de facto* muito antes, correspondia a 84 centímetros,[77] resulta que a dita canoa não mediria mais de 12,5 metros, que será comprimento normal nas futuras monções de povoado. Ainda menos compridas eram as outras, se atingiram respectivamente 66 e 55 palmos, como faz crer o mesmo depoimento.

A largura da boca seria inferior ao que se poderia esperar dessas dimensões, pois chega, na canoa maior, a uma relação de oitenta centímetros para dez metros e nas outras nem a tanto. É possível que o hábito de lidarem os moradores do lugar com rios algumas vezes mais estreitos do que o Tietê já então tivesse imposto a silhueta que vai distinguir constantemente a canoa paulista, mesmo se oriunda de tronco volumoso.

Para esperar que terminasse a confecção desses barcos, tiveram d. Luís e sua gente de ficar todo um mês naquele porto da Senhora de Atocha. Não parece demais, quando se considere a espessura dos madeiros que deviam ser derrubados, falquejados, escavados, bordados e aviados. Um mês e pouco mais também é o tempo que se gastará no fabrico de cinco canoas que hão de servir em 1749 na expedição mandada por S.M. Fidelíssima do Pará às minas do Mato Grosso. Principiado seu fabrico em um porto do Madeira a 21 de outubro do dito ano, já a 19 de novembro estarão abertos os cascos e, não fossem as importunações do fero gentio mura, se achariam prontas bem antes. Naquele dia 19 de novembro mudam-se os estaleiros para uma ilha mais sossegada, a quatro horas de distância, rio acima, e a 1º de dezembro, finalmente, poderão ser carregadas as canoas novas.[78]

É praticamente impossível, aliás, uma determinação rigorosa do tempo requerido para fazer-se uma canoa monóxila. Não só as dimensões do tronco originário e sua maior ou menor resistência ao falquejo hão de importar no caso, mas também o número e qualidade, assim dos operários como dos instrumentos de que se sirvam. Sabe-se que os companheiros do emboaba José Peixoto da Silva Braga, quando, no sertão dos Goiases, se apartaram do Anhanguera, tiveram meios de fazer em dois dias apenas sua embarcação de pau de ximbouva para substituir outra que se tinha perdido numa sirga.[79] Trata-se, certamente, de caso excepcional.

Quaisquer previsões exatas acerca do prazo necessário para se aprontar e meter no rio uma canoa são excluídas, não só pela dificuldade de se acharem troncos apropriados, mas até pela desídia muito frequente dos homens chamados a fazê-la. Persistirá esse embaraço até mesmo em casos onde as perspectivas de maior proveito deveriam parecer um incentivo à diligência dos operários e empreiteiros. É ilustrativo o que se deu por exemplo em Piracicaba, onde Antônio Correia Barbosa, para atender às despesas com a incipiente povoação, que tem a seu cargo, se propõe em agosto de 1768 mandar fazer sete canoas, devendo colocá-las em fins de setembro seguinte no porto de Araritaguaba, onde seriam vendidas. Posteriormente o prazo da entrega foi dilatado até 10 de outubro. Acabaria o ano, porém, sem que se aprontassem ou chegassem ao destino os barcos prometidos. Por fim, a 21 de janeiro, o capitão-general de São Paulo tem notícia de que quatro das sete canoas anunciadas tinham sido mandadas: as outras estavam sendo varadas do mato.[80] Calculado, pois, de início, em mês e pouco, o prazo de aviamento da encomenda não fora senão parcialmente atendido ao cabo de cinco meses.

Noventa anos depois, em 1858, quando se fabricarem nas vizinhanças de Constituição, ou seja, na mesma Piracicaba, canoas idênticas, que se destinarão agora a servir no caminho fluvial para a colônia militar de Itapura, o seu custo "excessivo e exagerado" atribuiu-se sobretudo à incúria e prodigalidade dos trabalhadores. Em depoimento prestado em inquérito que se instaurou a respeito, diz-se que esses homens trabalhavam quando muito quatro horas por dia, ganhando no entanto 5 mil-réis de jornal, sem que alguém se incumbisse de fiscalizá-los, o que redundou em saírem duplicados os preços. Outra testemunha disse saber que as canoas "se tornaram *expressivas* porque os operários apareciam por formalidade alguns dias, que a princípio trabalhavam bem, e depois, pouco a pouco, foram relaxando".[81] É bom lembrar que não se fizeram elas em lugar ínvio e distante e sim na chácara do capitão João Morato de Carvalho, uma das testemunhas, onde o trabalho tinha como ser vigiado.

Conhecem-se apenas descrições fragmentárias das diferentes fases de construção das canoas utilizadas nas monções de povoado. Não seriam diversas, contudo, das que correspondem ao fabrico das ubás amazônicas, que já foram bem estudadas.[82] O primeiro problema na sua preparação, escolhida e derrubada a árvore, é determinar o lado do toro que se destina a formar o fundo. Não se trata aqui de questão ociosa, pois disso depende a maior ou menor estabilidade da embarcação, devido à densidade nem sempre uniforme do tronco. Outro problema é o de saber qual a porção do cilindro que deve ser ocada. Em princípio há de corresponder a menos de metade do diâmetro. Tirando-se mais de metade, pode o barco ganhar em estabilidade, mas perder em capacidade. A altura será pouco menor do que a largura: três quartos ou quando muito um terço. Segundo se pode apurar de vários textos conhecidos, havia canoas nas monções do sul com mais de 1,5 metro de boca: de ordinário não iam a tanto.

O fogo é de ajuda indispensável na confecção das canoas, mesmo quando disponha o operário de instrumentos de ferro, porque carbonizada sofre a madeira menos dificilmente a raspagem e a remoção das partes inúteis. É claro que isso reclama uma experiência dos possíveis efeitos das chamas, que ensine a mantê-las nos limites convenientes. E além do fogo, faz-se mister recorrer à água, que susta, de um lado, a ação das labaredas, e do outro, saturando a madeira, torna-a menos resistente ao falquejo. Observa Roop que, usando de paciência e cautela, consegue o operário reduzir o tronco primitivo a 15% do seu peso originário. A espessura tende a ser maior nas partes correspondentes à proa e à popa do que nos lados, não só devido à dificuldade de trabalhar o toro nessas extremidades, como à conveniência de melhor se aproveitar o espaço interior. No fundo também deve ser o casco mais espesso do que nas bordas, com o que não só ganha em estabilidade como se sustenta melhor em lugares rochosos.

Esses e outros traços, herdados das pirogas indígenas, irão preservar-se, e, onde possível, aperfeiçoar-se entre europeus e descendentes de europeus, sempre que adotem tais embarcações. Em São Paulo, sobretudo, a maior assiduidade nas vias fluviais, depois do descobrimento das aluviões auríferas do Cuiabá, e a conveniência de se transportarem volumosas cargas não mudarão muito o perfil primitivo delas. É certo que, resguardando as características da canoa indígena, sem quilha, sem velas, sem lemes, sem âncora, irão anexar-se elementos denunciadores da ação de técnicas adventícias: remos à maneira de "choupos de espontão", afinando-se na extremidade da pá, varas com juntas de metal para a subida dos rios, cumieiras e cobertas de lona para proteção contra a chuva e, para passageiros graduados, barracas de baeta. Se a relação aproximada de um para dez entre largura e comprimento já define o perfil da canoa, é preciso ajuntar que, nas extremidades, sobretudo na proa, que geralmente sobressai, ela se aguça, reforçando aqui a semelhança com as lançadeiras. O fundo é achatado, e para aumento da segurança e capacidade, rematam-se os lados com faixas suplementares de madeira. A esta última operação chamava-se bordar a canoa. *

Tais pormenores, registrados muitas vezes em antigos textos, podem precisar-se com os dados que proporcionam os restos de canoas até hoje subsistentes. Um desses restos, embora incompleto, pode-se ver no próprio lugar do embarcadouro das frotas de comércio, em Porto Feliz. Outro, bem ou mal identificado com o beque de proa, está no Museu Paulista.

---

* Neste parágrafo fica evidente a relação entre *Monções* e *Caminhos e fronteiras*. A descrição aqui presente é muito parecida com um trecho de "Frotas de comércio" (cf. *Caminhos e fronteiras*, op. cit., p. 145), onde há uma nota, logo no título, dizendo que "O tema do presente capítulo foi mais extensamente tratado em outra obra do autor: *Monções* (Rio de Janeiro, 1945)".

Deste, muito pouco há o que dizer. Feita de ximbó, a antiga canoa acha-se hoje reduzida a um fragmento de 3,5 metros de comprimento. Há cerca de trinta anos encontrava-se convertida em cocho numa fazenda do município de Porto Feliz. Salvou-a Afonso d'E. Taunay, que fez levá-la para o museu, àquele tempo entregue a sua direção.

Quanto ao exemplar conservado no velho porto geral das monções, trata-se, segundo notícia digna de todo crédito,[83] de um dos que, por volta de 1890, ainda se podiam ver abandonados no próprio lugar de onde saíam as frotas. O que ficou da antiga canoa, uma peroba escavada de 8,71 metros de comprido, amputada das partes que corresponderiam à proa e à popa, está mais ou menos protegido por uma cerca de arame farpado. Alguma autoridade zelosa fez cobrir com pedaços de tábua algumas das falhas existentes e pintar de piche toda a relíquia, o que, longe de a proteger, tornou-a uma atração para os canivetes, que livremente desenvolveram ali sua idílica xiloglifia.

Vista a distância, a antiga canoa, já sem sinal da bordadura, tem o aspecto de um cilindro quase perfeito. O tronco originário persiste na forma atual, e a curvatura do caso mostra a procedência. A distância de 1,14 metro em média entre as bordas é bem menor do que a maior largura, que chega a ser, no centro, de 1,43 metro. O pontal, igualmente no centro, é de 0,87 metro, diminuindo uns poucos centímetros, três ou quatro, para uma das extremidades, que corresponde talvez, mas não com certeza, ao lado da popa. Na outra extremidade, alteia-se um pouco o fundo, e é onde o casco tem a maior espessura: 23 centímetros. No meio, porém, não mede mais de nove centímetros, o que foi dado averiguar graças a uma fenda, e essa espessura decresce progressivamente para as bordas, onde chega a quatro centímetros.

Não será excessivo presumir que, em uso, tivesse a canoa três a quatro metros a mais de comprido, incluídas a proa e a popa, hoje ausentes. É claro que nessa presunção vai boa dose de arbitrariedade, pois não dispomos de dados seguros sobre a posição respectiva daquelas partes. O fato de reduzir-se numa das extremidades a distância entre as bordas pode ser simplesmente fortuito, mas pode indicar a vizinhança da popa, pois a largura maior nas canoas monóxilas costuma verificar-se para o lado da proa, tirada em geral da parte inferior e mais encorpada dos caules.

Não parece exagerado admitir um comprimento de aproximadamente doze metros para a canoa primitiva, se a compararmos a outra, igualmente incompleta, que se acha hoje no Museu de La Plata, e que, segundo consta, é a maior canoa monóxila já encontrada em território argentino. Em estudo que se publicou sobre esse exemplar, localizado junto ao delta do rio Paraná, diz-se que teria, da popa à proa, 10,5 metros. A largura (setenta centímetros) e o pontal (cinquenta centímetros no centro) desse espécime são bem menores do que os da canoa existente em Porto Feliz. Apurou-se que foi feita de pau de ximbouva ou tamboril, que sendo árvore que, estranha à flora da região onde foi encontrada, mostra ter ido de algum lugar mais ao norte, refletindo as vinculações outrora existentes entre as populações de toda a bacia do Prata.[84]

Além da ximbouva e da peroba, usadas para o casco e a bordadura nas canoas das monções, poderia recorrer-se, em São Paulo, a outros paus para as mais peças: bancos, travessas, cumieiras, forquilhas para sustentar a cumieira etc. Capazes de suportar trezentas arrobas de carga e até mais, saíam elas de tal modo carregadas, principalmente nas viagens de ida para o Cuiabá, que às vezes pouco mais de vinte centímetros emergiam da água. Aliás, aquela capacidade média de trezentas arrobas, nas canoas grandes, excluídos naturalmente os batelões que indefectivelmente acompanhavam as frotas, é assinalada para fins do século XVIII e começo do seguinte, quando devia estar muito diminuído o número das árvores mais corpulentas.

É certo que em 1724, quando mal principiava a tomar incremento a exploração regular dos rios, o capitão-general Rodrigo

César de Menezes se queixava a el-rei de que as canoas usadas nesse tráfego fluvial não comportavam mais de cinquenta a sessenta arrobas de peso cada uma, entrando nessa conta o das três pessoas embarcadas, "que é o mais que podem levar".[85] O motivo do pouco tamanho e reduzida capacidade prendia-o o governador à estreiteza dos rios, que não tolerariam barcos maiores. Aquele tempo não tivera ele ainda a experiência pessoal da navegação cuiabana, e calculava muito por baixo as possibilidades oferecidas pelos mesmos rios. Dois anos mais tarde, porém, escrevendo agora do Cuiabá, para onde fora numa enorme frota de 308 canoas, confessará que só haviam chegado com vida ao termo da viagem 3 mil pessoas, entre brancos e pretos, "havendo muitos falecido afogados e perdidas varias canôas por causa das muitas cachoeiras que tem em si todos os rios e pella furiosa correnteza delles".[86] O número de pessoas embarcadas seria, por conseguinte, bem superior a 3 mil e, se eram 308 as canoas, resulta que, entre passageiros e tripulantes, cada qual levava, sem dúvida, mais de dez homens.

Um máximo de dez homens, sem incluir, embora, a tripulação, que, completa, abrangeria piloto, contrapiloto, e eventualmente proeiro, além dos cinco remadores, era o que permitia cada canoa, segundo alguns textos da época. Mesmo essa cifra, porém, parecerá diminuta para quem examine outros documentos fidedignos, que chegam a assinalar quinze ou dezesseis e mais, sem contar a equipagem. Sabe-se que na viagem de d. Antônio Rolim de Moura, em 1750, a média de passageiros em cada barco chegou a vinte homens.[87] Seja como for, não se pode afastar a hipótese de uma redução progressiva, já no século XVIII, da capacidade normal das canoas de comércio. O emprego exclusivo, para seu fabrico, de essências determinadas, como a peroba e a ximbouva, que se cortavam em geral nos meses de junho e julho, resultaria na diminuição forçosa dos exemplares utilizáveis nas proximidades de Araritaguaba.

Se essa preferência tinha sua razão de ser, por um lado, no

considerável diâmetro que atingem os troncos dessas árvores, prendia-se também, por outro, ao fato de suportarem eles por longo tempo, e sem sofrer deterioração, o efeito da umidade. Partilhada aliás, em igual ou talvez em maior grau, por outras madeiras, que no entanto não alcançariam as mesmas dimensões, compensa semelhante virtude os inconvenientes que possam oferecer. Da peroba, por exemplo, que alcança em São Paulo uma densidade média de 0,760 a 0,956,[88] sabe-se que está sujeita a fender-se com relativa facilidade. O mesmo não sucederia com a ximbouva, que tem tecido compacto. Conhecida por várias denominações – tamboril, timbó, ximbó, ximbuva, tambuvi, timbaiva, orelha-de-negro –, apresenta uma densidade de 0,49 a 0,50, e é fácil trabalhá-la.[89] Por esse motivo usavam-na no fabrico não só de canoas como de tinas de banho, cochos e bateias para lavagem de ouro.

Compreende-se como a crescente destruição desses gigantes florestais – a perobeira, por exemplo, alcança até 35 e 40 metros de altura – devesse criar um problema cada vez mais agudo para o comércio do Cuiabá, se não coincidisse, por um lado, com o progressivo esgotamento das minas do extremo oeste e, por outro, com o desenvolvimento das viagens terrestres, e das monções do Pará, que abriam novas vias de acesso à região. Cada vez maiores seriam agora os trabalhos para a localização e escolha das árvores no mato, de onde a canoa já pronta era conduzida à beirada de algum rio para ser vendida segundo bases de antemão ajustadas.

Na procura de bons troncos, metiam-se os homens nos braços de rios, neles sumindo meses a fio. De Piracicaba já se viu como só conseguiu vingar nos primeiros tempos, depois que seus moradores se dedicaram a fazer canoas, aproveitando a mataria quase intacta que ainda orlava ali o rio, pois foi com o produto da venda dessas canoas que o diretor do povoado conseguiu atender às despesas de conservação, desempenho e aumento daqueles moradores. Poucas atividades deviam casar-se melhor com o caráter rústico de uma região ainda recoberta de floresta, e de onde os barcos, levados pelas águas do Piracicaba e do Tietê, ganhavam com facilidade o porto geral das monções. A presença de um núcleo de moradores permanentemente assentes no lugar diminuía, além disso, os azares de uma empresa tantas vezes cheia de riscos.

Ainda assim, os preços atingidos por esses barcos, depois de metidos n'água, devidamente bordados, estivados, e encumieirados, continuam a ser respeitáveis. Em 1769 um simples casco, sem preparo algum, é vendido a 70 mil-réis ou 80 mil-réis e mais.[90] Com a quinta parte dessa soma podia-se comprar em São Paulo, na mesma data, um cavalo de carga com os seus arreios e bruacas. O preço médio da bordadura da canoa era, por sua vez, de 4 mil-réis, o de um cento de pregos de pau a pique para consertos, de 720 réis, o de um remo de proeiro, de 160 réis, o de uma pagaia de remador, de 120 réis.[91]

Não são muito constantes então, seja dito de passagem, os preços alcançados pelas embarcações com seus pertences, embora pareça arrojado afirmar que tivesse havido considerável aumento deles desde o começo das navegações regulares. Ao fazer em 1772 as estimativas para o custo do transporte de um regimento até a praça do Iguatemi, o general d. Luís Antonio orçaria em 64 mil-réis cada canoa sem a bordadura. Com ela e ainda com os remos, seu preço subiria a 68 mil-réis.[92] Cinco anos antes estimara o mesmo general uma canoa pronta em 70 mil-réis. A bordadura, também neste caso, avaliou-se em 4 mil-réis, ao passo que os remos custaram 2080 réis. Não se inclui no total a lona para as cobertas (dezessete varas a 6400 réis), nem a aniagem para toldos e sacos (195 varas a 220 réis) ou a baeta para barracas.[93]

Naturalmente variam, ainda que pouco, os preços das canoas, uma vez que também varia por força, em tamanho e qualidade, a matéria de que são feitas. Apesar disso, parece que, pelo menos a contar de fins do século XVIII, chegaram a arbitrar-se para elas valores fixos, segundo o tamanho. Num rol de todas as exportações da vila de Porto Feliz para o Cuiabá, em

1799, são essas canoas repartidas em três classes, a das grandes, das médias e das pequenas, avaliadas respectivamente em 64 mil-réis, 32 mil-réis e 12 mil-réis.[94] Que se tratava de preços fixos ou gerais, como então se dizia, indica-o o fato de constar apenas uma canoa, e essa da classe das grandes, em um mapa de preços onde aparecem indicadas as três categorias. O figurarem essas embarcações quase regularmente nos maços de população de Porto Feliz, ao lado de outros produtos exportados com destino a Cuiabá, como toucinho, arroz, tabaco, feijão, farinha de milho, é sinal de que eram canoas novas, pois não parece plausível que, usadas ou consertadas, tivessem os mesmos preços. É sinal, também, de que não se trataria de simples "canôas de pau", isto é, saídas do mato sem benefício algum, pois neste caso não teriam como ir nas frotas.

Alguns dados esparsos podem dar uma ideia do que significava esse artigo de exportação, tanto mais necessário quanto, no Cuiabá, não havia como fazer, completar ou sequer bordar canoas. Assim, em 1808, foram mandadas para lá ao menos oito canoas grandes, um batelão grande, outro menor, 108 remos de remar e pilotear, vinte esgotadores, oitenta ferrões de zingar e quinze peças de pano de algodão para sacos e aviamentos de viagem.[95] Em 1812 expediram-se sete canoas grandes, cinco batelões e 132 remos, além de vinte esgotadores e 112 cobertas; em 1815, meia dúzia de canoas,[96] oito em 1818; seis em 1825;[97] doze em 1828. Este último total ainda será superado no ano seguinte, de 1829, quando o número das canoas exportadas chega a dezoito unidades.[98] Cifras maiores, ao que se saiba, só se tinham registrado no século anterior ou, mais precisamente, em 1798, quando se despacharam para o Cuiabá duas dúzias de canoas.[99]

O preço de 64 mil-réis para cada canoa das grandes, que tinha sido geral para a mesma categoria em fins do século XVIII, não se mantém para todo aquele período. Em 1812 já se orça em 80 mil-réis uma das grandes (e em 25 mil-réis um batelão): o mesmo preço se sustenta em 1817 e 1818. Não se assinalam nos documentos conservados os valores para outros anos, ou vão eles englobados, sem individuação, no rol geral das mercadorias exportadas.

Entre os moradores da freguesia de Araritaguaba, antes mesmo de criar-se ali a vila de Porto Feliz, o que acontecerá em 1797, aparecem com frequência fabricantes de canoas. É possível que se tratasse de empreiteiros, que se serviriam para tal mister de oficiais mais ou menos especializados, e há entre eles, antes de ganhar impulso ali a lavoura açucareira, quem disponha de bens só equiparáveis aos dos agricultores e homens de negócio mais abastados do lugar. Assim é que um Tomé Pacheco, casado, soldado de cavalo, com 45 anos de idade, e dos três "fatores de canôas" da freguesia em 1766, tem os seus bens avaliados em 3 mil cruzados, o que não parece pouco, proporcionalmente, já que a pessoa mais rica do lugar, o lavrador alferes Antonio Soares da Costa, não possui mais de 7 mil cruzados em bens móveis e de raiz.[100]

Nada impediria que esses empreiteiros ou fabricantes de canoas o fossem igualmente de remos, mas o fato é que também há especialistas neste último mister. Nas listas de 1808, se o sorocabano Vicente Dias Falcão, talvez com a ajuda dos seus cinco filhos e dois escravos, vive de fazer canoas para cuiabanos (nome que não indica neste caso naturalidade, mas é genérico para quem negociasse com o Cuiabá), não falta, por outro lado, um fabricante de remos, que é o ituano João Gomes, pai também de cinco filhos. Trata-se, provavelmente, do mesmo João Gomes de Escoval, ou Escobar, que no rol de 1798 já aparece fazendo remos para cuiabanos, ofício de onde tira os seus 16 mil-réis por ano.[101] Outra especialização, a dos que vivem de consertar canoas, pode recrutar-se entre antigos pilotos e mareantes em geral: o caso, por exemplo, de Vicente Ferreira Homem, que é um destes em 1780, mas em 1805, já aos 59 anos de idade, tinha resolvido dedicar-se ao novo emprego, mais cômodo e, porventura, mais lucrativo.[102]

A importância desse mister de consertar canoas há de avultar aparentemente quando a escassez maior de troncos espessos, e bons para deles se fazerem canoas, contribuir para que grande parte das frotas passe a constar de embarcações usadas e remendadas: assim, na real monção de 1818, das treze que a compõem, só quatro são novas.[103] Seja como for, não é crível que essas mesmas canoas possam sobreviver a dez, quando muito quinze anos de serviço assíduo ou de negligente abandono. Das vinte que mandou fazer o capitão-general Bernardo José de Lorena, quando chegou à capitania, e que ficaram metidas todas em um rancho junto ao embarcadouro de Porto Feliz, pouquíssimas seriam julgadas aptas ao serviço um decênio mais tarde, em 1798.[104] O descaso a que tinham sido relegadas, sem cuidados maiores que nelas atalhassem a obra do tempo, e sobretudo sem eficaz vigilância, que impedisse a maldade dos desocupados, numerosos no lugar, bastara para condená-las a uma ruína sem remédio.

Não faltará, é certo, quem seriamente cogite em ver corrigido o rude primitivismo do sistema de vinculações com o sertão ocidental. O milagre de domesticar aquelas extensas áreas, começando, se possível, por mudar o áspero Anhembi num rio mais comedido, não estará muito longe da imaginação do capitão-general d. Luís Antonio de Sousa Botelho Mourão, morgado de Mateus, empenhado em suavizar o acesso ao seu malfadado Iguatemi. Para tanto é necessária, previamente, a fixação de moradores mais ou menos numerosos em todas as principais barras e onde quer que se faça perigosa a navegação. Sem uma tal providência, tendente a criar escalas fixas, onde possam os barcos achar socorro e refresco, as jornadas ao sertão nunca deixariam de ser uma empresa de aventureiros audaciosos, inclinados mais à turbulência do que à obediência.

Já em 1767,* quando mal tinha tido tempo de se aprofun-

---

* A data mencionada, 1767, foi corrigida em relação à versão anterior do capítulo, onde aparece 1776 – o que seria inverossímil, pois o morgado de Mateus deixou o governo de São Paulo em 1775. Cf. nota da p. 66 do volume *Monções*.

dar no conhecimento dos negócios de seu governo, determina o morgado de Mateus a fundação de uma espécie de arraial permanente junto à boca do rio Piracicaba. Concebido aqui segundo velho uso português, cingia-se o sistema adotado em agremiarem-se, numa aparência de vida civil, os criminosos e vadios de toda sorte, que então infestavam a capitania. Com a assistência desse pobre material humano esperava a administração ir lançando a sementeira de um feito soberbo, que tinha em mira converter o Tietê numa linha estratégica para a mais efetiva ocupação do Oeste e do Sudoeste, ainda mal seguro em mãos portuguesas. Cogitava-se, em suma, de alterar vigorosamente as condições naturais do país, estabelecendo núcleos de moradores novos onde fossem mais sérios os empecilhos à penetração e civilização daquelas áreas.[*]

Passados dois anos, ordena o governador que se passe bando por toda a capitania, anunciando que seriam dadas sesmarias nas bordas do Tietê a quem as pedisse. Ao mesmo tempo mandava a Antônio Correia Barbosa, diretor do povoado da barra do Piracicaba, uma primeira leva de vadios para serem fixados ao longo das margens do rio. Já agora não se propunha povoar apenas a barra, situada a seis ou sete dias de Porto Feliz, mas ainda as redondezas do Avanhandava, as do Itapura e as "mais que forem convenientes para o bem dos povos".

Deixara-se levar em termos, d. Luís, por sugestões que do Iguatemi lhe tinha mandado o fundador da praça, João Martins de Barros. Em carta de outubro de 1767 chegara mesmo, este, a propor a transferência para o salto do Avanhandava e

---

[*] O tema das povoações feitas durante a expansão paulista foi tratado, de forma mais aprofundada, por Sérgio Buarque de Holanda, durante a década de 1960, quando publicou "Caminhos do sertão" (1964) e "Movimentos da população em São Paulo no século XVIII" (1966). O tema recebe maior detalhamento também em *O Extremo Oeste*, pois em 1965 ele pediu auxílio da Fapesp para "o estudo da navegação fluvial entre S. Paulo e o extremo-oeste brasileiro". Mais adiante, Sérgio Buarque justifica seu pedido: "Esse estudo visa a ampliar consideravelmente, completando-a para segunda edição, o livro *Monções*, de autoria do interessado, cuja primeira edição, impressa em 1945, se encontra de há muito esgotada" (Fapesp, processo n. 65/0223-4).

para o de Itapura, das novas povoações de Woutucatu e de Faxina. Se assim se fizer, ajuntava, "ficarão os povoadores arrumados, os cuiabanos socorridos, e êste lugar tão facilitado que canoinhas de duas pessôas podião andar sem susto e darem as mãos uns aos outros em qualquer ocasião e tempo".[105] A iniciativa, se viável, iria ter sem dúvida outra consequência importante, dilatando até à barranca do Paraná a área regularmente povoada da capitania, que para aquele lado só alcançava o porto de Araritaguaba, freguesia da vila de Itu, e distante desta menos de cinco léguas.

Logo iriam arrefecer, contudo, os primeiros entusiasmos de d. Luís à notícia das dificuldades sem conta que seus homens iam encontrando. O pessoal de que dispunha era escasso para empresa tão vasta, e a situação no sul do país se agravava em face da crescente pressão castelhana, reclamando a ajuda de todos os elementos de que seria lícito esperar algum uso e proveito. Faltava ainda mais, às nesgas de sertão que convinha povoar, condições favoráveis a um engrandecimento rápido, pois em lugares tão apartados dos centros de consumo, a lavoura não podia ser ocupação rendosa.

A esses inconvenientes e ainda ao clima adverso e aos ares pouco saudáveis dos sítios escolhidos, tratara d. Luís de fechar os olhos num primeiro instante, só acatando de bom grado as notícias que se conciliavam com o plano já elaborado.[106] Não se justificou, porém, esse otimismo do governador. Das povoações que projetara, uma só, Piracicaba, conseguiu realizar-se, e essa mesma transferiu-se afinal do desaguadouro para um lugar situado onze léguas rio acima, onde os colonos encontrarão terra generosa, águas fartas em pescado, ares sadios, além de um certo número de roceiros já ali estabelecidos de longa data.

A viabilidade das outras povoações que se destinassem a facilitar o trânsito fluvial não pode sustentar-se em condições semelhantes, porque requer exatamente a frequência desse trânsito. Ora, o Cuiabá, onde as lavras próximas estão em declínio, já não depende unicamente do caminho dos rios para se comunicar com o litoral, e a empresa do Iguatemi está à beira de uma catástrofe. À ambição de povoar lugares ermos em todos os maus passos do Tietê, esse rio que, na descrição do Brigadeiro Sá e Faria, "se pode dizer que é todo êle uma continua cachoeira", faltavam por conseguinte fundamentos sólidos. Só assim a memória do morgado de Mateus, tão amigo de batizar povoados com os apelidos da própria família ou com o nome da Senhora dos Prazeres, de quem é devoto, deixou de perpetuar-se mais largamente na toponímia paulista.

Não morrera depressa, porém, o grande sonho do general. Anos depois, quando vier a governar São Paulo um fidalgo quase tão dinâmico quanto ele, Antonio Manuel de Melo Castro e Mendonça, novamente se cogitará no povoamento das margens do Tietê por toda a sua extensão, e ainda a banda oriental do rio Paraná. O objetivo visado, dessa vez ainda, é o de se socorrerem os que se destinassem às minas do Cuiabá e Mato Grosso, assim facilitando as diligências do real serviço e promovendo a pronta comunicação com as fronteiras, "quando se restabelecessem em segurança do Estado".

Encarregou-se de traçar o plano dos novos estabelecimentos um paulista grandemente experimentado na milícia do sertão: o tenente-coronel Cândido Xavier de Almeida e Souza.[107] Previa esse plano quatro povoações, onde se instalariam casais de moradores providos de ferramentas necessárias para lavrarem a terra e de cabeças de gado. O primeiro núcleo ficaria em Potunduva, a pequena distância dos campos chamados de Araraquara, onde se propagariam facilmente vacuns e cavalares e de onde se abriria comunicação com Piracicaba. Em seguida se povoariam as áreas vizinhas dos dois maiores saltos do Tietê. Na de Avanhandava seria feito um estabelecimento com bois de tração e carros, o que facilitaria as varações e economizaria o pessoal das canoas ordinariamente empregado nesse serviço. Para a povoação que se fizesse em Itapura, e que se comunicaria por terra com a anterior, seria escolhida de preferência a margem esquerda do Tietê, onde ficariam os colonos livres dos insultos do caiapó, traiçoeiro por natureza, e que, em tempo de seca, atravessava muitas vezes o Paraná acima do salto de Urubupungá, em direção àquele sítio. Finalmente seria criado um quarto núcleo a pouca distância do Paraná e fronteiro à foz do Pardo, por onde subiam as monções do Cuiabá.*

Nesse último ponto ia desembocar a estrada que, nos tempos de d. Luís Antonio, mandara abrir o capitão-mor José de Almeida Lara (ou reabri-la, se era o mesmo picadão que meio século antes fizera Luís Pedroso de Barros): ainda em 1783 são visíveis os sinais das derrubadas e até das queimadas ao longo do antigo caminho que ligava a Sorocaba e, através desta vila, à cidade de São Paulo, as beiradas do rio Paraná. Um decênio depois, em carta geográfica atribuída a João da Costa Ferreira, já não há sinal de sua existência, e os terrenos que ela atravessara lá surgem com o letreiro que haveria de perdurar para toda aquela área até começo do século atual: "sertão desconhecido". A povoação seria levantada, aliás, em lugar um tanto arredado do Paraná, a fim de se evitarem as sezões que infestavam as margens em tempo de enchente.

O projeto de Cândido Xavier ainda discrepa do que pretendera levar a cabo d. Luís Antonio no critério proposto para a seleção dos colonos. No seu entender deveriam recrutar-se estes, não entre vagabundos ou facínoras, que costumam perturbar o sossego público em lugares habitados, mas entre gente ordeira, laboriosa, dotada de algum recurso e de trato urbano e civil. Pensava que o atraso geral das colônias portuguesas provinha do velho sistema que consistia em povoarem-nas de indigentes, degredados, foragidos da justiça, sem cabedal,

---

* O tema do povoamento das margens do Tietê e da navegação ao Cuiabá foi desenvolvido no artigo "Uma povoação setecentista", publicado em 1957 no jornal *O Estado de S. Paulo*. Cf. Marcos Costa (org.), *Sérgio Buarque de Holanda: Escritos coligidos*, op. cit., v. 2, pp. 259-63.

nem abonos, nem créditos, que lhes permitissem cooperar para o aumento dos lugares onde os instalavam.

Não consta que os planos do tenente-coronel receberam mais vivo interesse por parte das autoridades do que, antes deles, os de d. Luís. Só bem depois, quando o caminho fluvial do Cuiabá estiver abandonado, é que, um pouco no intuito de os reanimar, se cuidará mais seriamente em fixar núcleos de povoadores nas partes do rio onde a navegação fosse mais penosa. Quando em 1856 e em 1858 se fizerem as primeiras tentativas de estabelecimento, no Itapura e no Avanhandava, de colônias militares, mais do que a insalubridade dos pontos escolhidos, é a dificuldade das comunicações o que condenará ao malogro tais esforços, conforme o fazem ver alguns relatórios de presidentes da província de São Paulo. A navegação dos rios já não oferece agora atrativo poderoso aos homens do planalto, e mesmo durante a Guerra do Paraguai a vantagem estratégica proporcionada por essas colônias não se patenteará ao ponto de reclamar sua manutenção a todo preço.

Se o estabelecimento de núcleos fixos de população ao longo das rotas fluviais que levam ao extremo oeste se tinha imposto desde o século XVIII como um requisito ideal para a comunicação com o sertão remoto, outro tanto poderia ser dito da conveniência de se mudarem os próprios veículos tradicionais de transporte. A mudança chegara a ser sugerida ao conde da Cunha, vice-rei do Brasil, pelo morgado de Mateus, naquele mesmo ano de 1767 em que também dispôs este sobre a fundação de um povoado junto à barra do Piracicaba, lugar de passagem obrigatória das monções. Segundo se lê em seu projeto, estavam em vias de extinguir-se as canoas monóxilas, "para as quais já aparecem poucos paus nos matos e levão pouca gente".[108] Em vez delas deveriam introduzir-se grandes barcões "a modo dos que andam no Douro", pois para estes havia abundância de tábuas.

Sua longa assistência no Porto, onde constituíra família, devia ter acostumado d. Luís Antonio à silhueta característica dos rabelos durienses, empregados no comércio do vinho fino. O formato desses barcões, que até hoje se mantém quase inalterado, adaptava-os perfeitamente às condições do Douro, que é um rio de montanha, assim como o Tietê é um rio de planalto: apenas no tamanho deveram ajustar-se eles, de então para cá, aos limites impostos por alvará de 1773 que teve em vista reduzir os riscos de naufrágio.[109] Cada um chegara a levar antigamente setenta, oitenta, até cem pipas de vinho: hoje não carregam mais de cinquenta pipas. Por algumas particularidades, como a do fundo achatado e a da ausência de quilha, não deixavam de aparentar-se às canoas de comércio do Cuiabá; no mais, porém, as diferenças eram profundas. Não só as tábuas, que se superpõem pelas bordas como nas antigas embarcações dos viquingues, mas as velas quadradas e também o aparelho de governo – um remo-leque comprido, chamado espadela – dão ao rabelo uma fisionomia própria e tão ligada à paisagem lusitana onde sobrevive,[110] que não parece fácil imaginá-lo nas águas do Tietê ou do Paraguai.

A enorme vantagem do barcão sobre a canoa de pau inteiriço estava em que poderia ser feito em toda parte e com qualquer espécie de tabuado, desde que fosse dado conservar-se por longo tempo dentro d'água sem se arruinar: ora, madeira até de qualidade superior e boa para a construção náutica era o que não faltava nos matos da capitania de São Paulo. Embora as embarcações providas de quilha quase só se fizessem à beira do mar, tinha mostrado a experiência quais os paus recomendáveis para tal fim, e muitos deles havia assim no sertão como no litoral. Em rol mandado fazer mais tarde pelo general Antonio Manuel de Melo Castro e Mendonça, apenso ao seu projetado regulamento para a conservação das matas e paus reais, enumeram-se diversas árvores de bom préstimo para a construção naval, proporcionando, umas, boa madeira para o fabrico de barcos, e outras servindo para a confecção de cavernas, mastros, vergas e várias miudezas.[111] Apesar dessas possibilidades, há motivo para suspeitar que os mesmos barcões lembrados pelo morgado de Mateus se haveriam de tornar hóspedes mimosos e exigentes demais em alguns dos nossos rios. As cachoeiras e saltos do Tietê, do Pardo, do Coxim, onde a canoa indígena, com a superfície continuada do casco, que resiste bem aos choques, só a custo aturava notáveis perigos, deviam constituir estorvo invencível para qualquer embarcação mais civilizada.*

* Em 1957, Sérgio Buarque de Holanda publicou dois artigos em *O Estado de S. Paulo*, "Pré-história das monções" I e II. Cf. Marcos Costa (org.), *Sérgio Buarque de Holanda: Escritos coligidos*, op. cit., v. 2, pp. 250-8. O conteúdo desses artigos aparece também nesta versão de "O transporte fluvial".

As estradas móveis[*]

ERA REGRA, DURANTE AS VIAGENS, ir o piloto de pé, no bico da proa, o proeiro da mesma forma e cinco ou seis remeiros também de pé, distribuídos pelo espaço livre de carga, que media, junto à proa, pouco mais ou menos 2,5 metros. À popa, sobre espaço de tamanho correspondente, amontoavam-se, mal abrigados, os passageiros.

Nos lugares encachoeirados ia um guia ou prático, às vezes dois, que trabalhavam alternadamente, além do piloto e do proeiro. Este último, segundo parece, era a personagem mais importante da tripulação, pois guardava consigo a chave do caixão das carnes salgadas e do frasqueiro, comandava e governava a proa e, batendo no chão com o calcanhar, dava o compasso para as remadas. Nas descidas de cachoeira, obrigado a manobrar a canoa com extrema rapidez, era incomparavelmente quem mais se arriscava. A prática das navegações

---

[*] Sérgio Buarque de Holanda reescreveu este capítulo, aumentando-o consideravelmente: na edição de 1990, passou de trinta páginas (pp. 75-104) para 67 (pp. 249-315). Maria Odila, ex-aluna do autor, mostrou que "delineia-se uma continuidade de estilo e de interpretação entre o capítulo 'As estradas móveis', de *Monções*, e 'Frechas, feras, febres', de *Caminhos e fronteiras*". Cf. Maria Odila Leite da Silva Dias (org.), *Sérgio Buarque de Holanda*, op. cit., p. 28.

apurava nele, a tal ponto, a capacidade de observação que, pelo simples movimento das águas, podia muitas vezes distinguir onde o rio era mais fundo ou mais raso, onde havia canal ou pedra.

O extraordinário, em viagem tão longa e de mais de cem cachoeiras, todas diversas "não só entre si, mas cada uma de si mesma, à medida que os rios levam mais ou menos água", conforme pondera uma testemunha, era a capacidade que tinham esses homens de reter na memória todas as manobras necessárias para enfrentar tantas dificuldades. A destreza com que sabiam vencer todos esses obstáculos, a consciência de sua grave responsabilidade e o prestígio de que justamente desfrutavam, podiam dar a alguns proeiros "toda a chibança de um vilão obsequiado e respeitado".[1]

Em certos casos, fazia-se necessário passar por terra, arrastando as canoas ou guindando-as em cordas, no que se gastava muito tempo e trabalho. Nos saltos medianos, não precisavam os barcos sair do rio, conquanto fossem previamente aliviados da carga e dos passageiros. Alguns pilotos mais temerários não hesitavam em tudo arriscar e frequentemente tudo perdiam. *

O período que vai de março a maio ou junho, até Santo Antônio ou, quando muito, São João, era em geral o preferido para a saída das frotas do porto de Nossa Senhora Mãe dos Homens de Araritaguaba, atual Porto Feliz. Explica-se a preferência, por ser época em que os rios ainda estão cheios, o que tornava menos trabalhosa a navegação. Não faltava, entretanto, quem, por outros motivos e, acima de tudo, pelo receio das

---

* A relação deste capítulo não é somente com "Frechas, feras, febres", de *Caminhos e fronteiras*. Estes primeiros parágrafos aproximam-se de passagens de outro capítulo, "Frotas de comércio". Cf. *Caminhos e fronteiras*, op. cit., pp. 146-7, onde se lê: "Em certos lugares a tripulação era forçada a passar por terra, arrastando as canoas ou guindando-as em cordas, no que se gastava muito tempo e trabalho. Em cachoeiras médias ou menores, não saíam os barcos do rio, embora fosse preciso aliviá-los da carga e dos passageiros".

sezões e febres malignas – ameaça constante logo depois das enchentes – optasse pelos meses de junho a agosto.*

Foi este, diga-se de passagem, o parecer que prevaleceu quando o Senado da Câmara de São Paulo se viu solenemente convocado, a 28 de novembro de 1729, pelo dr. José de Burgos Vila Lobos, ouvidor-geral das Minas do Cuiabá, a reunir-se em vereação com as pessoas da governança da cidade, a fim de fazer uma declaração autêntica, jurada aos santos evangelhos, por todos assinada, onde constasse, entre outras informações, o tempo em que era a monção segura da viagem para as mesmas minas. Assentaram os vereadores que a ocasião propícia ia de junho até meados de agosto, "e que não partindo neste tempo seria seguro o perigo", por causa das pestes, das cheias e do muito gentio que havia por todo o caminho.[2] Alegavam, todavia, não ter conhecimento da dita viagem, pelo que deixam de dar as outras informações desejadas.

Fosse qual fosse a ocasião escolhida, não é preciso dizer-se que as navegações fluviais para o Cuiabá representariam sempre uma aventura sumamente penosa e cheia de riscos. Já na primeira hora de viagem, Tietê abaixo, deviam as frotas vencer a cachoeira de Canguera, a de Jurumirim e a de Avaremanduava. A última, sobretudo, cujo nome indígena se pretendeu associar a um dos milagres atribuídos a Anchieta pelos seus biógrafos, ou melhor, hagiógrafos,[3] podia oferecer terrível obstáculo à passagem das canoas, quando não fossem elas a meia carga.

Toda esta parte do rio era, aliás, de navegação singularmente dificultosa, pois numa extensão de apenas seis léguas, a partir de Canguera, há nada menos de doze cachoeiras. Os próprios pilotos e práticos perdiam aqui "a côr e o ânimo", lê-se numa relação da derrota e viagem do governador Rodri-

---

* Na versão originalmente publicada, de 1945, os meses vão de "junho a setembro". Ver nota da p. 108 do volume *Monções*.

go César de Menezes a Cuiabá, em 1727,* "por correrem as aguas com tanta força e violencia, que não se salva nada do que cai nelas, sem que aproveite o saber nadar pelas pedras despedaçaram tudo em um instante".[4] A maior dessas cachoeiras, que é a de Pirapora, ou Pirapó Grande, só se alcançava ao segundo dia de viagem. Ali eram aliviadas as canoas, seguindo os volumes por terra, carregados pelos negros, ao longo de uma picada de cem braças, ou mais, até encontrar o remanso, de onde era possível, sem estorvo, continuar-se a navegação.

No trecho percorrido até esse ponto, desce a corrente por entre altas e espessas matarias, opulentas em caça e frutas, sobretudo jabuticabas, que refrescavam os passageiros durante as viagens de volta, em outubro e novembro, os meses em que já costumam elas aparecer bem sazonadas. Perto das barras do Capivari-Guaçu, do Capivari-Mirim, do Sorocaba e de outros rios, viam-se gigantescas perobeiras apropriadas para fabrico das embarcações. A abundância de pescado fazia com que muitos moradores de Porto Feliz, Itu, Sorocaba e mesmo Jundiaí saíssem a procurá-lo por estas distâncias, indo alguns deles até ao salto de Avanhandava. Os soberbos jaús que se criam no rio, e que chegam a pesar, cada um, mais de seis arrobas, compensavam bem essas fatigas, pois, pescados, salgados e reduzidos a postas, eram depois vendidos nas povoações, com lucro apreciável.

---

* Conforme o documento aqui utilizado por Sérgio Buarque de Holanda, o governador Rodrigo César de Menezes deixou São Paulo em 7 de julho de 1726 e chegou ao arraial do Bom Jesus, a meia légua do porto geral do rio Cuiabá, a 15 de novembro de 1727. O relato da viagem, escrito por seu secretário Gervásio Leite Rebelo, está datado de 1º de fevereiro de 1727, donde, talvez, a confusão de Sérgio Buarque. Cf. "Notícia 6ª – Prática e relação verdadeira da derrota e viagem que fez da cidade de São Paulo para as minas do Cuiabá o Exmo. Sr. Rodrigo César de Menezes governador e capitão general da Capitania de São Paulo e suas minas descobertas no tempo do seu governo, e nele mesmo estabelecidas", in *Relatos monçoeiros*. Seleção, introdução e notas de Afonso E. de Taunay. São Paulo: Martins, 1953 (Publicações Comemorativas sob o Alto Patrocínio da Comissão do IV Centenário da Cidade de São Paulo), pp. 102-13.

Às quedas-d'água, às corredeiras e também às grandes voltas que o rio dá, deve atribuir-se a extrema lentidão no seu percurso, que não se completava em menos de 25 dias. O maior estirão limpo de cachoeiras e outros obstáculos não chega a ter de comprido catorze léguas – mais precisamente 81 quilômetros – e começa logo abaixo da corredeira chamada hoje do Arranca Rabo.

Esse estirão de águas excepcionalmente mansas e boas para a navegação recebeu dos viajantes o nome de *rio Morto*, que ainda lhe dão presentemente. Para quem descesse o Tietê, a paisagem da região não deixava de proporcionar aspectos novos. Se os terrenos elevados da margem esquerda conservavam uma pujante vestimenta florestal, os da direita exibiam vegetação mais rala, só interrompida, aqui e ali, por alguma ilhota de mato grosso.

Com a corredeira da Laje, cessa o rio morto e volta a fazer-se cada vez mais trabalhosa a navegação. Onde as águas se despenhavam mais furiosas, pondo em risco as canoas com seus tripulantes e passageiros, era uso aqui, principalmente quando o rio estivesse baixo, meterem-se vários proeiros ou mestres em uma delas até vencer o passo perigoso. Feito isso voltavam por terra ou em batelões destinados a esses e outros misteres, a fim de conduzirem a canoa seguinte, repetindo a operação tantas vezes quantas necessárias para a passagem da frota inteira.

A violência das remadas e da correnteza, que nestes lugares se igualavam, impelia as embarcações como se fossem flechas sobre o canal geralmente sinuoso nas cachoeiras, de modo que muitas se alagavam e iam a pique. Mesmo quando saísse incólume a embarcação, perdiam-se, porém, não raro, o mantimento e a pólvora. Ou podia suceder, e muitas vezes sucedeu, que algum passageiro se visse lançado à água pelos solavancos do esquife. Na monção de 1726, por exemplo, onde foi o governador Rodrigo César de Menezes, caiu dessa forma um piloto do escrivão do vigário da Vara na passagem do Pirapora, quebrando a cabeça de encontro às pedras; na cachoeira seguinte perdeu a vida uma mulher do Reino; três negros e uma negra do alferes Duarte Pereira morreram na do Pau Santo; na de Itapanema pereceria igualmente um passageiro chamado Antonio de Barros Paiva. Todos esses desastres ocorreram no Tietê e antes de chegar a frota ao salto grande de Itapura.

Sessenta anos mais tarde, o ouvidor dr. Diogo de Toledo Lara Ordonhes, que se confessava gélido de susto ao passar por uma dessas cachoeiras, não receava menos os perigos que ofereciam os baixios ou itoupavas, em que o barco, tocado a toda velocidade para não ficar "pegado" às pedras do leito, sujeitava-se, no entanto, a abalroamentos fatais. "Ora", escrevia o ouvidor a um amigo, "eu, ainda q.~ a m.ª Canoa era muito segura, bem veleira, isto é ligeira, com poucas cargas, porque era só o meu trem, e trazia boa gente, e o Piloto era muito Prudente, e sabio no seu oficio, jamais deixava de temer muito, e hia dentro da Canoa quando não tinha o remedio de sahir pelo Caminho de terra e hir embarcar abaixo da Caxoeira honde se descarregãm as Canoas; e o mais tudo he bosque intrincadissimo e medonho."[5]

O desnivelamento das águas torna-se mais pronunciado à medida que se aproxima o salto de Avanhandava. Aqui descarregavam-se as canoas que eram transportadas por terra com toda a carga, sobre um varadouro de mais de oitocentos metros. No lugar onde se despencam as águas, sobretudo junto à margem esquerda, tamanha era a fartura de peixes que, na época da viagem de d. Antônio Rolim, costumava muita gente matá-los, servindo-se unicamente de fisgas e paus.

Abaixo do Avanhandava e até chegar ao Itapura, o curso acidentado do rio desafiava ainda mais a habilidade dos práticos. No mesmo dia em que deixavam o salto grande, haviam as canoas de transpor as sinuosidades do Escaramuça, ou, mais precisamente, a Escaramuça do Gato Verdadeiro, assim chamada por contraste com outra, anterior, a do Gato Falso, que por sua vez, segundo um depoimento contemporâneo, tirava seu nome de "ter os canaes em si que parece ouvir as canoas huma contradansa".[6] Embora permitisse passagem com carga inteira, esta cachoeira só podia ser vencida com o socorro de pilotos espertos e experimentados. Mais consideráveis, no entanto, do que a Escaramuça, porque de descarreto (as cargas iam nos ombros dos negros e as canoas à sirga), eram as cachoeiras de Itupanema e Aracanguá-Guaçu.

Ao lado de trechos extremamente perigosos, como o que se segue imediatamente ao Itupanema (onde, por espaço de nove léguas, a distâncias quase equivalentes, há sete cachoeiras de maior ou menor extensão), aparecem zonas de água lisa, alongando-se algumas vezes por várias léguas: o "manso" do Bacuri, por exemplo, ou o manso do Lambari.

Com o salto do Itapura, cujas águas, despenhando-se de grande altura, não encontram obstáculos que as dividam, como é o caso do Avanhandava, de maneira que o rio parece cair "para dentro de si mesmo", na expressão de um geógrafo de nossos dias,[7] remata-se a série de saltos e cachoeiras do Tietê. Desse ponto até a sua barra só se encontrarão, agora, algumas corredeiras de importância secundária.

Embora não isenta de riscos, a navegação do Paraná – o rio Grande dos velhos sertanistas – era incomparavelmente mais suave do que a do seu tributário, devido à ausência de cachoeiras em todo o longo estirão que vai desde o Urubupungá até às Sete Quedas. Em compensação, surgem aqui com grande frequência as tempestades de ventos, que em algumas ocasiões podem prolongar-se durante grande parte do percurso de cinco ou seis dias, até à boca do rio Pardo.

O maior perigo, sem comparação, estava, porém, no grande Jupiá, onde se faz mister mão forte nos remos, além de uma perfeita presença de espírito para se vencerem os terríveis remoinhos e caldeirões. Do terror que se apoderava nesse passo dos navegantes há testemunho, já em 1628, nas explicações que acompanham o mapa de d. Luiz de Céspedes Xeria des-

299

AS ESTRADAS
MÓVEIS

.

crevendo o itinerário que percorrera para ir assumir o governo do Paraguai – "grandíssimos remolinos de agua y de mucho peligro para las canoas, donde me desembarqué con toda mi gente, siendo por tierra grande pedazo y las canoas por este peligro".[8] Toda a habilidade dos proeiros consistia, neste passo, em evitar, tanto quanto possível, o sorvedouro central, que ora atrai as águas, ora as vomita, "à maneira de um homem que respira", segundo a comparação do sargento-mor Teotônio José Juzarte.[9]

Nas horas do refluxo ou inspiração do Jupiá, nota ainda Juzarte, "apanhando uma embarcação ou outra qualquer coisa, a faz andar à roda e em um momento a atrai a si, que sendo embarcação, a faz precipitar, ficando a pôpa no ar, metendo-se a proa pelas águas abaixo, donde não torna a aparecer". As ondas, em tudo semelhantes às do mar, são, algumas vezes, tão violentas, que ameaçam derrubar as canoas. Para escapar ao risco de se perderem no meio desse monstruoso labirinto de mais de meia légua de largo, iam os barcos muito chegados às beiradas, buscando sempre alguma praia que permitisse melhor amarração em caso de borrasca.

Mesmo assim, com a absorção da água pelo Jupiá, tendem a formar-se em alguns lugares verdadeiras itoupavas, onde as canoas navegam quase a arrastar-se por sobre as pedras do fundo. Um encalhe nem sempre é evitável em tais circunstâncias, e foi o que se deu por exemplo com a capitania de Juzarte em 1769, pouco depois de ter passado por terríveis momentos, quando o guia se vira jogado à água, com sério risco de vida, à altura do próprio Jupiá, deixando a canoa e toda a frota, por algum tempo, quase sem governo. Nesses casos, só resta, muitas vezes, o recurso de esperar que as águas novamente cresçam.

Passado mais um dia inteiro depois da passagem do Jupiá Grande, no terceiro, os viajantes da "carreira" do Cuiabá costumavam fazer chegar pela tarde à foz do Pardo. Neste ponto os viajantes costumavam fazer pouso e arranchar-se junto às margens do afluente. Perto de uma grossa árvore, à mão direita de quem sobe o rio, existia, em fins do século XVIII, uma cava onde os passageiros costumavam largar sua correspondência. À frota que viajasse depois, em sentido contrário, cabia transportar as cartas deixadas aos respectivos destinatários.

As matas de galeria que acompanham o Pardo até ao salto e às roças do Cajuru, passando pela barra do Anhanduí-Guaçu, à esquerda de quem navega a montante, tendiam a dissimular, geralmente, a nítida fronteira que traça o Paraná entre duas áreas de vegetação bem caracterizadas, interrompendo as florestas paulistas para ceder lugar aos cerrados da vertente ocidental. Com as imensas extensões de campo limpo, que se descortinam a partir daquele salto, manchadas apenas, em alguns pontos, pelos enormes tacurus, é que verdadeiramente principia a mostrar-se uma paisagem nova, em tudo diversa das anteriores.

As próprias águas do rio, que para vários viajantes da era das monções, em contraste com os de hoje, eram frescas, cristalinas, boas para beber, diferem singularmente das do Paraná, turvas quase sempre e, na opinião comum, atrozmente pestilentas. A tal ponto que Manoel de Barros, o autor da "Sétima notícia prática do padre Diogo Soares", não deixa de advertir aos navegantes: "Quanto menos beberem do Rio Grande, tanto mais se livrarão das maleitas, que nele são infaliveis, e se for possivel levarem-se de outro cozida, e ainda crua, ou beberem a do mesmo rio quente, tanto melhor: porque além das maleitas evitarão a peste, que muitas vezes sucede haver também, admitindo que as falhas sejam as menos".[10]

Do Pardo, no entanto, chegaria a dizer, em princípio do século passado, o tenente-coronel Cândido Xavier de Almeida e Souza que se apelidaria, com mais propriedade, rio Verde, nome que é dado a outro afluente da margem direita do Paraná. E isso, explicaria o notável sertanista, em virtude da "diafaneidade com que as suas águas recreão a vista e o paladar, como despenhando-se por um leito de esmeraldas".[11] Só nas ocasiões em que alguma tormenta mais forte, vinda das bandas do ribeirão Vermelho, tingia as mesmas águas até a barra é que melhor podia assentar-lhe, talvez, o nome de Pardo. A caça era excepcionalmente abundante nas terras ribeirinhas, compensando, de certo modo, sua notável escassez de frutas e de pescado.

Algumas raras formas vegetais, inteiramente ignoradas ou quando muito mal conhecidas nas áreas cortadas pelo Tietê, contribuíam para acentuar a novidade destas paragens. De duas variedades de palmeiras, o guaicunã e o buriti, serviam-se os viajantes práticos para diferentes misteres. A primeira, além de bom palmito, fornecia, por exemplo, excelente isca para tirar fogo, e a fruta do buriti dá um licor apetecido de muitos sertanistas, que chegavam a compará-lo ao vinho do Reino na cor, na aparência e no gosto. Não faltou quem atribuísse a bondade das águas do rio à influência benéfica da vegetação local e mormente da salsaparrilha que se cria em suas beiradas.

A subida pelo Pardo, até ao lugar do Sanguexuga, era mais difícil e morosa, relativamente, do que a própria navegação do Tietê, pois em um percurso de pouco mais de sessenta léguas, além das fortes correntezas, dos canais, redemoinhos, jupiás, funis e caldeirões, e ainda dos enormes madeiros, que arrastam continuamente suas águas, chocando-se com as canoas e atravancando a passagem delas, existem nada menos de 32 cachoeiras de vários tamanhos.

Com as da Ilha (ou das Capoeiras) e do Cajuru-Mirim, a poucas léguas de distância da barra do Orelha de Onça, tributário da margem esquerda, é que principiava o trecho mais penoso do trajeto. As quedas-d'água surgem agora em uma sucessão quase ininterrupta. Duas ou três léguas acima do Cajuru-Mirim e precedido da cachoeira do Quebra Proa, há o salto do Cajuru-Guaçu, formado de uma série de rochedos, de cerca de dez metros de altura, que cortam transversalmente o rio. Neste ponto era indispensável esvaziar completamente as canoas e transportar a carga por terra, num varadouro de quinhentos metros ou pouco menos. Os trabalhos eram efetuados sobre o barranco íngreme da margem oriental, à custa de grande esforço, e ainda hoje não se apagou de todo o sulco ali deixado pelos serviços de varação das canoas durante mais de um século. Teria sido, sem dúvida alguma, bem mais fácil efetuar-se todo o trabalho pela margem esquerda, sem o extenso brejal ali existente, anunciado a longa distância pela quantidade extraordinária de pindaíbas.

Outro cordão de rochedos, de onde se despenham quase verticalmente as águas, aparece duas léguas adiante do Cajuru-Mirim. É a chamada cachoeira da Canoa do Banco ou simplesmente cachoeira do Banco, que as embarcações, na subida, deviam transpor vazias, à sirga.

A seguir e por espaço de três léguas apenas, vinham, uma após outra, as cachoeiras da Sirga Comprida, do Embiruçu, do Chico Santo (ou Chico Grande), do Mangabal ou Mangual, do Tapanhucanga, do Tejuco. De todas estas é a do Tejuco a mais violenta, pois exige descarreto para as canoas e tem varadouro de perto de 150 metros para a carga. Em seguida há ainda um jupiá, semelhante ao do rio Paraná, embora de menores proporções e menos perigo. Para se acautelarem, os navegantes faziam atar à proa da embarcação uma corda ou correia de ferro, por onde a puxavam do lado da terra no momento em que a canoa passasse à altura do sorvedouro. Algumas vezes amarravam uma corda ou correia semelhante à popa, a fim de impedir que fosse empurrada pela revessa, o que poderia prejudicar toda a manobra.

A pouca largura do rio, neste trecho, permitia observar o jupiá de distância relativamente curta. Descreve-a um antigo viajante, dizendo que a água faz a figura de um covo fundo e estreito: "a circunferência da base, que ficava para cima, era maior do que a de um grande alguidar de amassar, e nesta figura redemoinha a água, de forma que, dizem os pilotos, tem já sucedido ali alagarem-se várias canoas, puxando-as para o fundo a fôrça da água".[12]

Não cessavam, neste ponto, as dificuldades da subida, pois menos de uma légua acima do jupiá há a cachoeira do Nhanduí-Mirim e logo depois uma corredeira. Com mais meia légua de percurso, chegava-se à do Taquaral – onde as canoas passavam descarregadas –, seguida muito de perto pela dos Três Irmãos e a do Tamanduá, que também é de descarreto. Entre esta última e o salto do Corau, a maior catadupa do Pardo, há, numa distância de três léguas, a sirga do Campo, a do Mato, e mais duas, assim como a cachoeira do Balo (ou do Robalo). No Corau, em tudo semelhante ao salto de Itu, com pouco menos altura, segundo observa um viajante paulista,[13] existia para as embarcações varadouro em seco de sessenta a setenta metros de comprimento; o das cargas era de perto de um quarto de légua. Não raro consumiam-se dois dias ou mais no trabalho de varação e no de transporte de cargas volumosas.

Vencido esse salto, o mesmo que tem hoje a denominação de Amorim, seguia-se ainda uma série de cachoeiras de relativa importância, entre outras a do Campo, a de Manoel Roiz (do nome de um piloto que ali pereceu), a do Pombal ou Pomba, a do Sucuriú, a do Corriqueira, a da Laje Grande – onde as canoas eram carregadas numa extensão de oitenta metros, sendo de 130 o varadouro das cargas –, a do Embiruçu-Mirim, a do Embiruçu-Uaçu, a do Paredão, a do Formigueiro e, finalmente, a das Pedras de Amolar.

Meia légua acima desta última queda-d'água, entravam as canoas pelo Sanguexuga, que, juntamente com o Vermelho, é um dos formadores do Pardo. Vadeável durante a estação seca, esse ribeirão mal daria passagem a outras embarcações, além das que se usavam correntemente no comércio do Cuiabá. Estas, com seu fundo achatado, conseguiam, no entanto, sem diminuição de carga vencer a distância que separava da fazenda de Camapoã a confluência do Vermelho.

Num pequeno trecho de três léguas, as canoas que navegavam a montante ainda deviam enfrentar nada menos de quatro cachoeiras, onde costumavam ser descarregadas, total ou parcialmente. A subida do ribeirão era feita com socorro de varas manobradas pelos pilotos. Em alguns lugares, como na cachoeira do Banquinho, tornava-se necessário, porém, o auxílio dos remos.

Os incômodos, riscos e trabalhos a que se expunham as frotas de comércio na navegação do rio Pardo eram bem conhecidos durante toda a era das monções. Pode-se ter ideia do que fossem essas dificuldades, considerando que as canoas destinadas ao Cuiabá gastavam, em muitos casos, cerca de dois meses para vencer, ali, o mesmo percurso que, no sentido inverso, era completado em seis dias e menos.

Todavia, as maiores facilidades que proporcionava esse áspero caminho para o transporte de certas mercadorias mais volumosas e pesadas, como as peças de artilharia, permitiu que ela sobrevivesse longamente à abertura da estrada terrestre que passava por Goiás.

As razões que determinaram a preferência dada ao Pardo, inclusive ao alto rio Pardo, sobre outras vias fluviais possíveis e porventura mais cômodas, já foram sumariamente abordadas. É preciso acrescentar-se que, numa navegação longa e sem porto seguro, se fazia de toda necessidade restringir ao mínimo qualquer contato com a terra firme. O breve varadouro de Camapoã correspondia de algum modo a semelhante necessidade. Um estabelecimento permanente nessa situação permitiria evitarem-se ou, ao menos, reduzirem-se os riscos de assaltos do gentio caiapó,* que vagava pelas comarcas a leste do Pardo e quase só pelejava traiçoeiramente, atacando em seus arranchamentos às tropas descuidadas.

Afins, embora não idênticos às tribos como eles pertencen-

---

* Os cuidados dos portugueses em evitar os gentios para ir ao Cuiabá também são tratados em *O Extremo Oeste*, em que Sérgio Buarque de Holanda faz uma longa análise das relações entre os europeus e algumas tribos indígenas.

tes à grande família Jê, que em nossos dias se conhecem sob o mesmo nome, aqueles caiapós antigos,[14] que teriam levado outrora suas correrias até quase às imediações da vila de São Paulo – onde no século XVI eram geralmente conhecidos por ibiraiaras e bilreiros –, e que mais tarde, segundo queria uma tradição, levariam sua afoiteza ao ponto de ir tocar certa vez os sinos da igreja de Jundiaí, fugindo aterrados logo que ouviram o repique,[15] deviam ser menos frequentes aqui, ou porventura menos agressivos, do que por sertões goianos, onde os celebrizaria a tenaz resistência oposta ao Pai Pirá e aos seus bororos.

Nem por isso deixavam, entretanto, de infestar as margens do Pardo: o menos que ali faziam, em suas acometidas noturnas aos pousos, era desatar canoas de viajantes, largando-as ao léu da correnteza. Quando se julgavam suficientemente fortes, então munidos dos indefectíveis bilros ou bordunas, arma feita, em aparência para ferir em travação, frente a frente, mas que eles sabiam empregar resguardando-se apenas na própria agilidade, dissimulados como arqueiros com suas flechas, que no entanto só ferem à distância, acometiam de forma tão inesperada, com tal destreza e rapidez de movimentos, que conseguiam inutilizar os revides.

Às vezes desapareciam por muito tempo e como por encanto de alguma paragem já afeita à sua sanha. Era, não obstante, uma trégua passageira e dir-se-ia que calculada para relaxar o ânimo do adversário, tanto é verdade que o costume da vida segura afrouxa e desarma as mais obstinadas coragens. Suas tropelias recomeçavam com efeito, redobradas em vigor, depois da longa pausa, onde e quando fossem menos esperadas dos moradores ou viandantes.

Assim, em 1717, o governador d. Luiz de Mascarenhas, fiado em uma dessas pausas, podia honestamente mandar dizer ao então vice-rei do Brasil, conde das Galveias, que, graças à providência de fazer guarnecer de soldados de infantaria os rios de canoa, obtivera que aquele gentio já não assaltasse aos navegantes, só se fazendo ver, ocasionalmente, na estrada de Goiás ou em algum sítio ermo em que indivíduos ambiciosos, não hesitando em desafiar o mesmo gentio, se convertiam em vítimas fáceis de sua crueldade.[16]

Passados, porém, vinte e tantos anos, outro governador e capitão-general de São Paulo iria queixar-se das temíveis incursões desses índios, que agora, não contentes com o terror que espalhavam a leste do Paraná, já ameaçavam tornar intransitável o baixo Tietê, perturbando com isso o estabelecimento do Iguatemi. Foi no intuito de prevenir esse transtorno que d. Luiz Antonio, o morgado de Mateus, trataria de preparar, em 1772, uma expedição armada, cujos verdadeiros desígnios não quis logo tornar públicos, receoso, sem dúvida, de atemorizar os que poderiam executá-lo. Mas ao capitão incumbido da diligência confiou, em grande segredo, seu propósito: "é para dar ao Gentio Caiapó", dizia-lhe, "que agora nos infesta navegação de Cuiabá desde Avanhandava em té o Rio Pardo".[17]

Não só com os caiapós teriam de haver-se, em realidade, esses soldados aventureiros, mas ainda com outra casta de índios volantes, e tão capazes, estes, no atirar a flecha como também no manejar a borduna, servindo-se de uma e outra alternadamente.[18] A barreira que assim unidos aos caingangues buscavam eles oferecer às canoas intrusas, junto à boca do Pardo, duraria, aliás, tão pouco quanto a confiança recíproca e o interesse que tinham associado momentaneamente suas forças. A própria pugnacidade do caiapó em face dos aventureiros e comerciantes, que a ambição de riquezas levara a violar seu domicílio ancestral, já estaria em declínio, e alguns anos mais tarde, esse gentio, que durante meio século e mais fora o constante flagelo dos viajantes, ia ser tido "oficialmente" como pacificado.

Ao iniciar-se, porém, a era das monções, e muito depois, o alto rio Pardo especialmente situava-se mais para a orla do que para o âmago desse "gentilismo", como então se dizia.

Em contraste com o Verde, por exemplo, situado mais ao norte, eram bem menores, ali, as possibilidades de atrito com uma população indígena singularmente adestrada aos ataques de surpresa e a todo transe empenhado em não admitir a penetração dos "civilizados" em suas áreas. Não é, pois, de admirar se o caminho do Pardo-Sanguexuga-Camapoã, que por outro lado fornecia um acesso relativamente fácil às minas do Extremo Oeste, veio a tornar-se tão natural para as monções quanto o do Pardo-Anhanduí o fora para as bandeiras seiscentistas destinadas ao Itatim.

Armadas para a guerra e para a marcha a pé, empregando unicamente embarcações improvisadas, que fabricavam e abandonavam, conforme lhes parecesse necessário, os primitivos sertanistas não tinham conhecido, no mesmo grau, os problemas que haveria de suscitar a criação de uma rota comercial regular e permanente. Limitavam-se, por esse motivo, a percorrer o Pardo na parte mais baixa metendo-se logo no Anhanduí-Guaçu, e alcançando mais tarde a bacia do Paraguai, que atingiam por um dos seus galhos, provavelmente o Aquidauana atual, depois de vencerem a pé a região em que hoje se estende o município de Campo Grande.

Se é exata a identificação que propôs Paulo Prado entre o rio Imuncimá, de certo roteiro castelhano de origem paulista, e o Pardo, foi esse precisamente o caminho seguido no último decênio do século XVII pela bandeira que, sob o comando de Antônio Ferraz de Araújo e Manuel de Frias, atingiu as missões de chiquitos, da Companhia de Jesus.[19]

As tentativas efetuadas, já depois da Independência, para reanimar-se, com a navegação do Anhanduí, a velha rota tiveram a princípio resultados promissores. Dizia-se que nessa antiga rota de bandeirantes era incomparavelmente menor o perigo das cachoeiras. A mais séria desvantagem estava em que dificilmente se poderia levar a cabo a navegação durante os meses de estiagem devido a muitos baixios de lajedo em que as canoas se viam forçadas a interromper o percurso.

Mais antiga, talvez, do que a rota Pardo-Anhanduí foi a do Ivinheima, outro afluente do Paraná. Sabendo-se que muitos sertanistas, nos primeiros tempos, frequentaram, de preferência ao Tietê, o Paranapanema, que era estrada mais fácil para as reduções do Guairá, nada há que admirar nessa escolha. Para atingi-lo na parte navegável, aqueles que saíam de São Paulo caminhavam catorze ou quinze dias a pé, e, em seguida, rodando esse rio águas abaixo, iam dar no Paraná. O Ivinheima, embora corra em direção contrária, é, do outro lado do Paraná, quase um prolongamento da estrada fluvial representada pelo Paranapanema. Uma vez verificada sua navegabilidade, que explorações mais recentes comprovaram, tudo indicava que seria essa a passagem natural para os campos da Vacaria e as fundações do Itatim.

Segundo se lê em velho roteiro bandeirante, depois de subir por algum tempo o Ivinheima, costumavam os sertanistas tomar um dos seus formadores, provavelmente o Vacaria, e, ao cabo de dezoito dias de navegação, iam ter a um sítio onde deixavam as canoas e faziam suas roças de plantação. Desse ponto caminhavam por terra durante oito dias, pouco mais ou menos, e atingiam as cabeceiras do Aquidauana.[20] E em umas "Noticias Utilissimas à Corôa de Portugal e suas Conquistas", que alvitravam a fundação de um estabelecimento português entre os rios Paraná e Paraguai e deram origem a uma consulta do Conselho Ultramarino a esse respeito, com data de 31 de outubro de 1695, dizia-se expressamente que existiam então dois caminhos para a Vacaria a partir de São Paulo. Um era o do Anhembi abaixo até dar no rio Grande (Paraná) e depois num dos afluentes deste, que desce justamente daquelas paragens. "Este caminho", reza o texto, "tem suas cachoeiras donde uarã canôas." O outro, acrescenta, "tem 14 ou 15 dias de viagem por terra, e depois rodão por um rio chamado Paranapanema até dar no Rio Grande. Este caminho não tem cachoeiras".[21]

Em fins do século XVII, alguns moradores de Sorocaba e

Parnaíba chegaram ao ponto de criar aqui, no sítio chamado dos Paulistas, um arraial fixo que o Conselho Ultramarino, em Lisboa, hesitaria em aprovar, primeiro por não saber se ficava em terras da Coroa portuguesa, e depois pelas dificuldades em sustentar essa povoação "por ser a sua situação em grande distância, e não se lhe poderem introduzir os socorros tão facilmente como na nova colônia do Sacramento que está situada à borda d'água, onde podem chegar os navios...".[22] Já o estabelecimento castelhano de Santiago de Xerez, destruído anteriormente pelos sertanistas de São Paulo, e as fundações jesuíticas do alto Paraguai, que alcançavam as margens do Mbotetei (Aquidauana), ficavam no caminho dos paulistas que subissem o Ivinheima com destino ao Oeste.

Em carta datada de 1770, o morgado de Mateus reporta-se à tradição dessa antiga rota fluvial, ainda então frequentada por alguns raros comerciantes de Curitiba e que o capitão-general vira assinalada num velho mapa. Verificara-se por esse documento como, saindo de São Paulo, rumavam os sertanistas primeiramente para Sorocaba; daí para o sítio de Woutucatu, que a partir de 1719 foi fazenda dos jesuítas, em virtude de doações sucessivas que aos referidos padres fizeram naquelas paragens Antônio Antunes Maciel, Manoel de Campos Bicudo e outros; de Woutucatu para São Miguel, redução inaciana, de onde, costeando o rio pela margem esquerda, iam às reduções de Encarnación, San Javier, Santo Inácio;[23] chegados a esta última localidade, tomavam embarcações no Paranapanema e, do salto das Canoas até à barra, gastavam vinte dias. Aqui, depois de descer o Paraná algumas léguas, entravam no Ivinheima por uma das três bocas do rio, navegavam-no quase até às proximidades das nascentes, venciam em seguida a pé as vargens da Vacaria em direção ao Caaguaçu, deixando à mão esquerda as taperas de Vila Rica, à direita as de Santiago de Xerez, para alcançarem finalmente, na altura de Santo Inácio, um dos braços do rio Paraguai.

Entre os inumeráveis projetos que concebeu o morgado de

Mateus durante sua administração na capitania de São Paulo não poderia deixar de figurar o da reabertura dessa via de comunicação com as partes centrais da América Portuguesa. Para tanto cogitou mesmo em restaurar o velho núcleo fortificado dos paulistas nos campos da Vacaria. O estabelecimento, conforme o plano do capitão-general, deveria situar-se mais ou menos entre as cabeceiras do Ivinheima e as do Miranda, outrora chamadas Araguari, ou as do ribeirão das Correntes, tributário do Aquidauana. Os povoadores seriam recrutados de preferência entre os curitibanos, que, dentre todos os paulistas, eram então os mais afeitos ao uso do cavalo e à vida campestre. Bem tratada e lisonjeada, aquela gente prestaria certamente grandes serviços na defesa contra o gentio; sem isso poderia desertar para os domínios de Castela, "por serem muito parecidos aos Castelhanos nos costumes".[24] Ao povoado sertanejo já estariam destinados, com o correr do tempo, funções em tudo semelhantes àquelas que tinham, agora, a fazenda de Camapoã na navegação do rio Pardo.

O que não chegou a realizar d. Luiz Antônio, efetuou-o, até certo ponto, o governo imperial, quando, a partir de 1854, tratou de incentivar as viagens pelo Ivinheima. A velha rota começou, nessa época, a ser mais praticada, abandonando-se de todo, ou quase, o trajeto pelo Camapoã. A varação pelo rio Nioac fazia-se a partir do Brilhante, sendo preferido este ao outro galho do Ivinheima, o Vacaria, que frequentaram tão assiduamente as bandeiras seiscentistas. O trato de terra de oito a nove léguas, que era a quanto chegava, neste ponto, o divisor das bacias do Paraná e do Paraguai, seria balizado, nas extremidades, por duas povoações. Chegou-se a dar princípio a esse plano, com fixação de dois destacamentos de 25 praças cada um nos portos do Brilhante e do Nioac. Diversos contratempos impediram, porém, que tal iniciativa produzisse todos os resultados esperados. Em compensação, ela veio a permitir o crescimento do núcleo de Nioac, fruto dessa navegação.

Nos tempos coloniais, semelhante varadouro, três vezes

mais extenso do que o de Camapoã, seria quase de todo impraticável para um comércio regular e pacífico, devido aos índios bravos e também – conforme já se observou – à proximidade da fronteira paraguaia, que o expunha a ser facilmente cortado e ocupado pelos vizinhos do sul. Foi com o fim de evitar semelhante perigo que o barão de Melgaço, depois da Guerra do Paraguai, chegou a recomendar o restabelecimento da rota do Pardo-Anhanduí-Guaçu até ao ponto onde principiava a ser mais difícil a navegação. Desse ponto em diante, na direção da Vacaria e do Nioac, seria aberto um caminho de carros, empreendimento relativamente fácil em lugar pouco acidentado.[25] Domados, enfim, os caiapós e os famosos índios cavaleiros, afastada, por conseguinte, a ameaça constante de seus insultos, era lícito cogitar no aproveitamento, para vias de comunicação terrestre, de um imenso carrasqueiro onde o caminhante, nos seus percursos, pode, a qualquer momento, escolher a linha reta. A própria serra do Amambaí não oferece, ao menos do lado do Paraná, mais do que um leve declive, apenas sensível à vista.

Nas já lembradas "Noticias Utilissimas à Corôa de Portugal e suas Conquistas", com parecer do Conselho Ultramarino datado de 1695, já se acentuavam as vantagens desse terreno, geralmente plano e assentado, capaz, por isso, de carros e bestas carregadas, e onde não havia outro perigo além do que representava o gênio cavaleiro ou guaicuru.[26] Perigo que, aliás, não se poderia impunemente desprezar. O fato foi que, em todo o correr do século XVIII, apenas aventureiros bem armados e acostumados ao sertão ousariam, por isso mesmo, internar-se nestas paragens remotas. Por outro lado, a bordo das canoas das monções, podiam livrar-se muito mais facilmente da ameaça, enquanto não se metessem no país dos paiaguás, canoeiros eles próprios e inimigos irreconciliáveis dos portugueses do Brasil.

A possibilidade de uma alternativa para a laboriosa subida do rio Pardo e a apertada navegação do Sanguexuga e do Camapoã não deixariam, em todo caso, de perseguir os sertanistas de São Paulo na era das monções. É verdade que essa rota, com todos os seus incômodos, acabara por prevalecer de modo exclusivo, e não deixa de ser característico que mapas setecentistas, como o de Antonio Ruiz de Montesinhos, composto de acordo com observações realizadas em 1791 e 1792, assinalem todas as circunstâncias do curso do Pardo, bem conhecido dos pilotos de Araritaguaba, deixando, no entanto, de registrar a existência de outros afluentes da margem ocidental do rio Paraná.

Uma carta corográfica da capitania de São Paulo, pertencente hoje ao arquivo do Ministério da Guerra e publicada pelo sr. Afonso de Taunay, dá testemunho ainda mais expressivo – isso em 1795 – do esquecimento em que jaziam então os antigos caminhos fluviais para a Vacaria, pois compreende na designação de "Sertão Desconhecido" quase toda a área que se estende entre o rio Pardo e o Iguatemi.[27]

Mas a imaginação dos que viajavam para o Cuiabá continuou acalentando perspectivas de um trajeto menos áspero. Tornou-se corrente em São Paulo a história de certa canoa que, escapando a um assalto do gentio paiaguá, nas vizinhanças do rio Cuiabá, navegara para o São Lourenço ao arrepio das águas, tomara um dos seus braços, o Piquiri, e com pequena varação passara para o Sucuriú, que se lança no Paraná, quase em frente à barra do Tietê. Acrescentava-se que, em todo o percurso, os tais navegantes não teriam sofrido o transtorno das cachoeiras, embora encontrassem muito índio caiapó, motivo pelo qual foi desprezada essa rota.

Registrando a crença de que o Sucuriú – ou o Verde, conforme queria outra versão – proporciona excelente via de acesso ao sertão cuiabano, sem a desvantagem do longo desvio pelo rio Paraguai, Lacerda e Almeida só descobria um inconveniente grave nesse caminho, o de deixar ao desamparo, e talvez em proveito do castelhano, um importante território, conquistado para Sua Majestade Fidelíssima à custa de imensos trabalhos e sacrifícios dos paulistas.

A oportunidade dessa mudança de rota foi novamente alvitrada em 1810, juntamente com um vasto plano de catequese dos índios caiapós das margens do Paraná, pelo então vigário de Porto Feliz, Manuel Ferraz de Sampaio Botelho. O zelo missionário do padre Botelho fora estimulado aparentemente, neste caso, pela chegada, um ano antes, do velho embarcadouro das monções, em companhia do negociante cuiabano José da Costa Leite, de três rapazes daquele gentio. Oferecidos pelos próprios pais, eles se tinham disposto a entrar em contato com gente de "povoado".

O sucesso foi logo levado ao conhecimento do governador Franca e Horta por Antônio José de Almeida, de Porto Feliz, em carta onde sugere sejam os três jovens preparados para servir eventualmente de intérpretes junto aos seus, no sertão do rio Paraná. Já então surge a lembrança de uma expedição àquelas partes, que, com pouca despesa para a Fazenda Real, trouxesse os índios ao grêmio da Igreja, levando-lhes ao mesmo tempo os benefícios de uma existência civil.[28]

O vigário Botelho não faria mais, de início, do que corroborar semelhante ideia, depois de dizer que o gentio caiapó já não maltratava os negociantes da carreira de Cuiabá, mas, ao contrário, fazia-lhes sempre festivos sinais de paz e amizade, conversando com os passageiros das canoas, pedindo-lhes muitas coisas e dando-lhes em troca vários mimos. Essa boa disposição, agora mais uma vez comprovada com a vinda dos rapazes que acompanharam a José da Costa, animava-o, enfim, a pôr em execução um velho sonho que a falta de munições o impedira até então de realizar. Dispunha-se a ir pessoalmente às terras dos tais índios, levando consigo algum dos que já se encontravam em Porto Feliz, além de gente competente para a travessia habituada ao trato dos sertões. Para tanto, solicitava apenas do governador da capitania aprovação aos gastos que sua pobreza não pudesse sustentar.

No plano elaborado em fevereiro de 1810, a pedido do próprio França e Horta, é que, ao interesse da catequese, empresa pertinente ao seu estado de eclesiástico, procurava o padre Botelho unir o outro, do comércio do Cuiabá, que, segundo todos os indícios, seria feito com maior brevidade se se trocasse pela do Sucuriú a rota ordinária, do Pardo. Acolhidas com aparente simpatia pela maior parte das pessoas que se dignou ouvir a respeito o capitão-general, de nenhuma delas, contudo, receberam essas ideias uma aprovação irrestrita.

As reservas apresentadas dirigiam-se ora contra a escolha do local da povoação, que alguns tinham por pestilento, outros ainda por inacessível a qualquer socorro urgente, e ora contra o sistema de administração proposto, pois pretendia o vigário que ficasse ela sob seu governo, sujeito somente às direções e ordens do governador da capitania. Contra esta última pretensão havia quem arguisse que raras vezes produz bom efeito a união, num mesmo sujeito, dos dois poderes, o espiritual e o temporal, que era no que redundava o plano. Restava ainda a questão do financiamento da iniciativa, que só deveria ser levado avante se não prejudicasse outra semelhante e em que se empenhava o governo da capitania: a expedição e conquista do sertão de Guarapuava, para cuja subsistência o príncipe regente fora levado a criar um tributo especial por tempo de cinco e dez anos.

Um dos pareceres, conquanto não fosse de todo adverso ao projeto, chegava, no entanto, a acenar com certa ponta de ironia para a "singeleza e economia com que o autor pretende fazer a expedição, no que ou mostra temeridade ou poucos conhecimentos do método por que se fazem as expedições modernas, ou que ainda conserva algum resto da coragem com que os antigos paulistas fizeram os descobertos que estão à vista de todo o mundo [...], quando nem os amendrontava o rigor dos sertões, e as faltas que neles experimentavão, e menos ainda os índios a quem buscavão, posto que fossem menores do que as pedidas as forças que os acompanhavão ordinariamente".*

Outro, o do coronel João da Costa Ferreira, do Real Corpo de Engenheiros, cujos termos foram plenamente endossados por José Vaz de Carvalho, também consultado sobre a matéria, mostrou-se abertamente hostil ao plano, retomando a propósito a velha argumentação dos que, como frei Gaspar da Madre de Deus, alguns anos antes, só viam inconvenientes no povoamento de áreas muito apartadas da orla marítima. Esses estabelecimentos, mormente quando feitos à custa da Fazenda Real, "não podem", dizia, "ser úteis ao Estado e muito menos à Corôa, por ser em terras centrais de donde nunca pode vir acrescentamento de Domínio".

Embora o capitão-general, à vista de ponderações semelhantes, não deferisse a contento seu pedido, nem por isso desanimou o padre Botelho de ver realizado ao menos em parte o seu sonho. Em julho de 1810 aprontou-se em dois batelões e uma canoinha para seguir a derrota e, com vinte dias de viagem, alcançou a barra do Tietê, onde teve os primeiros encontros com os infiéis, sem maior efeito do que o obter, em troca de ferramentas, oito índios que consigo levou de volta a Porto Feliz. Daqui continuou a corresponder-se com alguns índios caiapós que, mediante a remessa de brindes, lhe enviaram outros gentios. Em 1815 voltou pessoalmente ao sertão, onde o receberam os caciques seus amigos, protestando – segundo dirá mais tarde – "a mais fiel vassalagem e profunda obediência às Leis do Nosso Augusto Soberano, por cuja Proteção clamão e suspirão, afim de entrarem no Rebanho de Nosso Senhor Jesus". Querem ter naquele país, acrescenta, "huma Igreja com Padre, e todos os recursos para as suas precisões,

---

* Nesta versão do capítulo, Sérgio Buarque de Holanda aprofundou as questões envolvendo as povoações. Como já foi dito, na década de 1960 ele estudou detalhadamente o assunto. Ver nota da p. 200.

armas para se defenderem de seus inimigos, Aulas de Literatura e Artes".

Essas palavras, que, certamente, melhor traduzem o teimoso fervor do sacerdote do que as verdadeiras ambições de seus índios, pertencem a um escrito de data posterior, de 1822. Não renunciara ele ainda ao primitivo projeto e só deplorava que, além das suas diligências pessoais, nada se houvesse feito de positivo, sobretudo de parte das autoridades, em benefício daquela pobre gente. É certo que o conde de Palma, quando à testa do governo da capitania, parecera mostrar mais do que um interesse puramente platônico no povoamento e domesticação dos sertões de além-Paraná. Em Porto Feliz, alguns particulares prontificaram-se, por mais de uma vez, a secundar a ação do padre, chegando a esboçar uma sociedade que levantasse os cabedais necessários ao bom êxito da iniciativa. Nada disso, contudo, deu resultados à altura das expectativas otimistas que, ao menos de início, pudera suscitar a empresa.

O mais que conseguiu ou que pretendeu ter conseguido o padre Botelho foi levar os caiapós a reunirem-se em alojamentos onde se congregassem indivíduos de mais de uma aldeia. Em 1815 esteve, durante vinte dias num desses alojamentos, vivendo familiarmente com os moradores e teve notícia de que outros três se tinham formado nas vizinhanças segundo o mesmo modelo. Seriam o primeiro passo mais decisivo para a catequese ou, talvez, para a colonização efetiva daquelas terras. Mas a catequese frustrou-se nessa iniciativa, e a colonização não ultrapassou, com ela, sua fase pré-histórica. Sua fase histórica começará, de fato, alguns anos mais tarde, em 1829, com as primeiras entradas de Joaquim Francisco Lopes, que irão assinalar o ponto de partida para a conquista pastoril de toda aquela região.[29] Mas a importância que poderia assumir o problema da existência, ou não, ali, de alguma via de comunicação fluvial mais breve para o comércio do Cuiabá tinha já então desaparecido, e as próprias monções pertenciam a um passado cada vez mais remoto.

Do lado de Mato Grosso tinham-se projetado, quase simultaneamente com essas tentativas paulistas, expedições tendentes à verificação da decantada navegabilidade do rio Sucuriú. Dava-se como certo que as próprias dificuldades de tais empresas se compensariam com usura pelos imensos benefícios oriundos do comércio e felicidade dos povos da capitania, onde era excessivo o preço dos gêneros, devido principalmente a sua arriscada e custosa condução nas canoas de comércio. Essas ponderações são do governador João Carlos Augusto de Oeynhausen Gravenberg em ofício dirigido no ano de 1811 ao conde de Linhares, onde se dá conta dos preparativos para uma expedição destinada a explorar essa passagem.

Parecia-lhe que haveria maior interesse e utilidade, tanto do ponto de vista comercial como do militar, no desenvolvimento de comunicações rápidas e seguras com a capitania de São Paulo do que com a do Pará. Cumpria, no entanto, que lhe fosse dada uma direção tendente a salvar a navegação dos trabalhos, incômodos e perigos que se oferecem no Pardo, por exemplo, e no Coxim. A direção imaginada, além de fazer o caminho mais suave e curto, deveria salvá-lo de um e outro rio e também do varadouro tradicional do Camapuã, situado para o sul.

A expedição que visaria preparar essa empresa sairia dentro de pouco mais de um mês, a contar de 30 de maio, data do ofício ao conde de Linhares. Desceria o rio Cuiabá, entraria no São Lourenço e, subindo por este, ganharia, à mão esquerda, o Pequira, navegando-o, se possível, até às cabeceiras, em busca do melhor e mais breve varadouro para o Sucuriú. Descendo este, os expedicionários iriam ter ao Paraná. Desse ponto até à foz do Tietê é tão pequena a distância que, chegando os homens a desembocar no Paraná, estariam superados todos os obstáculos.[30]

Nenhum resultado prático, ao que conste, decorreu dessa

tentativa ou de outras semelhantes. Preferiram os contemporâneos atribuir, porém, os malogros à má organização das expedições e à falta de mantimento bastante para os exploradores.[31] O fato é que a crença nas possibilidades oferecidas pelo Sucuriú não sofreu forte abalo: nada tão expressivo do otimismo duradouro a esse respeito do que as ordens expedidas em 1818 por certo governador a fim de se substituir ao nome antigo desse rio o de Novo Tejo, que tendia a seduzir melhor as imaginações.

Seis anos depois dessa data, o sargento-mor Luiz d'Alincourt, a quem se devem excelentes descrições das partes centrais do Brasil, ainda sustenta, em ofício dirigido ao ministro da Guerra do Império, a necessidade de se explorar minuciosamente o Sucuriú, pois, caso fosse navegável, como se dizia e acreditava ele próprio, ficaria mais suave e menos dispendiosa a comunicação entre as províncias de São Paulo e Mato Grosso. E argumentava: "o trajeto do alto Sucuriú ao alto Itiquira é muito mais curto, comparativamente ao do Camapoã, que tem quase três léguas; o Itiquira entra no Piquiri, que vai confluir no São Lourenço e, navegando por este, águas abaixo, chega-se ao rio Cuiabá; a barra do Sucuriú, no Paraná, é muito perto da do Tietê, pois não se gasta meio dia na descida".[32]

Todas essas razões fundavam-se, na realidade, apenas em um conhecimento superficial e incompleto da geografia da região, pois nem existe só um breve varadouro para as margens do Piquiri, mas, ao contrário, todo um vasto território de dezenas de léguas de extensão, cortado pelo alto Taquari, nem o Sucuriú é isento de cachoeiras e empecilhos, mas os tem e numerosos. Pode-se formar ideia das dificuldades de sua navegação com o caso, narrado por Leverger, de um tenente que, em 1827, gastou dezessete dias para subir um mesmo trecho do rio que desceu depois em três dias e meio. Além disso, quem desejasse evitar o longo percurso a pé teria de transpor dois varadouros mais ou menos extensos, em lugar de um só: o primeiro, entre as cabeceiras do Sucuriú e as do

Taquari, e o outro, entre este último rio e o Piquiri. Mas para isso seria preciso verificar, antes de tudo, se o Taquari é navegável em seu curso superior.

Não faltavam caminhos, aliás, para aqueles que, desafiando perigos de índios e de feras, ousassem, à velha moda bandeirante, fazer a pé grande parte do percurso em direção às terras cuiabanas. Alguns meios de acesso a essas terras, além da derrota ordinária dos rios, vêm relacionados em um precioso texto dos primeiros decênios do século XVIII e só modernamente publicado acerca dos diversos caminhos de que se serviam os moradores de São Paulo para ir aos rios de Cuiabá e província de Coxiponé.[33] Sabe-se por esse documento que, saindo do Tietê, havia quem navegasse apenas dois dias, entrando em seguida no Verde; depois de subir durante dez ou doze dias este último rio, chegavam a um salto onde eram deixadas as canoas. Desse porto marchavam por terra cerca de 25 dias até às margens do Piquiri, tomando aqui novas canoas, que os conduziam rumo ao São Lourenço e ao Cuiabá.

O roteiro de Manuel de Barros, incluído entre as "Noticias práticas do padre Diogo Soares", apresenta o rio Verde como um dos caminhos mais usuais dos que se destinavam antigamente ao sertão do Cuiabá, ao lado do percurso do Pardo somente até às paragens de Anhanduí, Cajuru e Capão dos Porcos, de onde prosseguiam por terra. Quem quiser ver a barra que faz o mesmo Verde no Paraná, declara o referido roteiro, que há de ir costeando este mesmo rio à mão direita, deixando as ilhas à esquerda, e quase ao fim da última achará a dita barra, e pouso nas suas capoeiras. Hoje, porém, acrescenta, "pelo medo do gentio Caiapó, deixam o rio Verde, *que era mais em direitura*, e vão buscar a barra do Pardo".

Verdade é que esse gentio, sem domicílio certo, sem lavouras, ou pouco dado a elas, pois que "se sustentam da imundicie dos matos" ou vivem do corso, chega por vezes até ao Pardo, "mas são poucos, e esses bastaram já para fazerem despovoar as roças, que ali havia, matando-lhe a gente e queimando-lhe as casas". Além disso, os que subiam o Verde para em seguida fazerem por terra grande parte do percurso "costumavam andar escoteiros pelo Sertão, e sem mais provimento que o de pólvora e chumbo", levando pouco mais de roupa.[34]

Já se mostrou, entretanto, como os riscos que acarretavam essa e outras rotas, só parcialmente fluviais, deveriam incompatibilizá-las com as conveniências de um trânsito intenso e regular, em que o ânimo aventureiro precisa subordinar-se às necessidades do tráfego comercial. Necessidades que aconselhavam a contar com as ameaças certas e previsíveis, por conseguinte sujeitas, até certo ponto, a serem atalhadas com o tempo, como o são os perigos de cachoeiras, e a evitar cautelosamente os imprevistos, sobretudo os assaltos dos indígenas.

Além disso, as marchas a pé anulavam, em grande parte, as vantagens decorrentes da maior facilidade de transporte nas canoas; vantagens que fizeram com que o caminho fluvial do Pardo pudesse sobreviver longamente à abertura da estrada terrestre de Vila Boa de Goiás. O simples fato de a viagem pelo rio Pardo e pelo ribeirão de Sanguexuga deixar as canoas a menor distância dos cursos de água da bacia do Paraguai contribuiu, sem dúvida, para a escolha dessa via de comunicação durante o século XVIII. No lugar de Camapoã, o divisor não chega a quinze quilômetros de um extremo ao outro e a varação e transporte das cargas efetuavam-se em condições relativamente favoráveis.

Só as vantagens que proporcionava essa varação, breve e sofrivelmente cômoda, poderiam ter levado os sertanistas a tolerarem a derrota do Pardo, tão cheia de trabalhos e perigos, ou as aperturas do Coxim, "cabo tormentoso desta navegação", segundo irá dizer mais tarde o governador Oeynhausen. A fundação por volta de 1728 de um sítio de cultura fixo no Camapoã, onde os viajantes pudessem achar mantimento e agasalho, além de bois de carga para a condução de suas mercadorias, constituiu um fator da maior importância na história do comércio de Cuiabá. Antes disso, muitos dos navegantes que iam por esse caminho costumavam deixar as canoas à altura do salto do Cajuru e levavam suas fazendas às costas dos negros e índios até ao Coxim, onde os esperavam outras embarcações. Alguns, depois de abrirem roças, preferiam seguir a pé para o Cuiabá, conforme o assinalou Manuel de Barros em seu roteiro, e nisso podiam gastar um mês ou pouco menos.

Os inconvenientes do longo transporte por terra, principalmente enquanto o recurso às bestas de carga não chegara a generalizar-se ou era pouco praticável nestes sertões, parecem justificar a extensão do itinerário fluvial até às margens do mirrado Sanguexuga. Com o tempo seriam feitas neste porto as acomodações indispensáveis para um trajeto assíduo.

Já em 1726, à passagem da tropa de Rodrigo César de Menezes, que já se serviu desta passagem, havia duas roças novas no varadouro, que um cronista da expedição denomina "morte de brancos e negros, consumo de mantimentos e destruição de tudo". Então as cargas e gêneros foram levados às costas do pessoal de serviço e apenas as canoas seguiram em pequenas carretas puxadas por vinte ou trinta negros e mais. Durante o transporte experimentaram-se diversos contratempos, porque as cargas eram arrombadas e roubadas pelos próprios condutores. Além disso, devido ao desleixo de muitos desses negros, perdia-se parte dos mantimentos, o que era de deplorar sumamente naquelas alturas, especialmente onde, nas palavras do cronista da viagem, "se quer perder antes um negro, sendo estes tão necessários, que um alqueire de mantimento, feijão ou farinha".

No ano seguinte ainda eram tão precárias as condições no sítio, que se atreviam os caiapós a assaltar os negros à vista de toda gente, durante o transporte da carga, sem que houvesse meios de castigar sua afoiteza. Assim sucedeu, especialmente com os homens do capitão Luiz Rodrigues Vilares e os de Gregório de Castro, passageiros dessa monção de 1727. Embora viessem eles levando mercadorias e mantimentos no meio de uma fila de sessenta pessoas ou mais, não duvidaram os índios de atacá-los inesperadamente com seus porretes. Depois de matarem três ou quatro homens ainda conseguiram escapar incólumes, desaparecendo tão velozmente que não puderam mais ser vistos quando os outros chegaram a levar suas espingardas à cara.

Em 1728 repetiram a façanha causando na tropa destroços que ficariam memoráveis. A vigilância, nesses casos, era extremamente difícil para quem não conhecesse as manhas desses índios, que tinham por costume esconder-se em qualquer moita, depois de se untarem com terra, de forma tal que não podiam ser facilmente distinguidos de quem os encarasse. Assim dissimulados aguardavam geralmente pela passagem da pessoa ou pessoas escolhidas para vítimas e, em seguida, davam-lhe golpes de porrete na cabeça, desaparecendo imediatamente.

Quando o assalto se dirigisse contra mais de uma pessoa, tinham o cuidado de golpear, primeiramente, a que se achasse à retaguarda do grupo, e sempre pelas costas. Faziam-no tão em silêncio e com tal presteza e agilidade, que podiam logo depois voltar à carga contra outra pessoa, sem que ninguém se tivesse apercebido da primeira investida. Dessa sorte podia bastar apenas um caiapó para dizimar toda uma tropa. Tinham esses índios um hábito que é partilhado, ainda em nossos dias, por outras tribos da família Jê, como os xavantes, e consistia em deixarem obrigatoriamente sobre o cadáver a arma que fez a morte. Era essa arma, geralmente, um pau de cerca de sessenta ou setenta centímetros de comprido, redondo no cabo e espalmado, à maneira de remo, na parte contrária, enfeitado, todo ele, de um trançado ao modo de esteira, muito unido e ajustado.[35]

Muitas vezes esperavam os que saíam aos campos para caçadas, e então davam sobre eles, primeiramente com uma chuva de flechas, e depois, vendo-os atordoados, com as tais bordunas. O meio mais eficaz de se impedirem esses assaltos estava em andarem os homens constantemente em grupos de três ou quatro, e não em fila, mas lado a lado, o que facilitaria a vigilância mútua. Essa medida era sobretudo importante quando se recolhiam, pois os assaltos do gentio se tornavam mais frequentes na retirada.

Nem essas cautelas, porém, evitavam todos os malefícios de que era capaz o caiapó. Assim, a tropa que chegou ao Camapoã em fins de 1730, indo de Cuiabá para São Paulo, teve a notícia de que esse gentio queimara as casas e roçarias onde o sargento-mor Domingos Roiz e Miguel Pereira abasteciam, naquelas paragens, aos navegantes. Pela mesma ocasião os índios chamados gualachos, equivalentes, segundo as maiores probabilidades, aos caingangues atuais,[36] deram nas roças existentes no Cajuru, à margem do rio Pardo, destruindo as plantações e abrasando as casas.

O capitão João Antônio Cabral Camelo, que três anos antes passara pelo sítio do Camapoã, descreve-nos as agruras que padeciam os roceiros ali estabelecidos. Viviam eles como num presídio, sempre de armas à mão para não serem colhidos de surpresa pelo gentio. Para ir buscar água, não obstante a tivessem perto de casa, saíam continuamente acompanhados de seus guarda-costas. No roçar, plantar e colher os mantimentos, jamais largavam as espingardas, e enquanto um trabalhava, outro vigiava, com a arma pronta para o fogo. E apesar de tamanhas cautelas, não puderam impedir, por várias vezes, que o caiapó matasse algum dos seus homens.

O extraordinário é que, com todos esses transtornos, ainda tivessem como colher quantidades apreciáveis de milho e feijão,[37] alimento básico não só da gente do lugar como dos viajantes. Sobretudo vendiam muito bem esses produtos de tanto perigo e trabalho. Em 1726, quando da passagem do governador Rodrigo César de Menezes, o alqueire de farinha foi vendido a nove oitavas de ouro, o de feijão a dezesseis oitavas, cada galinha a três oitavas. E não faltou quem comprasse a arroba de toucinho a 32 oitavas, e a quinze o frasco de aguardente. Em 1727 o milho alcançaria o preço de dezesseis a dezoito oitavas, e o feijão, vinte oitavas. Para as galinhas, porcos e cabras não havia preço, de modo que cada qual pagava quanto aprouvesse aos donos.

Aos poucos tornou-se mais tolerável a varação, pois os viajantes, chegando ao Camapoã, passariam a encontrar grandes carros de quatro rodas, puxados por seis a oito bois cada um e destinados especialmente ao transporte das canoas. A carga seguia em carros menores, de duas rodas apenas, quando não fosse às costas dos negros. Em poucas horas de trajeto, por entre capões de mato e campos cerrados, chegava-se à sede da fazenda de Camapoã, junto ao ribeirão do mesmo nome. Aqui tratavam os viajantes de renovar seu mantimento e retemperar energias para o prosseguimento da jornada.

Situada ao meio da rota do comércio do Cuiabá, em posição imposta pela geografia aos pioneiros da ocupação efetiva do Brasil Central, estaria Camapoã fadada, porventura, a converter-se em entreposto mercantil de primeira grandeza, se o declínio da mineração e a concorrência, mais tarde, de outras vias de acesso não tivessem aniquilado essas possibilidades. A leitura de antigos relatos de navegantes está muito longe, aliás, de sugerir que o labor paciente dos homens tivesse em qualquer momento correspondido, nestas paragens, às vantagens de semelhante situação.

Lugar de passagem quase obrigatória para uma zona pioneira, Camapoã parece ter permanecido, entretanto, estranhamente alheia à agitação tumultuosa dos centros auríferos. Contentou-se com um ritmo sonolento e rotineiro de velha fazenda sertaneja, mal interrompido, de vez em quando, pelo movimento das frotas ou pelo alarme causado pelas proezas cada vez menos frequentes dos caiapós vizinhos. Viveu parasitariamente à margem das ambições dos caçadores de ouro e de aventuras, preferindo os lucros mais seguros da carregação das canoas e da venda dos gêneros aos navegantes ou passageiros.

A gente do lugar, qualificada por muitos de bronca e indolente, compunha-se, em sua quase totalidade, de mestiços, entre os quais o sangue africano tinha talvez papel predominante. Pela época da expedição de Langsdorff, isto é, já no século passado, essa gente pouco distava do estado selvagem, vestindo-se unicamente de ceroulas, quase de tanga; só mesmo os mais endinheirados se davam o luxo de vestir calças e camisas de pano grosseiro de algodão. Vegetavam, geralmente, sem os socorros da religião, sem ao menos quem os confessasse na hora da morte ou nas ocasiões de perigo. Alguns ocupavam-se de escassas plantações de mantimentos da criação de capados e galinhas, da fabricação de redes, panos toscos e louças para uso próprio. Ao contato de índios e negros, a população tinha adquirido um modo característico de falar, arrastado e desagradável, que "fazia fugir", comenta Lacerda e Almeida.

Ainda em meados do século XVIII, os viajantes, mesmo os de confissão fidalga, como um d. Antônio Rolim de Moura, viam-se obrigados a caminhar a pé, em consequência do pequeno número ou pouco préstimo das cavalgaduras existentes. Os carros nunca eram em quantidades suficientes para o transporte de todas as canoas e cargas de uma só vez, de modo que efetuavam diversas viagens para cada frota que aportasse. Lerdos e muito provavelmente malnutridos, os bois de tração não suportavam o menor esforço ao calor do sol. Por isso as carregações eram feitas, de preferência, durante a noite. Embora cada carro fosse puxado por três ou quatro juntas, isso pouco alteraria a situação, se é exato, como o afirmou o conde de Azambuja, que essas três e quatro juntas faziam o serviço de um boi "dos nossos".

A condução desde o porto de Sanguexuga até à sede da fazenda de Camapoã não era das menores fontes de lucro para os quatro sócios da fazenda, um dos quais devia estar sempre presente e sabia tirar todas as vantagens de seu monopólio. No ano de 1788, o transporte de cada canoa era cobrado a 20 mil-réis e a carrada custava 9,6 mil-réis. Embora já aparentemente apaziguados por aquela época, os caiapós continuavam a ser o pesadelo dos moradores e, temendo seus insultos, carros e passageiros só se deslocavam em grupos e sob escolta de homens bem armados.

Para atalhar o dano e morticínios de que eram causa, um dos sócios da fazenda dispusera-se, anos antes, a destruir os alojamentos desses índios, porventura existentes nas proximidades. A bandeira mandada para esse feito pudera localizar, afinal, após quatro dias de marcha, uma das suas aldeias. Um ataque de surpresa, pela madrugada, permitiu aos expedicionários aprisionarem cerca de oitenta pessoas, entre mulheres, crianças e rapazes de pouca idade. Dos homens adultos todos conseguiram escapar, exceção feita de dois velhos.

Bem depressa integrou-se essa gente na vida da fazenda. Diogo de Toledo Lara Ordonhes, que lá esteve em 1785, três anos apenas depois dessa caçada, achou os caiapós muito contentes, domésticos, ágeis em tudo e de grande valor para o trabalho. Impressionaram-no sobretudo os meninos, "muito vivos, desinteressados, de boa índole" e tão aptos para as coisas da religião que foram todos batizados. Dos grandes, entre os quais havia certa mulher que contava lhanamente como chegara a matar o próprio marido por causa de uma espiga de milho, já não poderia dizer o mesmo. Só seriam batizados quando soubessem a doutrina.

Na sede, além das casas de sobrado telhados e outras menores, de pau a pique, cobertas de sapé, capazes, no conjunto, de acomodar grande número de pessoas, tanto que houve lugar nelas para d. Antônio Rolim de Moura com oficiais e famílias, além dos outros passageiros, existia capela bem asseada e senzala de negros, tudo desordenadamente disposto em torno de um largo pátio onde podiam correr touros. Como toda a conveniência dos donos estava em que se demorassem bastante os viajantes, havia muito gado de corte (mais de seiscentas cabeças, só de bovinos, em 1751), posto que de qualidade inferior, assim como plantações de legumes, feijão, milho, cana-de-açúcar e tabaco. Durante as funções de igreja e as festas de irmandade, que eram numerosas, não obstante a falta frequente de padres, gastavam-se cada ano, nos tempos de maior prosperidade, mais de cem capados. A maior falta de que padeciam os moradores era, sem dúvida, a do sal, verdadeira raridade aqui, como aliás em quase todos os povoados sertanejos. Muitas pessoas tratariam de remediar essa falta abusando largamente da canjica de milho, que dispensava qualquer tempero.

Em Camapoã costumavam as frotas renovar suas provisões de farinha de milho, fubá, feijão, arroz, galinhas e porcos. Não há notícia de que a farinha de mandioca, de uso tão generalizado no litoral brasileiro, tivesse grande consumo por estas paragens. Para fabricarem a de milho, recorriam os moradores ao rústico monjolo. Depois de 1820, privados dessa máquina por uma inundação do rio, que carregou a única então existente, já se contentavam, para o mesmo fim, com pilões simples, manejados pelos negros de serviço. O pouco estímulo para os negócios, numa ocasião em que já se achava quase abandonada a navegação pelo Pardo, e também a indolência natural dos habitantes impediam que nessa, como em outras indústrias, se fizesse qualquer progresso.[38]

Fornecendo, embora, os comestíveis indispensáveis em toda essa navegação, e não só os comestíveis como a aguardente de cana e o fumo em rolo, dois artigos que, nas palavras de um viajante, representavam para os trabalhadores o que representou o maná para os israelitas no deserto, a fazenda de Camapoã nunca dera à Coroa os proveitos que dela se poderiam esperar. Nem à Coroa, nem sequer aos proprietários, afirma-o um documento de 1810, não obstante fosse pouso certo dos negociantes do Cuiabá.[39]

Estes alojavam-se, em geral, na sede, o tempo necessário para se vararem completamente canoas e cargas, dependente, sobretudo, das proporções da frota e da bagagem, mas raramente inferior a uma ou duas semanas. A morosidade explicava-se não apenas pela circunstância de se fazer essa varação somente nas horas noturnas ou de pouco sol, como pelo pequeno número de bois mansos, capazes de andar com carros, de que dispunham os donos, sem embargo do muito gado ali existente. Ou mesmo pela própria escassez dos carros, que por ocasião da viagem de d. Antônio Rolim de Moura, por exemplo, não passavam de dois.

Terminada a varação era possível seguir-se viagem pelo rio Camapoã abaixo. O embarque poderia ser feito junto à própria sede da fazenda. Sucede, porém, que o rio, levando pouca água nesse lugar, tão embaraçosa se tornava a navegação, que quase todos, mormente durante as estiagens, preferiam marchar por terra até à confluência do Camapoã-Guaçu.* Dessa forma não gastariam mais de meia hora para um percurso que as canoas faziam em dois ou três dias. Ainda assim, entretanto, não desapareciam os embaraços que podem encontrar os navegantes descendo as águas do ribeirão.

O aspecto geral do rio Camapoã é em muitos pontos comparável ao do Sanguexuga, mas, ao oposto deste, que banha, em parte, extensas pastagens despidas de qualquer arvoredo, ele corria por entre matagais espessos e com raízes à flor da terra. Por isso mesmo, durante as cheias, costumavam cair das ribanceiras muitos paus, atravessando-se de lado a lado sobre a minguada corrente. Alguns desses troncos ficavam a tão pouca altura que rasavam as canoas, e por esse motivo chamavam-lhes "rasouras". A fim de afastarem o perigo que isso acarretava para os viajantes, iam à frente os batelões ou canoinhas de montaria, levando gente e machados para os cortar,

---

* Vale lembrar que, sendo este um capítulo inacabado, provavelmente não chegou a ser revisto por Sérgio Buarque de Holanda. Por isso, aqui, como em outros trechos, as usuais inversões de termos feitas pelo autor, parafraseando documentos dos séculos XVII e XVIII, podem ter permanecido um pouco confusas. A leitura correta neste trecho seria: "Sucede, porém, que, levando pouca água nesse lugar, tão embaraçosa se tornava a navegação [d]o rio que quase todos, mormente durante as estiagens, preferiam marchar por terra até à confluência do Camapoã-Guaçu".

deixando desimpedida a navegação. Há notícia de que em uma só viagem, entre a fazenda de Camapoã e a foz do rio, foram cortadas, desse modo, nada menos de oitenta tranqueiras.

Essa providência não se generalizara, porém, senão alguns anos depois de iniciada a navegação de Camapoã, pois as informações relativas às primeiras viagens alegam que poucos deixavam, então, de perder uma ou mais canoas, pela velocidade com que corriam elas sob os madeiros e varas. Velocidade que não impedia, contudo, a certos viajantes, de, por algum motivo, desembarcarem e ir depois apanhar sua canoa rio abaixo. Assim aconteceu, para seu mal, aliás, com o cozinheiro João Francisco, de Rodrigo César de Menezes, durante a viagem desse governador a Cuiabá, em 1726. O qual cozinheiro, tendo saltado em terra, nessas paragens, a buscar uma faca de que se esquecera, com tenção de seguir a pé, acompanhando o rio, até poder alcançar novamente o barco, não mais apareceu, entendendo-se que se perdeu pelo mato ou foi pasto de alguma onça.

A correnteza do rio trazia ainda o risco de impelir as canoas com violência sobre escolhos de toda sorte. O recurso empregado pelos remeiros contra os choques ou abalroamentos estava nas varas, que funcionavam, nestes casos, como freios. O mesmo perigo e também o dos madeiros caídos não desaparecia ao entrarem as frotas no Coxim, chamado por Oeynhausen o cabo tormentoso dessa navegação. Embora relativamente largo se comparado ao Camapoã, esse rio não o é a tal ponto que impeça os colmos das taquaras, debruçados das ribanceiras, de formarem verdadeiras arcadas sobre as águas.

Há nisto, entretanto, um dos espetáculos aprazíveis que o viajante podia encontrar nesses sítios, e dele nos deixou Hércules Florence uma animada descrição. Em alguns pontos, no Boqueirão das Furnas, por exemplo, não mede o canal mais de dez ou doze metros entre uma margem e outra. Por vezes a água abre caminho entre abruptos barrancos de mais de cinquenta metros de altura. Muitos navegantes admiraram-se do proveito que poderia tirar, e não tirava, o gentio caiapó, tão belicoso e inimigo dos cristãos, se, do alto destes montes, arremessasse pedras sobre as canoas. Com uma acometida dessa ordem, onde o agressor não chega a expor-se, poucos barcos escapariam incólumes.

O grande perigo que oferecia o Coxim aos navegantes estava nas escaramuças de caldeirões, redemoinhos, correntezas, funis, itaipavas e águas em geral tão atrapalhadas, que lhe valeram, para alguns, o cognome de Cachoeirim. Certo literato, que efetuou esta navegação e teve o cuidado de descrevê-la em carta aos que pretendessem ir às minas do Cuiabá, chega a dizer deste rio que, se fosse o primeiro da viagem, ninguém, por certo, a empreenderia, pois "para esta canoa que não perigasse nele pelos inumeraveis precipícios e correntezas violentas que em si tem".[40]

Do ponto em que se despejam nele as águas do Camapoã até ao Taquari, contam-se nada menos de 22 cachoeiras. Destas, quatro apenas – a das Furnas, a do Avanhandava-Guaçu, a do Avanhandava-Mirim e a da Ilha – obrigavam a descarregarem--se inteiramente as canoas e a arrastá-las por sobre os rochedos das margens. As outras podiam ser varadas, sem dificuldade, desde que navegassem as embarcações a meia carga. Eram, contudo, um grande estorvo para o percurso, que, a montante, com a jusante,* se fazia, no Coxim, em oito ou dez dias.

Vencida a última cachoeira do Coxim, a da Ilha, toda ela de descarreto, os que faziam a derrota para o Cuiabá entravam pelo Taquari. É este um rio vistoso e alegre, povoado de ilhotas, abundante em pescado e caça, com boas praias e mato limpo. Logo abaixo da boca do Coxim, enfrentava-se, porém, o primeiro obstáculo à sua navegação, que é a chamada cachoeira da Barra. Neste ponto costumavam os trabalhadores aliviar as canoas de parte da carga, quando iam cheias, como

---

* Aparente equívoco para o qual se sugere a leitura "a montante, *como* a jusante".

era o caso, quase sempre, na viagem de ida para Cuiabá, ou esvaziavam-nas por completo, a fim de ficarem mais boiantes.

Por um trecho de cerca de quarto de légua precipitam-se as águas furiosamente por entre canais de pedra muito estreitos e penedias escarpadas, formando em alguns lugares uma sucessão de pequeninos saltos que requeriam vigilância contínua da parte dos pilotos.

Aqui cessavam as tropelias do caiapó, mas começava o país do gentio cavaleiro. Passada a foz do Coxim há mesmo um sítio que os comerciantes do Cuiabá chamavam, de ordinário, Passagem do Cavaleiro, e nela os guaicurus, como ainda em nossos dias são conhecidos esses índios, costumavam atravessar o rio. O meio de que muitos se serviam para se verem livres de seus insultos era levantarem os pousos no meio do mato, porque, ao contrário do que sucede, por exemplo, com o caiapó, o guaicuru só sabe combater em campo raso, onde possa movimentar-se facilmente com os cavalos.

Assim o experimentaram, no ano de 1726, os passageiros de sete canoas que se adiantaram da mais tropa e deram junto a estas mesmas paragens com o gentio cavaleiro. Sua salvação foi que acharam uma parte de rio fonte, e rente dela, em terra, um capão de mato. E ainda tiveram a sorte de se acharem separados do campo, ao pé do mato, por um extenso pântano. Ali ficaram os homens cercados durante vários dias, e os índios desesperados de os não poder apanhar – já que lhes seria impossível vadear o rio e ainda mais o pântano –, retirando-se, afinal, ao surgir o restante da frota, que era de sessenta canoas, com duas pequenas peças de artilharia.[41]

O aparecimento desse gentio na estrada fluvial para as minas de Cuiabá não há de ter provocado a mesma surpresa que causariam os paiaguás. Refere uma crônica desses descobrimentos – mas entra aqui, pelo menos, uma grande parte de exagero – como até 1725 ninguém sabia ao certo que índios seriam estes últimos, tão destros na arte de navegar, nem onde habitavam, nem de onde vinham, nem que nome tinham.[42]

Os guaicurus, ao contrário, deveriam ser velhos conhecidos dos bandeirantes. Em certa ocasião, ao que consta, chegara mesmo a uni-los a animosidade comum ao castelhano. Sabe-se que o cabildo de Santa Cruz de la Sierra, em 1692, alarmado pelo perigo que representava semelhante acordo, advertira ao governador e capitão-general da província do Paraguai, d. Sebastian Feliz de Mendiola, de como os paulistas, coligados com os "Enemigos Guaicurus, Bayas y demas naciones", intentavam nada menos do que apoderar-se daquela província. Recebido o apelo logo determinou d. Sebastian que se tomassem as precauções devidas contra semelhante ameaça, visto serem uns e outros inimigos declarados dos espanhóis do Paraguai.[43]*

Algumas das mais velhas reminiscências deixadas no conquistador europeu por aquelas tribos já as apresentava inseparáveis dos seus cavalos. Assim devem ter aparecido os guaicurus aos paulistas que, no século XVII, transpuseram a Vacaria e, talvez, o rio Paraguai, na direção das cordilheiras. "Os primeiros que deram notícia destes bárbaros foram os Paulistas", diz uma crônica, "e já os encontraram senhores de grandes manadas de gado vacum, cavalar e lanígero."[44] Não admira se ganhou crédito, durante algum tempo, a suspeita de que tais animais seriam autóctones nessa parte do continente e não obtidos por furto ou permuta com os cristãos. Parecia reforçar uma suspeita a circunstância de terem os guaicurus, em sua linguagem, nomes próprios para os designar, ao passo que as demais tribos indígenas conservaram designações já usuais entre as nações civilizadas das quais os obtiveram.

---

* As informações sobre os guaicurus e paiaguás apresentadas por Sérgio Buarque de Holanda nesta versão de "As estradas móveis" foi desenvolvida em *O Extremo Oeste* (cf. pp. 102-3 deste volume), no qual ele faz uma aguçada análise das políticas de aliança envolvendo portugueses, guaicurus, paiaguás e espanhóis, e revela uma complexa rede de interesses desses grupos envolvidos. Aliás, comparando-se a primeira versão deste capítulo com esta versão reescrita e ainda com *O Extremo Oeste*, percebe-se que as questões envolvendo as culturas indígenas são cada vez mais aprofundadas.

Por menos que se conheçam as etapas históricas dessa aquisição, tudo inclina a crer que ela não terá exigido, de parte do guaicuru, nenhuma readaptação violenta a novas normas de existência. Em outras palavras, seu trem de vida não precisou padecer uma transformação verdadeiramente radical para acomodar-se ao uso do equino. Quando muito terá encontrado, no recurso ao animal adventício, um poderoso estímulo e reforço a tendências preexistentes em seu modo de comportar-se.

Não é difícil imaginá-los, já anteriormente à conquista europeia, entregues a constantes correrias pelas campinas da bacia do Paraguai, fiados apenas em suas pernas ágeis e numa surpreendente capacidade de resistência ao cansaço. Não faltam mesmo depoimentos, especialmente de procedência castelhana, para confirmarem essa impressão. Nos Comentários do "adelantado" Alvaro Nunez Cabeza de Vaca, redigidos em meados do século XVI pelo escrivão Pero Hernandez, descrevem-se esses indígenas como "tan ligeros y recios, que corren tanto tras los venados, y tanto les dura el aliento, y sufren tanto el trabajo de correr, que los cansan y toman a mano..."[45] De modo que, longe de se ter tornado personagem intrusa e supérflua, o cavalo deveria adequar-se a semelhante sociedade como o órgão de uma função necessária.

Mesmo depois de o adquirir e integrar perfeitamente em seu modo de viver, o guaicuru continuou a preservar algumas dessas aptidões ou virtudes aparentemente tradicionais em sua estirpe. O missionário jesuíta José Sanchez Labrador, escrevendo já na segunda metade do século XVIII, observou como o talhe e boa proporção dos seus corpos correspondiam a uma admirável agilidade e destreza de movimentos. Para montar a cavalo não se valiam eles de selas ou estribos. Corriam atrás dos animais, apanhando-os e dominando-os com uma rapidez em nada inferior à daqueles brutos. Não recorriam a laços ou bolas para agarrá-los, nem a currais para subjugá-los. Limitavam-se a fazer com que se ajuntassem em algum ponto, e ali, entre os demais cavalos, lançavam mão daquele que desejassem. Em tais ocasiões, se disparava o animal, punham em ação sua ligeireza, correndo a capturá-lo. Alcançado, seguravam-no pela crina ou, algumas vezes, tendo preso à ponta de uma vara um cordão com nó corrediço, laçavam-no pelo pescoço, com tanta facilidade como se laçassem uma perdiz.[46]

Segundo Azara, era seu costume roubar cavalos aos espanhóis pelo ano de 1672. "Estos", acrescenta, "fueron los primeiros que tuvieron."[47] É possível que o exemplo de povos indígenas afins, como os abipões, que já eram senhores de manadas de cavalos tomados aos castelhanos ou aos calchaquis, já nos inícios do século XVII, ou o de outras tribos chaquenhas, que os adquiriram por volta de 1651, tivesse ajudado a acelerar, entre eles, esse processo de adoção, com todas as consequências que pudesse acarretar.

O fato é que, assim enriquecidos, puderam esses índios fazer-se temíveis a outras tribos e, não menos, aos europeus e seus descendentes, paraguaios ou paulistas. "Pouco faltou", escreve Azara, "para que exterminassem todos os espanhóis do Paraguai."[48] Desenvolveram-se, ainda, ao extremo seus hábitos de vagabundagem, o gosto da agressão e a vocação constante para a rapina. O desdém ancestral por todo esforço sedentário só poderia ganhar novo e maior incremento, entre eles, depois da adoção do equino, e mais do que nunca iriam tirar largamente sua subsistência da atividade de indivíduos pertencentes a outras tribos, especialmente de tribos lavradoras como os guanás e os chamacocos, que tratavam como a escravos.

Em princípio do século passado, monsenhor Pizarro e Araujo, numa das notas às suas *Memorias historicas do Rio de Janeiro...*, chegara a evocar os tártaros errantes, dado o modo de viver desses índios, que se nutriam do trabalho alheio e tomavam aos outros o que eles próprios não se rebaixavam a produzir. E escrevendo durante a última guerra mundial não duvidou um etnólogo em compará-los a certos alemães e japoneses que encontraram os seus chamacocos entre os vizinhos subjugados da Europa e da Ásia. Mais altos do que o comum dos europeus, alcançando, por vezes, 6,5 pés de altura, bem-feitos de corpo, capazes de resistir longamente à fome e à sede, eles já tinham somaticamente, diz o mesmo etnólogo, os traços distintivos de uma raça de senhores, de um *Herrenvolk*.[49] E em todos os seus atos e gestos parecia refletir-se, com efeito, essa mentalidade senhorial que poucos povos do continente sul-americano teriam partilhado em tão alto grau.

Bem expressiva de tal mentalidade é uma das tradições de sua mitologia, onde se narra a criação do mundo e dos homens. Segundo essa tradição, o Grande Espírito, ao formar os seres humanos, teve o cuidado de dar a cada povo um atributo particular. Aos brancos, por exemplo, deu o gosto do comércio. A outros, a aptidão para a lavoura. O guaicuru, que fora esquecido na partilha, teve de sair à procura do Grande Espírito, a fim de conhecer sua sina. Correu, de um extremo a outro, o vasto deserto do Chaco, interpelando bichos e plantas. Ao cabo da longa peregrinação, deu certo dia com o gavião caracará, que assim lhe falou:

– Queixas-te sem motivo, pois o teu é o melhor quinhão. Uma vez que nada recebeste, trata de tomar o que pertence a outros. Esqueceram-se de ti; por isso deverás matar a todos quantos surjam em teu caminho.

O guaicuru não deixou de obedecer ao conselho e, para começar, matou a pedradas o próprio caracará. Desde então pôs sempre seu orgulho em saber praticar à risca as lições do infortunado mestre.[50] A violência, a agressividade, a rapinagem, tornaram-se, por assim dizer, as suas virtudes nacionais, que ele procurou exercer indiscriminadamente contra todos os que se intrometiam em suas terras. Até fins do século XVIII, foram os cavaleiros um dos grandes flagelos dos navegantes e também de numerosos lavradores de Cuiabá e Mato Grosso, calculando-se, por volta de 1795, em mais de 4 mil o número de paulistas e outros portugueses vítimas de sua sanha.[51]*

Não há notícia da época exata em que principiaram os insultos desse gentio contra os que viajavam entre Camapuã e o Cuiabá. É provável, no entanto, que, inicialmente confinados à Vacaria e a outras áreas mais ao sul, tenham sido atraídos à região do alto Taquari só depois de inaugurada a passagem das frotas em caráter regular pelo célebre varadouro, animados, talvez, pelos ruidosos sucessos que, a partir de 1725, alcançaram em seus assaltos os paiaguás.

É verdade que, escrevendo alguns anos depois daqueles mesmos sucessos, o capitão João Antônio Cabral Camelo procura isentar de maior culpa, nessas hostilidades, o gentio cavaleiro. Referem suas "Noticias Práticas" como certa bandeira formada no Cuiabá, sob o comando de Antonio de Almeida Lara para vingar o destroço feito pelo paiaguá na tropa onde viajou e veio a perder a vida o ouvidor Lanhas Peixoto, foi procurada por um dos mais poderosos caciques guaicurus com ofertas de paz e protestos de querer a amizade dos cuiabanos. Prometeu-lhes ainda ajuda contra os paiaguás e, quando não bastasse para tanto seu poder, comprometia-se a levar cinco ou seis régulos, parentes seus, com 8 mil ou 10 mil cavalos cada um.

Não é fácil, dada a inconstância e dissimulação do gentio, saber se, aceitos os termos propostos, teriam sido evitados os muitos danos que durante longo tempo iriam padecer aqueles mineiros ou as frotas de comércio que, em tão remota e inculta paragem, sustentariam sua vida e esperança. Seja como for, parece indiscutível, na narrativa de Cabral Camelo, que os homens da armada cuiabana deram razões ponderáveis para a atitude hostil dos índios. Recebendo a proposta de seu caci-

---

* O mito guaicuru do caracará aparece também em *O Extremo Oeste* (p. 86 deste volume) e na versão original deste capítulo (p. 131 do volume *Monções*). De uma versão para outra há pequenas alterações no texto.

que, retrucaram-lhe que nada poderiam deliberar sem o assentimento de seu cabo, que se achava mais acima com outra parte da tropa. Quis o guaicuru ir ao encontro dele e, em fé de amigos, embarcou ele próprio, levando consigo a mãe, uma irmã e outros parentes, numa das canoas como cuiabanos. Não obstante todas essas aparências de boa-fé, mostraram-se os outros tão aleivosos que o mesmo foi o apartarem-se do lugar que o meterem ao cacique numa corrente, manietando aos mais. Assim presos, foram apresentá-los a Almeida Lara, que depois de estranhar a atitude desleal dos seus, mandou logo soltar aos guaicurus, tratando-os com liberalidade e gentileza.

Ora, aconteceu que, pela mesma ocasião, se encontraram nas rancharias dos cuiabanos alguns outros guaicurus vendendo vacas, carneiros e alguns cavalos à gente da bandeira. Entre os cavalos, um havia que, segundo disse o cacique, lhe pertencera, e que de todos seria o melhor. Com licença de Lara, montou nele, deu uma volta, deu a segunda e, quando este já andava, na terceira, valendo-se da ligeireza do animal, não teve dúvida em escapar velozmente das rancharias, acompanhado dos seus homens. Com isso findaram-se os tratos de que poderia resultar eventualmente uma aliança proveitosa contra a agressividade dos paiaguás.

Comentando o fato, atribui-o o cronista ao ressentimento que se teria apoderado do cacique pelo fato de o cabo paulista não ter castigado devidamente a traição de que com ele usaram seus homens, se é que não receasse também, à vista daquele exemplo, ser ele próprio cativado. "Não se queixem os cuiabanos dos Guaicurús", exclama o mesmo cronista, "queixem-se de sua infidelidade, se virem que, unido este gentio ao Paiaguá, lhe toma o passo do Taquari, que lhe é fácil, e nele, ou os destrói a todos, ou os obriga a não entrar nem sair de Cuiabá."[52]

O poderio ou a habilidade dos índios chamados cavaleiros não dariam, no entanto, para tais extremos. À sua obstinada fúria, mais do que a outras causas, deve-se, de qualquer modo, a espécie de insularidade em que, durante a maior parte do século XVIII, irão permanecer aquelas minas, que as canoas só atingem através de uma trabalhosa navegação de cinco a sete meses, sem porto mais seguro do que a fazenda de Camapoã.

A verdade é que, quando começar a afluência em grande escala de mineiros, aventureiros e negociantes para o Cuiabá, a ideia do povoamento das terras do Taquari, no intuito de se abastecerem as frotas de comércio, não parecerá impraticável a certas pessoas. Uma delas, o ituano João de Araujo Cabral, chegou a estabelecer-se com sítio de cultura junto à barra do rio Coxim e desse modo "tinha servido de grande utilidade aos passageiros para as [...] minas, assim nas invernadas como para se proverem de mantimentos".[53] Por ocasião da viagem de Rodrigo César de Menezes, em 1726, o estabelecimento já dava algum fruto, pois sabe-se que nele se abasteceu de mantimentos, no valor de 250 oitavas de ouro, a frota em que viajava o capitão-general de São Paulo.[54]

Abaixo das terras de João de Araujo, e também na margem do Taquari, da parte direita do rio, instalou-se pela mesma ocasião Domingos Gomes Beliago, o que primeiro introduziu gado vacum nesse sertão.[55] Ao lado desses nomes, o de um Luiz Rodrigues Vilares, que depois de se ter fixado por pouco tempo junto à barra do Camapoã-Guaçu, onde padeceu os maiores incômodos da vizinhança dos caiapós, se assenhoreia das terras situadas junto à boca do Taquari,[56] e o de um Manuel Gois do Prado, que solicita e obtém sesmaria, em 1727, junto às roças de João de Araujo, assinalam a tentativa de ocupação de um vasto território que, povoado e cultivado, traria seguros benefícios às frotas.[57]

Mas esse movimento povoador, iniciado com certo afã entre 1723 e 1730, bem cedo se interrompe. Voltam então as restingas ao seu primeiro estado e as pastagens veem-se rapidamente abandonadas pelos colonos. Em dois casos, no das roças de Araujo Cabral e do Beliago, esse abandono deveu-se às correrias do caiapó que, na segunda, chegou a matar "sete ou oito pessoas, depois de lhe reduzir a cinza as casas", o que fez com que fugissem para Cuiabá os sobreviventes de uma e outra.[58] Nos demais, porém, foi obra certamente do gentio cavaleiro, que só então surgirá nestas paragens atraído pelas possibilidades que à sua atividade predatória oferecem as monções de povoado.

A presença daqueles pioneiros paulistas ou reinóis, sobre os quais silenciam os historiadores, seria recordada apenas no nome dado a uma cachoeira do Taquari: a do Beliago. Tão mal recordado, aliás, que já em fins do século XVIII quase não haveria quem escrevesse esse nome, sem torná-lo irreconhecível. "Belial" é como lhe chama, por exemplo, o tenente-coronel Cândido Xavier de Almeida e Souza. E acha necessário notar que em nada pode assemelhar-se essa queda-d'água "áquelle spirito infernal do mesmo nome, incombido da impureza e da sensualidade".[59]

Situada a pouca distância da cachoeira da Barra, a do Beliago caracteriza-se por numerosos baixios e ilhotas. O canal é exíguo e passava-se por ele com dificuldade extrema. É esta, pela rota ordinária, a 113ª e última cachoeira que encontrava o viajante saído de Porto Feliz com destino ao Cuiabá. Vencido tal obstáculo, no que consumiam muitas vezes um dia inteiro, desciam as canoas por longos estirões de navegação limpa e desembaraçada.

O grande problema, em alguns lugares, estava em encontrar-se fundo suficiente por entre os inumeráveis bancos de areia. Mesmo pilotos habilidosos e experimentados enganavam-se com frequência nestes lugares, desviando-se do leito principal. Não raro, ficavam as canoas encalhadas no meio das pedras, e então era mister abrir passagem com auxílio de enxadas e outras ferramentas. Em tal situação era menor, sem dúvida, do que nos pousos, em tempo de estiagem, a ameaça das refregas com os índios cavaleiros. Muitos evitavam acender fogos, temerosos de que os alcançasse o inimigo, chamado pela fumaça. Ou então, depois de acendê-lo numa das margens do rio, iam arranchar-se na outra, se possível disfarçados por alguma capoeira. Com o que, vendo o guaicuru deserto o sítio, supunham-no já abandonado pelos viajantes.

Quando o rio se espraia, alagando extensamente as beiradas, ficam sempre a descoberto as copas de algumas árvores; por essas manchas de verdura sabiam orientar-se alguns práticos a fim de distinguirem o verdadeiro canal. No tempo das cheias, que principia em maio e vai até setembro e outubro, nem tal precaução se fazia necessária, pois os navegantes que chegassem ao lugar chamado Pouso Alegre, quinze ou vinte léguas abaixo da cachoeira do Beliago, podiam deixar tranquilamente o álveo do rio e, segundo o estado das águas, atravessar os campos e pauis alagados, até ao rio Paraguai, nas Três Bocas, ou o São Lourenço, na fazenda do Alegre, ou o próprio rio Cuiabá em algum ponto não muito longe da vila do Senhor Bom Jesus, geralmente na tapera do Bananal. O mais difícil, em casos tais, era descobrir terreno apropriado para pouso, conquanto não faltassem capões de mato sobranceiros à água. Aliás, mesmo quando o rio se achasse em sua menor altura, não era fácil, muitas vezes, encontrar pelas margens lugar perfeitamente enxuto e abrigado.

Mais de vinte léguas antes de chegar à foz, divide-se o Taquari em muitos e sinuosos braços, por onde despeja suas águas no Paraguai. Nesse terrível labirinto de canais, baías, escoantes e furos, perdiam as canoas muito tempo pelas veredas falsas, forçando passagem entre os aguapés. Até 1780, aproximadamente, costumavam alguns pilotos dirigi-las ao Paraguai por um galho do Taquari que principiava uma légua abaixo do Pouso Alegre; no entanto, alguns anos mais tarde, achava-se essa passagem inteiramente obstruída pelas areias.

Chegando ao Paraguai, as primeiras frotas paulistas, em vez de tomar a madre, preferiam, ao que parece, entrar por um furo da margem esquerda – o chamado Paraguai-Mirim –, evitando, dessa forma, a grande volta que dá aqui o rio. Ainda em 1758 foi esse o caminho praticado pela expedição de d. Antônio Rolim de Moura. Entretanto, trinta anos depois, o capitão-engenheiro Ricardo Franco de Almeida Serra gastou nada menos de catorze dias em percorrer as 11,5 léguas que mede o furo de um extremo a outro, e achou sua navegação das mais intrincadas e penosas.[60]

A subida do Paraguai até à confluência do São Lourenço – o antigo Porrudos – efetuava-se em grande parte com o socorro de zingas ou varas, quando não bastassem remos para vencer as correntezas. Era impossível, com isso, evitar certa morosidade no trajeto, que, demandando a montante oito a dez dias, fazia-se, no sentido contrário, em cinco dias e menos.

Quase tudo quanto se possa dizer da navegação do Paraguai aplica-se, sem diferenças notáveis, à dos outros rios da extensa área de cerca de 175 mil quilômetros quadrados[61] que chega a abranger o Pantanal. Especialmente o São Lourenço e o Cuiabá, até à vila do mesmo nome, termo dessa navegação, ofereciam dificuldades em tudo semelhantes. Assim, se a subida, em tempo seco, consumia cinco ou seis dias no São Lourenço, desde a barra até à confluência do Cuiabá, e quinze neste último rio, a descida fazia-se respectivamente em dois dias no São Lourenço e em seis ou sete no Cuiabá.

Se durante as viagens de volta ao Camapoã e Araritaguaba os ventos do sul, que sopram na estação seca, concorriam, não raro, para retardar a descida do Paraguai, o mesmo podia ocorrer nas demais vias fluviais da baixada. Em 1801, os homens da expedição Cândido Xavier viram-se forçados, na descida do São Lourenço, a permanecer acantonados durante cinco dias no monte do Caracará, à margem meridional do rio, devido à violência do vento sul. O resultado é que gastaram nesse curso d'água três ou quatro vezes o tempo ordinariamente consumido em sua navegação pelas canoas das monções.

Em fins do século XVIII, quando tinha passado o maior perigo de assaltos, do paiaguá e do cavaleiro, fundaram-se nas margens do São Lourenço e mesmo do Paraguai, nos terrenos mais elevados que o pantanal periódico não atinge, algumas fazendas de criar gado e roças de feijão e milho. Foi em um desses sítios privilegiados, assente à margem direita do Paraguai, que se estabeleceu em 1778 o povoado de Albuquerque, núcleo primitivo da atual cidade de Corumbá. Situada em face da ilha do Paraguai-Mirim, esse centro fortificado proporcionava, até certo ponto, aos navegantes, vantagens idênticas às que oferecia a fazenda do Camapoã. Proporcionava, principalmente, a possibilidade de repouso durante uma viagem trabalhosa e árdua. Por muito tempo constou apenas de um grande pátio fechado, com casas em torno, formando quatro lances e um portão em frente ao rio. Oito anos depois de seu estabelecimento, em uma das vezes em que por ali passou o capitão Ricardo Franco de Almeida Serra, sua população permanente não ultrapassava duzentas almas, mas as roças de milho e feijão, plantadas pelos moradores, já davam para o consumo local e também para o abastecimento das frotas de comércio. Havia, além disso, muito algodão que, fiado e tecido no lugar, era mandado a Cuiabá, onde o trocavam por miudezas necessárias.

A bananeira, introduzida pelos paulistas logo ao início da conquista e que viria a fornecer, juntamente com o arroz-bravo, a base da dieta vegetal de uma das raças indígenas do Pantanal – os guatós –, representava talvez a única planta frutífera de certa importância nestas paragens. Não admira, pois, se o nome de "Bananal" chegou a desempenhar papel significativo na geografia local, associado, com frequência, a certas ilhas ou colinas menos acessíveis à água das enchentes e onde a musácea se aclimou com êxito.

É de notar que muitas dessas colinas foram erigidas pela mão do homem, como o famoso bananal do rio Cuiabá, cuja origem é atribuída aos irmãos João e Lourenço Leme. Segundo crença corrente na era das monções, foi com o auxílio do gentio guató, reduzido à escravidão, que os dois terríveis potentados conseguiram transportar de lugares distantes grandes quantidades de terra para a construção dessa verdadeira ilha artificial entre as lagoas a leste do rio.

Outros "aterrados" do Pantanal parecem ter tido início mais remoto e menos memorável. Consistem sobretudo em amontoados de conchas fluviais, recobertas de uma capa de húmus, e que alguns etnólogos não consideram essencialmente distintos dos casqueiros e sambaquis litorâneos. Pretende uma tradição generalizada, entre os guatós, que não apenas a construção dos aterrados como o plantio das bananeiras existentes em partes dessas colinas são obra de um povo misterioso que os precedeu na região.[62]

A míngua de frutas comestíveis era compensada, em parte, pelos palmitos, que se dão em certos lugares das margens do rio Paraguai. Uma característica de quase toda essa área é a ocorrência de associações vegetais formando *habitat* isolado. Já se observou, a propósito, que nenhuma outra região restrita do Brasil comporta número tão considerável de termos locais para significar agrupamento ou predominância de determinadas plantas: "carandazal", "paratudal", "piuval", "buritizal", "acurizal", "pirizal", "pajonal", "espinhal"...[63]

Riqueza bem mais ostentosa e multiforme, contudo, é a que apresenta aqui o reino animal. Nos relatos de viajantes que percorreram outrora estes rios, deparam-se, não raro, expressões de puro êxtase diante da profusão de caça e pescado que oferece a área dos pantanais. O bugio, o jacaré, o tatu, a jacutinga, o jaó, o macuco, o mutum costumavam fartar os que navegavam o Paraguai e seus afluentes. As canoas de montaria traziam dessas esquisitas iguarias em quantidades que ultrapassavam frequentemente a capacidade de consumo das equipagens. O que não é de espantar, quando se lê na crônica de certa expedição, que um veado morto nas campinas do Taquari e repartido entre as 69 pessoas da frota deu comodamente para todos.

A fauna fluvial era igualmente opulenta, incluindo, só entre espécies escamosas, peixes como o pacu, o dourado, a piracanjuba, a piraputanga, o piabuçu..., e entre as outras castas – os chamados peixes de couro, mais frequentes nos meses das águas –, o jaú, o pintado e o fidalgo. Ainda em nossos dias, um ditado corrente naquelas paragens afirma que "quem comer cabeça de pacu não sairá mais de Mato Grosso".

No rio Cuiabá, as grandes pescarias de pequira para fabricação de azeite constituiriam, com o tempo, uma das raras indústrias da região. O peixe, lançado em caldeiras, fervia-se no próprio lugar da pesca e, durante o tempo seco, o espetáculo das fogueiras preparadas com esse fim era obrigatório nas praias cuiabanas.

Mas o bom pescado, para alimentação e outros misteres, representava, talvez, o único proveito que se poderia retirar dos rios do Pantanal. Nem para saciar a sede serviam suas águas, tão quentes – assinala um autor setecentista – que não precisaria aquecê-las quem quisesse barbear-se. E ao lado dos peixes úteis abundavam, nessas mesmas águas, as espécies daninhas como a piranha ou tesoura e a arraia, que tornavam impossíveis os banhos de rio: "Ninguém se pode lavar" – dizia um viajante em 1784 – "por que tirão pedaço de carnes e já tem chegado a castrar alguns sujeitos, e o que val e que como nos rios honde elas ha, não ha caxoeiras, nem baixios, não preciso caírem nagua nem Pilotos e proeiros, nem os prêtos [...] como a cada passo sucede honde da caxoeiras e baixios".[64]

Ao incômodo que tudo isso representa para os navegantes é preciso acrescentar-se ainda o tormento dos mosquitos. Não há diário ou carta de passageiro de monção onde as perseguições que aos viajantes moviam os insetos não sejam pintadas com vivo colorido. A "praga" surgia na ocasião em que, baixando as águas, principiavam a aparecer as grandes extensões de campanha enxuta. Nos pousos, procuravam muitos mareantes os galhos elevados de certas árvores, pois a experiência demonstrara que, em regra, as nuvens de mosquitos não sobem a mais de cinco ou seis metros, quando muito, acima da superfície do solo.

Alguns homens abrigavam-se em mosquiteiros, que tinham, ao lado dessa, a utilidade de fornecer, na noite fechada, eficaz proteção contra os morcegos. Em certos sítios povoados, tamanha era a quantidade dos quirópteros que não deixavam em sossego a criação doméstica e chegavam a impedir seu aumento. Não devia causar surpresa, por isso o extremo zelo que os pobres moradores da atual Corumbá, nos primeiros tempos da povoação, costumavam dedicar a seu gado, construindo currais bem barreados, onde à noite recolhiam os bezerros, tudo com grande trabalho e despesas.[65]

A maior causa, sem comparação, do desassossego que tiveram durante longo tempo os viajantes, desde que se iniciou o trajeto regular destes rios, rumo às lavras cuiabanas, foi, porém, o gentio paiaguá, de cujas tropelias já se falou em capítulo antecedente. Terríveis e sem conta foram os desbaratos causados por esses índios nas frotas de comércio, e o assalto que deram às canoas que conduziam, de volta ao povoado, só é o mais famoso porque dele, além da morte do ouvidor, resultou na perda para a Real Fazenda de muitas arrobas de metal precioso.

Esses índios acometiam sempre com grande algazarra, saindo dos sangradouros e ribeirões em suas canoas de oito a doze tripulantes, depois de terem vigiado cuidadosamente a frota, medindo as próprias possibilidades e as do adversário. Utilizavam flechas sem aljavas, bordunas ou porretes e ainda o próprio remo, que por ambas as extremidades servia de lança. Tratavam, durante os combates, de molhar as armas de fogo do inimigo, sabendo que, por esse meio, se livravam de muitos perigos. Seu modo de combater eram contínuas emboscadas e aleivosias. Importava-lhes colher o adversário sempre de surpresa; quando faltasse este elemento cuidavam de desaparecer tão depressa quanto possível. Porque, são as palavras de d. Felix de Azara, "não vêm deshonra na fuga e nem na traição".[66]*

Por muito que pareça inconciliável com a terrível crônica de seus triunfos sangrentos, alcançados primeiramente contra o castelhano do sul e, depois, contra os paulistas e, em geral, os luso-brasileiros, esse juízo desfavorável aos corsários do rio Paraguai parece encontrar significativo apoio em mais de um depoimento. Gente "cobarde y muy medrosa": é tudo quanto acha para dizer, já em 1632, do fero paiaguá, um missionário espanhol, o padre Pedro Lascamburu, de Assunção.[67] Outro, o jesuíta J. Patricio Fernandez, irá publicar em 1720 que a "nação Paiaguá" é, toda ela, de "vilíssima condición, pérfida y pronta a maquinar traiciones", acrescentando, não obstante, que, com serem tão cruéis inimigos do nome cristão, "si se hubieran coligado los Guaicurus, gente infiel, pero valerosa y enemicissima de la fé catolica, dificilmente hubieramos podido escapar y libramos de sus asechanzas y celadas en un rio poblado por todas partes de islas y de ensenadas".[68]

Ora, essa perspectiva de uma liga estreita do paiaguá com o gentio cavaleiro, que mal insinua o apóstolo dos chiquitos, aparece aqui como um funesto presságio, quando sabemos que, passado muito pouco tempo, se irá converter em realidade. E menos, desta vez, em prejuízo dos castelhanos e jesuítas, do que dos temíveis "portugueses de San Pablo", que o padre Fernandez não perdia ocasião de censurar. Com efeito, no próprio ano de 1726 em que eram impressas aquelas suas palavras, já ousavam os paiaguás dar combate às canoas paulistas na madre do rio Paraguai, assaltando e destroçando a frota onde ia o regente das minas João Antunes.

E apesar disso não os encaravam suas novas vítimas com aquele temor misto de respeito que, de qualquer modo, pareciam merecer deles os valorosos guaicurus. São muitos os

---

* Esta mesma citação está em *O Extremo Oeste* (p. 88 deste volume).

depoimentos da época, em que se atribui toda a força dos paiaguás, escassos em número e poltrões fora da água, seu elemento natural, ao acordo que os unira ao gentio cavaleiro. A própria circunstância de acometerem as canoas, agora, no meio do rio Paraguai, quando no ano de 1725, em que tinham principiado seus insultos às monções, tinham-nas atacado a partir de um esconderijo junto à barra do Xanés, poderia denotar antes solércia do que arrojo. É que justamente a largura do Paraguai grande, que impede os barcos de alcançarem facilmente a terra, suas muitas ilhas, enseadas, abertas, sangradouros, suas margens pantanosas, fornece o campo ideal para os combates a que eram afeitos esses índios.

A estratégia de que ordinariamente se valiam era procurar chamar para o meio da corrente as canoas do adversário, tendo primeiramente formado duas alas laterais que embaraçassem seu acesso à praia. A aparição inesperada daqueles homens corpulentos, todos sarapintados e emplumados, o urro com que se anunciavam, o rufo dos seus tambores de barro,[69] o toque das suas cornetas, a nuvem de flechas que expediam simultaneamente com as lançadas e as porretadas, eram, de ordinário, mais do que o suficiente para aturdir e prostrar o mareante desprevenido.

Os instrumentos musicais a que recorriam, no caso, deveriam servir não apenas de reforço à algazarra com que costumavam atirar-se à vítima, mas ainda de sinal para o ataque; assim, já em 1540, foi ao toque de uma "corneta" que cerca de cem paiaguás implicados, sem dúvida, na morte de Juan de Ayolar, iniciaram o assalto frustrado a Domingos de Irale e sua gente, no rio Paraguai.[70] Poderiam também solenizar suas retiradas triunfais, que se faziam com o mesmo alarido e na ordem já usada para os ataques, divididas as canoas em duas filas paralelas.

Se derrotados ou mal satisfeitos com a luta, dispensavam-se, ao contrário, cabisbaixos e calados. No vitorioso embate que tiveram, no caminho de Cuiabá com a monção ida de povoado em 1736, um tiro de bacamarte disparado por certo Manoel Moreira, justamente quando, senhores das canoas inimigas, já se preparavam para levá-las consigo, quase tornou sem efeito o bom êxito alcançado; nesse caso foi o silêncio dos instrumentos musicais um dos sinais de seu desalento. Depois que se afastaram do local, diz, com efeito, um documento, "lhe acharão na agoa aonde suçedeo o conflicto 10 Lanças e enmencidade de flexas q˜. não largão senão com a morte retirarãose tristes e sem tocarem os seos estromtos belicos q costumão tocar q.ᵈᵒ alcanção victoria...".[71]

Diz mais o documento que aqueles corsários esperavam certamente as canoas que saíssem para povoado, isto é, para São Paulo, conduzindo ouro, e que se deram, contra seus hábitos, nas que navegavam para Cuiabá, levando cargas, foi que por acaso toparam com elas. É esse um dos motivos para a presunção expressa no mesmo texto de que os roubos e assaltos dos paiaguás seriam fomentados pelos castelhanos do Paraguai. O outro motivo estaria em que as lanças dos assaltantes traziam peças de ferro e denunciavam em sua fatura o "melhor primor de arte", indício claro de serem obra de gente mais ladina do que os bugres infiéis.

Semelhante crença, bastante difundida, aliás, naqueles tempos, tanto em Cuiabá quanto em São Paulo, não parece inteiramente destituída de fundamento. É duvidoso que partisse dos castelhanos qualquer estímulo expresso às crueldades praticadas por aqueles índios contra os portugueses do Brasil infiltrados em terras pertencentes, segundo todas as aparências, à Coroa de Castela. Os proveitos cada vez maiores que julgavam receber os paiaguás do trato e comércio com os castelhanos, dando-lhes de sua parte o fruto da rapina exercida contra as frotas das monções, já não eram um incentivo apreciável a essa rapina? Por outro lado elas tenderiam a canalizar em parte para Assunção, sem maior trabalho e risco, o produto das novas minas.

Precisamente nos anos em que se intensificam aqueles assaltos vemos amenizarem-se as relações tradicionalmente ásperas entre as autoridades espanholas do Paraguai e os paiaguás localizados naquela província. A paz firmada em 1714, quebrada três anos depois e logo reatada, não se estabilizaria definitivamente antes de 1740, mas admitia períodos mais ou menos extensos de trégua. Finalmente a partir desta última data, já se pode considerar uma realidade.[72] Tanto que, do sítio antes ocupado pelos mesmos índios, nas vizinhanças da capital, acabarão por transferir-se para dentro da cidade.*

Trata-se neste caso, porém, de uma só dentre as duas parcialidades em que se subdividiam os paiaguás: a do sul, denominada dos tacumbus. Não foram estes e sim os do norte, os sarigués, capitaneados pelo principal coati, que desenvolveram, com a ajuda dos guaicurus, uma luta de morte contra as monções de povoado. Nada impedia, no entanto, que desde o início mantivessem eles relações assíduas com seus irmãos tacumbus e, por intermédio destes, provavelmente, com os espanhóis e guaranis de Assunção. Azara alude ao hábito que tinham de surgir incorporados, em certas ocasiões, pelas proximidades da capital paraguaia, onde principiavam por entrar em luta corporal com os da outra parcialidade. Quando se sentiam cansados, cessava a peleja e tornavam-se bons amigos.[73]

Foi em 1729, se não antes, que começaram a ir negociar ali o produto de seus assaltos às canoas paulistas. É possível que no primeiro momento não cuidassem senão em tirar vantagem do resgate dos poucos prisioneiros que deixavam com vida. Dessa maneira levaram, então, o menino Antonio Antunes da Silva, aprisionado no alto Paraguai e que tinham guardado cerca de um ano em seus ranchos. Não é certo que, por esse tempo, já sonhassem com os lucros que poderiam alcançar se negociassem em Assunção o ouro tomado nos assaltos

---

* Este parágrafo aproxima-se de outro de *O Extremo Oeste* (cf. p. 94 deste volume), no qual o autor aprofundou o estudo das relações entre paiaguás, guaicurus, portugueses e espanhóis, esboçando uma história da diplomacia entre eles.

às frotas, quando de regresso do Cuiabá para São Paulo. Sabe-se tão somente que em data anterior já tinham levado a vender alguns negros. E não é certamente por outro motivo que, durante suas acometidas às canoas paulistas, tratavam de tomar o pulso aos negros mais robustos, que tomavam para si, só tirando a vida aos mais fracos.[74]

No procedimento que naquele ano de 1729 se intentou no Paraguai sobre o caso do menor Antonio Antunes, resgatado aos índios, por tratar-se de um branco, de curta idade, mas já com o uso da razão, capaz de falar uma mescla do português com o castelhano, além do idioma guarani e do paiaguá, referiu este como os gentios, depois de matarem seu pai, seu tio João Leme, naturais e vizinhos de São Paulo, além da mais gente que ia nas canoas, com exceção dele e de três negros, foram aos seus ranchos rio abaixo e todo o ouro que haviam tomado lançaram-no à água, dizendo que aquilo era pedra. Desde esse tempo achara-se o declarante entre os mesmos paiaguás, sofrendo trabalhos e maus-tratos, até que o levaram a vender.[75]

Não era fato inédito, em verdade, na crônica da colonização do Novo Mundo, esse de índios que lançam à água o metal tão cobiçado, como num desafio à avidez dos invasores. Conhece-se ao menos o episódio do cacique Hatuei, que, depois de fugir de seu Haiti para Cuba, não duvidou em atirar ao rio um cesto cheio de ouro ao saber, em 1511, que os espanhóis tinham desembarcado na ilha. Mais tarde, quando caiu em poder dos conquistadores, é possível que, para seu cruel sacrifício, condenado que foi à fogueira, tivesse contribuído alguma ponta de despeito dos algozes diante de gesto tão estranho à sua mentalidade, além do sagrado ódio que lhes inspiraria a teimosia do cacique em não querer ir para o céu, temeroso de lá encontrar novamente os mesmos cristãos.

Nesse caso tratara-se, com efeito, se não de um desafio, de uma ponderada cautela, pois segundo a versão de Las Casas, que narra o episódio, dando-lhe o cunho daqueles *exempla* tão do gosto dos pregadores contemporâneos, Hatuey, na fala dirigida aos seus homens, antes de desfazer-se do ouro, apresentara-o como o verdadeiro senhor dos inimigos: "Vêde", disse-lhes, "não guardemos em parte alguma este senhor dos cristãos, porque, ainda que tenhamos nas tripas, saberão recupera-lo. Lancemo-lo, pois, a este rio, debaixo da água, e não hão de saber onde está".[76]

Entre os faros paiaguás dificilmente encontraria, porém, o bispo de Chiapas matéria digna de sua ardente e generosa apologética. Em 1728, quando ainda deitavam fora o ouro das monções,[77] faziam-no simplesmente por ignorância, não por prudência ou despique. Passados alguns anos, no famoso assalto à frota que deveria levar de volta a São Paulo o ouvidor Lanhas Peixoto, já voltavam a esparramar na água e na terra o ouro tirado das canoas, quando certo português reinol chamado João Pereira, preso por eles juntamente com uma mulher, também portuguesa, e ainda vinte e tantos negros, concitou-os a recolhê-lo dizendo que era coisa de estima e que poderia ser vendido no Paraguai aos castelhanos. Assim advertidos cuidaram de salvar um pouco daquele "desperdício de ouro".

Tudo isso foi narrado pelo mesmo João Pereira quando prestou depoimento em Assunção, a 8 de agosto daquele mesmo ano de 1730, perante as autoridades empenhadas em conhecer pormenores do estranho caso de um homem branco vendido por alguns paiaguás da parcialidade do cacique coati, que tinham ido a tratar no porto onde outras vezes costumavam ir "pela comunicação que lhes foi admitida", conforme consta dos autos do inquérito mandado proceder pelas ditas autoridades.[78]

Cabral Camelo, que assistira ao mesmo combate e à retirada dos assaltantes, tendo conseguido, com alguns companheiros, chegar depois ao Camapoã pelo caminho antigo dos sertanistas, relata como os índios tinham ao cabo recolhido a presa de dezesseis canoas, levando consigo apenas o ouro, que

seriam umas dez ou doze arrobas, as armas e a roupa, abando-
nando o resto.[79] Outra testemunha informa, também, que o
saque não passou de vinte arrobas de ouro, "outros lhe dão
menos", acrescentando: "levaram bôas roupas e melhores trapos".[80] Sem falar nos cativos: negros em sua maior parte, além
de uma branca, filha de Lisboa, a quem mataram o marido.

Foi essa, aparentemente, a primeira vez na história das
monções em que o ouro das minas cuiabanas pareceu de algum preço àqueles corsários. Em Assunção, onde o grosso das
canoas paiaguás, sessenta ao todo, foi surgir um mês depois
da chegada ali do português João Pereira, que estivera na mesma refrega, começaram os índios por oferecer à venda os prisioneiros, entre eles uma senhora portuguesa a que punham
excessivo preço. Logo saiu um sacerdote e o alcaide a angariar
esmolas para o resgate dos cativos. Reuniu-se muita prata lavrada do ornamento da igreja da Mercê e mais o que deram o
governador e outras pessoas. Mostrado tudo aos quatro índios
que tinham ido como emissários, dirigiram-se estes ao porto
a buscar os prisioneiros, mas logo tornaram sem eles, dizendo
que era preciso mais, porque o cacique não se dava por satis-
feito. Mostrou-se então o mais que fora possível obter. Com
isso voltaram os mesmos emissários às canoas e trouxeram a
dita senhora, dois mancebos e doze negros e mulatos, que foram resgatados e recebidos com geral compaixão pelo povo
inteiro, devido ao miserável estado em que se encontravam.
Sobretudo a senhora, a quem tinham raspado sobrancelhas,
pestanas e cabeça, deixando-a sem mais vestes do que umas
anáguas velhas com que cobria as vergonhas. Os outros vinham inteiramente nus e raspados da mesma forma.

Quem refere esses fatos, d. Carlos de los Reyes Valmaceda,
filho do antigo governador de Assunção, transfigura aquelas
boas roupas e melhores trapos recolhidos pelos índios em "ricas vestes e alfaias de ouro, tudo de muito preço", que levaram a vender. Na mesma base multiplica as dez ou doze arrobas de ouro salvas dos destroços: "en oro en polvo", diz, "creo

que avrán traido más de cién arrobas". Tudo foi vendido com tamanha abundância, que por um pires chegavam a dar oito onças, por uma colher, três a quatro, por um pedaço de baeta, seis a oito e nas mesmas proporções cada coisa que avistavam esses índios: continhas falsas, mel, milho, facas etc., tendo havido quem comprasse vinte libras de ouro pelo valor de vinte pesos.

"Asseguro a V. M.", escreve finalmente Valmaceda, "que estamos aqui ricos em ouro, já que não temos prata, que há quem se disponha a ficar sem nada por tudo dar aos índios em troca de ouro [...]. Hoje compram-se já os gêneros de Castela a peso de ouro e não por erva ou tabaco. É verdade que com uma diferença a mais de 150% sobre os preços de Buenos Aires."[81]

Se a atividade predatória dos paiaguás prosseguiu sem esmorecimento nos anos seguintes, a verdade é que nunca mais se reproduziram nas mesmas proporções os sucessos de 1730. Por um lado a catástrofe sofrida pela frota que conduzia o ouvidor Lanhas Peixoto servira como de advertência aos mareantes e às autoridades cuiabanas, aconselhando medidas acauteladoras que se iriam intensificar de ano a ano. Além disso, não há sinal de que o bom êxito alcançado por aqueles índios, recebendo, em troca do mineral roubado de canoas, as quinquilharias de Assunção que tanto prezavam, lhes tivesse ensinado a disciplinar aquela atividade de modo a prosseguirem na captura regular do produto das lavras. Para tanto bastava que dirigissem sua ofensiva, de preferência, sobre as canoas destinadas a São Paulo, quando a carga consistisse em ouro e quase só em ouro, único gênero exportável de Cuiabá.

Que semelhante consideração não lhes escapava mostra-o documento já citado, de 1736, onde se lê que "por acaso" assaltaram naquele ano uma frota vinda de povoado. No entanto o furioso ímpeto e a brutalidade com que se atiravam sobre a presa deixavam-lhes escassa margem para qualquer providência. O próprio fato de irem as canoas saídas de São Paulo mais carregadas, o que tendia a embargar de algum modo seus movimentos, por conseguinte sua defesa, seria para eles uma atração maior, talvez, do que as perspectivas de vantagem mais ou menos remotas.

Essa simples circunstância serve para indicar como é ilusório fazer depender sua pugnacidade do estímulo que indiretamente lhes viesse dos castelhanos. Ou sequer do apoio, este direto, que recebiam dos índios cavaleiros. A crença difundida, aparentemente, na era das monções, de que pouco valiam sem auxílio estranho, era sem dúvida exata em certo sentido. No sentido de que, achando-se mobilizadas suas energias exclusivamente para a peleja nas vias fluviais, se viam como desarmados fora delas. E mesmo nas vias fluviais só lhes era dado desenvolver sua eficácia em tais condições que, durante a luta, seus inimigos não pudessem, no conjunto, ou em parte, tomar pé com facilidade nas margens.

Em terra firme entorpecia-se quase sempre aquele magnífico entusiasmo bélico de que tantas vezes deram provas contra adversários superiores em número ou em armas. Disso mesmo já sabiam os cronistas do século XVI. "Estes agazes", escreveu um deles, "são os mais consumados ou os melhores guerreiros que existem sobre as águas; em terra, porém, não se dá a mesma coisa."[82] Dois séculos mais tarde exprimirá idêntico juízo o conde de Azambuja em carta sobre a viagem que realizou do porto de Araritaguaba à Vila Real do Senhor Bom Jesus de Cuiabá: "Os seus ataques são de ordinário nos rios, e em canoas, porque em terra não valem nada, e tres ou quatro armas de fogo bastam a fazer oposição a um grande número deles".[83]

Essa preferência exclusivista pelas batalhas nos rios e em canoas deveria, não raro, levá-los a evitar a luta em outro terreno. Característico dessa esquivança é o episódio narrado por Barbosa de Sá sobre o encontro havido entre uma tropa de cinco canoas saídas das lavras para Araritaguaba em 1762 e um grande troço de índios com seus arcos e lanças junto a um barranco do rio Taquari. A estes uniu-se logo, à vista dos navegantes, uma chusma de lanceiros vindos do alto do mesmo barranco, e que se conheceu serem paiaguás, formando todos um grande corpo de gente armada.

O que, vendo os das canoas remarem afoitamente, embicando no lugar, tanto bastou para que se retirassem os índios terra adentro. E enquanto os outros, largando os barcos, preparavam as armas para dar sobre eles, bradou um de lá na língua geral da terra, mal pronunciada, que não queriam guerra com os brancos e implorava-lhes mais que não os atacassem, pois já largavam as armas. Isso faziam-no "por necessidade e não virtude", comenta o cronista, "porque este gentio por terra não fazem couza algua, todas as suas aventuras são embarcados em canôas".

Diz mais Barbosa de Sá que, pretendendo, apesar de tudo, acometê-los e acabá-los os viajantes, defendeu-os rijamente, com fortes instâncias e protestos, o padre frei Manuel de São Valentim, religioso carmelita, que vinha na tropa, observando que não se ofende a quem pede misericórdia. Bradaram então aos paiaguás que chegassem sem armas, o que fizeram, e passaram a entreter-se com eles numa longa conversa, a que respondiam na língua geral, mesclada de palavras portuguesas e muitas castelhanas. Deram-lhes aguardente, melado, fumo em corda, que tudo receberam com grande regozijo, correspondendo com uns penachos e saiotes. Finalmente seguiram uns e outros suas diferentes derrotas.[84]

Foi certamente essa morigeração com que em terra costumavam portar-se diante do inimigo, tão em contraste com o assomado ímpeto das suas acometidas nos rios, o que algumas vezes lhes valeu o epíteto de poltrões e covardes. Epíteto mal condizente, no entanto, com os depoimentos de quantos os viram totalmente entregues à sua sanha furiosa, metendo-se em frente às bocas das armas de fogo, a menear com tal destreza suas lanças e seus porretes, que, enquanto o inimigo disparava um só tiro, causavam eles, em suas fileiras, duas ou três mortes.

Os rios eram, de fato, seus verdadeiros e únicos campos de batalha, porque se tinham convertido, praticamente, no *habitat* natural desse gentio, tão inseparável deles e das canoas quanto o guaicuru das campinas e dos cavalos, em que viviam quase sempre. Azara pinta-nos essas canoas paiaguás dizendo que alcançavam de quatro a oito varas de comprido, por um pé e meio, no máximo dois pés e meio de largo. Vale dizer 3,4 metros, aproximadamente, a 6,7 metros por cerca de quarenta a setenta centímetros.[85] Para remar, punham-se de pé na extremidade da popa. Só se sentavam, deixando-se levar pela correnteza, durante a pesca. Sucedia, às vezes, que, ao recolher o peixe, não podia impedir que revirasse a canoa, por serem elas demasiado esguias e malfeitas,[86] e vê-se sempre com admiração, escreve ainda d. Félix, como "em um ou dois minutos, sacudindo o barco à maneira de um tecelão com sua lançadeira, é capaz de saltar de novo para dentro dele, sem perder o remo, nem a vara de pescar e nem ao menos o pescado".[87]

A frequente evocação das lançadeiras de tecer, a propósito das igaras e canoas monóxilas, ainda serve, como se vê, para estas embarcações do extremo oeste da América portuguesa. Aguirre vai mais longe, onde escreve que "las canoas payaguas no parecen sino agujas". E sua comparação pretende-se válida mesmo para as de maior dimensão, comportando até nove índios ou dez de uma só vez, todos munidos de suas longas pás de remar, sempre afiladas e bem lavradas, prontas para se converterem em mortíferas armas de agressão.

Para remar nesses esquifes utilizavam as duas mãos em que seriam destros com igualdade (ambidestros?), do que resultava ganharem grande velocidade suas canoas, mesmo quando navegavam rio acima. Pode imaginar-se qual fosse sua agilidade, sabendo-se como, à menor falha de equilíbrio, soçobravam as canoas: "embarcação perigosa para espanhois, mas para eles uma frioleira, pois que tornavam a endireitá-las". Em suas viagens, escreve ainda Aguirre, costumavam navegar o dia inteiro, só cessando de fazê-lo quando pescavam ou, à tarde, para as suas ceias.[88] Segundo outra informação, não navegavam, aliás, somente durante o dia. Mesmo no auge da escuridão permaneciam a bordo das canoas, neste caso sem remar, entregando-se ao sabor da correnteza, de modo que uns cuidavam de governar a embarcação, enquanto os demais dormiam.[89]

Tais habilidades faziam deles inimigos perigosíssimos, tanto mais quanto seus esquifes realizavam em uma hora percursos superiores aos das canoas paulistas num dia inteiro. Isso porque, segundo reza um depoimento de Cabral Camelo, redigido em 1734, tinham não só barcos melhores, mas ainda melhores remeiros, além de viajarem sem carga.[90] Outra testemunha portuguesa acentua particularmente a velocidade e leveza desses barcos, e diz mais: "se se viam acossados de alguma canoa nossa, lançavam-se à água, em que nadam como peixes, e as viravam...".[91]

Nos seus combates estariam bem longe de merecer os adjetivos oprobriosos com que o ressentimento de seus inimigos e vítimas procurou empanar muitos dos sangrentos triunfos desse gentio. Fisicamente, não eram, certamente, menos impressionantes do que seus aliados guaicurus, se, como o pretende Azara, mediam perto de 1,80 metro de altura, "6 pies y 1/2 pulgada española", e o resto do corpo na mesma proporção, "y yo dudo que haya en Europa pueblo alguno en que tantos a tantos pueda comparar con estes barbaros". Jamais, acrescenta, "cheguei a conhecer algum que tivesse mais ou menos carnes do que o preciso para serem ageis, robustos e vigorosos".[92]

Deles não se sabe ainda hoje o bastante para que se esclareçam suas possíveis conexões com outras populações indígenas de nosso continente. Houve mesmo quem acreditasse que nunca existiu, em realidade, um povo paiaguá, e que este nome não seria mais do que uma designação comum atribuída a tribos de procedência vária, todas empenhadas em estorvar ou impedir de qualquer modo a navegação do rio Paraguai e seus afluentes. Essa decidida negação da peculiaridade étnica de tais indígenas chegaria a ter até fins do século passado alguns adeptos insignes.[93] Outros não hesitariam a anexá-los de algum modo aos guaicurus, tendo em conta certas afinidades linguísticas entre uns e outros, e essa opinião ganhou tão largo crédito que prevalece mesmo entre autores contemporâneos.[94]

Só muito recentemente, baseando-se não apenas em velhos textos, mas ainda em dados obtidos diretamente, em Assunção, de uma índia, que representa entre uns poucos homens e mulheres de sua raça, tudo quanto resta dos antigos corsários do rio Paraguai, foi dado a um pesquisador comparar e sistematizar o material ainda disponível acerca dos mesmos paiaguás. E suas conclusões a respeito são peremptórias: trata-se, em verdade, de um grupo determinado e particular no sentido etnográfico de "uma tribo especial, que fala um idioma diferente de todos os demais idiomas de indios sul-americanos conhecidos até ao presente".[95]

Não é improvável que a própria lembrança de sua liga contra as frotas de comércio setecentistas, de denodo, crueza e rapacidade com que uns e outros se portavam nos combates e da mesma obstinada resistência que sempre opuseram a todas as tentativas de catequese, pudesse animar a crença alvitrada de há um século para cá num parentesco étnico entre paiaguás e guaicurus.

Em realidade, a própria aliança em que os mantinha a presença de um inimigo comum, sabe-se que foi constantemente prejudicada por intermitentes discórdias. Um missionário espanhol da segunda metade do século XVIII pôde mesmo dizer que suas relações eram ora de hostilidade, ora de acordo, devido principalmente à infidelidade dos "pérfidos paiaguases", que só eram amigos quando bem lhes parecia. E acrescentava que os guaicurus não se fiavam neles, e em diversas refregas tinham tido oportunidade de tomar-lhes numerosos cativos.[96]

Esses dissídios terão certamente impedido os dois grupos

de constituir barreira mais eficaz contra a penetração luso-
-brasileira na região cuiabana. Algumas providências adota-
das pelos viajantes desde que se tornara regular a navegação
dos rios tinham sido ditadas, naturalmente, pela necessidade
de defesa contra a ameaça permanente representada pelos
indígenas. O próprio uso de irem as embarcações de preferência em conserva e quase nunca isoladamente implanta-se para
atender a tais necessidades. No diário de Aguirre descrevem-
-se as canoas paulistas convenientemente armadas e petrecha-
das para poderem fazer frente aos insultos do gentio, sobretudo dos paiaguás.[97] A regra era irem as frotas acompanhadas
dos barcos armados só a partir do ponto em que as acometidas
eram habituais.

Nesse ponto, geralmente o lugar de Pouso Alegre, à margem do rio Taquari, uma ou mais embarcações, que todos os
anos, no tempo próprio, saíam de Cuiabá, ficavam à espera
das canoas para comboiá-las, em seguida, até ao fim da jornada. Assim também, quando o percurso se fazia em sentido
inverso, as frotas que se recolhiam a São Paulo vinham acompanhadas, até ao mesmo lugar, por alguns barcos armados, a
fim de, unidos todos, fazerem uma força capaz de resistir aos
assaltos do inimigo.*

A outra medida, esta decisiva, para assegurar-se a livre navegação dos rios, tanto quanto as fronteiras ocidentais, contra
a cobiça do castelhano foi o povoamento e fortificação de alguns pontos estratégicos na mesma área. Já em 1775, a requerimento do povo cuiabano, sempre temerosos dos assaltos dos
paiaguás e também dos guaicurus, que pouco antes tinham
ousado subir o rio Paraguai até ao morro das Pitas, onde mataram dezesseis pessoas na fazenda de propriedade de certo
Domingos da Silva, a quem igualmente trucidaram e a um filho seu, não obstante distar a paragem mais de cem léguas de

---

* As últimas páginas deste capítulo são muito semelhantes às páginas que encerram a
primeira parte de *O Extremo Oeste* (pp. 98-103 deste volume).

suas verdadeiras terras, deliberou o general da capitania, Luiz de Albuquerque de Melo Pereira e Cáceres, fazer atalhar de uma vez por todas esses intoleráveis insultos. O primeiro passo foi a fortificação, naquele mesmo ano de 1775, do lugar tradicionalmente chamado Fecho dos Morros, junto à orla do Pantanal e abaixo da foz do Mondego.

Tal foi a origem de célebre presídio a que se deu o nome de "Coimbra", uma sugestão, sem dúvida, do que se atribuíra ao rio vizinho. Três anos mais tarde, por determinação do mesmo governador, outro presídio se ergueria no próprio sítio onde ocorrera a acometida dos guaicurus. Ao contrário de Nova Coimbra, sujeita em parte a inundações, e acessível, durante a cheia, ao inimigo, que podia penetrar acima do presídio sem ter necessidade de apresentar-se às suas muralhas, o novo estabelecimento de Vila Maria, como foi chamado, do nome da nova rainha de Portugal, apresentava largo espaço livre das águas, com aprazíveis campinas, boas para a criação e matos próprios para roçados, de modo que, em pouco tempo, seus moradores, índios na maioria, iam ter grande fartura de carne, peixe, arroz, feijão e legumes de vária espécie.

Quase outro tanto poderia dizer-se do acantonamento de Albuquerque, fundado ainda em 1778 sobre a margem ocidental do rio Paraguai, se não fosse, entre outras, a praga dos morcegos, que impedia o aumento da criação. Apesar disso e da falta de requisitos para uma eficaz defesa, já que os assaltantes poderiam penetrar no interior da capitania pelo Paraguai-Mirim, Albuquerque, origem da atual Corumbá, deveria, com o tempo, alcançar apreciável grau de prosperidade.

De todos os baluartes construídos por Luiz de Albuquerque, com exceção do forte do príncipe da Beira, de 1776, que nas palavras de Luiz d'Alincourt fora planejado "segundo o sistema de célebre Mr. de Vauban",[98] pode dizer-se que seriam expugnáveis com relativa facilidade. O de Nova Coimbra, por exemplo, não passava, ao menos inicialmente, de um reduto retangular, erguido à beira do rio e fechado por uma grossa estacada. Só posteriormente seria reedificado com pedra e cal pelo coronel Ricardo Franco de Almeida Serra, quando comandante geral da fronteira, e ainda mais tarde aperfeiçoado pelo engenheiro Antonio José Rodrigues.[99]

Explica-se, por conseguinte, que não obstassem, ao menos a princípio, os ataques do gentio de corso, sempre numeroso nos rios e campos das proximidades. Assim é que, apenas seis anos depois de sua fundação, o mesmo forte de Nova Coimbra se viu atacado pelos índios cavaleiros, que, agindo traiçoeiramente, mataram a golpes de porrete 54 homens do presídio. Contudo, a experiência ganha durante essa refrega pelos soldados não foi inútil. Embora continuassem os assaltos nos anos seguintes, o certo é que a linha de defesa representada por esse sistema de fortificações iria aos poucos manter em sossego as tribos das imediações. Os próprios paiaguás acabaram, em 1790, por abandonar as águas que infestaram durante cinquenta anos, indo trasladar-se para as cercanias de Assunção, onde já se achavam, longamente fixados, e em trato com os castelhanos, seus irmãos da parcialidade sulina: os tacumbus.

Houve quem atribuísse tal defecção a um golpe frustrado que tinham intentado contra Nova Coimbra e que lhes custara numerosas vidas.[100] O outro motivo para a mudança prendia-se aparentemente ao fato de se ter desfeito definitivamente sua liga com os guaicurus. Estes, talvez por temerem aos castelhanos do Paraguai, cada vez mais dispostos a reagir contra seus insultos, trataram de buscar apoio entre os portugueses do Brasil, que lhes mostravam ânimo conciliatório. Abrigando-se nas imediações de Nova Coimbra e depois, também, de Miranda, não deixariam, no entanto, de praticar suas habituais tropelias contra os espanhóis do forte Bourbon ou Olimpo.

O acordo que poria termo às lutas com os portugueses do Brasil foi pomposamente celebrado em Vila Bela, para onde, em 1791, se dirigiram os dois principais daquela tribo, tomando um deles o nome de João Queima de Albuquerque e o outro o de Paulo Joaquim José Ferreira. A partir daquele ano observaram eles, quase sempre, os pactos que se comprometiam a não molestar os luso-brasileiros, e guardaram cuidadosamente o texto escrito do documento.[101]

De João Queima, especialmente, que ainda vivia por volta de 1828, consta que "sempre foi fidelissimo à sua palavra". E em épocas subsequentes não deixariam os guaicurus de conservar-se geralmente em boa amizade e inteligência com os brasileiros "civilizados". Muito mais tarde, durante a guerra da Tríplice Aliança, aproveitaram-se da situação para assaltar os soldados e povoações do Paraguai, que saquearam repetidas vezes, voltando às suas terras com tecidos e armas, principalmente terçados, que ainda em 1879 traziam constantemente à cintura como troféus.[102]

A mesma acolhida que tiveram no Brasil os guaicurus, passando a constituir na fronteira do Império uma "força formidável", que os brasileiros sustentariam "com pouca ou quase nenhuma despeza" contra a agressividade dos seus vizinhos do sul,[103] encontraram os paiaguás em Assunção. No tempo da ditadura do dr. Francia seriam mesmo incumbidos de policiar o rio nas imediações da capital, impedir a aproximação dos estrangeiros e prevenir todo comércio de contrabando. À época de Carlos Lopez, uma suspeita, bem ou mal fundada, de que se preparavam para aliar-se de novo aos inimigos guaicurus levou o governo assuncenho a transferi-los para perto de Casñavé.

Entregues agora unicamente à própria sorte, pareciam eles confirmar a versão antiga de que nada poderiam ou fariam contra os "civilizados" quando lhes faltasse apoio externo. E assim como em outros tempos só conseguiram impor-se depois que ficara reduzida à impotência a tribo dos guatós, anfíbia como eles e sua inimiga tradicional, doravante só lhes restará desaparecer por sua vez de cena, impedidos que se acham de reatar sua antiga amizade com os cavaleiros.

Em meados do século passado, às vésperas da guerra do

Paraguai, avistavam-se pelas praias de Assunção algumas choupanas imundas, cobertas de couro e habitadas por uma população miserável que vivia de vender lenha, pescado, remos de canoa e esteiras de palha aos moradores da cidade. O produto de seu trabalho consumia-o toda essa gente em embriagar-se.[104] Seu número era então calculado em duzentas a quinhentas almas.

Durante a guerra, combatendo contra o Brasil, sob o mando de oficiais paraguaios, sucumbiram quase todos, e em 1878, segundo os dados recolhidos em várias fontes por Max Schmidt, seu total não se elevaria a mais de dezessete indivíduos. Se tiveram algum aumento para fins do século (Boggiani, escrevendo em 1899, estimava-os em quarenta a cinquenta pessoas), a verdade é que se encontram hoje praticamente extintos. A índia com quem pôde entreter-se Max Schmidt, há pouco mais de um decênio, dizia-se uma das quatro últimas descendentes da tribo outrora tão numerosa e aguerrida. No entanto só guardava até certo ponto a lembrança do idioma ancestral e nele conseguiu ditar a frase que o etnólogo, em seu empenho de recolher o maior número possível de dados acerca da mesma tribo, tratou de anotar: "Antigamente", dizia, "eram muitos os paiaguás: todos morreram".[105]

Só uma tal morte podia encerrar devidamente a agonia dessa raça, feita para as asperezas da guerra e que, não obstante, se achava condenada aos lazeres da paz. A agonia tivera começo mais de século e meio antes, quando os paiaguás, forçados a abandonar as águas do alto Paraguai, teatro de seus antigos e sangrentos triunfos, deveram ir buscar um triste abrigo naquelas palhoças dos subúrbios de Assunção. É verdade que fora, este, um recurso inevitável, depois de sucessivos reveses impostos às suas canoas por um adversário cada vez melhor aparelhado para as enfrentar com bom sucesso.

A quem aproveitara, porém, semelhante desterro? Não certamente à gente do comércio fluvial do Cuiabá e Mato Grosso, também já desfalcado após o empobrecimento das minas, esteio que tanto o sustentara, e por tanto tempo, contra os maiores incômodos. Melhor será dizer que, tendo este perdido sua força, logo se dissipara a dos que o tinham ameaçado. E nem o interesse em tornar mais sofrível a penosa navegação animava já aos mareantes. Noutras épocas o perigo permanente do guaicuru e o do paiaguá fazia esquecer todas as demais tribulações padecidas nessa viagem, principalmente quando se alcançavam as águas do Paraguai ou dos seus afluentes.

Agora, quando o guaicuru se mostrava mais doméstico, e o paiaguá largara para sempre os rios que por tanto tempo infestara, pareciam eles ganhar novo realce. Mesmo nas proximidades de Cuiabá, os passageiros, nas ocasiões de enchentes, eram obrigados, muitas vezes, a dormir, à noite, nas exíguas canoas, devido à ausência ou à insuficiência dos pousos pelas margens encharcadas. Tal circunstância, somada à ruindade das águas e à praga dos mosquitos que perseguiam os homens a todo momento, não era sequer compensada pela presença de inúmeros animais de caça, excelente pescado e frutas silvestres.

Diogo de Toledo Lara Ordonhes, que efetuou a viagem no ano de 1785, em que os paiaguás já se tornavam mais raros e esquivos por aqueles sítios, principalmente à aproximação das canoas d'el-rei mandadas a comboiar as frotas, não fala, certamente, por si só, ao manifestar as impressões que recolhera do trajeto. "Em conclusão", diz, "em cinco mezes justos que gastei no sertão diverti-me bastante, porém muito mais the chegar à Camapuan, por serem os ares mais frios, mais sadios, boas águas e não haver o maldito mosquito, porque the então jogavamos the meia noite, brincavamos e não me mortificava a calma, e se a tinha, lavaveme duas ou tres vezes ao dia em todo o rio Pardo, o que fazia enquanto chegavão as outras canoas, por que a minha sempre andava muito dianteira. Porem depois dos mosquitos, calmas, aguas más e quentes, levei má vida, e o meu refrigério era atirar a torto e a direito, mesmo de dentro da barraca, e jogar de dia, enquanto não havia muito mosquito."[106]

O fruto da teimosa ambição que desafiava durante um século e mais a monotonia, as fadigas e os riscos daquelas viagens foi, ao cabo, mais duradouro do que os tesouros que tanto fascinaram aos aventureiros e negociantes setecentistas. Delas, do empenho de melhor garanti-las contra a fúria do gentio de corso e, ainda mais, de defender contra a cobiça do castelhano as terras que abrigavam aquela efêmera riqueza, nasceu o sistema de fortificações que ainda hoje serve para marcar ali a raia extrema dos antigos domínios e senhorios de Sua Majestade Fidelíssima. Por outro lado, articulada à do Guaporé, por conseguinte à bacia Amazônica,* a via fluvial percorrida pelas monções de povoado constitui uma linha de mais de 10 mil quilômetros de comprimento, que abraça a maior parte do Brasil e supera quaisquer outras linhas de circulação natural de nosso território, sem exclusão do próprio São Francisco, por muitos denominado o "rio da unidade nacional".

---

* Este capítulo termina de forma semelhante ao intitulado "Ouro", que não chegou a ser reescrito. Cf. *Monções*.

Notas

•

ABREVIATURAS

ABN	*Anais da Biblioteca Nacional do Rio de Janeiro*
ACSP	*Atas da Câmara de São Paulo*
AHU	Arquivo Histórico Ultramarino
AMP	*Anais do Museu Paulista*
BAMG	Biblioteca e Arquivo do Mato Grosso
DH	*Documentos Históricos*
DI	*Documentos Interessantes para a História e Costumes de São Paulo*
IT	Inventários e Testamentos
RAMSP	*Revista do Arquivo Municipal de São Paulo*
RDPHAN	*Revista do Departamento do Patrimônio Histórico e Artístico Nacional.*
RIHGB	*Revista do Instituto Histórico e Geográfico Brasileiro*
RIHGSP	*Revista do Instituto Histórico e Geográfico de São Paulo*
RMP	*Revista do Museu Paulista*

O EXTREMO OESTE

Caminhos do Extremo Oeste [pp. 33-103]

1. "Anua do Pe. Diogo Ferrer para o Provincial sobre a Geografia e Etnografia dos Indígenas do Itatim – 2.VIII.1623", *Manuscritos da Coleção De Angelis*. Rio de Janeiro: 1952. v. II: Jesuítas e bandeirantes no Itatim, p. 45.

2. "Carta del Gobernador del Paraguay D. Felix Rexe Corvalán a D. Jose de Garro, Gobernador de Buenos Aires, sobre intentos Portugueses de establecerse en Montevideo, Asunción, 22 de Octubre de 1679", *Campaña del Brasil. Antecedentes Coloniales*, v. I, p. 77.

3. "Relação que fas Ambrosio Jauffret, natural da sidade de Marseille", Andrée Mansuy, "Memoire Inedit d'Ambroise Jauffret sur le Brésil", sep. de *Actas do V Coloquio Internacional de Estudos Luso Brasileiros*, p. 15.

4. "Inventario dos Documentos relativos ao Brasil existentes no Archivo de Marinha e Ultramar, organizado por Eduardo de Castro e Almeida", *ABN*, v. 39, p. 199.

5. Archivo General de Indias, Sevilha, est. 74, caj. 4, leg. 10: "Da quenta del estado de la guerra de los indios enemigos Guaycuros, y Bayas, y las treguas à que se les à admitido en el interin que se les conçedia el socorro que tenia pedido; y tambien dá quenta de haver pasado a aquellas fronteras los enemigos Portugueses nombrados Mamelucos, y que tienen rendida la Villa Rica del Espirito Santo, y apresados quatro Pueblos de los naturales de su distrito, y pide Governador 500 Soldados de Presidio, Vocas de fuego, polvora, y muniçiones, diçiendo el socorro de 400 Soldados, y 700 Indios que remitieron à la dicha Villa con lo demás que se le ofrece en la materia, remitiendo un testimonio de Autos".

6. *ACSP*, v. IV, pp. 153-4. Os preços do trigo vendido nos sítios foram estimados através dos dados fornecidos por inventários do mesmo ano de 1633. Cf. IT, v. VIII, p. 349, e v. IX, pp. 61 e 97.

7. IT, v. III, p. 10.

8. IT, v. V, p. 312.

9. Arquivo do Estado de S. Paulo, "T.C. 1657-1659: Inventários não Publicados", caixa 4: Inventário de Amador Girão e Custódia de Candia.

10. O cálculo necessariamente aproximativo de quatro léguas funda-se aqui na presunção de que não estaria muito longe da atual a Cotia de 1659. A tradição ainda viva há um século, e assinalada por Azevedo Marques, pretendia que entre a primeira e a segunda Cotia não corre mais de uma légua. A mudança do povoado, com a respectiva capela "por conveniência dos moradores", verificou-se, ou melhor, completou-se, em 1713, segundo dados apurados por d. Duarte Leopoldo à vista da documentação eclesiástica. Cf. [d. Duarte Leopoldo e Silva], *Notas de história eclesiástica*, v. II, III e IV, p. 47, e Azevedo Marques, *Apontamentos* [...], v. I, p. 112.

11. José Eloy Ottoni, "Memoria sobre o estado atual da Capitania de Minas Geraes", *ABN*, v. XXX, p. 312, e Balthasar da Silva Lisboa, *Annaes do Rio de Janeiro*, v. II, p. 184.

12. IT, v. XXVII, p. 125.

13. Pe. Antonio Ruiz de Montoya, *Conquista Espiritual*, fl. 45 v.; "Informe de Manuel Juan de Morales de las cosas de San Pablo y maldades de sus moradores [...]", *Manuscritos da Coleção De Angelis*. Rio de Janeiro: 1951. v. I: Jesuítas e bandeirantes no Guairá, p. 184. [Disponível em: <http://objdigital.bn.br/acervo_digital/div_manuscritos/mss1019228/mss1019228.pdf>. Acesso em: 19 ago. 2014.]

14. Pedro Taques de Almeida Pais Leme, *Nobiliarquia paulistana*, v. II, *RIHGSP*, v. XXXIX, p. 333.

15. "Termos de Vereança de Curitiba", BAMG, v. VIII, p. 37.

16. *ACSP*, v. VIII, p. 297.

17. Woodrow Borah e Sherburne Cook, *Price Trends of Some Commodities in Central Mexico, 1531-1570*, p. 10.

18. Georg Friederici, *Amerikanistisches Wörterbuch*, p. 588.

19. A correspondência é aqui estabelecida com base na tabela de pesos e medidas castelhanas impressa em Earl J. Hamilton, *American Treasure and the Price Revolution in Spain*, p. 175. Ver, sobre o mesmo assunto, Manuel Luengo Muñoz, "Sumaria Noción de las Monedas, de Castilla e Indias en el Siglo XVI", *Anuario de Estudios Americanos*, t. VII, pp. 327 ss.

20. AHU, caixa 2: "Petição dos Comerciantes do Cuyabá, s.d. [1740?]".

21. Frei Vicente do Salvador, *Historia do Brasil*, p. 91.

22. "A Bandeira do Anhanguera a Goyaz em 1722 segundo José Peixoto da Silva Braga", *Gazeta Literaria*, Rio de Janeiro, 1883, p. 61.

23. IT, v. VIII, p. 316.

24. Pe. Pablo Pastells, *Historia de la Compañia de Jesus en la Provincia del Paraguay*, t. I, p. 461.

25. IT, v. XX, p. 301; Pe. Pablo Pastells, op. cit., t. III, pp. 124 e 179.

26. *DH*, v. II, pp. 139 ss.

27. Arquivo da Câmara de Mogi das Cruzes, Livro de Registro de Cartas de Guias de Animais: 1757-1768.

28. *DI*, v. LXIX. pp. 258 ss.

29. *ACSP*, v. XIII, pp. 436 ss.

30. Assim, já em 1591 o procurador do Conselho requeria fossem "ferrados" os cavalos de um ano para cima "porquanto allguas pessoas movião demandas e tinhão ja diferensas hus con outros por não conhecerem suas cavallgaduras [...]". *ACSP*, v. I, p. 475.

31. Arquivo do Estado de São Paulo: "T.C. 1737-1738: Inventários não Publicados", caixa 38.

32. Ibidem.

33. Diretoria do Patrimônio Histórico e Artístico Nacional, Rio de Janeiro: Testamento de Matias Barbosa da Silva. Cópia do original existente nos arquivos dos condes de Linhares em Portugal.

34. Nicoláo Dreys, *Historia Descriptiva da Provincia de S. Pedro do Sul*, p. 169.

35. AHU, Mato Grosso, caixa 3: "Petição dos Officiaes da Camara de Sorocaba a Sua Magestade, 9 de Setembro de 1748".

36. João Antonio Andreoni (André João Antonil), *Cultura e opulência do Brasil*, p. 285. Recentes pesquisas de Andrée Mansuy permitiram estabelecer que os dados usados na obra não seriam anteriores, no caso das minas, a 1709. Ver prefácio à edição de Antonil publicada em Paris pelo Institut des Hautes Études de l'Amérique Latine, p. 30.

37. "Relação da viagem que em 1757 [sic] fes o Exmo Conde de Azambuja sahindo da Cidade de S. Paulo [...], copia da de huma que suponho original, havida de uma das famosas Bibliotecas dessa Corte", Luiz dos Santos Vilhena, *Recopilação de notícias da capitania de S. Paulo*. Bahia: 1935.

38. "Diario da Jornada que fes o Ex.º Senhor D. Pedro [...] Anno de 1717", *RDPHAN*, v. III, pp. 305 ss.

39. Brig.º Raimundo José da Cunha Matos, *Itinerario do Rio de Janeiro ao Pará e Maranhão*, v. I, p. 40.

40. Pe. Joseph de Anchieta, *Cartas, informações, fragmentos históricos e sermões*, p. 268.

41. Pe. Fernão Cardim, "Narrativa epistolar", *Tratados da terra e gente do Brasil*, pp. 352 ss.

42. Biblioteca Nacional de Lisboa, Coleção Pombalina, cod. n. 720: "Itinerario da villa de Santos á cidade de São Paulo", s.d., fl. 231.

43. José Bonifácio Andrada e Silva e Martim Francisco Ribeiro de Andrada, "Viagem Mineralogica na Provincia de S. Paulo", *Obras científicas, políticas e sociais de José Bonifacio de Andrada e Silva*, v. I, p. 506.

44. W. C. von Eschwege, *Journal von Brasilien onder vermischte Nachrichten aus Brasilien, auf wissenschaftlichen Reisen gesammelt*, v. II, p. 245.

45. *DI*, v. LXXIX, pp. 60, 72 e 97.

46. *DI*, v. V, p. 118.

47. *DI*, v. LXIV, p. 83.

48. Biblioteca de Évora, Coleção Pe. Diogo Soares, cod. CXVI/2-15: "Relação verdadeira da derrota e viag que fes da Cid.ᵉ de S. Paulo p.ᵃ as Minas do Cuyaba o Exm.º Sr. Rodrigo Cesar de Menezes [...]", fl. 18v., rep a fl. 92v ss.

49. Cândido Xavier de Almeida e Sousa, "Descripção Diaria dos progressos da Expedição [...]", *RIHGB*, v. 202, p. 8.

50. Pe. José Sanchez Labrador, *El Paraguay Católico*, v. I, p. 146.

51. Dr. Francisco José de Lacerda e Almeida, *Diario da Viagem do Dr. [...] pelas Capitanias do Pará, Rio Negro, Matto Grosso, Cuyabá e S. Paulo nos Annos de 1780 e 1790*, pp. 30 ss.

52. Cândido Xavier de Almeida e Souza, "Descrição Diaria", *RIHGB*, v. 202, pp. 38 ss.

53. Biblioteca e Arquivo Público de Mato Grosso, cod. ms.: "Rellação Chronologica dos estabelecimentos, factos e successos mais notaveis que acontecerão nestas Minas do Cuyabá desde o seu estabelecimento [...] ou Annaes da Camara do Cuyabá", fls. 193 e v.

54. Dr. Walter J. Hoffman, "Der Indianische Birkenrindenbau", *Globus*, v. 55, p. 335. O confronto entre mamelucos e *coureurs de bois*, esses "mamelucos da América do Norte", foi tentado por G. Friederici, *Der Charakter der Entdeckung und Eroberung Amerikas durch die Europäer*, pp. 429 e 497.

55. "Memorial del P. Antonio Ruiz de Montoya", Pablo Hernandez, *Organización Social de las Doctrinas Guaraníes*, v. II, pp. 634 ss.

56. Bernardo de Vargas Machuca, *Milicia y Descripción de las Indias*, t. I, pp. 37 e 142.

57. Biblioteca de Évora, Coleção Pe. Diogo Soares, cod. CXVI/2-15: João Antonio Cabral Camello, "Noticia [...] do que lhe socedeo na volta que fes das mesmas Minas p.ᵃ S. Paulo", fl. 7, rep. a fl. 72.

58. Walter Prescott Webb, *The Great Plains*, p. 169.

59. Jean de Léry, *Histoire d'un Voyage faict en Terre du Brésil*, t. II, pp. 34 ss.

60. Dr. Francisco José de Lacerda e Almeida, *Diario da viagem do Dr. [...]*, pp. 65 ss.

61. Biblioteca de Évora, Coleção Pe. Diogo Soares, cod. CXVI/2-15: "Noticia [...] dada pelo Cap.ᵃᵐ D.ᵒˢ Lourenço de Araujo [...] sobre o infeliz successo q' tiverão no Rio Paraguay as tropas que vinhão p.ᵃ S. Paulo no anno de 1730", fl. 11, rep a fls. 78v. ss.

62. *Manuscritos da Coleção De Angelis*. v. II: Jesuítas e bandeirantes no Itatim, p. 30.

63. *Bandeirantes no Paraguai*, p. 110.

64. Pe. Pablo Pastells, *Historia de la Compañia de Jesus en la Provincia del Paraguay*, t. III, p. 142.

65. Pe. José Sanchez Labrador, *El Paraguay Católico*, v. I, p. 62.

66. Idem, v. I, p. 137, e v. II, p. 227.

67. Raul Silveira de Melo, *Historia do Forte de Coimbra*, v. I, p. 208.

68. Biblioteca e Arquivo Público de Mato Grosso, L. de 1776, carta de Marcelino Rodrigues Camponez a Luiz de Albuquerque: "O Rio q' se appelidava Botethei mandei estabelecer o nome de Mondego, p.ʳ q' em Portugal alaga a Cid.ᵉ e Campos de Coimbra". A carta tem a data de 21 de janeiro de 1776.

69. Joseph Barbosa de Sá, "Relação das povoaçõens do Cuyaba e Matto Grosso de seos principios thé os presentes tempos", *ABN*, v. XXI, p. 15.

70. Pe. Juan Patricio Fernandez, *Relación Historial de las Misiones de Indios Chiquitos*, v. I, p. 192.

71. Biblioteca de Évora, Coleção Pe. Diogo Soares, cod. CXVI/2-15: "Noticia [...] dada pelo Cap.ᵃᵐ D.ᵒˢ Lourenço de Araujo ao R. Pe. Diogo Soares sobre o infelis sucesso q' tiverão no R.º Paraguay [...]", p. 11v., rep. a p. 80v.

72. J. Patricio Fernandez, *Relación Historial de las Misiones de los Indios Chiquitos*, v. I, pp. 192 e 201; *Bandeirantes no Paraguai*, pp. 300 ss.

73. *Manuscritos da Coleção De Angelis*. v. II: Jesuítas e bandeirantes no Itatim, pp. 302 e 310.

74. Francisco Rodrigues do Prado, "Historia dos índios Cavaleiros da Nação Guaycuru", *RIHGB*, v. I, p. 35.

75. Pe. José Sanchez Labrador, *El Paraguay Católico*, v. I, p. 261.

76. Pe. Pablo Pastells, *Historia de la Compañia de Jesus en la Provincia del Paraguay*, v. IV, p. 169.

77. Félix de Azara, *Viajes por la America Meridional*, v. II, p. 59.

78. Pe. Pablo Pastells e P. F. Mateo, *Historia de la Compañia de Jesus en la Provincia del Paraguay*, v. VII, p. 468.

79. *DI*, v. LXXIII, p. 34.

80. *DI*, v. VI, p. 145.

81. Cf. a "Demonstração dos diversos caminhos de que os moradores de S. Paulo se servem para os Rios Cuyaba e Provincia de Cochiponé", *AMP*, v. I, segunda parte, pp. 459 ss.

82. Pe. Pablo Pastells, *Historia de la Compañia de Jesus en la Provincia del Paraguay*, t. IV, p. 514. Admitindo a probabilidade dessa deformação, corrige-se aqui, ou atenua-se o que está na primeira edição desta obra, onde se inclinará o autor para a identificação que propõe Paulo Prado em *Paulística*, 1. ed., p. 58, entre o Imuncima e o Pardo-Anhanduí-Guaçu. Em velho mapa inaciano reproduzido nas obras de Pablo Hernandez Pastells e com maior nitidez no v. II da *Cartografia Jesuítica del Rio de la Plata*, compilação de Furlong Cardiff, o Imuncima surge como tributário do Igairi, que seria o Jaguari. A deformação é admissível principalmente através da forma espanhola Ivineyma ou Ibincyma (que aparece no diário de Aguirre). Aliás, é muito confusa a nomenclatura castelhana dos rios brasileiros da região e não faltam mapas e relatos onde o Ivinheima aparece em situação que corresponderia efetivamente à do Pardo-Anhanduí-

-Guaçu. Em outros documentos o Pardo é chamado Cubiai, enquanto ao Ivinheima se chama, além de Jaguari, também Viñey e rio dos Gualachos. A identificação de Prado entre o Imuncima e o Pardo já fora discutida por Taunay em *História geral das bandeiras paulistas*, v. VI, p. 42.

83. *DI*, v. III, p. 182.

84. *Bandeirantes no Paraguai*, p. 382.

85. "Demonstração dos diversos caminhos de que os moradores de São Paulo se servem [...]", *AMP*, v. I, segunda parte, p. 462.

86. Biblioteca Nacional do Rio de Janeiro, Seção de Manuscritos, cod. DCXLIV/28-17: "Carta do conde de Azambuja ao de Val de Reys"; Biblioteca de Évora, Coleção Pe. Diogo Soares, cod. CXVI/2-15: "Noticia dada pelo Cap.am Ant.o Pires de Campos ao Cap. am D.os de Araujo [...] sobre as Naçõens de barbaros q'ha na derrota e Viage do Cuyaba e seo reconcavo", fl. 84.

87. *DI*, v. LXVI, p. 182.

88. *DI*, v. VII, p. 133.

89. *Bandeirantes no Paraguai*, p. 379.

90. Biblioteca de Évora, Coleção Pe. Diogo Soares, cod. CXVI/2-15: Manoel de Narros, "Noticia [...] e Roteyro verd.o das Minas do Cuyaba, e de todas as suas marchas, e cachoeyras, itaypavas, varadouros e descarregadouros das canoas que navegão p.a as ditas Minas com os dias da navegação, etc.", fl. 29v. e fl. 113.

91. Biblioteca de Évora, Coleção Pe. Diogo Soares, cod. CXVI/2-15: "Noticia dada pelo Cap.am Ant.o Pires de Campos ao Cap.am D.os de Araujo [...] sobre as Naçoens de barbaros q'ha na derrota e Viag do Cuyabá e seo reconcavo", fl. 91v.

92. *Manuscritos da Coleção De Angelis*. v. II: Jesuítas e bandeirantes no Itatim, p. 45. Em ânua de 1633 do padre Diego Ferrer diz-se que "sob o nome de gualachos compreendem-se todas as nações que não têm como própria, a língua guarani". A. Métraux pretende que esse nome designaria de preferência os caingangues. Cf. "The Caingang", in *Handbook of South American Indians*, v. I, p. 447. Do texto de Ferrer pode-se supor entretanto que o nome de gualacho no Paraguai corresponde ao de tapuia no Brasil: eram os índios, como se dizia, de "língua travada".

93. Biblioteca de Évora, Coleção Pe. Diogo Soares, cod. CXVI/2-15: "Noticia [...] que dá ao R. P.e Diogo Soares o Cap.am João Antonio Cabral Camello sobre a viag q' fes ás Minas do Cuyabá no anno de 1727", fl. 3, rep. a fls. 64 e v.

94. Alvar Nuñez Cabeza de Vaca, *Naufragios y Comentarios*, p. 204.

95. Pe. José Sanchez Labrador, *El Paraguay Católico*, v. I, p. 245.

96. Félix de Azara, *Viajes por la America Meridional*, v. II, p. 58.

97. José de Sousa Azevedo Pizarro e Araujo, *Memorias Historicas do Rio de Janeiro*, t. 85, nota 6.

98. Herbert Baldus, intr. a Guido Boggiani, *Os Caduveu*, pp. 19 e 45.

99. Francis de Castelnau, *Éxpedition dans les parties centrales de l'Amérique du Sud. Histoire du Voyage*, t. II, p. 395.

100. Biblioteca de Évora, Coleção Pe. Diogo Soares, cod. CXVI/2-15: "Noticia q' da ao R.o P.e Diogo Soares o Cap.am João Antonio Cabral Camello sobre a viag q' fes as Minas de Cuyabá no anno de 1727", fls. 4 e 67.

101. Ibidem, fl. 3v., rep. a fl. 66, e "Noticia dada pelo Cap.^{am} Ant.º Pires de Campos […]", cit., fl. 86.

102. *Sesmarias*, v. III, p. 179.

103. *DI*, v. XIII, p. 145.

104. *Sesmarias*, v. III, pp. 231 ss.

105. *Sesmarias*, v. III, p. 222.

106. *Sesmarias*, v. III, p. 199.

107. Francisco Rodrigues do Prado, "Historia dos índios Cavalleiros ou da Nação Guaycurú", *RIHGB*, v. I, p. 15.

108. Pizarro e Araujo, *Memorias Historicas*, t. IX, p. 199.

109. Félix de Azara, *Geografia Física y Esferica de las provincias del Paraguay y Misiones Jesuiticas*, p. 305.

110. Ibidem, p. 304; Juan Francisco de Aguirre, "Diario", *Anales de la Biblioteca Nacional de Buenos Aires*, v. VII, pp. 375 ss.

111. Biblioteca de Évora, Coleção Pe. Diogo Soares, cod. CXVI/2-15: "Notícias dadas pelo Cap.^{am} Lourenço de Araujo […]", fl. […], rep. a fl. 79.

112. Ruy Diaz de Guzmán, *La Argentina*, p. 96.

113. Arquivo Público do Estado de S. Paulo, T. C. – maço 88, pasta 1, n. 24.

114. *Manuscritos da Coleção De Angelis*. v. II: Jesuítas e bandeirantes no Itatim, p. 302.

115. *Manuscritos da Coleção De Angelis*. Rio de Janeiro: 1954. v. V: Tratado de Madri, p. 323.

116. J. Patricio Fernandez, *Relación Historial de las Misiones de los Indios que llaman Chiquitos* […], v. I, p. 186.

117. Biblioteca de Évora, Coleção Pe. Diogo Soares, cod. CXVI/2-15: "Noticia dada pelo Cap.^{am} Ant.º Pires de Campos ao Cap.^{am} D.^{os} Lourenço de Araujo […] sobre as Naçõens de barbaros q'ha na derrota e Viag do Cuyaba e seo reconcavo", fl. 79v.

118. Ulrich Schmidel, *Reise nach Süd-Amerika*, p. 42.

119. Biblioteca Nacional, Rio de Janeiro, Seção de Manuscritos, cod. DCXLIV/28-17: "Carta do Illmo. e Exmo. Sr. Conde de Azambuja ao de Val de Reis em que lhe relata os sucessos de sua viagem para o seu Governo de Matto Grosso em 1750".

120. D. Félix de Azara, *Geografia Fisica y Esferica* […], p. 158.

121. Biblioteca de Évora, Coleção Pe. Diogo Soares, cod. CXVI/2-15: "Noticia dada pelo Cap.^{am} D.^{os} Lourenço de Araujo sobre o infelis successo q' tiverão no r.º Paraguay as tropas q' vinhão p.ª S. Paulo […]", fl. 78v.

122. Cf. nota 133 *retro*.

123. Marechal visconde de Beaurepaire Rohan, "Annaes de Matto Grosso", *RIHGSP*, v. XV, pp. 37-116.

124. D. Félix de Azara, *Geografia Fisica y Esferica* […], p. 355.

125. *DI*, v. XIII, p. 136.

126. *Bandeirantes no Paraguai*, pp. 429 ss.

127. Fr. Bartolomé de Las Casas, *Historia de las Indias*, v. II, p. 508.

128. *Bandeirantes no Paraguai*, p. 432.

129. Biblioteca de Évora, Coleção Pe. Diogo Soares, cod. CXVI/2-15: "Noticia vinda da Cid.ᵉ do Paraguai a noua Colonia do Sacramt.º com avizo da Venda q' fizerão os Paya-

goas dos Captivos Portuguezes naquella mesma Cid.ᵉ escripta por D. Carlos de los Reyes Valmaceda", fl. 12v., rep. a fl. 83.

130. Biblioteca de Évora, Coleção Pe. Diogo Soares, cod. CXVI/2-15: João Antonio Cabral Camello, "Noticia do q' lhe socedeo na volta q' fes das minas p.ᵃ S. Paulo", fl. 7v., rep. a fl. 73.

131. Biblioteca de Évora, Coleção Pe. Diogo Soares, cod. CXVI/2-15: "Noticia [...] dada pelo Cap.ᵃᵐ D.ᵒˢ Lourenço de Araujo ao R.ᵒ P.ᵉ Diogo Soares sobre o infelis successo [...]", fl. 79v.

132. "Carta de D. Manuel A. Florez al Marquez de Valderios", pp. 13 ss., Pedro de Angelis, *Colección de Obras y Documentos relativos a la Historia Antigua e Moderna de las Provincias del Rio de la Plata*, v. IV.

133. Biblioteca de Évora, Coleção Pe. Diogo Soares, cod. CXVI/2-15: "Noticia dada pelo Cap.ᵃᵐ D.ᵒˢ Lourenço de Araujo ao R.ᵒ P.ᵉ Diogo Soares sobre o infelis successo [...]", fl. 11, rep. a fl. 79.

134. AHU, Mato Grosso, cx. 8: "Cartas do G.ᵒʳ Capitão General", 5 de setembro de 1754.

135. Carl Friedrich Philip von Martius, *Beitrage zur Ethnographie und Sprachenkunde Amerikas zumal Brasiliens*, v. I, pp. 223 ss. Sobre ponto de vista semelhante defendido por autores mais recentes, ver Max Schmidt, "Los Payagua", *RMP*, nova série, v. III, p. 265.

136. Sustentada, entre outros, por Lafone Quevedo, Boggiani e Koch Grünberg, esse ponto de vista reaparece em Alfred Métraux, "Ethnography of the Chaco", *Handbook of South-American Indians*, v. I, pp. 214 ss.

137. Max Schmidt, op. cit., p. 204.

138. Pe. José Sanchez Labrador, *El Paraguay Católico*, v. I, p. 57, e v. II, p. 151.

139. Sanchez Labrador, op. cit.

A conquista do Extremo Oeste [pp. 104-96]

1. Vai muito além disso um historiador paraguaio ao dizer: "Cuando en 1750 firmaron Portugal y España un tratado de limites, triunfó la astucia lusitana sobre la torpeza y venalidad de los diplomáticos españoles". Cf. Efraim Cardozo, *El Paraguay Colonial*, p. 210.

2. *Exposição que os Estados Unidos do Brasil apresentam ao presidente dos Estados Unidos da América como árbitro segundo as estipulações do tratado de 7 de setembro de 1889, concluído entre o Brasil e a República Argentina*, v. 2, p. 18. Nesse mesmo volume e à mesma página cita o barão do Rio Branco a opinião de Floridablanca acerca dos supostos sacrifícios territoriais da Espanha na América do Sul. Depois de criticar os que ainda queriam afincadamente ressuscitar a linha de Tordesilhas, o ministro de Carlos III, burocrata exemplar e circunspecto, que não toleraria concessões prejudiciais ao seu país e ao seu rei, escreve que "admitiendo este principio tendríamos que ceder a los Portugueses las islas Filipinas".

3. Jaime Cortesão, *História do Brasil nos velhos mapas*, t. 1, pp. 347, 355 et passim.

4. Efraim Cardozo, *El Imperio del Brasil y el Rio de la Plata*, pp. 30, 539 e 542; Juan Baptista Alberdi, *Historia de la Guerra del Paraguay*, p. 19; L. Schneider, *Historia da*

Guerra da Triplice Aliança contra o Governo da Republica do Paraguay, v. 1, p. 48 e n. 5 (nota de Silva Paranhos).

5. L. Schneider, op. cit., p. 50, nota.

6. Efraim Cardozo, *El Imperio del Brasil y el Rio de la Plata*, p. 540.

7. "Diario del Capitán de Fragata D. Juan Francisco de Aguirre", t. 2, segunda parte, *Revista de la Biblioteca Nacional*, t. XIX, n. 47 e 48, pp. 390 ss., terceiro e quarto trimestres de 1948.

8. Juan Francisco Recalde, "Estudo crítico sobre termos tupis no Português do Brasil", *RAMSP*, v. XLII, p. 71.

9. "Diario del Capitán de Fragata D. Juan Francisco de Aguirre", t. 2, primeira parte, *Revista de la Biblioteca Nacional, Buenos Aires*, t. 18, n. 43 e 45.

10. J. Natalicio Gonzalez, *Proceso y Formación de la Cultura Paraguaya*, t. 1, 2. ed., p. 119.

11. Ibidem.

12. Enrique de Gandia, *Limites de las Gobernaciones Sud-Americanas en el Siglo XVI*, pp. 25-40 et passim.

13. O texto da provisão está publicado em Carlos de Moría Vicuña, *Estudio Histórico sobre el Descubrimiento y Conquista de la Patagonia y de la Tierra del Fuego, Apéndice y Pruebas*, n. 14, pp. 42 ss.

14. José de Acosta, *Historia Natural y Moral de las Indias*, p. 205.

15. Cf., por exemplo, os mapas anexos ao segundo volume de *El Paraguai Católico*, de José Sanchez Labrador.

16. Ver "Relación de Hernando de Ribera", Cabeza de Vaca, *Naufragios y Comentarios*, pp. 360 ss.; Ulrich Schmidel, *Reise nach Sud-Amerika*, pp. 62 ss.; Serafim Leite, "Antonio Rodrigues, Soldado, Viajante e Jesuita Portugues na América do Sul", *Páginas de História do Brasil*, pp. 117 ss.

17. H. Sanchez Quell, *Estructura y Funcción del Paraguay Colonial*, p. 82. Importa notar, por outro lado, que o licenciado La Gasca, cuja idoneidade e competência o tornaram pessoa de confiança da Coroa espanhola, concluíra que a jurisdição de Pizarro e Almagro devia exercer-se do Pacífico ao Atlântico ou, segundo a nomenclatura da época, do mar do Sul ao do Norte, no que parecia ignorar não só a extensão até a Amazônia da antiga "gobernación" de Mendoza, como a própria existência do Brasil português. Outro historiador moderno, que afirma aquela extensão, faz estribar sua certeza no absurdo que representaria esta última omissão. Sustenta mesmo que La Gasca, ignorante dos limites reais do Paraguai, se deixou manobrar por Nufrio de Chavez, que procurava, habilidosamente, prejudicar Irala. Cf. Enrique de Gandia, op. cit. Essa argumentação torna-se pelo menos falível quando se considere o que pode entrar de anacrônico no querer interpretar segundo as modernas exigências de precisão e limpidez a linguagem cheia de ambiguidades e subentendidos que costumam sobrecarregar os textos da época. Nada impede que a expressão "de mar a mar" usada por La Gasca admitisse a ressalva, que não precisava ser explícita, com relação aos eventuais direitos da Coroa de Portugal. Pelo menos tão absurda quanto a omissão do Brasil seria a suposição de que La Gasca ignorava a existência da linha de Tordesilhas. O que certamente ignorava, como toda gente, era por onde devia passar essa linha. E provavelmente desejava, como é natural, que a demarcação favorecesse o mais possível aos

castelhanos. Aliás, basta um relance sobre vários exemplares da cartografia quinhentista e até seiscentista para concluir que, à vista deles, era possível imaginar uma extensão até o Atlântico, no todo ou em partes, das terras atribuídas a Pizarro ou a Almagro, sem que isso significasse qualquer prejuízo para a demarcação lusitana ou flagrante violação do Tratado de Tordesilhas. E ainda trinta anos depois, segundo as especulações do cosmógrafo italiano, Gesio, que, no entanto, calculou mal a distância em que devia ficar a linha de demarcação do acidente das ilhas de Cabo Verde, pois escreveu 470 em vez de 370 léguas, a pouco deviam reduzir-se ou a nada, de acordo com o Tratado de Tordesilhas as terras sul-americanas da Coroa de Portugal.

18. Efraim Cardozo, *El Paraguay Colonial*, p. 19: "El Paraguay se convirtió", escreve esse notável historiador, "gracias a ese audaz ensayio de Reino de Dios, en el nombre más saliente y conocido en la cartografia y en la geografia de los siglos XVII y XVIII". Continuando, observa ainda Cardozo que a "Provincia Gigante", deixando cedo, embora, de representar uma realidade jurídica e material, vai renascer e subsistir até o limiar de sua emancipação nacional no "Grand Paraguay" dos jesuítas, que batizaram com seu nome os rios, as montanhas, as selvas, as planícies e os mares de metade do continente sul-americano. "A geografia do espírito superou amplamente a geografia política e física".

19. Leo Bagrow e R. A. Skelton, *Meister der Kartographie*, reprodução colorida às pp. 154 ss.; Leo Bagrow, *Geschichte der Kartographie*, repr. col. à p. 116.

20. *Mapas Españoles de América: Siglos XV-XVII*, n. XXIX.

21. *Livro que dá rezão do Estado do Brasil*, p. 11.

22. J. P. Leite Cordeiro, "Carta de Juan Bautista Gesio (1579)". "Documentos quinhentistas espanhóis referentes à capitania de S. Vicente", *RIHGSP*, v. 46, pp. 314 ss.

23. *Mapas Españoles de América: Siglos XV-XVII*, n. LXIX.

24. *Mapas Españoles de América: Siglos XV-XVII*, pp. 27 ss.

25. Clemente Brandenburger, *A Nova Gazeta da Terra do Brasil*, pp. 39 ss.

26. "Relación de la Jornada [de Irala] al Norte – 1942", R. de Lafuente Machain, *El Gobernador Domingo Martínez de Irala*, pp. 403, 405 e 408.

27. Gil Vicente, *Obras completas*, fl. CXXXIIV.

28. "Copia de Ciertos Capítulos de la Carta que Don Luis Sarmiento escribió a S. M. en 11 julio de 1535 [...]", *Campaña del Brasil: Antecedentes Coloniales*, t. 1, p. 5.

29. "Certaine Note of the Voayage to Brazil with the Mission of London [...] in the Years 1580, Written by Thomas Grigges Purser of the Said Shippe", in Richard Hakluyt, *The Principall Navigations, Voiages, and Discoveries of the English Nation*, p. 643.

30. "The Admirable Adventures and Strange Fortunes of Master Anthony Knivet", *Hakluytus Posthumus or Purchas His Pilgrimes*, v. XVI, p. 220.

31. Frederic C. Lane, "The Mediterranean Spice Trade: Evidence of its Revival in the Sixteenth Century", *The American Historical Review*, 1940, v. XLV, pp. 581-90. Reimpresso em *Venice and History: The Collected Papers of Frederic C. Lane*, pp. 25-34. Aceitando em geral as conclusões de Lane e enriquecendo-as em alguns pontos, procura Fernand Braudel acompanhar os altos e baixos ocorridos nessa disputa de hegemonias entre o Mediterrâneo e o Atlântico. Cf. Braudel, *La Méditerranée et le Monde Méditerranéen à l'époque de Philippe II*, pp. 441-7. A *mise au point* tentada posterior-

mente por Vitorino de Magalhães Godinho não visou tanto a uma retomada da tese tradicional – ou seja, a de que com a circum-navegação da África pelos portugueses estava definitivamente condenado o comércio do Levante –, como a uma retificação do erro oposto, em que recaem aqueles que negam qualquer influência restritiva exercida sobre esse comércio pela derrota marítima do Oriente. Cf. Vitorino de Magalhães Godinho, "Le Répli venitien et egyptien et la route du Cap", *Hommage à Lucien Febvre. Éventail de l'Histoire Vivante*, v. 2, pp. 283-300.

32. De umas notas do conde da Castanheira sobre as despesas del-rei d. João III desde que principiara a reinar até 1544, e que frei Luís de Sousa transcreve em seus *Anais*, consta que o Brasil não só deixara de render nos últimos vinte anos o que antes rendia, mas custara, para defendê-lo e povoá-lo, mais de 80 mil cruzados. V. Fr. Luís de Sousa, *Anais de d. João III*, v. II, p. 274. Dois anos antes, aludindo a despesas feitas com o Brasil desde 1530, escrevera Castanheira: "Misterio grande foi fazer-se a primeira despeza a fim de coisa que a não merecia", ibidem, p. 262.

33. Diogo do Couto, *O soldado prático*, p. 226.

34. *Diálogos das grandezas do Brasil*, pp. 5 ss. Seguindo embora a versão de Recife (2. ed., 1966), por mais perfeita e completa, usou-se aqui a forma "com o ficarmos, etc." em vez de "como ficarmos", que não faz sentido. Essa forma parece autorizada pela da edição de 1930 (Academia), onde se lê (p. 28): "*com ficarmos*".

35. *ABN*, v. 57, p. 54.

36. *Historia geral do Brazil* [...] *por um sócio do Instituto Histórico do Brazil, natural de Sorocaba*, t. 1, p. 52.

37. Varnhagen, *História geral do Brasil*, 4. ed. integral, t. 1, p. 140, nota 10.

38. Varnhagen, op. cit., p. 145 e nota.

39. "Carta del capitán Juán de Salazar a los Señores de la Casa de Contratación en Sevilla – 30 Junio 1553", impresso em apêndice à versão espanhola do manuscrito do conhecido livro de Ulrich Schmidel por Edmundo Wernicke, *Derrotero y Viajes a España y las Indias*, p. 240.

40. *Cartas do Brasil e mais escritos do p. Manuel da Nóbrega* (Opera Omnia), com introdução e notas históricas e críticas de Serafim Leite S.J., p. 169. Cf. também Serafim Leite S.J., *Cartas dos primeiros jesuítas do Brasil*, p. 495.

41. *Cartas do Brasil e mais escritos* [...], p. 156. Também Serafim Leite, *Cartas dos primeiros jesuítas do Brasil*, p. 451.

42. Carta de Tomé de Sousa (18 de junho de 1553), *HCPB*, v. III, p. 366.

43. "D. João a João Roiz Correia (nov. 1553)", in Luís Ferrand de Almeida, *A diplomacia portuguesa e os limites meridionais do Brasil*, v. I, pp. 301 ss. A minuta dessa e a da carta de dezembro ao mesmo João Roiz constam do apêndice documental dessa obra, tendo sido reproduzidas do original existente na Torre do Tombo, em Lisboa.

44. Luís Ferrand de Almeida, op. cit., p. 302.

45. "Reales Cedulas al Rey de Portugal y al Embajador de España, D. Luiz Sarmiento de Mendoza [...], Ponferrada, 13 de junio de 1554", *Campaña del Brasil. Antecedentes Coloniales*, t. 1, pp. 7 ss.

46. Essa matéria foi tratada pelo autor em outra obra com uma prolixidade que não pode ter lugar nesta. Ver Sérgio Buarque de Holanda, *Visão do Paraíso*, 2. ed., pp. 42-4 e 82 ss.

47. Pero de Magalhães Gandavo, *I. Tratado da Terra do Brasil. II. História da Província de Santa Cruz*, p. 60.

48. Ibidem, p. 81.

49. Ibidem, pp. 148 ss.

50. *Diálogos das grandezas do Brasil*, pp. 14 ss.

51. *RIHGB*, p. 91 ss.

52. Rolando Mellafe, *La introducción de la esclavitud negra en Chile: Tráfico y rutas*, p. 242.

53. *Recopilación de leyes de los Reynos de Indias*, livro IV, tít. III, lei 27.

54. Georg Friederici, *Der Charakter der Entdeckung und Eroberung Amerikas durch die Europäer*, v. 1, p. 369.

55. Manoel Eufrazio de Azevedo Marques, *Apontamentos Historicos, Geographicos, Biographicos e Noticiosos da Provincia de São Paulo*, v. 2. Cronologia, pp. 222 ss.

56. A. P. Canabrava, *O comércio português no Rio da Prata (1580-1640)*, pp. 60-6 et passim.

57. R. de Lafuente Machain, *Los portugueses en Buenos Aires (Siglo XVII)*, p. 19.

58. Ruy Diaz de Guzmán, *Le Argentina*, pp. 183 ss., e 207.

59. Ramon I. Cardozo, *El Guairá. Historia de la antigua provincia*, pp. 41 ss.

60. Pe. Pablo Pastells, *Historia de la Compañia de Jesus en la provincia del Paraguay*, t. 1, p. 274.

61. "Copia de las Rasones q hay para que el R. Consejo se sirva mandar con graves penas q todos los Indios q se' convertieren por el Evangelio en el distrito de las aud.ªˢ del Perú y Rio de la Plata, Paraguay se pongan en cabeza de S. M.", *Manuscritos da Coleção De Angelis*. v. I: Jesuítas e bandeirantes no Guairá, p. 372.

62. "Nhuara" e "nhuguara" são aqui versões fonéticas das formas castelhanas "*ñuara*" e "*ñuguara*". Montoya dá no verbete "*Ñu*", traduzido por "campo", "*Ñu iguara*", como significando "camperos". Ver Antônio Ruiz de Montoya, *Vocabulario y tesoro de la lengua guarani ó mas bien tupi*, segunda parte, p. 253v.

63. D. Félix de Azara, *Descripción e historia del Paraguay y del Rio de la Plata*, t. II, pp. 205 ss.

64. D. Félix de Azara, op. cit., t. II, p. 206.

65. "Diario del capitán de fragata D. Juan Francisco de Aguirre, t. II, 1ª parte", *Revista de la Biblioteca Nacional*, Buenos Aires, t. XVIII, n. 45 e 46, p. 214, primeiro e segundo semestres de 1948.

66. D. Félix de Azara, op. cit., t. II, p. 7.

67. "Diario del capitán de fragata D. Juan Francisco de Aguirre", cit., pp. 215 ss.

68. Ruy Diaz de Guzmán, *La Argentina*, pp. 29 ss.

69. "Exame necessario do padre Lozano sobre o manifesto do padre Vargas Machuca", *Manuscritos da Coleção De Angelis*. v. II: Jesuítas e bandeirantes no Itatim, p. 317.

70. D. Félix de Azara, *Descripción e historia del Paraguay*, t. II, p. 207.

71. Pe. Pedro Lozano, *Historia de la conquista del Paraguay, Rio de la Plata y Tucuman*, t. I, pp. 97 ss.

72. Pe. Pablo Pastells, *Historia de la Compañia de Jesus en la provincia del Paraguay*, t. I, p. 272, nota.

73. Pe. Pablo Pastells, op. cit., t. I, p. 157, nota.

74. Pe. Nicolás del Techo, *Historia de la provincia del Paraguay de la Compañia de Jesus*, t. IV, p. 217.

75. Carta de Hernandarias de Saavedra a el Rei (28.VII.1616), *Revista de la Biblioteca Nacional de Buenos Aires*, v. II, n. 1, p. 47.

76. "Inventario de Pedro Sardinha", IT, v. III, pp. 394 ss.

77. Afonso d'E. Taunay, *História geral das bandeiras paulistas*, v. 5, p. 64.

78. Julin Mª Rubio, *Exploración y conquista del Rio de la Plata*, p. 576.

79. *Exposição que os Estados Unidos do Brasil apresentam ao presidente dos Estados Unidos da América*, v. II. p. 210 e nota.

80. Pe. Pedro Lozano, *Historia de la conquista del Paraguay, Rio de la Plata y Tucuman*, t. I, p. 98.

81. "Anua do Pe. Diego Ferrer – 21.XII.1633", *Manuscritos da Coleção De Angelis*. v. II: Jesuítas e bandeirantes no Itatim, p. 41.

82. D. Félix de Azara, *Descripción y historia del Paraguay y del Rio de la Plata*, t. II, p. 207.

83. "Petição do P. João Batista Ferrufino para mudar os Indios do Itatim", *Manuscritos da Coleção De Angelis*. v. II: Jesuítas e bandeirantes no Itatim, p. 78.

84. Pedro Taques de Almeida Pais Leme, *Nobiliarchia Paulistana: Historica e genealogica*, t. I, pp. 308 ss. e 431 ss.

85. Pe. Paulo Silveira de Camargo, *Notas para a historia de Parnaíba*, p. 57. Segundo esse autor, que examinou largamente a documentação eclesiástica, Juan de Ocampo foi de fato o primeiro vigário de Parnaíba, e o foi desde 1633.

86. D. Francisco Jarque, *Ruiz de Montoya en Índias*, t. 4, p. 22.

87. D. Francisco Jarque, *Ruiz de Montoya en Indias*, v. 3, pp. 148 ss., e 170 ss.

88. "Autos sobre el retiro de las reduciones del guayra y requerimientos hechos", *Manuscritos da Coleção De Angelis*. v. I: Jesuítas e bandeirantes no Guairá, p. 372.

89. Pe. Pablo Hernandez, *Organización social de las doctrinas guaranies de la Compañia de Jesus*, pp. 12-3 e mapa anexo.

90. Pe. Nicolás del Techo, *Historia de la provincia del Paraguay*, t. 5, pp. 93 ss.

91. "Petición presentada ante el Gov.ᵒʳ del Paraguay por D.ⁿ Balthasar Pucheta Procurador g.ˡ de dha Ciudad", *Manuscritos da Coleção De Angelis*. v. II: Jesuítas e bandeirantes no Itatim, pp. 54 ss.

92. Ramon I. Cardozo, *El Guaira: Historia de la antigua provincia*, p. 148.

93. Biblioteca Municipal Mário de Andrade, de São Paulo: "Noticias do Estabelecimento da Praça de N.ª S.ª dos Prazeres de Igatimy e Diario da Viagem q' desde a cidade de S. Paulo fez áquela Prasa por Ordem de S. M., o brigadeiro José Custodio de Sá e Faria no anno de 1774".

94. Nelson Werneck Sodré, *Oeste: Ensaio sobre a grande propriedade pastoril*, p. 142.

95. H. Sanchez Quell, *Estructura y funcción del Paraguay colonial*, p. 86.

96. "Anua do padre Diogo Ferrer de 21.VIII.1633", *Manuscritos da Coleção De Angelis*. v. II: Jesuítas e bandeirantes no Itatim, p. 45.

97. Cf. 93 *retro* e nota 75.

98. R. de Lafuente Machain, *Los portugueses en Buenos Aires*, p. 19.

99. Pe. Antônio Vieira, *Cartas*, v. 1, p. 462.

100. Manoel Eufrasio de Azevedo Marques, *Apontamentos Historicos*. v. 2: Chronologia, p. 226.

101. *ACSP*, v. II, p. 494.

102. *ACSP*, v. III, pp. 29 ss.

103. IT, v. 6, pp. 215 ss.

104. Pedro Taques de Almeida Pais Leme, *Nobiliarchia Paulistana Historica e Genealogica*, v. I, pp. 244 ss.

105. Fernand Braudel, "Du Potosi à Buenos Ayres: Une Route clandestine de l'argent", *Annales (Économies, Societés, Civilizations)*, 1948, pp. 154 ss.

106. Lewis Hanke, "The Portuguese in Spanish America, with Special Reference to the Villa Imperial de Potosí", *Revista de Historia de América*, n. 51, p. 22, 1961.

107. Francisco de Assis Carvalho Franco, *Dicionário de bandeirantes e sertanistas do Brasil*, p. 364.

108. "Aprovación del Muy Ilustre Señor El Doctor Lorenço de Mendoça, Prelado del Rio Genero", in pe. Antônio Ruiz de Montoya, *Conquista espiritual*.

109. José de Sousa Azevedo Pizarro e Araújo, *Memórias históricas do Rio de Janeiro*, t. 2, p. 220.

110. *ACSP*, v. IV, p. 219.

111. *ACSP*, v. IV, p. 245.

112. Luís Ferrand de Almeida, *A diplomacia portuguesa e os limites meridionais do Brasil*, v. I, pp. 281 ss.

113. *AMP*, t. II, segunda parte, p. 218.

114. José de Sousa Azevedo Pizarro e Araújo, *Memórias históricas*, t. 4, pp. 3 ss.

115. Cf. S. Sombra, *História monetária do Brasil colonial*, p. 58.

116. C. R. Boxer, *Salvador de Sá and the Struggle for Brazil and Angola*, pp. 77 ss.

117. R. de Lafuente Machain, *Los portugueses en Buenos Aires (Siglo XVII)*, pp. 11 e 86.

118. Pierre Chaunu, *Seville et l'Atlantique (1504-1650)*, t. VIII, p. 1182.

119. Esse processo foi lucidamente analisado por Caio Prado Júnior, "Formação dos limites meridionais do Brasil", in *Evolução política do Brasil e outros estudos*, pp. 151-69.

120. Pe. Antônio Ruiz de Montoya, *Conquista espiritual*, fol. 6 v.

121. Otto Maull, *Vom Itatiaya zum Paraguay*, p. 272.

122. Pe. Pablo Pastells, *Historia de la Compañia de Jesus en la provincia del Paraguay*, t. I, p. 154, nota.

123. J. Natalicio Gonzalez, *Proceso y formación de la cultura paraguaya*, t. I, pp. 194 ss.

124. Pe. Antônio Ruiz de Montoya, *Conquista espiritual*, fol. 6 v.

125. Herbert Wilhelmy, *Südamerika im Spiegel seiner Städte*, p. 227.

126. "Carta del Gobernador del Paraguay D. Luiz de Cespedes Xeria a Su Magestad [...]", *AMP*, t. I, segunda parte, p. 184.

127. *Manuscritos da Coleção De Angelis*. v. II: Jesuítas e bandeirantes no Itatim, p. 58.

128. *Bandeirantes no Paraguai*, p. 388.

129. Ibidem, p. 231.

130. Ibidem, pp. 292 e 306.

131. Ibidem, p. 386.

132. Richard Monetzke, *Süd-und Mittelamerika. I. Die Indianerkulturen Altamerikas und die Spanische-Portugiesische Kolonialherrschaft*, p. 316.

133. Concolocorvo, *El Lazarillo de los ciegos caminantes* (Biblioteca de Autores Españoles, t. 122), pp. 306 ss.

134. H. Sanchez Quell, *Estructura y funcción del Paraguay colonial*, pp. 91 ss.

135. *Manuscritos da Coleção De Angelis.* v. II: Jesuítas e bandeirantes no Itatim, p. 58.

CAPÍTULOS REESCRITOS DE *MONÇÕES*

Caminhos do sertão [pp. 199-246]

1. A. de Souza Silva Costa Lobo, *História da sociedade portuguesa no século XV*. Lisboa: 1904. pp. 77 e 88.

2. Alvise Ca Da Mosto; Antoniotto Usodimare; Niccoloso da Recco, *Le navigazioni atlantiche*. Milão: 1928. p. 178.

3. Já em 1580 decidia a Câmara que "a mão tem corenta espigas e não tendo [...] o vendedor será obrigado a perfazê-las". *Atas da Câmara da Vila de São Paulo*. São Paulo: 1914. v. I, p. 163.

4. Jorge Dias, *Os arados portugueses e suas prováveis origens*. Coimbra: 1948, pp. 41-2 et passim. Cf. ainda Herbert Wilhelmy, "Probleme der Urwaldkolonisarion in Südamerika", *Zeitschrift der Gesselschaft für Erdkunde*, v. X (Berlim: 1940), pp. 303 ss.; idem, *Siedelng in Südamerikanischen Urwald* (Hamburgo: 1949), pp. 65 e 69, e Sérgio Buarque de Holanda, *Caminhos e fronteiras* (Rio de Janeiro: 1957), pp. 245-50.

5. *DI*, 1896, v. XXIII, pp. 3-7.

6. Franz R. von Wieser, *Die Karten von Amerika in den Islario General de Indias des Alonso de Santa Cruz*. Innsbruck: 1908. p. 56.

7. *ACSP*, 1914, v. I, p. 211.

8. Fernão Cardim, *Tratados da terra e gente do Brasil*. Rio de Janeiro: 1925. p. 356.

9. Frei Vicente do Salvador, *História do Brasil*. São Paulo: s.d., p. 91.

10. Sobre o uso da rede de transporte nas bandeiras, ver José Eloy Ottoni, "Memória sobre o Estado Atual da Capitania de Minas Gerais, por [...], estando em Lisboa no Anno de 1798", *ABNacional*, v. XXX (Rio de Janeiro: 1912), p. 312; e Baltazar da Silva Lisboa, *Anais do Rio de Janeiro*, v. II (Rio de Janeiro: 1834), p. 277.

11. Prefeitura do Município de São Paulo, *Bandeirantes no Paraguai: Século XVI*. São Paulo: 1949. p. 107.

12. José Peixoto de Silva Braga, "A bandeira do Anhanguera a Goyaz em 1822", *Gazeta Literária* (Rio de Janeiro, 1883), p. 61; Azevedo Marques, *Apontamentos históricos, geográficos, biográficos, estatísticos da província de São Paulo* (Rio de Janeiro: 1879), v. I, p. 49.

13. *IT*, São Paulo, 1920, v. VIII, p. 316.

14. Pe. Pablo Pastells, *História de La Compañia de Jesus en la provincia del Paraguay*. Madri: 1912, t. I, p. 461.

15. *IT*, São Paulo, 1921, v. XX, p. 301.

16. Pe. Pablo Pastells, op. cit., v. III, pp. 124 e 179.

17. *DH*, Rio de Janeiro, 1928, v. II, pp. 139 ss.

18. *Atas da Câmara Municipal de São Paulo*. São Paulo: 1918. v. XIII, pp. 435 ss.

19. Assim, em 4 de dezembro de 1591, requer o procurador dos oficiais da Câmara que ordenassem fossem "ferrados" todos os cavalos de um ano para cima, "porquoãto", dizia, "allguas pessoas movião demandas e tinhão já differensas hus con outros por não conheceren suas cavallguaduras...". *Atas* cit., v. I, p. 475.

20. IT, São Paulo, 1921, v. XIII, pp. 309 e 324; v. XII, pp. 378 e 383; e v. X, p. 360.

21. Junto às margens do rio da Prata, de onde, e de Tucumã, pediria d. Francisco de Souza 3 mil fangas de trigo para se desenvolver essa lavoura nas nossas capitanias de baixo, já os campanheiros de Caboto teriam semeado, em setembro de 1527, 52 grãos de trigo, colhendo em dezembro seguinte 52 mil grãos. F. Tarduzzi, Di Giovanni e Sebastião Caboto. *Memorie raccolte e documentate*. Veneza: 1892. p. 400.

22. IT, São Paulo, 1920, v. VIII, p. 10.

23. Alceo Magnanini, "Fitoclimografia do Trigo na Bacia Paraná-Uruguai", in Comissão Interestadual da Bacia Paraná-Uruguai, *Condições geográficas e aspectos agroeconómicos da Bacia Paraná-Uruguai*. São Paulo: 1955, v. I, p. 299.

24. *Atas da Câmara da Vila de São Paulo*. São Paulo: 1916. v. V, p. 330.

25. *Atas da Câmara da Vila de São Paulo*. São Paulo: 1913. v. II, p. 89.

26. Pe. Manuel da Fonseca, *Vida do venerável padre Belchior de Pontes*. São Paulo: s.d. p. 100.

27. Jean de Laet, *L'Histoire du Nouveau Monde ou Description des Indes Occidentales par le Sieur* [...] *d'Anvers A Leyde, chez Bonaventure de Abraham Elzevirs*, Imprimeurs ordinaires de l'Université, 1640, p. 513.

28. Johann Emanuel Pohl, *Reise in Innern von Brasilien*, primeira parte (Viena: 1832), pp. 143 e 196; idem, segunda parte (Viena: 1837), p. 277.

29. Fernão Cardim, *Tratados da terra e gente do Brasil*. Rio de Janeiro: 1935. p. 345.

30. George Marcgrave, *Historia Naturalis Brasiliae*. Leida; Amsterdã: 1648, p. 263.

31. *ACSP*, 1915, v. II, pp. 363, 369, 376 ss. Sobre o assunto, ver ainda Sérgio Buarque de Holanda, *Caminhos e fronteiras*. Rio de Janeiro: 1957. pp. 205-14.

32. Os apontamentos contendo a solicitação de d. Francisco, juntamente com as respostas de S. M., constam do códice "Pernambuco" da Coleção Castelo Melhor da Biblioteca Nacional do Rio de Janeiro, e estão impressos em: Porto Seguro, *História do Brasil*, 3. ed., II (São Paulo: s.d.), pp. 149 ss., nota de Rodolfo Garcia. A provisão do trigo está em: *Registro Geral da Câmara de São Paulo*. São Paulo: 1917, v. I, pp. 202 ss.

33. "Informe de Manuel Juan de Morales de las cosas de San Pablo y maldades de sus moradores", *Manuscritos da Coleção De Angelis*. v. I: Jesuítas e bandeirantes no Guairá, p. 185.

34. Para a produção portenha na época, ver: Emílio A. Coni, *Agricultura, comercio y industria coloniales*. Buenos Aires: 1941. p. 34, nota.

35. Manuel da Fonseca, *Vida do venerável padre Belchior de Pontes, composta pelo padre* [...]. São Paulo: s.d. A primeira edição tem a data de 1752, Lisboa.

36. Frei Gaspar da Madre de Deus, *Memórias históricas da capitania de São Vicente*. Lisboa: 1797. p. 65.

37. Ver, a respeito: Dauril Alden, "Manuel Luís Vieira. An Entrepreneur in Rio de

Janeiro during Brazil's Eighteenth Century Agricultural Renaissance", *Hispanic American Historical Review*, v. XXXIX, nov. 1959, pp. 521-37.

38. Raymundo José de Souza Gayozo, *Compêndio histórico-político dos princípios da lavoura no Maranhão*. Paris: 1818. pp. 181 ss.

39. Marcelino Pereira Cleto, "Dissertação a respeito da capitania de São Paulo, sua decadência e modo de restabelecê-la, escrita por [...], em 23 de outubro de 1782". *ABN*, 1900, v. XXI, p. 216.

40. Pedro Taques de Almeida Pais Leme, "Nobiliarquia paulistana histórica e genealógica", *RIHGB* (Rio de Janeiro, 1926), t. esp., p. 14. Sobre a fazenda de Jaraguá existe publicado em *RIHGSP* (São Paulo, 1902), v. VI, pp. 473-7, o "Termo de Erecção da Capella de Nossa Senhora do Ó".

41. IT, São Paulo, 1921, v. XX, p. 56.

42. Só ultimamente o caráter societário das entradas se tornou objeto de consideração mais acurada, sobretudo em: Waldemar Ferreira, *História do Direito brasileiro*, v. IV, pp. 43 ss. Aliás já Alcântara Machado, ao invocar exemplos reproduzidos no presente texto, assimilara a bandeira a uma "verdadeira sociedade de capital e indústria, ou antes a uma empreitada em que os dinheirosos entram com o capital e os pobres com o heroismo". Alcântara Machado, *Vida e morte do bandeirante* (São Paulo: 1930), p. 351. Sobre a existência do mesmo sistema, com iguais características, nas Índias de Castela, ver: Maria Gongora, *Los grupos de conquistadores en tierra firme (1509-1530)* (Santiago: Universidad de Chile, 1962), pp. 39-57 et passim.

43. "Articles Touching the Dutie of the Kings Majestie our Lord and to the Common Good of All the Estates of Brazil", in *Purchas, Samuel, Hakluytus Posthumus, or Purchas His Pilgrimes, by* [...] (Glasgow: 1906), v. XVI, pp. 506 ss. O texto dos "artigos" segue-se, no volume, ao de dois tratados de Fernão Cardim, impressos unicamente nessa versão inglesa. Traz a seguinte nota: "escrito (segundo se crê) pelo autor do precedente tratado". Dele não há, por ora, tradução portuguesa e nem se conhece o original.

44. André João Antonil, *Cultura e opulência do Brasil*. São Paulo: 1923. p. 60.

45. Padre Estevão Pereira, S.J., "Descrezão da Fazenda que o Collegio de Santo Antão tem no Brazil e de seus Rendimentos, pelo [...]", *AMP*, 1931, v. IV, p. 789. O número de negros e negras do engenho não consta diretamente senão da conta das despesas com calções e manteus, que consomem ao todo 119,5 varas de pano, a 160 réis a vara. Esse mesmo total de oitenta escravos deduz-se ainda da quantidade de sal distribuída anualmente aos pretos – "a quarta a cada Hum" –, que perfaz vinte alqueires.

46. IT, v. XX, cit., pp. 50, 56, 70 e 252.

47. Cf. no processo de elevação de Moji a vila, de que existe cópia na Prefeitura Municipal de Moji das Cruzes, a Informação da Câmara de São Paulo, em: D. Duarte Leopoldo e Silva, *Notas de história eclesiástica*, v. Mogi das Cruzes e Seus Fundadores. Barueri, Parnaíba, Cotia (São Paulo: 1937), pp. 55 ss.; Isaac Grinberg, *História de Mogi das Cruzes* (São Paulo: 1961), p. 339.

48. *Notas de história eclesiástica*, cit., p. 58.

49. *ACSP*, 1915, v. III, pp. 203-4.

50. Pe. Nicolas del Techo, *História de la provincia del Paraguay de la Compañia de Jesus*. Madri: 1897. t. IV, p, 46.

51. Pe. Paulo F. da Silveira Camargo, *Notas para a história de Parnaíba*. São Paulo: s.d. pp. 55 e 57.

52. IT, São Paulo, 1946, v. XXXIV, p. 16. A cédula citada lê-se em Pablo Pastells, *Historia de la Compañía de Jesus en la provincia del Paraguay* (Madri: 1915), v. II, p. 37.

53. George Marcgrave, *Historia Naturalis Brasiliae*. Leida; Amsterdã: 1648. p. 263.

54. *Registro geral da Câmara Municipal de São Paulo*. São Paulo: 1919. v. VII (suplemento), p. 137.

55. IT, São Paulo, 1920, v. III, p. 10; e v. V, p. 312.

56. "Demarcação do districto de Mogy das Cruzes" (1665), in *Notas de história eclesiástica*, II, pp. 62 ss.

57. *Sesmarias*, v. II (São Paulo: 192-), p. 31: "[...] e entre os dois rios chamados Agemby e Paratinga estão terras que nunca foram dadas nem aproveitadas por pessoa alguma, por serem descobertas pelo capitão Antônio Correia da Veiga" (21 jan. 1700).

58. O texto da carta de sesmaria, constante do livro de notas dos anos de 1669 a 1671, guardado no 1º Oficio de Taubaté, foi primeiramente impresso por Gentil de Moura no jornal *O Norte* dessa cidade, de onde o reproduziu Benedito Calixto em estudo publicado na *RIHGSP*, v. XX (São Paulo, 1915), pp. 539 ss. Cf. também: Felix Guisard Filho, *Jaques Felix: Achegas para a história de Taubaté* (São Paulo: 1919), pp. 14 ss.

59. Azevedo Marques, *Apontamentos históricos, geográficos, biográficos, estatísticos e noticiosos da província de São Paulo*. Rio de Janeiro: 1879. v. II, p. 5.

60. O nome de Braz Cardoso, citado por Pedro Taques e depois por Azevedo Marques e outros como fundador de Moji, não consta de nenhuma relação dos primitivos povoadores do lugar. É possível que tenha havido confusão com Francisco Vaz Cardoso, um dos signatários da petição para fazer-se a vila. Note-se ainda que Gaspar Vaz, o principal requerente para a fundação, era casado com Francisca Cardoso.

61. *Boletim do Arquivo do Estado de São Paulo*. São Paulo: 1942. v. II, pp. 79 ss.

62. Tendo saído vereador em São Paulo no pelouro de 1630, João Homem não pudera assumir o cargo por achar-se ausente da vila, tendo ido para Moji "de morada", *Atas*, v. IV (São Paulo: 1915), pp. 44 ss. Cf. também: *Sesmarias*, v. I (São Paulo: 1921), pp. 451 ss.

63. "... Criação da Vila de Jacareí", *Boletim do Departamento do Arquivo do Estado de São Paulo*. São Paulo: 1942. v. II, pp. 79 ss.

64. Entre as pessoas contempladas com doações nessas partes podem citar-se os genoveses Pascoal Fernandes e José Adorno, além de Brás Cubas, Domingos Garrocho e Diogo Rodrigues. Ver *RIHGB*, 2. ed., v. IX (Rio de Janeiro: 1847), p. 161; e Jaime Cortesão, *Pauliceae Lusitana Monumenta Historica*, v. I, pp. 365 ss.

65. *Sesmarias*. São Paulo: 1921. v. I, pp. 24 ss. O texto bastante lacunoso que se lê nessa publicação oficial pode ser melhorado por um cotejo com a cópia mais completa que se imprimiu em: Azevedo Marques, *Apontamentos*. Rio de Janeiro: 1879. v. II, p. 157.

66. Sobre esses fatos existe larga notícia em manuscrito da Coleção José Bonifácio, o Patriarca, do Instituto Histórico e Geográfico Brasileiro (doc. n. 4865, lata 191). Outro texto de igual procedência, mas incorreto e bem menos completo do que o utilizado agora, acha-se impresso em: Paulo Prado, *Paulística* (São Paulo: 1926), pp. 7 ss., sob o título de "Notícia dos Cubatoens antigos". Da versão aqui aproveitada consta expressamente que ao caminho da Bertioga "se deveo formar-se a povoação de Mogi, creada em villa no anno de 1611". Lê-se ainda no referido documento que "como Mogi era de

pouca monta e se tinha aberto outro caminho q' vinha seguindo a Serra immediata ao rio de Geribatuva, e sahia junto a Caneú a pouca distancia de Santos no sitio do Cardoso, deixou-se de frequentar aquelle Caminho".

67. "Fundação de Villa de Ubatuba", *Boletim do Departamento do Arquivo do Estado de São Paulo*. São Paulo: 1945, v. V, pp. 189 ss.

68. *Sesmarias*. São Paulo: 1921, v. I, p. 474.

69. Texto da doação em: Felix Guisard; *Jaques Felix: Achegas à história de Taubaté*. São Paulo: 1938. p. 157.

70. "The Admirable Adventures and Strange Fortunes of Master Anthony Knivet, which Went with Master Thomas Candish in His Second Voyage to the South Seas. 1591", in Samuel Purchas, *Hakluylus Posthumus or Purchas His pilgrimes*. Glasgow: 1906, v. XVI, p. 209. "Tombo dos bens pertencentes ao Convento do Carmo da Capitania do Rio de Janeiro", *ABN*, 1920, v. LVII, p. 275. Cf. também Francisco de Assis Carvalho Franco, *Dicionário de bandeirantes e sertanistas do Brasil*. São Paulo: 1954, pp. 145 ss.

71. José de Souza Azevedo Pizarro e Araujo, *Memórias históricas da capitania do Rio de Janeiro*. Rio de Janeiro: 1820, t. III, pp. 42 ss.

72. *Sesmarias*. São Paulo: 1921, v. I, pp. 95 ss.

73. Pizarro e Araujo, op. cit., t. III, p. 46.

O transporte fluvial [pp. 247-92]

1. Hans Staden, *Viagem ao Brasil*, p. 102.

2. Hans Staden, op. cit., p. 156; Antonio Pigafetta, *Il Primo Viaggio in torno al Mondo*, p. 84; Jean de Lery, *Histoire d'un Voyage faict en la Terre du Brésil*, t. 2, p. 194; Serafim Leite, *Cartas dos primeiros jesuítas*, v. I, p. 203; Pero Lopes de Souza, *Diario da Navegação*, v. I, p. 138; "The Observations of Sir Richard Hawkins [...]", *Hakluytus Posthumus or Purchas His Pilgrimes*, v. XVIII, p. 95.

3. Pedro E. de Lima, "Canoas de casca de jatobá entre os índios do Xingú", *AMP*, v. IV, p. 377.

4. Alfred Métraux, *La Civilisation materielle des tribus tupi-guarani*, p. 209.

5. André Thevet, *Les Singularitez de la France antartique*, p. 194.

6. Georg Friederici, *Die Schiffart der Indianer*, p. 36.

7. A menor resistência das canoas de casca em sítios encachoeirados é sustentada em um "Relatório da viagem exploradora de Mato Grosso ao Pará pelo Xingú, apresentada ao Ministerio da Guerra em 1885 pelo capitão Francisco de Paula Castro", *O Archivo*, Cuiabá, ano I, v. I, 1904, p. 33. Ignorando aparentemente o relatório do capitão Paula Castro, chegou a conclusões semelhantes Wendell P. Roop, "Watercraft in Amazonia", *Revista del Instituto de Antropologia de la Universidad Nacional de Tucuman*, v. II, n. II, p. 409.

8. Georg Friederici, op. cit., p. 37. Citando a passagem da primeira edição da presente obra onde aparecem os dizeres acima, apoiados nas conclusões de Friederici, o sr. Pedro E. de Lima, que entre 1947 e 1949 explorou a área do Xingu, assim se exprime a respeito das canoas de casca: "Essa embarcação é, não resta dúvida, a mais apropriada

para as viagens dificultosas, com cachoeiras e corredeiras, porque a sua pouca profundidade facilita a passagem em lugares rasos, e sua flexibilidade amortece muitos choques inevitaveis de encontro às pedras. Sergio Buarque de Holanda salienta o uso das canôas de casca pelas bandeiras, afirmando o que comprovamos por experiência própria". Pedro E. de Lima, op. cit., p. 377.

9. AHU, Mato Grosso, 1754, "Cartas do Governador Capitão-General".

10. Francisco José de Lacerda e Almeida, *Diário da Viagem* [...], p. 78 n. Cf. ainda *Bandeirantes no Paraguai*, pp. 382 e 400.

11. *Bandeirantes no Paraguai*, pp. 127 e 197.

12. Antônio Alves Câmara, *Ensaio sobre as construções navais indígenas*, p. 76.

13. Pedro E. de Lima, op. cit., p. 375.

14. George Marcgraf, op. cit., p. 276.

15. Theodor Koch-Grünberg, *Vom Roroima zum Orinoco*, v. III, p. 77.

16. IT, v. I, p. 260.

17. Em sua classificação, fundada em critérios estritamente morfológicos, situa Roop entre as canoas que chama de "tipo b" as que têm feitio simétrico. Nesse tipo incluem-se também as de casca de árvores de tronco liso, inclusive as de jatobá, desde que tenham as extremidades costuradas e o bojo aberto com travessões de pau.

18. Serafim Leite, *Cartas dos primeiros jesuítas do Brasil*, t. I, pp. 220 ss.

19. Gabriel Soares de Souza, *Tratado Descriptivo do Brasil*, p. 60.

20. Gabriel Soares de Souza, op. cit., p. 217.

21. Presume Pirajá da Silva que a descrição dada por Gabriel Soares é aplicável à *Cavillanea Arborea, Schumann*. Cf. Gabriel Soares de Souza, *Noticia do Brasil*. São Paulo: s.d. p. 71, nota 7.

22. José Peixoto da Silva Braga, "A Bandeira do Anhanguera a Goyaz em 1722", *Gazeta Literaria*, Rio de Janeiro, v. I, 3°, 1883, p. 62.

23. Cabe aparentemente ao sr. Alfredo Ellis Junior o mérito de ter mostrado o quão ilusória é a obstinada opinião de que os rios foram fator decisivo no bandeirismo. Ver: Ellis Junior, *O bandeirismo paulista e o recuo do meridiano*, p. 32, nota.

24. Silva Braga, op. cit., p. 62.

25. Serafim Leite, *Cartas*, v. I, p. 381.

26. "The Admirable Adventures of Anthony Knivet", *Hakluytus Posthumus or Purchas His Pilgrimes*, v. XVI, p. 210.

27. Orville Derby, "O roteiro de uma das primeiras bandeiras paulistas", *RIHGSP*, v. IV, p. 335.

28. Pe. João de Souza Ferreira, "America Abreviada", *RIHGB*, v. LVII, primeira parte, p. 41; J. J. Machado de Oliveira, *Quadro Historico da Provincia de São Paulo*, p. 109.

29. Cláudio Manuel da Costa, *Obras poéticas*, v. II, p. 109.

30. "Relación de la Guerra y Victoria alcanzada contra los Portugueses del Brasil", *RIHGSP*, v. X, p. 530.

31. "Roteiro por onde se deve guiar quem sahir por Terra da Colonia do Sacramento [...]", Capistrano de Abreu, *Ensaios e estudos*, v. III, p. 104.

32. "Carta do marquez do Lavradio", *Revista do Centro de Estudos Rio Grandenses*, v. I, n. I, Rio Grande, 1939, p. 98.

33. "Demonstração dos diversos caminhos de que os moradores de S. Paulo se servem [...]", *AMP*, v. I, primeira parte, p. 463.

34. "Diario da 2ª Partida da Demarcação da America Meridional [...]", *Colecção de Noticias para a Historia e Geographia das Nações Ultramarinas*, t. 7, p. 126.

35. Joseph Barbosa de Sá, "Relação das Povoações de Cuyabá e Matto Grosso de seos principios the os prezentes tempos", *ABN*, v. XXIII, p. 34.

36. D. Francisco Jarque, *Ruiz de Montoya en las Indias*, v. III, p. 205; Cayetano Cattaneo, "Communicacion fluvial del littoral argentino en el siglo XVIII, con varias observaciones sobre las cosas del Uruguay", *Revista de Buenos Aires*, Buenos Aires, n. 15, 1866, p. 322.

37. Pe. Pablo Hernandez, *Organisation social de las doctrinas guaranies*, v. I, p. 241.

38. "Petitión presentada ante el Gov.or del Paraguay por D. Balthazar Puchete [...]", *Manuscritos da Coleção De Angelis*. v. II: Jesuítas e bandeirantes no Itatim, p. 58.

39. D. Francisco Jarque, *Ruiz de Montoya en las Indias*, v. III, p. 205.

40. Antônio Alves Câmara, *Ensaio sobre as construções navais indígenas*, pp. 102 ss.

41. Georg Friederici, *Die Schiffahrt der Indianer*, p. 26.

42. "Relación Veridica de Las Misiones de la Comp.ª de Jhs en la Provincia que fue del Paraguay, y solución de algunas dudas sobre las mismas. Obra del Pe. N.N. (José Cardiael, S. J.), Faenza, 1772", Biblioteca Nacional, Rio de Janeiro, Seção de Manuscritos, 1-5, 1, 52.

43. Visconde de Taunay, *Memorias*, p. 246; Joaquim Ferreira Moutinho, *Itinerario da Viagem de Cuyaba a S. Paulo*, p. 81; Ferdinand Denis, *Brésil*, p. 169.

44. Ambrosio Sepp, *Viagem às missões jesuiticas*, p. 98.

45. Pero de Magalhães Gandavo, *Tratado da Terra do Brasil*, p. 132.

46. "Diario da 2ª Partida da Demarcação [...]", cit., p. 126.

47. "Diário da Viagem de Moçambique para o Rio de Sene feito pelo Dr. Francisco José de La Cerda e Almeida (1798)", Biblioteca Nacional, Rio de Janeiro, Seção de Manuscritos, 1-28, 28, 8.

48. Gonçalves da Fonseca, "Navegação feita da Cidade do Gram-Pará até a bocca do Rio Madeira pela escolta que por este subio ás Minas de Mato Grosso por Ordem Mui Recommendada de S. M. Fidelissima no Anno de 1749", *Collecção de Noticias para a Historia e Geographia das Nações Ultramarinas que Vivem nos Dominios Portuguezes ou lhes são Vizinhas*, t. 4, p. 139.

49. "Sobre requerimento de João de Souza de Azevedo", AHU, Mato Grosso, 1754, caixa 5.

50. "Carta de João de Souza de Azevedo a Sua Magestade", AHU, Mato Grosso, 1762, caixa 10.

51. "Carta do capitão general João de Albuquerque de Mello Pereira e Caceres a Martinho de Mello e Castro", AHU, Mato Grosso, 1791, caixa 18.

52. Pizarro e Araujo, *Memorias Historicas do Rio de Janeiro*, t. IX, p. 129.

53. Luiz D'Alincourt, "Rezultado dos Trabalhos e Indagações Statisticas da Provincia de Mato Grosso", *ABN*, v. III, p. 139.

54. J. B. von Spix e C. F. Ph. von Martius, *Reise in Brasilien*, v. III, p. 1336.

55. "Informação sobre o modo porque se effectua a navegação do Pará para Matto Grosso, e o que se pode estabelecer para maior vantagem do Commercio e do Estado". Correspondência Official do Governador do Grão-Pará (1778-1807), Instituto Historico e Geografico Brasileiro, Con.o Ultr.o, Est. 1. 1, 4.

56. Ver nota 51 *supra*.

57. "Ofício do Juiz de Fora de Cuyaba ao Snr. General, de 6 de junho de 1778" e "Ofício do Ouvidor Interino a Sua Excellencia, de 17 de agosto de 1778", BAMG, Cuiabá, lata de 1778.

58. "Ofício do M.ᵉ de Campo Comm.te Joze Paes Falcão das Neves a Sua Excellencia", BAMG, Cuiabá, lata de 1797.

59. "Ofício do Juiz de Fora Luiz Manoel de Moura Cabrao ao Illmo. e Exmo. Snr. Caetano Pinto de Miranda Montenegro", BAMG, Cuiabá, lata de 1797.

60. Aires do Casal, *Coreografia Brazilica*, v. I, p. 210.

61. IT, v. III, p. 74.

62. IT, v. III, p. 294.

63. IT, v. II, p. 209.

64. IT, v. VII, p. 19.

65. Ver nota 16 *supra*.

66. IT, v. XXV, pp. 256 e 291.

67. *APESP*, "T.C.: Inventarios não Publicados", caixa 19.

68. *ACSP*, v. I, p. 191.

69. Padre Pedro Lozano, *Historia de la Conquista del Paraguay, Rio de la Plata y Tucuman*, t. II, p. 386. Cf. também Serafim Leite, "Luis de Góis, senhor de engenho no Brasil, introdutor do tabaco em Portugal, jesuita na Índia", *Broteria*, Lisboa, v. LXI, 1955, pp. 146-61.

70. Ruy Diaz de Guzmán, *La Argentina*, pp. 194 ss.

71. *ACSP*, v. II, pp. 136 ss.; *Bandeirantes no Paraguai*, pp. 23 ss.

72. *ACSP*, v. II, pp. 273 ss.

73. "Informação da Entrada que se pode fazer da Villa de S. Paulo ao Grande Pará, que é o verdadeiro Maranhão, chamado também Rio das Almazonas", Serafim Leite, *Páginas de Historia do Brasil*, p. 19.

74. F. Nardy Filho, "O porto de Pirapitinguí", *O Estado de S. Paulo*, 8 jun. 1949.

75. "Mapa presentado a S. M. por D. Luiz de Céspedez Xeria para la mejor intelligencia del viaje que hizo desde la Vila de San Pablo del Brasil a la Ciudad Real de Guayra", *Collectanea de Mappas da Cartographia Paulista Antiga*, v. I, carta 2.

76. IT, v. XIX, p. 268.

77. Sobre o valor da vara de Burgos recorreu-se aqui a: Earl J. Hamilton, *American Treasure and the Price Revolution in Spain, 1501-1650*, p. 170.

78. Gonçalves da Fonseca, "Navegação...", cit., pp. 37-8.

79. Silva Braga, "A bandeira do Anhanguera [...]", p. 63.

80. *DI*, v. V, pp. 84, 88, 90, 92, 102 e 146.

81. Joaquim d'Almeida Leite Moraes, *Representação sobre a Colonia Militar de Itapura, dirigida a S.M. o Imperador*, pp. 48 ss.

82. Wendell Roop, "Watercraft in Amazonia", cit., pp. 391-7.

83. Informação verbal de Afonso d'E. Taunay ao autor.

84. Fernando Marquez Miranda, "La navegación primitiva y las canoas monoxilas", *Revista del Museo de La Plata*, v. XXXIII, p. 84.

85. *DI*, v. XXIII, p. 84.

86. *DI*, v. XXXII, p. 85.

87. "Carta do Ilmo. e Exmo. Snr. Conde de Azambuja ao de Val de Reys em que lhe relata os sucessos de sua viagem para o seu governo de Matto Grosso em 1750", Biblioteca Nacional, Rio de Janeiro, Seção de Manuscritos, cod. DC/LIV/28-17.

88. Edmundo Navarro de Andrade e Octavio Vecchi, *Les Bois indigènes de São Paulo*, p. 241.

89. Navarro de Andrade e Vecchi, op. cit., p. 243.

90. "Diario da Navegação do Rio Tietê, Rio Grande Paraná e Rio Egatemi pelo Sargento Mór Theotonio José Juzarte", *AMP*, v. I, segunda parte, p. 44.

91. *DI*, v. V, p. 17; e v. VI, pp. 39 e 82.

92. *DI*, v. LXIX, p. 234; e v. LXXIII, p. 23.

93. *DI*, v. VIII.

94. "Mapa dos preços correntes na Paróquia de N. S. May dos Homens do Porto Feliz no Ano de 1799", *AESP*, T.C. População de Porto Feliz, 1797-1804, caixa 148.

95. "Relação da Carregação que leva para a Villa do Cuyabá Manoel de Souza pelo Cmº do rio", *AESP*, T.C. População de Ubatuba, 1808, caixa 98. Foram mandadas "ao menos" aquelas canoas e utensílios correspondentes por constarem da carregação de um só comerciante, podendo haver outros, e faltar para esse ano a lista geral das exportações da antiga Araritaguaba. O documento está incluído, certamente por engano, entre os papéis de Ubatuba. Outras carregações do mesmo Manoel de Souza figuram nos maços de Porto Feliz, de onde iam embarcadas.

96. "População de Porto Feliz: 1812-1817", *AESP*, caixa T.C. 145.

97. "População de Porto Feliz: 1818-1825", *AESP*, caixa T.C. 146.

98. "População de Porto Feliz: 1827-1843", *AESP*, caixa T.C. 147.

99. "População de Porto Feliz: 1797-1804", *AESP*, caixa T.C. 143.

100. "Lista dos moradores da Freguezia de Araritaguaba em que se declara suas idades, oficios e o q' posuem, Janrº 1767", "População de Itu: 1769-1778", *AESP*, caixa T.C. 71.

101. "População de Porto Feliz: 1797-1804", *AESP*, caixa T.C. 143.

102. "População de Porto Feliz: 1805-1811", *AESP*, caixa T.C. 144, e "População de Porto Feliz: 1797-1804", *AESP*, caixa T.C. caixa 143.

103. *AESP*, maço 54, pasta I, n. 77.

104. *AESP*, maço 8, pasta III, n. 11.

105. *DI*, v. II, pp. 75-8 e 141; v. XXIII, p. 376.

106. *DI*, v. L, p. 79.

107. O plano de Cândido Xavier figura integralmente na parte sexta de sua "Descripção Diaria dos Progressos da Expedição destinada da Capitania de S. Paulo para as Fronteiras do Paraguai". Esse escrito, que na primeira edição do presente livro fora citado segundo o manuscrito existente no Arquivo de Engenharia Militar do Ministério da Guerra, Rio de Janeiro, passa a sê-lo aqui pelo texto que dele posteriormente se imprimiu em *RIHGB*, v. CCII.

108. *DI*, v. IX, p. 12.

109. Armando de Matos, *O barco rabelo*, pp. 41 et passim.

110. Antonio Sergio, *Historia de Portugal*, t. I, pp. 97 e 241.

111. *DI*, v. XLIV, pp. 187 ss.

As estradas móveis [pp. 293-366]

1. Lacerda e Almeida, op. cit., p. 84.

2. *ACSP*, 1916, v. IX, pp. 642 ss. É taxativo, por outro lado, o sertanista Manoel de Barros, autor de uma das "Noticias Praticas" recolhidas entre 1729 e 1748 pelo padre Diogo Soares, onde escreve que "a monção mais conveniente para as Minas do Cuiabá é a de 20 de maio até o dia de S. Antonio". "Alguns há", acrescenta, "que se alargam até o meio de Julho, mas estes são só alguns sertanistas práticos no mesmo sertão e que se valem de muitos gentios mansos e domésticos para esta navegação." *Relatos monçoeiros* (São Paulo: 1953), p. 141.

3. O episódio vem narrado da seguinte forma na biografia redigida em 1606 por Pero Rodrigues: "Tinhão nauegado por rios outo dias em hûa canoas de casqua, são estas inteirisas de grosura de hû bom dedo pollegar, mas tem hû mal q ̃. em se alagando se uão ao fundo sem mais appareserem, o q ̃. não tem as de pao q ̃. por mais q ̃. se alagem ou uirem nunqua se uão ao fundo. Chegarão os nauegantes a hûa cachoeira ou salto q, ̃. o ryo fas, e os p.ᵉˢ hyão rezando as oras da Conseiçam de Nosa Srã. senão quando se uão todos ao fundo, com a canoa, em altura de quoatro ou sinquo braças de augoa, mas todos saem a nado, soo o bom p.ᵉ Joze não aparese, não sofre o coração do Indio, deyxar aly o p.ᵉ sem saber o que era feito delle. Mergulha e anda buscando por bom espaço de tempo, e não achando uense a tomar folego e descansar hû pouquo, deitase outra ues de mergulho, e quer De. q, ̃. o acha, asentado no fundo, pega delle pella roupa, e o p.ᵉ deixasse uir sem na ferrar do Índio, e desta maneira uem asima são e saluo com suma alegria e satisfação dos prezentes. Esteue debaixo da augoa obra de meya ora, não desacordado, antes muito em seu juizo, lembrandose de tres cousas como depois dise, de Jesu, e da Virgem purissima sua mãe e de não beber augoa, como de feito não bebeo". *ABN*, 1909, v. XIX, pp. 219 ss. O mesmo caso, sem a explicação da precariedade das canoas de casca, já o referira, antes de Rodrigues, o pe. Quiricio Caixa em sua relação da vida de Anchieta escrita em 1598 – a mais antiga de que há notícia –, publicada pela primeira vez em: Serafim Leite, *Páginas de história do Brasil*. São Paulo: 1937. pp. 152-83.

4. *Relatos monçoeiros*, cit., p. 102.

5. Museu Paulista. Ms. da Coleção José Bonifácio. Ao documento, em forma de carta a um "amigo do coração", falta a parte final, onde deveria estar a assinatura. Que se trata do dr. Diogo Ordonhes mostra-o ineludivelmente o que nela se diz acerca da atitude do missivista em Cuiabá, onde tirou residência de seu antecessor, Antonio Rodrigues Gayoso. A identificação foi proposta, aliás, pelo sr. Afonso de E. Taunay, que publicou parcialmente o documento nos *Relatos monçoeiros*.

6. *Relação da Chegada que teve a Gente de Mato Grosso e Agora se Acha em Companhia do Senhor D. Antonio Rolim desde o Porto de Araritaguaba até a esta Vila Real do Senhor Bom Jesus do Cuyabá*. Lisboa: 1754. p. 6.

7. Miguel Arrojado Lisboa, *Oeste de São Paulo. Sul de Mato-Grosso*. Rio de Janeiro: 1909. p. 9.

8. "Mapa presenteado a S.M. por D. Luiz de Céspedes Xeria [...]", cit., carta segunda.

9. "Diario da Navegação do Rio Tietê, Rio Grande Paraná, e Rio Gatemi, em que se dá

Relação de todas as coisas mais notaveis dêstes Rios [...]", *AMP*, 1922, v. I, segunda parte, p. 7.

10. *Relatos monçoeiros*, cit., p. 149.

11. Cândido Xavier de Almeida e Souza, "Discripção Diaria", parte primeira, cit.

12. "Carta do Conde de Azambuja ao de Val de Reys relatando os sucessos de sua viagem". Ms. cit.

13. Cândido Xavier de Almeida e Souza, "Discripção Diaria", parte I. Ms. cit.

14. Desses caiapós meridionais, só pacificados por volta de 1780, ainda restavam, em 1910, trinta ou quarenta sobreviventes localizados abaixo do salto Vermelho, de uma banda e outra do rio Grande. Cf. Robert H. Lowis, *Handbook of South American Indians*. Washington: 1946. v. I, p. 519.

15. "Demonstração dos diversos caminhos de que os moradores de São Paulo se servem para os Rios Cuyabá e Provincia de Cochiponé", *AMP*, 1922, v. I, segunda parte, p. 462.

16. *DI*, 1942, v. LXVI, p. 182.

17. *DI*, 1902, v. VII, p. 133.

18. Desse acordo ou aliança há notícia na correspondência entre João Martins Barros, povoador do Iguatemi, e o governador d. Carlos Morphy, do Paraguai, onde se lê: "como topei as tropas de comerciantes das minas de cuyabá parados na Barra do Rio Pardo sem poderem seguir viagem, por causa dos Gentios Guayapos que se tinhão juntado com os canhnguans [caingangues] ou montesos para roubarem aos mercadores que pasassem para aquelas Minas como a pouco aviam feito atres tropas, que não somente roubaram como tambem mataram, motivo este que me obriga a ajustarme com eles e dar-lhes uma boa corrida". *Bandeirantes no Paraguay*. São Paulo: 1949. p. 573.

19. Paulo Prado, *Paulistica* (São Paulo: 1925, p. 58. O sr. Afonso de E. Taunay, em sua *Historia geral das bandeiras paulistas* (São Paulo: 1930), v. VI, p. 42, julga discutível semelhante identificação. A dúvida é justificável, em parte, pelo modo impreciso e incoerente com que, nos documentos cartográficos de procedência castelhana, aparece registrada toda a área entre o rio Paraná, ao norte das Sete Quedas, e a serra do Maracaju. Algumas vezes, com efeito, o nome de Imuncimá parece associar-se ao atual Anhanduí-Guaçu. O Pardo, que os castelhanos do Paraguai conheciam de ordinário sob o nome de Jaguari, raramente figura com sua denominação atual naqueles documentos, e em um deles, reproduzido por Pablo Hernandez Pastells e Fürlong – este na sua *Cartografia Jesuitica del Rio de la Plata* (Buenos Aires: 1936, v. II) –, surge em posição bem diversa da que realmente ocupa, isto é, desembocando no Paraná, à margem direita, mas bem ao norte do lugar correspondente à barra do Tietê, ao passo que o Imuncimá aparece como afluente do Igairi, que pela posição poderia ser o Ivinheima. Na carta de d'Anville, de 1748, e na de Olmedilla (1775), vê-se ainda o Imuncimá, agora claramente como tributário do Pardo, e em situação que corresponde de forma inequívoca à do Anhanduí-Guaçu. Como o roteiro divulgado por Pastells diz do Imuncimá que "por la banda del Sur entra en el Paraná", caberia pensar-se que o nome do tributário se tivesse estendido, em certa época, ao curso inferior do Pardo até à barra do Paraná. Nesse caso justifica-se a interpretação de Paulo Prado. Mas é lícito, por outro lado, acreditar-se o Imuncimá fosse tão somente um erro de leitura de Ivinheima, na grafia castelhana: Iviñeima. De fato, durante o século XVII, o Ivinheima tinha sido

uma das rotas seguidas pelos paulistas que rumavam para o Itatim, mormente se tivessem descido até ao Paraná pelo Paranapanema.

20. "Demonstração dos diversos caminhos [...]", cit., p. 461.

21. "Inventario dos documentos relativos ao Brasil no Archivo de Marinha e Ultramar, organizado por Eduardo de Castro.e Almeida", VI, *ABN*, 1921, v. XXXIX, p. 224.

22. "Sobre o papel que se offereceu intitulado Noticias Utilissimas [...]", *DI*, 1931, v. LIII, p. 47.

23. Cf. a respeito desse caminho *DI*, 1901, v. IX, pp. 83 ss. O São Miguel "que hoje se acha destruido" ficava junto ao Paranapanema, segundo se lê na carta de d. Luiz Antônio. Há certamente engano nesta última afirmação, pois a única São Miguel existente no Guairá, ao que se sabe, foi São Miguel de Ibiangui, arrasada em 1629 por Antonio Bicudo, e ficava perto do sítio onde se acha hoje a cidade paranaense de Castro. Alcançado o Tibagi, através do Iapó, passariam os sertanistas por Encarnación e San Javier, à margem do mesmo Tibagi, e atingiriam o Paranapanema algumas léguas antes de Santo Inácio. Esse trajeto era, assim, aproximadamente idêntico ao que, em meados do século passado, fez explorar o barão de Antonina, empenhado em procurar comunicação fácil entre a comarca Curitiba e os sertões do rio Paraguai. Quanto à Santo Inácio que iam encontrar nas proximidades deste último rio, tudo indica que seria a redução de Santo Inácio de Caaguaçu.

24. *DI*, 1901, v. IX p. 87.

25. "Apontamentos para o Dicionário Corográfico da provincia de Mato Grosso pelo Barão de Melgaço", *RIHGB*, Rio de Janeiro, v. XLVII, p. 317.

26. *ABN*, 1921, v. XXXIX, p. 224.

27. Cf. *Collectanea de Mappas*, cit.

28. *DI*, 1913, v. III, 3. ed., pp. 104 ss. Ao autor da carta a Franca e Horta foi dedicado ultimamente um livro rico em dados extraidos sobretudo da tradição oral, em Porto Feliz, acerca da era das monções e de seus personagens: Theodorico de Camargo, *O sargento-mór de ordenanças de Porto Feliz, Antonio José de Almeida e duas gerações de seus descendentes* (São Paulo: 1954).

29. Sobre as tentativas do padre Manuel Ferraz de Sampaio Botelho, cf. *DI*, 1913, v. III, 3. ed., pp. 104-59. Acerca da colonização pastoril do sertão de além-Paraná é de vivo interesse o estudo de Nelson Werneck Sodré, *Oeste: Ensaio sobre a grande propriedade pastoril* (Rio de Janeiro: 1941).

30. "Oficio nº 17, dirigido ao conde de Linhares por João Carlos Augusto de Oeynhausen, relativamente aos meios de comunicação da Capitania de Matto Grosso com as outras por via fluvial." Cópia manuscrita do Arquivo da Diretoria de Engenharia do Ministério da Guerra (ver Anexo C do volume *Monções*).

31. "Resultado dos Trabalhos e Indagações Statisticas da Provincia de Matto Grosso por Luiz d'Alincourt", *ABN*, 1877, v. III, p. 117.

32. Luiz d'Alincourt, "Officios sobre Estatistica, Defeza e Administração da Provincia de Mato Grosso, de 1824 a 1826", *RIHGB*, v. XX, p. 375.

33. "Demonstração dos diversos caminhos [...]", cit., pp. 465-8.

34. *Relatos monçoeiros*, cit., pp. 148-50.

35. "Carta do conde de Azambuja ao de Val de Reys". Ms. cit.

36. O nome de gualachos era genérico, sobretudo entre os colonos castelhanos do Pa-

raguai, para as tribos indígenas que não falassem o guarani, conforme se lê numa ânua do padre Diogo Ferrer de 21 de agosto de 1633: "debajo del nombre de Gualachos comprendense todas las naciones que no tienen por propria la lengua Guarani". *Manuscrito da Coleção De Angelis*. v. II: Jesuítas e bandeirantes no Itatim, p. 45. Em alguns lugares, como a bacia do Tibagi, o nome era aplicado de preferência aos caingangues. Cf. Alfred Métraux, "The Caingang", *Handbook of South American Indians*. Washington: 1946. v. I, p. 447.

37. "Noticias Praticas do Cuyabá e Goyazes, na Capitania de São Paulo e Cuyabá, que dá ao Revdo. Padre Diogo Soares o Capitão João Antonio Cabral Camelo sobre a viagem que fez às minas do Cuyabá no anno de 1727", *RIHGB*, v. IV, 2. ed., p. 494.

38. Lacerda e Almeida, op. cit., p. 74; Hércules Florence, *Viagem fluvial do Tietê ao Amazonas*. São Paulo: s.d., pp. 49 ss.; "Resumo das Explorações feitas pelo Engenheiro Luiz d'Alincourt, desde o Registro de Camapuã até à Cidade de Cuyabá", *RIHGB*, v. XX, pp. 335 ss.

39. *DI*, 1913, v. III, 3. ed., p. 122.

40. *Relatos monçoeiros*, cit., pp. 174 ss.

41. *Relatos monçoeiros*, cit., p. 177.

42. "Não se sabia que gentio era adonde habitava e que nome tinha por não ser o nome de Payagoa thé então conhecido [...]". Joseph Barbosa de Sá, "Relação das povoaçoens do Cuyabá e Mato groso de seos principios thé os presentes tempos", *ABN*, 1904, v. XXII, p. 15.

43. *Manuscritos da Coleção De Angelis*. v. II: Jesuítas e bandeirantes no Itatim, pp. 310 ss.

44. Francisco Rodrigues do Prado, "Historia dos índios Cavaleiros ou da Nação Guaycurú", *RIHGB*, v. I, p. 35.

45. Alvaro Nunez Cabeza de Vaca, *Naufragios y comentarios*. Madri: 1922, p. 201.

46. Sanchez Labrador, *El Paraguay Católico*. Buenos Aires: 1910. v. I, p. 245.

47. D. Félix de Azara, *Viajes por la America Meridional*. Madri: 1923. v. II, p. 59.

48. Azara, op. cit., p. 58.

49. Herbert Baldus, "Introdução a Guido Boggiani", in *Os Caduveo*. São Paulo: 1945. pp. 19 e 46.

50. Cf. Francis de Castelnau, *Expédition dans les Parties Centrales de l'Amérique du Sud, Histoire du Voyage*. Paris: 1850. v. II, p. 395.

51. Rodrigues do Prado, op. cit., p. 35.

52. "Noticias Practicas...", op. cit. "Eu não presenciei este caso", acrescenta Cabral, "mas escreveram-me de São Paulo alguns amigos que se acharam nele e vieram depois ao Cuiabá." De sua narrativa discrepa em muitos particulares a de outro cronista, Joseph Barbosa de Sá, que, escrevendo muito depois dos acontecimentos, ou seja, em 1765, deles nos oferece uma versão menos favorável aos guaicurus. Note-se, aliás, que a atitude aqui atribuída aos cuiabanos é bem típica dos colonos no trato com os índios. E, não é preciso dizê-lo, também destes com relação àqueles. Mesmo quando os índios pertençam a uma "raça senhorial", como é o caso dos guaicurus.

53. *Sesmarias*. São Paulo: 1937. v. III, p. 179.

54. *DI*, v. XIII, p. 145.

55. *Sesmarias*. São Paulo: 1937. v. III, pp. 231 ss.

56. Idem.

57. Idem.

58. *Relatos monçoeiros*, p. 131.

59. Cândido Xavier de Almeida e Souza, "Discripção Diaria", parte primeira, ms. cit.

60. Ricardo Franco de Almeida Serra, "Diario da Diligencia do Reconhecimento do Paraguay desde o logar do marco da Boca do Jaurú até abaixo do Presídio de Nova Coimbra", *RIHGB*, v. XX, p. 319.

61. Otto Maull, *Vom Italiaya zum Paraguay*. Leipzig: 1930. p. 272.

62. Dr. Max Schmidt, *Indianerstudien in Zenlralbrasilien*. Berlim: 1905. pp. 174 e 202.

63. Arrojado Lisboa, op. cit., p. 128.

64. Museu Paulista. Ms. da Coleção José Bonifacio, cit. (Carta a um amigo de autoria de Diogo de Toledo Lara Ordonhes).

65. Luiz d'Alincourt, "Rezultado dos trabalhos e indagações statisticas da Provincia de Matto Grosso", *ABN*, 1880, v. VIII, p. 46.

66. D. Félix de Azara, *Geografia Física y Esferica de las Provincias del Paraguay y Misiones Guaranies*. Compuesta por [...] Capitan de Navio de la Real Armada. En la Assunción del Paraguay. Ano de MDCCXV. Bibliografia, Prólogo y Anotaciones por Rodolfo R. Schuller. Montevidéu: 1904, p. 365.

67. *Manuscritos da Coleção De Angelis*. v. II: Jesuítas e bandeirantes no Itatim, cit. p. 301. Também o pe. Bernardo Nusdorffer S. J., superior das missões do Paraná e Uruguai, dirá em 1735 dos paiaguás que são o inimigo "mas traidor que se ha hallado en esta America". *Manuscritos da Coleção De Angelis*. v. V: Tratado de Madri, p. 323.

68. Pe. Juan Patricio Fernandez, *Relation Historial de las Missiones de los Indios*, *que llaman Chiquitos*, *que están a cargo de los Padres de la Compañia de Jesvs de la Provincia del Paraguay*. Madri: 1895. v. I, p. 186.

69. Os tambores, assim chamados, constavam, efetivamente, de vasos de barro com uma pele estirada sobre a boca. Max Schmidt assimila-os à forma especial de tambor que Nordenskjöld registrou entre algumas tribos do Chaco, tais como os choroti, os churupi, os lengua e os mataco. Cf. Max Schmidt, "Los Payaguá", *RMP*, 1949, Nova Série, São Paulo, v. III, p. 213. Para Hernandez o antigo secretário de Cabeza de Vaca, entre as acusações que faz a Irala, refere como Abacote, chefe dos paiaguás, ou agazes, como se chamavam a princípio, dera a este uma filha sua com que o futuro governador do Paraguai teve relações carnais; o fato foi tanto mais notório quanto, dias depois, vieram mais de oitenta agazes com um tambor diante da morada do dito Irala e em sua presença e na de toda gente fizeram ali muita algazarra dizendo que celebravam a festa do virgo da filha de Abacote, arrebatada por Irala. "Memória de Pero Hernandez", in Ulrich Schmidel, *Viaje al Rio de la Plata*. Buenos Aires: 1903. p. 335.

70. "[...] y pareciendo á los indios que ya los tenian asegurados, hecieron seña, tocando una corneta á cuyo sonido vinieron á un tiempo á los brazos con los españoles, acometiendo primero a Domingo Martinez de Irala doce indios, dando grandes alaridos, y lo mismo hicieron con cada soldado, procurando derribarlos y rendirlos". Ruy Diaz de Guzmán, *La Argentina*. Buenos Aires: 1943. p. 96.

71. Arquivo Público do Estado de São Paulo, maço 88, pasta 1, n. 24.

72. Cf. Max Schmidt, op. cit., p. 152.

73. D. Félix de Azara, op. cit., p. 355.

74. *Relatos monçoeiros*, cit., p. 135: "O que mais admirou, foi o ver o sossego, o des-

canso, com que no maior calor do combate tomavam o pulso aos negros, que rendiam reservando os mais valentes, e tirando a vida aos mais fracos". Além desse depoimento do capitão Domingos Lourenço de Araujo, referente a 1730, cf., na mesma coletânea, à p. 129, o de João Antonio Cabral Camello, datado de 1734: "e escolhendo dos negros os que lhes pareceram melhor, mataram todos os mais junto com alguns brancos que cativaram [...]".

75. *Bandeirantes no Paraguai*, cit., pp. 429 ss.

76. Frei Bartolome de las Casas, *Historia de las Indias*. México: 1951. v. II, p. 508. Cf. também a "Brevisima Relación", in d. Barthélomi da las Casas, *Oeuvres de* [...], *Défenseur de la liberté des naturels d'Amérique, précedées de sa vie*.Paris: 1822. v. I, pp. 22 ss.

77. Vendido em 1729 em Assunção, disse o menor Antonio Antunes da Silva em seu depoimento que, depois de preso pelos paiaguás, estivera cerca de um ano nos ranchos do principal Coati. Nesse caso o assalto teria ocorrido por volta de 1728.

78. *Bandeirantes no Paraguai*, cit., p. 432.

79. *Relatos monçoeiros*, cit., p. 129.

80. Idem, p. 135.

81. *Relatos monçoeiros*, cit., pp. 138 ss.

82. Ulrich Schmidel, *Reise nach Süd-Amerika*. Tübingen: 1889. p. 42. "Diese Seiges sein die dreflichsten oder pesten kriegsleut, so auf den wasser erfunden werden, aber zu lannt sint sie nicht der gleichen."

83. "Carta do Conde de Azambuja ao de Val de Reys [...]". Ms. cit.

84. Joseph Barbosa de Sá, op. cit., p. 52.

85. Serve de base para essas estimativas o valor atribuído à vara castelhana ou de Burgos, que foi o padrão *de jure* para o reino de Castela, a partir de 1568, e *de facto* para a maior parte das cidades espanholas. Esse valor oscilaria, no sistema métrico decimal, entre 0,8359 e 0,8379, podendo-se considerar uma equivalência aproximadamente correta a de 0,84, segundo sugere Earl J. Hamilton em seu estudo hoje clássico *American Treasure and the Price Revolution in Spain* (Cambridge, Mass.: 1934), p. 170.

86. Sem embargo dessa opinião de Azara, não faltou quem, como o nosso Cabral Camello, visse na "superioridade" das canoas paiaguás, comparadas às que se usavam nas monções de comércio, uma das causas de suas vitórias. Parece provável, no entanto, que Camello pretendia aludir tão somente a sua maior aptidão como embarcações de guerra.

87. D. Félix de Azara, op. cit., p. 364.

88. Juan Francisco de Aguirre, "Diario de...", *Anales de la Biblioteca Nacional*. Buenos Aires: 1911. v. VII, pp. 175 ss.

89. *Bandeirantes no Paraguai*, cit., p. 430.

90. *Relatos monçoeiros*, cit., pp. 129 ss.

91. *Relatos monçoeiros*, cit., pp. 135.

92. D. Félix de Azara, op. cit., p. 158.

93. Dr. C. F. Ph. von Martius, *Beitrage zur Etnographie und Sprachenkunde Amerikas zumal Brasiliens*. Leipzig: 1867. v. I, pp. 225 ss. A mesma opinião foi esposada por D. G. Brinton em *The Linguistic Cartography of the Chaco Region* (Philadelphia: 1898), p. 25, apud Max Schmidt, op. cit., p. 265.

94. Defendida por Lafonte Quevedo, Boggiani e Koch-Grünberg, a ideia foi retomada ultimamente por Alfred Métraux em: Julian H. Steward (ed.), *Handbook of South American Indians*. Washington: 1948, v. I, pp. 214 ss.

95. Max Schmidt, op. cit., I, p. 264.

96. Pe. Sanchez Labrador, op. cit., v. I, p. 57. Em outro lugar refere-se o mesmo autor à incompatibilidade "entre as duas nações, tão opostas em genio como o são os franceses e espanhóis". Idem, v. II, p. 151.

97. Juan Francisco de Aguirre, "Diário de D. [...]", *Anales de la Biblioteca Nacional*. Buenos Aires: 1905, v. IV, p. 58.

98. Luiz d'Alincourt, "Rezultado dos Trabalhos de Indagações Statisticas da Provincia de Matto-Grosso por [...], Sargento-mór Engenheiro Encarregado da Commissão Statistica e Topografica Ácerca da Mesma Provincia". *ABN*, 1880, v. VIII, p. 114.

99. Em 1797 seria ainda edificado, por ordem do governador Caetano Pinto de Miranda Montenegro, o presídio de Miranda, sito em terreno desafogado e livre de inundações, a pouca distância da margem direita do Mondego, que deveria completar o sistema defensivo na fronteira ocidental.

100. Dr. I. R. Rengger, *Reise nach Paraguay in den Jahren 1818 bis 1826*. Aarau: 1835, p. 136, apud Max Schmidt, op. cit., p. 188.

101. Dr. G. A. Colini, "Noticia Historica e Etnografica sobre os Guaicuru e os Mbayá", in Guido Boggiani, *Os Caduveo*. São Paulo: s.d., p. 266.

102. Dr. G. A. Colini, op. cit., p. 267.

103. Idem, ibidem.

104. Viriato Bandeira Duarte, "Navegação a vapor pelo Paraguay até Cuyabá, por [...]", Ms. da Diretoria de Engenharia do Ministério da Guerra, Rio de Janeiro.

105. Max Schmidt, op. cit., p. 136.

106. Museu Paulista. Ms. da Coleção José Bonifácio, cit. (Carta a um amigo, atribuída a Diogo de Toledo Lara Ordonhes).

Créditos das imagens

.

1, 5, 6, 8 a 11. Imagens do Arquivo Central/ Siarq.

2 e 3. Cortesia da Fundação de Amparo à Pesquisa do Estado de São Paulo (Fapesp).

4 e 7. Renato Parada.

Sobre o autor*

•

Sérgio Buarque de Holanda foi um dos grandes intelectuais brasileiros. De erudição ímpar, contribuiu para o desenvolvimento da crítica literária e da historiografia no país, tornando-se referência obrigatória nesses dois campos. Nascido em 1902, em São Paulo, filho de Cristóvão Buarque de Holanda e Heloísa Gonçalves Moreira Buarque de Holanda, conheceu, na juventude paulistana, grande parte de seus interlocutores intelectuais (e amigos), como Yan de Almeida Prado, Oswald de Andrade, Rubens Borba de Moraes, Guilherme de Almeida, Mário de Andrade e Sérgio Milliet. Aos dezoito anos, por intermédio do historiador Afonso de Taunay, publicou seu primeiro artigo, "Originalidade literária", no *Correio Paulistano*.

Em 1921 mudou-se com a família para o Rio de Janeiro e matriculou-se na Faculdade de Direito, onde conheceu Prudente de Morais Neto. No ano seguinte, foi escolhido pelos

---

* Este texto foi baseado nas informações fornecidas por Maria Amélia Buarque de Holanda em "Apontamentos para a cronologia de Sérgio Buarque de Holanda por Maria Amélia Buarque de Holanda". Disponível em: <http://www.siarq.unicamp.br/sbh/biografia_indice.html>. Acesso em: 6 out. 2014.

modernistas de São Paulo para ser o representante fluminense da revista *Klaxon* – e incumbido, de acordo com entrevista dada a Antonio Arnoni Prado, de levar à frente a ideia "sem pé nem cabeça" de vender a poesia feita em São Paulo "por um grupo de rapazes que ninguém conhecia e que acabava de ser enxovalhado na barulheira do Municipal". Engajado no modernismo, criou com Prudente de Morais Neto a revista *Estética*, de duração efêmera. Ainda no Rio, deu início à carreira de jornalista, e teve a oportunidade de entrevistar, para *O Jornal*, Luigi Pirandello e Blaise Cendrars quando estiveram no Brasil. Assis Chateaubriand, diretor da publicação, propôs a Sérgio Buarque, em 1929, uma viagem para Alemanha, Polônia e União Soviética, e destes, só não conseguiu entrar no país de Lênin. A estadia na Alemanha foi de grande importância para sua formação intelectual – lá travou contato com nomes de peso, como Thomas Mann e Friedrich Meinecke, a cujas aulas assistiu na Universidade de Berlim.

Quando voltou ao Rio de Janeiro, no final de 1930, Sérgio Buarque já dava largos passos rumo ao ensaísmo acadêmico. A partir de anotações que fez durante o período vivido na Europa, escreveu "Corpo e alma do Brasil", artigo publicado em 1935 na revista *Espelho*. O estudo foi a base para *Raízes do Brasil* (1936), "clássico de nascença", nas palavras de Antonio Candido, obra fundadora das modernas ciências sociais no país. Ainda em 1935, casou-se com Maria Amélia de Carvalho Cesário Alvim, e foi convidado por Prudente de Morais Neto a trabalhar na Universidade do Distrito Federal como assistente de Henri Hauser (cadeira de história moderna e econômica) e de Henri Tronchon (cadeira de literatura comparada).

Em 1944 Sérgio Buarque publicou seu segundo livro, *Cobra de vidro*, que reunia alguns de seus artigos de crítica literária – atividade que continuou a desempenhar durante as décadas de 1940 e 1950. Em 1945 saiu *Monções*, considerado seu volume de estreia no ofício da história. No ano seguinte o autor voltou a São Paulo para assumir a direção do Museu Paulista, cargo que manteve até 1956, quando se tornou professor da cátedra de história da civilização brasileira da Universidade de São Paulo. Entre 1953 e 1955, lecionou na cadeira de estudos brasileiros da Universidade de Roma, participando, em 1954, dos Rencontres Internationales de Genève (1954), ocasião em que travou contato com Lucien Febvre, fundador dos *Annales*. Em 1959 saiu pela José Olympio *Visão do Paraíso* – o preferido de Sérgio Buarque entre os livros que publicou.

Na década de 1960, começou a coordenar a coleção História Geral da Civilização Brasileira. Além disso, foi o mentor do Instituto de Estudos Brasileiros (fundado em 1962), do qual também foi o primeiro diretor. Ainda nessa década, Sérgio Buarque recebeu convite para dar palestras nos Estados Unidos, no Queens College, em Harvard e na Universidade de Columbia. Em 1969 pediu aposentadoria da USP em protesto ao AI-5 e às perseguições aos colegas, mas nunca deixou de participar de atividades acadêmicas. Em 1980, participou da cerimônia de fundação do Partido dos Trabalhadores, recebendo a terceira carteira de filiação do partido, após Mário Pedrosa e Antonio Candido. Faleceu em São Paulo, em 1982.

OBRAS DO AUTOR

Raízes do Brasil (1936)

Cobra de vidro (1944)

Monções (1945)

Caminhos e fronteiras (1957)

Visão do Paraíso (1959)

Organização da coleção História Geral da Civilização Brasileira (1960-72)

Do Império à República (volume inteiramente de sua autoria, integrante da coleção História Geral da Civilização Brasileira; 1972)

Tentativas de mitologia (1979)

O Extremo Oeste (póstumo, 1986), org. de José Sebastião Witter

Capítulos de literatura colonial (póstumo, 1991), org. de Antonio Candido

Capítulos de história do Império (póstumo, 2010), org. de Fernando A. Novais

O espírito e a letra, 2 v. (póstumo, 1996), org. de Antonio Arnoni Prado

Sérgio Buarque de Holanda: Escritos coligidos, 2 v. (póstumo, 2011), org. de Marcos Costa

Capítulos de expansão paulista (póstumo, 2014), org. de Laura de Mello e Souza e André Sekkel Cerqueira

Índice remissivo

•

Abreu, Cristóvão Pereira de, 47, 49, 205

Abreu, João Capistrano de, 9-11, 13-5, 142n, 143, 386n

Acervo Sérgio Buarque de Holanda (Arquivo Central da Unicamp), 61n, 104n

Acosta, José de, 117, 375n

Acosta, padre ver Costa (Acosta), padre

açúcar, 131, 162, 215-8, 271, 328; ver também cana-de-açúcar

Adorno, Antonio Dias, 253

Afonso, Antônio, 235

África, 134, 221, 263, 377n

agazes, 92, 355, 394n

Agostim, Antônio, 235

Agostim, Domingos, 235

Agostim, Manoel Fernandes, 235

agricultura, 220

aguardente, 214, 217-8, 324, 328, 356

Aguiar, Cristóvão de, 272

Aguirre, Juan Francisco de, 89, 112-5, 156, 357, 360, 371n, 373n, 375n, 378n, 395-6n

ajoujo, 260

Alberdi, Juan Baptista, 111, 374n

Albernás I, João Teixeira, 121

Albernás, Manuel Gomes, 236

Albernás, Pedro Homem, padre, 182

Albuquerque, João de, 265, 387n

Albuquerque, João Queima de, 102, 362

Albuquerque, povoado de, 343

Alcácer-Ceguer, 128

Alcácer-Quibir, 130, 135

Aldeia da Escada, 230, 236

alemães, 23, 85, 109, 335

algodão, 43, 60, 156, 214, 219, 231, 262, 283, 326, 343

Almagro, Diego de, 116-7, 375-6n

almecegueira, 157

Almeida, Antônio José de, 314

Almeida, Francisco José de Lacerda e, 60, 263, 313, 326, 370n, 386n, 390n, 393n

Almeida, Luís Castanho de, 178

Almeida, Pedro de ver Portugal, Pedro de Almeida, d.

Altamirano, padre, 76

Alvarenga, Antônio, 240

Alvares, Clemente, 272

Alviano, 130-1

Amambaí, serra de, 58, 164, 312

Amazonas, rio, 13n, 69, 108, 119-20, 142, 145, 149, 167, 252, 264

Amazônia, 24, 120, 247, 249, 252, 255, 263, 265, 267, 375n

amendoim, 208

América do Norte, 62, 370n

América do Sul, 36, 100, 107-8, 112, 121, 190, 257, 374-5n

América espanhola, 188, 207

América portuguesa, 104-5, 107, 109, 122, 132, 145, 156, 166, 186, 193, 227, 311, 357

Amorim, salto do, 304

Amsterdã, 121, 382n, 384n

Anchieta, José de, padre, 295, 370n, 390n

Andaraí Pequeno, engenho de soque do, 216

Andes, 60, 69, 144

Andino, Juan Diez de, 70

Andrada, Martim Francisco Ribeiro de, 54, 370n

Andreoni, João Antonio (Antonil), 9, 222, 369n, 383n

Angeles, 170

Angola, 147, 183, 380n

Angra dos Reis, 224, 233, 238, 240, 243

Anhanduí, rio, 58, 79, 301, 308-9, 312, 320, 371n, 391n

Anhangabaú, 211

Anhanguepi, rio, 78

Anhanguera (segundo), 46, 204, 253, 274

Anhembi, rio, 159, 190, 226, 229, 254, 271, 273, 285, 309; ver também Tietê, rio

animais, 30, 46-8, 50-1, 54, 56, 59, 84, 87-8, 173, 193-6, 202, 204, 213, 246, 271, 333-4, 365

Antequera, 97

Antonil, André João ver Andreoni, João Antonio (Antonil)

Antônio de Guadalupe, frei, 42

Antuérpia, 128

Apa, rio, 71, 190

apaches, 68

Apontamentos históricos, geográficos, biográficos, estatísticos e noticiosos da província de São Paulo (Azevedo Marques), 235, 381n, 384n

Aquidauana, rio, 71, 78, 308-11

Aracanguá-Guaçu, cachoeira de, 299

arado, 201

Aragão, 147

aragoneses, 147

Araraquara, 57, 288

Araritaguaba, 52, 56-7, 218, 264, 267, 273, 275, 280, 284, 287, 294, 313, 342, 355, 389-90n

Araújo, Antônio Ferraz de, 78, 308

Araújo, Domingos Lourenço de, 72

Araújo, Jerônimo Ferraz de, 167

arcabuzes, 64-6, 68-9

Argentina, 162, 164

Argentina, La (Diaz de Guzmán), 156, 373n, 378n, 388n, 394n

armas de fogo, 63-4, 68, 83, 92, 346, 355-6

Arnoldus Florentinus ver Van Langeren, Jacob Floris

arqueiros, 80, 306

Arquivo de Índias (Sevilha), 143

Arranca Rabo, corredeira do, 297

arroz, 156, 215-7, 283, 328, 343, 361

Arte da guerra, A (Maquiavel), 63

Arzão, Cornélio de, 36, 211

Arzila, 128

Ásia, 86, 105, 336

asiento de 1595, 148

Assumar, conde de, 53

Assunção (Paraguai), 38, 61, 70, 74, 76, 91, 93-9, 102-4, 113-5, 117-20, 133, 137-41, 144, 146, 149-51, 153-7, 160-2, 165, 171-3, 176, 189-90, 192-6, 226, 250, 258, 271-3, 347, 349-50, 352-4, 359, 362-4, 395n

astecas, 45

Atlântico, oceano, 134, 149, 153, 181, 200, 375-6*n*
Atlas Major (Blaeuw), 164
Avanhandava, rio, 81, 286, 288, 290, 296, 298-9, 307, 331
Avaremanduava, cachoeira de, 295
Ayolar, Juan de, 348
Ayolas, Juan de, 137, 161
Azambuja, conde de, 232, 326, 355, 372*n*, 392*n*
Azara, Félix de, d., 77, 85, 88, 92, 151, 153-5, 157, 165, 335, 347, 350, 357-8, 371*n*, 372-3*n*, 378-9*n*, 393-5*n*
azeite, 218, 345
Azeredo, Marcos de, 130
Azevedo, João de Souza de, 264-5, 387*n*
Azevedo, João Velho de, 241

Bacuri, rio, 299
Bahia, 24, 60, 127, 166, 184, 222, 253, 255
Baía de Todos-os-Santos, 134
Baixo da Cotia, 42
Baldus, Herbert, 372*n*, 393*n*
Balmaceda, Carlos de los Reyes, 97, 353
Balmaceda, Diego de los Reyes, 97
Balo (ou Robalo), cachoeira do, 304
balsas, 46, 118, 190, 196, 252, 255, 257-61, 271
Bananal, 341, 343
Bandeira, Manuel, 32
Banquinho, cachoeira do, 305
Barbosa, Antônio Correia, 275, 286
Barra, cachoeira da, 331, 340
Barreto, Francisco, 270
Barreto, Nicolau, 228
Barros, Antônio Pedroso de, 220, 223
Barros, João Martins de, 286
Barros, Luís Pedroso de, 289
Barros, Manuel de, 320, 322
Barueri, 56, 227, 269, 383*n*
bastardos, 44
batata-doce, 208
bateias, 281

batismo, 158, 223
Belém do Grão-Pará, 61, 250, 263-4
belgas, 169, 209
Beliago, cachoeira do, 341
Beliago, Domingos Gomes, 87, 339-40
Bermejo, rio, 152, 193
Bertioga, 238, 384*n*
Bicudo, Manoel de Campos, 310
bilros, 80, 306
Blaeuw, Willem, 164
Blaj, Ilana, 45*n*
Bluteau, Rafael, 140*n*
Bodoquena, 58, 78, 160
Boggiani, Guido, 364, 372*n*, 374*n*, 393*n*, 396*n*
Böhm, João Henrique, 256
bois, 195, 201, 203-4, 288, 321, 325-6, 329; *ver também* gado
Bolívia, 70, 176
Bonifácio, José *ver* Silva, José Bonifácio Andrada e
Boqueirão das Furnas, 330
Borah, Woodrow, 45, 369*n*
Borda do Campo, 54, 139
bordunas, 80, 306, 323, 346
Borges, Simão, 226
bororos, 80, 306
Botelho, Manuel Ferraz de Sampaio, padre, 314-7, 392*n*
Braga, José Peixoto da Silva, 254, 274, 369*n*, 381*n*, 386*n*, 388*n*
Bragança, duque de *ver* João IV, d.
Brandônio, 131
brejos, 118
Brilhante, rio, 78, 311
Brito, Gaspar de, 226
bruacas, 56, 282
Bruges, 128
Bueno, Amador, 165, 166, 211
Bueno, Bartolomeu, 47
Buenos Aires, 47, 75, 97, 98, 111, 115-6, 137, 146-50, 152-3, 161-2, 175, 177, 179, 181-2, 186-8, 193, 196, 205, 213, 258, 354, 368*n*

405

ÍNDICE
REMISSIVO

•

bugres, 93, 99, 349
bull-boat, 260
buriti (palmeira), 253, 302
"burro castiço", 47, 205

Caaguaçu, rio, 195, 310, 392n
Cabeza de Vaca, Álvaro Nuñez, 84, 118-20, 124, 152, 334, 372n, 375n, 393-4n
Cabo de Gué, 127-8
Cabo Verde, 215, 376n
Caboto, Sebastião, 123, 133, 137, 202, 382n
Cabral Camelo, capitão ver Camelo, João Antônio Cabral
Cabral, Domingos Velho, 242
Cabral, João de Araújo, 87, 339
Cabral, Pascoal Moreira, 52, 167
cabras, 47, 205, 325
Cabrera, Alonso de, 155
Cáceres, Luís de Albuquerque de Melo Pereira e, 361
cachoeiras, 79, 247, 254, 262, 266, 268, 272, 280, 292, 294-5, 297-9, 302-5, 308-9, 313, 319, 321, 331, 386n
Cadamosto, Alvise, 200
café, 215
caiapós, 80-4, 88, 102, 289, 305-7, 312-4, 316-7, 320, 322-5, 327, 331-2, 339, 391n
caingangues, 82-3, 307, 324, 372n, 391n, 393n
Cajuru, rio, 83, 301-3, 320, 322, 324
calchaquis, 335
Callao, 145
Camapoã, rio, 304-5, 308, 311-3, 319, 321, 324-6, 328-31, 339, 342-3, 352
Camapuã, rio, 58-9, 79, 82-3, 88, 102, 155, 262, 318, 337, 393n
Câmara da vila de São Paulo, 177, 208, 224, 226, 228, 235, 271, 295, 382-3n
Câmara Municipal de Mogi, 48
Câmara, Luís Gonçalves da, 138

Camelo, João Antônio Cabral, 86-7, 89, 324, 337, 352, 358, 393n
Caminha, Pero Vaz de, 122
Caminho de São Tomé ver Piabiru
Caminhos antigos e povoamento do Brasil (Capistrano de Abreu), 9
Caminhos e fronteiras (Sérgio Buarque de Holanda), 8n, 11-2, 14, 26, 33n, 40n, 45n, 47n, 65n, 67n, 101n, 126n, 199n, 206n, 209n, 211-2n, 219n, 277n, 293-4n, 381-2n
Campinas, 41
Campo Grande, 308
Campo y Medina, Juan de, padre, 226
Campo, cachoeira do, 304
Campo, Fernão do, 143
Campos, Antônio Pires de, 83, 87, 91
cana-de-açúcar, 34, 214, 216, 218, 222, 231, 255, 328
Cananeia, 124
Candelária, 118
Candia, Custódia de, 42, 368n
Candido, Antonio, 12-3, 45n, 199n
Canguera, cachoeira de, 295
Canoa do Banco, cachoeira da, 303
canoas, 42, 46, 51, 55-6, 59-60, 62, 64-5, 69, 71-3, 78-83, 86, 89-99, 118, 204, 218, 231, 236, 247-53, 255, 257-9, 261-84, 288, 290-8, 300, 302-9, 312-4, 318, 320-2, 325-6, 328-32, 338-42, 344, 346-58, 360, 364-5, 372n, 385-6n, 388-90n, 395n
Canoas, salto das, 78, 310
Canto, Antonio da Rocha do, 270
Capão da Consolação, 60
Capão dos Porcos, 320
capelas, 57, 327, 368n
Capistrano de Abreu, João ver Abreu, João Capistrano de
capitanias, 38, 124-5, 127, 132, 134, 209-10, 238, 244-6, 382n
Capítulos de expansão paulista (Sérgio Buarque de Holanda), 8, 11-3, 15

Capítulos de história colonial (Capistrano de Abreu), 9-10, 14
Capítulos de história do Império (Sérgio Buarque de Holanda), 13*n*
Capivari, rio, 296
Capoeiras, cachoeira das, 302
cará, 208
caracará, 27, 86, 336
Cará-Cará, ilha do, 118
Caracará, monte do, 342
Caraffa, R. P. Vincenzo, 164
carcarás, 118
Cardim, Fernão, padre, 203, 210, 221, 370*n*, 381-3*n*
Cardoso, Francisca, 41, 231, 384*n*
carga, negros de, 43, 57
carijós, 44, 51, 53, 57, 70, 75, 138, 160, 178, 183, 213, 223, 230, 232
Carlos II, rei da Espanha, 38
Carlos V, rei da Espanha, 117, 125, 135
carne, 203, 361
carretas, 151, 196, 322
carruagens, 43-4, 62
Carvalho, João Morato de, 276
Carvalho, José Vaz de, 316
Carvalho, Martim, 144
Casa de Canoas, 265
Casal, Aires do, 268, 388*n*
Casca, rio da, 36
Casñavé, 363
Castanheira, conde de, 137
Castanho, Antônio, 179, 181, 188-9, 226
Castela, 77, 98, 107, 111, 123-4, 126-7, 129, 135, 138-40, 143, 145, 147, 166-7, 175-7, 186, 188, 226, 273, 311, 349, 354, 395*n*
castelhanos, 55, 63, 70, 74-5, 78, 85, 91, 93, 96, 100, 102, 107-8, 110, 112, 117, 130-1, 137-9, 145, 147-50, 154-5, 157, 165-7, 173-5, 177, 180, 191-3, 195, 209, 226, 256-7, 335, 347, 349, 352, 355, 362, 375*n*, 391-2*n*
Castelnau, Francis de, 27, 372*n*, 393*n*
Castro, Gregório de, 82, 322

Castro, Martinho de Melo e, 265-6
Cattaneo, Cayetano, 259, 387*n*
cavalares, 22, 40, 46-50, 85, 193-4, 196, 203*n*, 204, 206, 288
cavaleiros, 64, 66-9, 76-7, 86, 88, 91-3, 100, 102, 124, 312, 332, 336-8, 340, 342, 347-8, 355, 362-3
cavalgaduras, 47, 55-6, 76-7, 191-3, 195-6, 203-4, 326
cavalos, 46, 48-50, 53, 62-5, 67, 69, 75-7, 79, 84-5, 87, 92-3, 118, 129, 192-5, 203-6, 236, 261, 271, 282, 284, 311, 332-5, 337-8, 357, 369*n*, 382*n*
Centro de Apoio à Pesquisa Histórica Sérgio Buarque de Holanda (CAPH, FFLCH-USP), 12*n*
Cervantes, Miguel de, 180
Césares, Cidade dos, 117, 125, 196
Céspedes Xeria, Luís, d., 112, 190, 193-4, 205, 226, 273, 299, 390*n*
Cezimbra, 180
Chaco, 70, 75, 84, 115, 179, 188, 191, 336, 374*n*, 394-5*n*
chamacocos, 85, 335-6
Charcas, 117, 146, 148, 152, 171, 176, 186
Chaves, Eufrásia de, 273
Chavez, Nufrio de, 118, 151, 375*n*
Chiancheu (Liampô (China), 128
Chichas, 180-1
Chico Santo (ou Chico Grande), cachoeira do, 303
Chile, 117, 121, 148, 179, 378*n*
China, 128
Chiquitos, 78, 151, 167, 191, 371*n*, 373*n*, 394*n*
chiquitos, índios, 69, 74, 91, 308, 347
chiriguanos, 69, 152
choupanas, 103, 259, 364
chumbo, 321
Chuquisaca, 75, 149, 164, 176
churca, 214
chuvas, 41, 54, 57, 65, 83, 89, 252, 254, 258, 277, 323

407

ÍNDICE REMISSIVO

•

Cidade dos Reis, 177
cipó, 254-6
Ciudad Real de Guairá, 70, 112-3, 115-6, 149-51, 153-4, 158-65, 167-72, 178, 182, 189, 191-2, 226, 233, 254, 258, 309, 368n, 378-9n, 382n, 392n
clérigos, 73, 184, 227
coatis, 94, 350, 352
Coelho, Francisco Vaz, 230, 244
Coimbra Nova, presídio de *ver* Nova Coimbra, presídio de
Coimbra, forte de, 101-2, 361
Coleção Pombalina da Biblioteca Nacional de Lisboa, 54
Colégio de Santo Antão (Bahia), 222
Colombo, Cristóvão, 129
Colônia do Sacramento, 13, 49, 76, 97, 175, 187
Colt, Samuel, 66
comanches, 68
comboios, 60, 64, 72, 91, 93, 268
comércio fluvial, 103-4, 262-3, 267, 269, 364
Companhia de Jesus, 139, 144, 158, 163, 167, 170-1, 180, 183, 196, 222, 228, 235, 253, 261, 308; *ver também* jesuítas; reduções jesuíticas
Companhia Geral do Grão-Pará e Maranhão, 266
Concepción, 152, 193
Concolocorvo, 182, 196, 381n
Conqueiro, Gasper, 224
Conquista Espiritual (Montoya), 181, 368n, 380n
Conselho de Índias, 76, 141, 185
Conselho Ultramarino, 10, 105, 109, 309-10, 312
Contreras, Bernabé de, 163, 165-7
Cook, Sherburne, 45, 369n
Corau, salto do, 304
Córdova, 148
cornetas, 90, 348
Coroa portuguesa, 25, 35, 38, 106n,

122, 124, 127, 129, 136-7, 139, 141, 149, 174, 310, 375-6n
Correia, Baltazar, 240
Correia, Jorge, 228
Correia, Pedro, 253
Corrientes (San Juan de Vera de las Siete Corrientes), 193, 196
Corriqueira, cachoeira do, 304
Corte Real, Diogo de Mendonça, 99, 250
Cortesão, Jaime, 35n, 105n, 108, 111, 374n, 384n
Corumbá, 343, 346, 361
Costa, Antonio Soares da, 284
Costa, Cláudio Manuel da, 255, 386n
Costa, Dionísio da, 234
Costa, João Homem da, 235-6
Costa, Lázaro da, 160
Costa, Marcos, 106n, 123n, 143n, 209n, 219n, 227n, 289n, 292n
Cotia, 42-3, 212, 269, 368n, 383n
coureurs de bois, 62, 370n
Couto, Diogo do, 130, 377n
Coxim, rio, 84, 262, 292, 318, 321-2, 330-2, 339
Coxipó, rio, 77, 79
Coxiponé, 320
cristãos, 68, 73, 92, 95, 100, 146-7, 153, 155, 170, 183, 221, 223, 230, 234, 331, 333, 351-2
Cuba, 95, 351
Cubatão, rio, 54-6
Cuiabá, 83, 97, 99, 167, 217, 267, 314, 321, 324, 332, 336, 338, 348-9, 354-5, 360, 365, 390n
Cuiabá, rio, 36, 51, 57, 61, 78-81, 83, 88, 90-1, 98, 103-4, 113, 156, 194, 257, 262-4, 267-9, 277, 279-84, 287-91, 295, 300, 304-5, 313, 315, 317-20, 322, 325, 328, 331-2, 337, 339-43, 345, 351, 364, 390n, 393n
Cultura e opulência do Brasil por suas drogas e minas (Andreoni), 9, 369n, 383n

Cunha, conde da, 78, 290
Cunha, Henrique da, 251
Curitiba, 44, 47-8, 205, 310, 392n
Curuguati, rio, 172-3
Cuzco, 143, 148, 189

D'Alincourt, Luiz, 265, 319, 361, 387n, 394n, 396n
Derby, Orville, 255, 386n
Diálogos das grandezas do Brasil, 130, 132, 377-8n
Dias, Fernão *ver* Pais, Fernão Dias
Dias, Maria Odila Leite da Silva, 26, 293n
Dias, Suzana, 166, 226-7
Diaz de Guzmán, Ruy, 150, 154-5, 174, 271, 373n, 378n, 388n, 394n
Diaz del Castillo, Bernal, 45, 192
Diaz Melgarejo, Ruy, 154, 271
dinheiro, 147, 212n
Do Império à República (Sérgio Buarque de Holanda), 8, 22n
Dorrego, Diego, 166
Douro, rio, 201, 290-1

Éden, mito do, 109n
Embiruçu, cachoeira do, 303-4
emboabas, 47, 87, 204
Encarnación, 310, 392n
enchentes, 51, 190, 257, 295, 343, 365
Enciso, Martin Fernandez de, 137
encomenderos, 163, 171
engenhos, 162, 213, 217
erva-mate, 257
Escaramuça do Gato Verdadeiro, 298
Eschwege, Wilhelm von, 55, 370n
escopetas, 63-4, 66
Escoval, João Gomes de, 284
escravos, 37, 43, 60, 94, 98-9, 103, 147, 162, 183, 213, 215, 222, 246, 266, 284, 335, 383n
Esmeraldas, serra das, 253
Espanha, 45, 107, 124, 135, 146, 149, 151, 153, 155-6, 185, 203, 227, 374n

espanhóis, 38, 45, 63, 76-7, 85, 94-5, 101-2, 111-3, 130, 133, 139, 141, 151, 153, 159-60, 168-9, 172, 187, 189, 192, 194-5, 260, 271-3, 333, 335, 350-1, 362, 376n, 396n
especiarias, 107, 121, 128, 133
espingardas, 65, 82-3, 323
Espinillo, 173
Espírito Santo, 36, 47, 149, 153-4, 160-1, 166-7, 170, 172, 178, 182-3, 272
estoraque, 157
etnografia, 10
Europa, 39, 86, 92, 119, 121, 133, 145, 151, 162, 179, 182, 206, 336, 358
Évora, 203, 370-4n
"Expansão paulista em fins do século XVI e princípio do século XVII" (Sérgio Buarque de Holanda), 123n
Extremadura, 201
Extremo Oeste, O (Sérgio Buarque de Holanda), 12-3, 21, 25, 33n, 35n, 46n, 61, 101n, 104n, 126n, 134n, 202-3n, 206n, 223n, 225n, 286n, 305n, 333n, 337n, 347n, 350n, 360n
Extremo Oriente, 128, 206

Falcão, Fernando Dias, 52
Falcão, Vicente Dias, 284
Faria, José Custodio de Sá e, 173, 288, 379n
farinhas, 55-6, 211, 213, 215, 219, 267, 283, 322, 324, 328
Farsa dos almocreves (Gil Vicente), 123
Faxina, 287
Fazenda Real, 52, 56-7, 127-8, 137-8, 218, 314, 316, 346
febres, 59, 112, 293-5
Fecho dos Morros, 69, 190, 361
feijão, 208, 215, 231, 267, 283, 322, 324, 327-8, 343, 361
Felix, Belquior, 233
Felix, Domingos, 233
Felix, Jaques, 233-4, 236, 239-40, 384-5n

Felix, Jaques (neto), 234
Fernandes, André, 47, 166-7, 205, 226-7
Fernandes, Antônio, 235
Fernandes, Baltazar, 166-7
Fernandes, Domingos, 51, 166, 273
Fernandes, Isabel, 251, 270
Fernandes, Paula, 270
Fernandez Montiel, Sebastián, 194
Fernandez, J. Patricio, 347, 371n, 373n
ferradores, 49, 205
ferraduras, 30, 49-50, 206
Ferreira, João da Costa, 289, 316
Ferreira, Paulo Joaquim José, 363
Ferrer, Diego, padre, 36, 372n, 379n
Ferrufino, João Batista, padre, 165, 379n
ferrugem (praga do trigo), 210, 213
Filipe II, rei da Espanha, 134, 140, 142, 146, 186
Filipe IV, rei da Espanha, 43, 185
Filipinas, 107, 108, 374n
Flandres, 128
flechas, 28, 59, 65, 69, 72, 80-1, 83, 89-90, 96, 222, 239, 297, 306-7, 323, 346, 348
Florence, Hércules, 330, 393n
Flores Valdez, Diogo, 203
florestas, 194, 252, 254, 266, 269, 281, 301
Florez, Manuel, 98
Fogaça, João de Moura, 233
Folha de S. Paulo, 31
Fonseca, Gonçalves da, 264-5, 387-8n
Fonseca, Manuel da, padre, 209, 213, 382n
Fontes, Diogo de, 235
Formigueiro, cachoeira do, 304
Forte Bourbon, 102, 362
franceses, 62, 101, 111, 396n
friagem, 59, 60
Frias, Manuel de, 78, 308
Friederici, Georg, 62, 252, 260, 369-70n, 378n, 385n, 387n
frutas, 179, 296, 302, 344, 365

fubá, 213-4, 328
fumo, 328, 356; ver também tabaco
Furnas, cachoeira das, 331

gado, 10, 47-8, 51, 59, 75, 76, 87, 156-7, 165, 203, 254, 260, 288, 327, 329, 333, 339, 343, 346
Galveias, conde das, 81, 306
Gamboa, Isabel de, 237
Gandavo, Pero de Magalhães, 144, 378n, 387n
Garay, Juan de, 153-5, 187, 193
Garces, Enrique, 180
Garcia, Aleixo, 122-5
Garcia, Diogo, 133
Garcilazo de la Vega, 192
Garganta do Embaú, 52, 230
Garibaldi, Giuseppe, 111
Gaspar da Madre de Deus, frei, 316, 382n
geografia, 10, 109, 125, 142n, 190, 319, 325, 343, 376n
Gerobativa, 239
Gésio, João Batista, 121
Girão, Amador, 42, 368n
Glimmer, Guilherme, 211, 229, 251, 255
Goiás, 46, 80, 102, 210, 254, 267, 305, 307, 321
Goiases, sertão dos, 204, 274
Gois, Cipriano (ou Cipião) de, 271
Gois, Luís de, 271
Gois, Pero de, 271
Gois, Vicente de, 271
Golondrino, El (bergantim), 118
Gomes, João, 284
Gonzales, J. Natalicio, 115, 375n, 380n
Graham, Richard, 22-3
Grande Espírito (mitologia indígena), 336
grande lavoura, 26, 34, 220; ver também lavouras
Grande, rio, 253-4, 299, 309, 391n
Grão-Pará, 61, 250, 264-6, 387n
Grou, Domingos Luís, 228

Guachis, rio dos, 72
guaianás, 223, 229
Guaiapacaré, 230
guaicunã (palmeira), 302
guaicurus, 27, 59, 68-9, 71, 74-5, 77, 79-80, 84-8, 91-4, 100-2, 154, 172, 312, 332-4, 336-8, 341, 347, 350, 357-63, 365, 393n
Guaipacaré, 52
Guairá *ver* Ciudad Real de Guairá
Guairá, cacique, 160
Guanabara, 210, 238, 245, 249
guanás, 85, 335
guanches, 154
Guapai, rio, 114
Guaporé, rio, 58, 101, 264, 266, 366
guaramomis, 229
guaranis, 69, 70-1, 74, 95, 119, 123, 152, 189, 350-1, 372n, 378n, 385n, 393n
Guarapuava, 315
Guaratinguetá, 52, 233-4, 236, 241-2
guatós, 60, 72, 74, 154, 343-4, 363
guaxarapos, 72, 74, 154
Guerra do Paraguai, 29, 102, 111, 290, 312, 363-4
guerras, 10, 110-1, 228
guetus, 154
Guevara, 154
Guiana, 116
guianases, 240
Guiné, 183
Gurupá, rio, 255
Gusmán, Violante de, 167
Gusmão, Alexandre de, 109, 139
Gusmão, Teotônio da Silva, 51

Haiti, 95, 351
Haro, Cristóvão de, 122
Hatuei, cacique, 95, 351-2
Hawkins, Sir Richard, 248, 385n
Henart, padre, 170
Hernandarias *ver* Saavedra, Hernandarias de
Hernandez, Pero, 84, 119, 334, 394n

Herrenvolk, 86, 336
Hispanic American Historical Review, 23n
História da Província de Santa Cruz (Gandavo), 144
Historia dos índios cavaleiros (Rodrigues do Prado), 75
História Geral da Civilização Brasileira (coleção), 7, 8, 22n
História geral das bandeiras paulistas (Taunay), 14, 372n, 379n
História geral do Brasil (Varnhagen), 13, 135, 142n, 377n
Historia Naturalis Brasiliae (Marcgrave), 211, 382n, 384n
Holanda, Heloísa Maria Buarque de (Miúcha), 31
Holanda, Maria Amélia Buarque de, 11-2, 35-6n, 140n
holandeses, 109, 111, 128, 175, 183
"Homem cordial, O" (Martins), 32n
Homem, Vicente Ferreira, 284
Horta, Franca e, 314, 392n
"House Built on Sand: Capistrano de Abreu and the History of Brazil, A" (Schwartz), 10n

Ibicuí, rio, 257
Ibirapuera, engenho de fundição do, 204
Ibituruçu, 173
Igairi, rio, 371n, 391n
igaras, 248-53, 261, 270, 357
igrejas, 42
Iguape, 150
Iguatemi, 56, 78, 81, 112, 173, 194, 282, 285-6, 288, 307, 313, 391n
Ilha Grande, 238, 243
Imuncima, rio, 78, 308, 371-2n, 391n
Índia, 128-9, 136-7, 271
Índias, 38, 62-3, 129-30, 132-3, 175, 177, 180, 184-5, 195, 205, 379n, 383n
índios, indígenas, 27-9, 33, 36-7, 39-45, 51, 53, 60, 62, 65-77, 79-88, 90-1, 93,

411

ÍNDICE
REMISSIVO

•

95-103, 112-3, 118-9, 122, 138, 144-5, 147, 153-83, 185, 191-5, 199-200, 202, 205-6, 208-9, 213, 215, 218-23, 225-6, 229-30, 232-3, 239, 247-52, 255-63, 266, 271, 277, 292, 295, 307-8, 312-7, 320-4, 326-7, 332-5, 337-8, 340, 343, 346, 348-62, 364, 372*n*, 386-7*n*, 393*n*; *ver também etnias individualmente*

ingleses, 175

Inquisição, 180, 184; *ver também* Santo Ofício

insetos, 345

Instituto de Estudos Brasileiros, 7

Ipané, 153, 195

Irala, Domingos de, 90, 118-20, 144, 150-1, 348, 375-6*n*, 394*n*

Iriartea ventricosa (palmeira), 252

Itaguaí, serra do, 210

Itanhaém, 234

Itapanema, cachoeira de, 298

Itapé, 173

Itapura, 275, 286-8, 290, 298-9, 388*n*

Itatim, 59, 69-71, 74, 158, 163-4, 168-72, 174-5, 189, 191, 194, 308-9, 367*n*, 370-3*n*, 378-81*n*, 387*n*, 392-4*n*

itatins, 70, 72

Itu, 40, 46, 51-2, 56-7, 190, 204, 218, 272-3, 287, 296, 304, 389*n*

Itupanema, cachoeira de, 299

Ivaí, 149, 154

Ivinheima, rio, 58, 78-9, 155, 170, 309-11, 371-2*n*, 391*n*

Jacareí, 233-37, 384*n*

jacás, 56

Jaguari, rio, 78, 155, 157, 163, 371-2*n*, 391*n*

jangadas, 255-6, 259-60

japoneses, 85, 335-6

Jaques, Cristóvão, 133

Jaraguá, fazenda do, 220

Jatobá, chapada do, 60

jatobás, 248, 250-3, 386*n*

Jauffret, Ambroise, 37, 368*n*

Jauru, rio, 60, 190, 268

Jejuí, rio, 172-3, 179

Jequiriçá, 253

jesuítas, 36, 59, 70, 74, 76, 84, 91, 113, 139, 149, 158-9, 163-4, 167-9, 171-2, 174, 183, 210, 226, 255-7, 259, 261, 271, 310, 334, 347, 376*n*; *ver também* Companhia de Jesus; reduções jesuíticas

João Branco, Manuel *ver* Morales, Manuel Juan de (João Branco)

João Francisco (cozinheiro), 330

João I, d., 200

João III, d., 13*n*, 124, 133-5, 140, 142-4, 377*n*

João IV, d., 185

Jundiaí, 57, 80, 296, 306

Jupiá, rio, 299-300

Jurumirim, cachoeira de, 272, 295

Juzarte, Teotônio José, 300

Knivet, Anthony, 240, 255, 376*n*, 385-6*n*

Koch-Grünberg, Theodor, 386*n*, 396*n*

La Plata, 171, 176, 279, 388*n*

Labrador, José Sanchez, 101, 334, 370-5*n*, 393*n*, 396*n*

Lacerda e Almeida, dr. *ver* Almeida, Francisco José de Lacerda e

Laet, João de, 209-11, 382*n*

lagoas, 69, 117-8, 156, 231, 237, 344

Laje Grande, cachoeira da, 304

Laje, corredeira da, 297

Lambari, rio, 299

Lamberto, Ernesto, 97

Lane, Frederic C., 128, 376*n*

Langsdorff, Georg Heinrich von, 326

Lanhas Peixoto, ouvidor *ver* Peixoto, Antônio Alves Lanhas

Lara, Antônio de Almeida, 86-7, 337-8

Lara, José de Almeida, 289

Las Casas, Bartolomé de, frei, 95, 180, 351, 373n, 395n

lavouras, 27, 33-4, 40, 69, 72, 82, 86, 99, 131, 147, 200-1, 206-8, 210, 213, 215-20, 223, 225, 229, 233, 237, 284, 287, 320, 336, 382n

Lavradio, marquês de, 256

lavradores, 202, 209-10, 217, 231, 336

lavras, 37, 61, 77, 87, 90, 93, 99, 103-4, 131, 218, 246, 287, 346, 354-5

Lazarillo de los Ciegos Caminantes (Concolorcorvo), 182, 381n

Leão, André de, 211, 228-9, 251

legumes, 156, 327, 361

Leis de Índias, 191

Leite, José da Costa, 314

Leite, Serafim, 139, 375n, 377n, 385-6n, 388n, 390n

Leme, Domingos Dias, 234

Leme, João, 343

Leme, Lourenço, 343

lenha, 103, 364

Léry, Jean de, 248, 370n, 385n

Leverger, Augusto, 319

Liampô (China), 128

Lima, 145, 148, 186, 189

Linhares, conde de, 318, 392n

Livro que dá rezão do Estado do Brasil (Campos Moreno), 121, 376n

Loaysa, García de, 133

Lobo, Antônio Antunes, 95-6

Lobo, Pero, 124, 137

Lopes, Joaquim Francisco, 317

Lopes, Martim *ver* Saldanha, Martim Lopes Lobo Aires de

Lopes, Pero *ver* Souza, Pero Lopes de

Lopez, Carlos, 363

Lorena, 52, 55, 230

Lorena, Bernardo José de, 285

Lorenzana, Marciel de, padre, 158

Loreto, 163, 168-9

Lozano, Pedro, padre, 85, 154, 157-8, 164, 378-9n, 388n

Luís Antônio, d. *ver* Mourão, Luís Antônio de Sousa Botelho, d.

Luisiana, 62

luta corporal, 67, 350

Luz, Antônio da, frei, 179

Macedo, Antônio de, 228

Macedo, Joaquim Manuel de, 10

Machado, Alcântara, 383n

Machado, Simão, 240

Machain, Lafuente, 149, 187, 376n, 378-80n

Machuca, Bernardo de Vargas, d., 63, 370n, 378n

Maciel, Antônio Antunes, 310

Maciel, João Antunes, 79, 347

Maciel, Miguel Antunes, 94

Madeira, ilha de, 200

Madeira, rio, 249, 264-5, 268, 274, 387n

Madre de Deus, engenho de açúcar da, 271

Madri, 63, 76, 166, 180, 182, 184-5

Magalhães, Fernão de, 133

Maldonado, Miguel Aires, 240

mamelucos, 13n, 62, 72, 74-5, 112-4, 141-3, 145, 149, 163-4, 168-72, 175-6, 189, 192, 205, 228, 233, 259, 370n

Mandaqui, 211

mandioca, 208, 214-6, 218-9, 231, 328

Mandioré, lagoa do, 69

Mangabal ou Mangual, cachoeira do, 303

Manilha, 188

Manoel Roiz, cachoeira de, 304

mantimentos, 83, 87, 99, 225, 229, 231, 237, 267, 322, 324, 326, 339

Mantiqueira, Serra da, 52, 229-30, 251, 254

Manuel, d. (Manuel I de Portugal), 122

Manuel, Nuno, d., 122

mapas, 36, 71, 108, 118, 121-2, 164, 283, 299, 310, 313, 371n, 374-5n, 379n

Maquiavel, Nicolau, 63

413

ÍNDICE REMISSIVO

Maracaju, rio, 58, 61, 69, 160, 190-1, 196, 258, 391n

Marambaia, 238

Maranhão, 216, 266

Maranhão, rio, 119

Maratiá, 123

Marcgrave, George, 211, 382n, 384n

Maria I, d., 361

Marianas, ilhas, 108

Marques, Azevedo, 147, 177, 235, 368n, 378n, 380-1n, 384n

Márquez Miranda, Fernando, 388n

Marrocos, 127

Martinez, Inácio, padre, 164

Martinez, padre, 170

Martins, Luís, 31

Martius, Carl Friedrich Philip von, 265, 374n, 387n, 395n

Mascarenhas, Luís de, d., 81, 306

massa polar, 60

Mateus, morgado de ver Mourão, Luís Antônio de Sousa Botelho, d.

Mato Grosso, 51, 61, 71, 112-3, 151, 157, 161, 174, 189, 250, 260-1, 264-6, 274, 288, 318-9, 336, 345, 364, 387n

Mato, cachoeira do, 304

Matoim, boca do, 255

Matos, Raimundo José da Cunha, 53, 369n

Matrícula da Gente Carijó, 244

Maxifaro, 142

mbaias, 154

Mboimboi, rio, 71, 78

Mbororé, 235, 256, 259

Mbotetei, rio, 61, 69, 71-2, 75-9, 114, 153-5, 157, 164, 170, 173, 194, 310

Medina, Pedro de, 36n, 121

Mediterrâneo, mar, 128, 376n

Melgaço, barão de, 312

Melgarejo, capitão ver Diaz Melgarejo, Ruy

Melo y Portugal, 149

Melo, Frederico de, 227

Memórias históricas do Rio de Janeiro (Monsenhor Pizarro), 335, 372n, 387n

Mendiola, Sebastian Feliz de, d., 333

Mendonça, Antônio Manuel de Melo Castro e, 40, 55, 288, 291

Mendonça, Lourenço de, 178-9, 181-4

Mendoza, Pedro de, d., 116-7, 120, 124, 126, 133-4, 137

Menezes, Diogo de, 131-2

Menezes, Rodrigo César de, 47, 52-3, 57, 87, 204, 279-80, 295-7, 322, 324, 330, 339

Mercadillo, Alonso de, 142

mestiços, 62, 157, 183, 192, 202, 326

Métraux, Alfred, 372n, 374n, 385n, 393n, 396n

mexicanos, 66

milho, 98, 201, 208, 213-5, 218-9, 283, 324, 327-8, 343, 354

milícias montadas, 64

Minas Gerais, 47, 55, 126, 176, 210, 213, 245, 254, 381n

mineração, 103, 131, 181, 218, 325

Minho, 201

Miranda, rio, 174, 311

missões, 74, 163, 169, 308, 387n, 394n; ver também reduções jesuíticas

Mitre, 111

Miúcha ver Holanda, Heloísa Maria Buarque de

Mogi das Cruzes, 41, 48, 55, 211, 224-5, 229-33, 235-9, 243-4, 369n, 383-4n

Moguer, Diego Garcia de, 123, 133

moinhos, 109, 211-4, 218

Moji das Cruzes ver Mogi das Cruzes

Molucas, ilhas, 107, 134, 139-40

Monções (Sérgio Buarque de Holanda), 8, 11-4, 21, 24, 26, 33n, 39-40n, 45-6n, 56, 61-2n, 65n, 80n, 100n, 103n, 126n, 199n, 202n, 219n, 247n, 249n, 256n, 277n, 285-6n, 293n, 295n, 337n, 366n, 392n

Mondego, rio, 71, 361, 371n, 396n

Monjelos, Juan de, 70

monjolos, 214-5, 328
Monomotapa, 130
Monsanto, condes de, 38
Montenegro, Caetano Pinto de Miranda, 71, 388n, 396n
Montes Claros, marquês de, 152, 161
Montes, Henrique, 123
Montesinhos, Antônio Ruiz de, 313
Montevidéu, 38
Montoya, Antonio Ruiz de, padre, 63, 168-70, 181-2, 191, 258, 368n, 370n, 378-80n, 387n
Morales, Manuel Juan de (João Branco), 43, 211-2, 368n, 382n
Moreira, Antonio de Godoi, 273
Moreira, Manoel, 349
Moreira, Pascoal ver Cabral, Pascoal Moreira
Moreno, Diogo de Campos, 121
Morphy, Carlos, 81, 391n
Mortes, rio das, 255
mosquitos, 345, 365-6
Moura, Antônio Rolim de, d., 53, 92, 99, 232, 250, 280, 298, 326-7, 329, 341-2
Mourão, 143
Mourão, Luís Antônio de Sousa Botelho, d., 54-5, 81, 202, 285-6, 288-90, 292, 307, 310-1, 392n
"Movimentos da população em São Paulo no século XVIII" (Sérgio Buarque de Holanda), 200n, 223n, 227n, 286n
Moxos, 151, 191
muares, 46-8, 195, 205
mulas, 43, 76, 205
mulheres, 42, 177, 204, 237, 271, 327, 359
Museu de La Plata, 279
Museu Paulista, 7, 123n, 248n, 277, 390n, 394n, 396n

Natividad, 170
Nebileque, rio, 71, 170

negros, 43, 57, 60, 65, 82, 95-6, 98-9, 148, 222, 263, 296, 298-9, 322, 325-8, 351-3, 383n, 395n
Nhanduí-Mirim, cachoeira do, 304
nhuaras, 153, 154
Nioac, rio, 311-2
Nobiliarquia paulistana (Taques), 178, 220, 368n, 383n
Nóbrega, Manuel da, padre, 138, 144, 377n
Nombre de Diós, 145
Nossa Senhora da Conceição, vila de, 234-5, 237-8
Nossa Senhora da Penha, 57
Nossa Senhora de Atocha, porto de, 273
Nossa Senhora dos Remédios, 241, 243
"Notícias práticas do padre Diogo Soares", 320
"Notícias Utilíssimas à Coroa de Portugal e suas Conquistas", 309, 312
Nova Andaluzia, 116
Nova Biscaia, 153-4
Nova Coimbra, 71
Nova Coimbra, presídio de, 267, 361-2
Nova Espanha, 45, 133
Nova Granada, 129
Nova Xerez, 77
Novais, Fernando, 9, 13
Novo Mundo, 64, 95, 108, 131, 147, 192, 202, 351
Novo Tejo, rio, 319
Nuestra Señora Santa Maria de la Asunción ver Assunção (Paraguai)
Nunes, Custódio, 226
Nunes, Diogo, 13n, 142
Nunes, Domingos, 13, 143
Nunes, Leonardo, padre, 248
Nunes, Pedro, 135
Nuñez de Quesada, Diogo, 142n

Ocampo y Medina, Juan de, padre, 166
Oeynhausen, João Carlos Augusto de, 318, 321, 330, 392n
Olimpo ver Forte Bourbon

415

ÍNDICE
REMISSIVO

.

Oliveira, Antônia de, 47, 205
Oliveira, Antônio de, 138
Oliveira, Francisco Fernandes de, 226
Oliveira, Rafael de, 270
omáguas, 13, 142
Ontiveros, 149-50
Ordem de Cristo, 41
Ordonhes, Diogo de Toledo Lara, 298, 327, 365, 390n, 394n, 396n
Orelha de Onça, rio, 302
Orellana, Francisco de, 119
Orrego y Mendoza, Diego de, 164-6
Ortega e Saloni, Manuel de, padre, 158
Ortiz de Zarate, Juan, 120
Orue, Martin de, 143
ouro, 36-7, 43, 52, 64, 78-9, 90, 93, 95, 97-9, 103, 118, 122, 129-31, 137, 141-4, 146, 150-1, 154, 156, 162, 167, 176, 205, 217-8, 225, 227-8, 232, 234, 236, 238-9, 241, 244, 246, 281, 324-5, 339, 349-54

Pacheco, Tomé, 284
Pacífico, oceano, 146, 181, 375n
pacu, 99, 344
padres, 78, 113, 158, 167, 169, 171-2, 175, 177, 183, 191, 196, 222, 228, 235, 256, 258, 261, 310, 328
Pai Pirá, 80, 306
paiaguás, 27, 69, 71-5, 77, 86, 88, 90-100, 102-4, 112, 172, 257, 268, 312-3, 332, 337-8, 342, 346-54, 356-60, 362-5, 394n, 395n
Pais, Fernão Dias, 255
Pais, Pascoal Leite, 43
Pais, Pedro Domingues, 74, 272
Países Baixos, 209
Paititi, 117
Paiva, Antonio de Barros, 298
palanquins, 42
Palma, conde de, 317
palmeiras, 252, 302
palmitos, 195, 344
Panamá, 145, 148, 176, 186

Pantanal, 59, 72, 100, 108, 174, 190, 342, 343-5, 361
Pão de Açúcar, 118
paperuis, 156
Paraguai, 36, 47, 57-60, 68-70, 72-5, 77, 81, 84-6, 90-2, 94, 100, 103-5, 108, 112, 114-8, 120-1, 123-4, 133, 137-9, 143-4, 149, 151-2, 158, 162, 165-7, 171-5, 178-9, 181-2, 185-6, 188-94, 205, 226, 250, 257-9, 271, 273, 309-10, 313, 333, 335, 341, 344, 347-52, 358-64, 371-3n, 375n, 380n, 386n, 388n, 391-2n, 394-5n
Paraguai, rio, 64, 72, 83, 93, 101, 151, 173, 257, 291, 300, 308, 311, 321, 334, 341-3, 348, 365
Paraíba do Sul, 271
Paraíba, rio, 52, 231-2, 234-41, 244-6, 251
Paraibuna, rio, 255
Paraitinga, rio, 232, 240, 242
Paraná, 57, 59, 81, 154, 223, 394n
Paraná, rio, 46, 58-9, 78-9, 81, 124, 148-9, 153, 160, 163, 170, 172-4, 190-4, 204, 254, 257-9, 267, 271-2, 279, 287-99, 301, 303, 307, 309, 311-4, 318-20, 391n
Paranaguá, 44
Paranapanema, rio, 78, 160, 254, 309-10, 392n
Paranapiacaba, 132, 229
Parati, 238, 240-4
Pardo, rio, 58-9, 79-81, 83, 155, 164, 289, 292, 299-300, 302, 304-8, 311-3, 315, 320-1, 324, 365, 371n, 391n
parecis, 69, 157
Paredão, cachoeira do, 304
Parnaíba, 30, 49, 56, 178-9, 212, 225-7, 269-70, 310, 379n, 383-4n
Passagem do Cavaleiro, 84, 332
Patagônia, 196
Pau Santo, cachoeira do, 298
paxiúba (palmeira), 252-3
Pedras de Amolar, cachoeira das, 304

pedras preciosas, 130
Pedroso, Francisco *ver* Xavier, Francisco Pedroso
peixes, 298, 344-5, 357-8, 361
Peixoto, Antônio Alves Lanhas, 65, 95, 337, 352, 354
pelourinho, 42, 224-6, 228, 234-5, 238, 240, 242-3
Peralta, João de, 36
Peralta, Sebastião de, 166-7
Pereira, Duarte, 298
Pereira, João, 95-6, 352-3
Pereira, Miguel, 324
Pericoguaçu, 153
Pernambuco, 133, 136, 145, 222, 256, 382n
peroba, 251, 264, 269, 273, 278-81
Peru, 13n, 36n, 47, 75, 117, 120-1, 125-7, 129, 132-3, 141-8, 151-2, 160-1, 175-84, 186-7, 189, 205, 226, 378n
pescarias, pescados, 99, 103, 252-3, 296, 345
pestes, 34, 159, 203, 295
Piabiru (Caminho de São Tomé), 40
Piaçaguera Nova, 239
Pico della Mirandola, João, 129
Pigafetta, Antonio, 248, 385n
pigmeus, 156
pilão, 214-5, 218, 328
Pilcomayo, 137
Pimentel, Antonio Cardoso, 273
Pindamonhangaba, 233, 246
pinhão, 209
Pinheiros, 211-2
Pinho, Ascenço do, 270
piperis, 255, 259
Piquiri, rio, 149, 313, 319-20
Piracicaba, 275, 281, 287-8
Piracicaba, rio, 282, 286, 290
Pirapitingui, rio, 272
Pirapora, cachoeiras de, 296-7
Piratininga, 25-7, 34, 38, 45n, 54, 150, 203, 223, 228, 239

"Piratininga 1532-1560" (Sérgio Buarque de Holanda), 123n, 143n
pistolas, 65, 67
Pitas, morro das, 360
Pizarro, Francisco, 116-7, 122, 125, 127, 129, 375-6n
Pizarro, monsenhor, 27, 85, 265, 335
planalto paulista, 210, 218, 223
Pohl, João Emmanuel, 210, 382n
pólvora, 64, 66, 72, 182, 221, 297, 321
Pombal (ou Pomba), cachoeira do, 304
Ponce de Léon, Diego, 154
Ponce de León, Gabriel, 166-7
Ponte Alta, 54
Porrudos, rio *ver* São Lourenço, rio
Porto dos Reis, 118
Porto Feliz, 24, 40, 57, 265, 273, 277, 279, 282, 284-6, 294, 296, 314, 316-7, 340, 389n, 392n
Porto Geral, 269
Porto Seguro, 143-4
Porto Seguro, visconde de, 135
Portugal, 75, 105, 108-9, 122, 124, 126, 128, 130, 134-5, 138-9, 141, 143, 145-6, 177, 179, 185, 201, 271, 312, 361, 369n, 371n, 377n, 388-9n
Portugal, Pedro de Almeida, d., 53
Potosí, 75, 119, 121, 126-7, 132, 134-5, 146, 148, 151, 153, 175-81, 186, 188, 226, 380n
Potribu, 220, 223
Potunduva, 288
Pouso Alegre, 341, 360
"Povoação setecentista, Uma" (Sérgio Buarque de Holanda), 289n
Prado, Domingos do, 167
Prado, Francisco Rodrigues do, 75, 371n, 373n, 393n
Prado, João Leme do, 164
Prado, Manuel Góis do, 88, 339
Prado, Paulo, 308, 371n, 384n, 391n
Prado, Timóteo Leme do, 30, 49
prata, 43, 98, 118, 121-2, 125, 129-31, 133, 137, 139, 142-3, 145-6, 149, 151-

2, 156, 176, 179-80, 187-8, 239, 244, 353-4
Prata, rio da, 69, 108, 111, 114, 116, 121, 125, 136-8, 141, 143, 149, 153, 182, 257-8, 260, 279, 382n
"Pré-história das monções" (Sérgio Buarque de Holanda), 292n
Preto, Manuel, 220, 222, 233
Preto, Sebastião, 165
Príncipe da Beira, forte do, 101, 361
Proença, Antônio Gonçalves, 147
Proença, Francisco de, 181
Pucheta, Baltazar, 173, 379n
Puerto Bello, 145, 151, 176
puris, 229

Quadros, Ascenço de, 164
Quebra Cangalhas, 242
Quebra Proa, cachoeira do, 302
quéchuas, 89, 118
Quinze de Novembro (Proclamação da República), 174
Quito, 144

Raízes do Brasil (Sérgio Buarque de Holanda), 8, 11, 24, 39n, 61n, 126n
Ramalho, João, 226, 239
Ramos, Luciano Ribeiro, 49
ranger, 66
Ransonier, padre, 169
Raposo Tavares ver Tavares, Antônio Raposo
Real Corpo de Engenheiros, 316
Real Fazenda ver Fazenda Real
Rebelo, Gervásio Leite, 296n
Reclus, Élysée, 174
Recopilación de leyes de Indias, 146
redes, transporte em, 42-3, 204
reduções jesuíticas, 59, 74, 149, 158, 162-3, 166-8, 170, 172, 185, 191, 271, 309-10; ver também jesuítas; missões
Registro Velho da Mantiqueira, 210
remadores, negros, 65

Restauração portuguesa, 43, 187
Revista de História, 33n, 42n, 199n, 223n
Revista do IEB, 200n, 223n, 227n
revólver, 66, 67
Ribeiro, Antônio, 133
Ribeiro, Diogo, 122, 137
Ribera, Hernando de, 118-9, 174, 375n
rifles, 66-7
Rio Branco, barão do, 10-1, 111, 164, 374n
Rio da Prata, 111, 115, 117, 120, 123-6, 135, 140-1, 148, 156, 161-2, 172, 175, 182, 184-5, 189, 212, 378n
Rio de Janeiro, 24, 37, 41-2, 48, 60, 181-5, 210, 216, 224, 232, 234, 237, 240-1, 245, 335
Rio Grande do Sul, 256
Riquelme de Gusmán, Alonso, 155
roças, 83, 88, 201, 203, 224, 237, 267, 270, 301, 309, 320, 322, 324, 339, 343
Rodrigues, Antônio, 119, 144
Rodrigues, Antonio José, 362
Roiz, Domingos, 324
Roiz, Manoel, 304
Romero, Juan, padre, 158
Roop, Wendell P., 252, 276, 385-6n, 388n

Sá e Faria, brigadeiro ver Faria, José Custodio de Sá e
Sá, Barbosa de, 257, 355-6, 371n, 387n, 393n, 395n
Sá, Gonçalo Correia de, 239, 244
Sá, Martim de, 240, 255
Sá, Mem de, 144
Sá, Salvador de, 234, 239, 243-4, 380n
Sá, Vitória de, 226
Saavedra, Hernandarias de, 150-1, 155, 159-61, 174-5, 178, 196, 379n
Saavedra, João Fernandes, 211
Sabaraboçu, 211
Sabaroboçu, 228

418

CAPÍTULOS
DE EXPANSÃO
PAULISTA

•

Safim, 128
Salazar de Espinoza, Juan, 138
Salazar de Espinoza, Juan de, 271
Salazar, João de, 149, 151
Saldanha, Martim Lopes Lobo Aires de, 55-6
samaúma, 253
San Benito, 170
San Ignacio Miní, 163, 168-9
San Javier, 310, 392n
San José, 170
San Juan de Vera de las Siete Corrientes *ver* Corrientes
Sanches, Gaspar, padre, 239
Sancti Spiritus, 137
Sande, Antonio Pais de, 37
Sanguexuga, rio, 262, 302, 304, 308, 312, 321-2, 326, 329
Santa Catarina, 122-4, 136, 150-1, 153, 161
Santa Cruz de la Sierra, 69-70, 75, 117-8, 120, 146-7, 151-2, 191, 333
Santa Fé, 147-8, 193, 196
Santana das Cruzes, 225, 227, 229, 231, 244
Santana de Parnaíba, 42, 166, 179, 226, 233
Santiago (Chile), 179
Santiago de Xerez, 73, 75-8, 112-3, 115, 152-8, 160-7, 169-75, 179, 189, 191, 194, 310
Santiago del Estero, 148
Santo Amaro, 200, 204, 211, 237-8, 269
Santo André, 139, 233
Santo Antônio, salto de, 249
Santo Ofício, 166
Santos, 41, 50, 54, 57, 109, 126, 212n, 232, 237-8, 245, 385n
São Bento, mosteiro de, 269
São Carlos, 41
São Fernando, 118
São Francisco das Chagas, 234, 240
São Francisco Xavier, 168, 170, 264

São Lourenço, rio, 60, 118, 313, 318-20, 341-2
São Pedro do Rio Grande do Sul, 48, 50
São Sebastião, 238-9, 244
São Vicente, 13n, 138-9, 142, 144, 146, 150, 199, 202, 232, 238, 245, 253, 271
Sapucaí, rio, 232
Sardinha, Afonso, 147
Sardinha, Antonio Aranha, 273
Sardinha, Pedro, 160, 379n
sariguês, 94
Sarmiento de Mendoza, Luís, 124-6, 141-2, 376-7n
Schmidel, Ulrich, 119, 373n, 375n, 377n, 394-5n
Schmidt, Max, 103, 364, 374n, 394-6n
Schneider, L., 111, 374-5n
Schwartz, Stuart, 9
Segunda Guerra Mundial, 85
Senhor Bom Jesus, vila do, 57, 99, 341, 355, 390n
Seregipe do Conde, engenho de, 222
Serpa, Diego Fernandez de, 120
Serra do Mar, 230, 240
Serra, Ricardo Franco de Almeida, 342-3, 362, 394n
Sertão dos Patos, 161
Sete Pecados Mortais (cadeia de morros), 231
Sete Quedas, 190, 299, 391n
Sevilha, 124, 126, 140-1, 143, 146, 151, 188, 368n
Silva Braga *ver* Braga, José Peixoto da Silva
Silva, Antonio Antunes da, 350, 395n
Silva, Domingos da, 360
Silva, José Bonifácio Andrada e, 370n
Silva, Matias Barbosa da, 50, 369n
Silva, Pedro Malaver de, 120
Sirga Comprida, cachoeira da, 303
six-shooter, 66
Soares, Diogo, padre, 97, 301, 320, 370-4n, 390n, 393n

419

ÍNDICE
REMISSIVO

•

Soares, Gabriel, 211, 253, 386n

Solis, João Dias de, 122, 124, 133

Sorocaba, 51, 78, 167, 179, 269, 289, 296, 309-10, 369n, 377n

Sousa, Francisco de, d., 132, 212-3, 228, 238, 244, 265, 382n

Sousa, Luís Antônio de, d., 78

Sousa, Tomé de, 13n, 127, 135, 139-42, 145, 149-50, 271, 377n

Souza, Cândido Xavier de Almeida e, 57, 60, 288, 301, 340, 391n, 394n

Souza, Laura de Mello e, 34n

Souza, Manuel Coelho de, 236

Souza, Martim Afonso de, 38, 124, 133, 135-8, 140, 203, 239

Souza, Pero Lopes de, 136, 248, 385n

Staden, Hans, 248-9, 385n

Sucre, 176

Sucuriú, cachoeira do, 304

Sucuriú, rio, 313, 315, 318-9

Südamerika im Spiegel seiner Städte (Wilhelmy), 30, 380n

Suplicación... en defensa de los Portugueses (Castanho), 180

Sutil, Miguel, 36, 52

tabaco, 98, 271, 283, 328, 354, 388n

tacumbus, 94, 102, 350, 362

Tamanduá, cachoeira do, 304

tameme, 45

tamoios, 228, 240

Tapanhucanga, cachoeira do, 303

Taquaral, cachoeira do, 304

Taquari, rio, 74, 84, 86-8, 91, 319-20, 331, 337-41, 344, 355, 360

Taques, Pedro, 43-4, 165, 167, 170, 178-9, 220, 222, 368n, 379-80n, 383-4n

tártaros, 27, 85, 335

Taubaté, 233-4, 236, 239-42, 244-6, 384-5n

Taunay, Afonso d'Escragnolle, 14, 161, 278, 296n, 313, 372n, 379n, 387-8n, 390-1n

Tavares, Antônio Raposo, 165, 167, 227, 255

Taveira, Manuel de Frias, 78

teares, 214, 219

Techo, Nicolau del, padre, 159, 379n, 383n

Tejuco, cachoeira do, 303

Tentativas de mitologia (Sérgio Buarque de Holanda), 106n

Tepoti, rio *ver* Apa, rio

Teremembé, 233

Thevet, André, 248-9, 385n

Tibagi, rio, 78, 168, 392-3n

Tibiriçá, 226, 239

Tietê, rio, 24, 52, 55-6, 61, 81, 190, 194, 232, 264, 267-70, 272-4, 282, 286, 288-9, 291-2, 295, 297-9, 302, 307, 309, 313, 316, 318-20, 389-91n, 393n

Tinoco, Diogo Grasson, 255

tipiti, 218

Tobatiri, rio, 173

Toledo, Francisco de, d., 148

Torales, Bartolomeu de, 167

Tordesilhas, linha de, 105, 108, 111, 117, 120, 135, 140, 374-6n

Torres, Diogo de, 153, 158

toucinho, 267, 283, 324

Tourinho, Pero do Campo, 143

Tratado da terra do Brasil (Gandavo), 144, 378n, 387n

Tratado de Madri, 98, 107, 109, 373n, 394n

Três Irmãos, cachoeira dos, 304

trigo, 41, 207, 209-15, 218, 231, 368n, 382n

Tríplice Aliança, guerra da, 29, 111, 174, 363

Tucuman, 117, 146, 148, 152-3, 158, 179, 181, 185-6, 196, 212, 378-9n, 382n, 385n, 388n

tupinaés, 226

tupinambás, 67n

tupiniquins, 223, 226, 228

tupis, 68, 70, 229, 375n, 378n, 385n

ubás, 249-50, 264-6, 268, 276
Ubatuba, 238-42, 385*n*, 389*n*
União Ibérica, 146
Urubupungá, 289, 299
Uruguai, 223, 394*n*
Uruguai, rio, 153, 256
uti possidetis, 105
Utuguaçu, 273; *ver também* Itu

Vacaria, campos da, 59, 76-9, 86, 88, 157, 165, 167-8, 170, 195, 204, 309-13, 333, 337
vacuns, 48, 288
Valderios, marquês de, 98
Van Langeren, Jacob Floris, 121
Van Surck, padre, 169
Varnhagen, Francisco Adolfo de, 8, 10, 13, 55, 135-6, 142-3, 377*n*
Vasconcelos, Antonio Furtado de, 270
Vasconcelos, Simão de, 248
Vasqueanes, Duarte Correia, 234
Vaz, Gaspar, 41, 228-31, 233, 235, 238, 384*n*
Veiga, Antônio Correia da, 232, 384*n*
Veles, João, padre, 97
Velho Mundo, 39, 123, 181, 202, 214, 219
Venezuela, 120
Vera y Aragón, Juan Torres de, d., 193
Verde, rio, 79, 82, 301, 308, 313, 320-1
Vermelho, ribeirão, 302
Vespúcio, Américo, 122
Vicente do Salvador, frei, 46, 203, 369*n*, 381*n*
Vicente, Gil, 123, 129, 376*n*
Vida e morte do bandeirante (Alcântara Machado), 383*n*
Vieira, Antônio, padre, 176
Vieira, Manuel Luís, 216, 382*n*
Vila Bela do Mato Grosso, 102, 250, 263, 362

Vila Boa de Goiás, 321
Vila Imperial do Potosí, 180
Vila Lobos, José de Burgos, 295
Vila Maria, presídio de, 361
Vila Rica do Espírito Santo, 36, 47, 149, 153-4, 160-1, 165-8, 170, 172, 178, 205, 258, 272, 310
"Vila Rica" (Cláudio Manuel da Costa), 255
Vilares, Luís Rodrigues, 82, 87, 322, 339
Villalva, Sebastián de, 194
Vimieiro, condessa de, 233-4
vinho, 156, 218, 291, 302
Visão do Paraíso (Sérgio Buarque de Holanda), 8, 13, 33*n*, 109*n*, 122-3*n*, 126-7*n*, 132*n*, 142*n*, 377*n*
Vitória, Francisco de, d., 148
Vocabulario Portuguez e Latino (Bluteau), 140*n*
voiture, 62
Voturuna, 227
Voutucatu, jesuítica do, 78

Webb, Walter Prescott, 66-7, 370*n*
Witter, José Sebastião, 7, 12, 21, 61*n*
Woutucatu, 287, 310

Xanés, rio, 71, 91, 348
Xaraies, rio, 108, 118, 190
Xavier, Francisco Pedroso, 38, 46, 47*n*, 70, 173, 204-5
Xerez *ver* Santiago de Xerez
ximbouva, 251, 269, 273-4, 279-81
Xingu, rio, 248, 259, 385*n*

Zacatecas, 188
Zarco, João Gonçalves, 200
Zuñega y León, André de, 167
Zuñiga, 52

1ª EDIÇÃO [2014] 1 reimpressão

ESTA OBRA FOI COMPOSTA EM BODONI PELO ESTÚDIO O.L.M. E IMPRESSA
EM OFSETE PELA GEOGRÁFICA SOBRE PAPEL PÓLEN SOFT DA
SUZANO S.A. PARA A EDITORA SCHWARCZ EM FEVEREIRO DE 2022

A marca FSC® é a garantia de que a madeira utilizada na fabricação do papel deste livro provém de florestas que foram gerenciadas de maneira ambientalmente correta, socialmente justa e economicamente viável, além de outras fontes de origem controlada.